权威·前沿·原创

皮书系列为
“十二五”“十三五”国家重点图书出版规划项目

智库成果出版与传播平台

中国社会科学院创新工程学术出版资助项目

中国未成年人互联网运用报告（2020）

ANNUAL REPORT ON THE INTERNET USE OF CHINESE MINORS (2020)

主　编／季为民　沈　杰
副主编／杨斌艳　季　琳

社会科学文献出版社
SOCIAL SCIENCES ACADEMIC PRESS (CHINA)

图书在版编目(CIP)数据

中国未成年人互联网运用报告. 2020 / 季为民，沈杰主编. -- 北京：社会科学文献出版社，2020.9
（青少年蓝皮书）
ISBN 978-7-5201-6828-1

Ⅰ. ①中… Ⅱ. ①季… ②沈… Ⅲ. ①互联网络-影响-青少年-研究报告-中国-2020 Ⅳ. ①D669.5 ②TP393.4

中国版本图书馆 CIP 数据核字（2020）第 115943 号

青少年蓝皮书
中国未成年人互联网运用报告（2020）

主　　编 / 季为民　沈　杰
副 主 编 / 杨斌艳　季　琳

出 版 人 / 谢寿光
责任编辑 / 桂　芳
文稿编辑 / 陈　颖

出　　版 / 社会科学文献出版社 · 皮书出版分社（010）59367127
地址：北京市北三环中路甲 29 号院华龙大厦　邮编：100029
网址：www.ssap.com.cn
发　　行 / 市场营销中心（010）59367081　59367083
印　　装 / 天津千鹤文化传播有限公司

规　　格 / 开 本：787mm × 1092mm　1/16
印 张：29.5　字 数：444 千字
版　　次 / 2020 年 9 月第 1 版　2020 年 9 月第 1 次印刷
书　　号 / ISBN 978-7-5201-6828-1
定　　价 / 188.00 元

本书编委会

主要编撰者简介（2020）

季为民　中国社会科学院新闻与传播研究所副所长，研究员，所学术委员会委员。兼任中国社会科学大学教授、博士生导师，马克思主义理论研究和建设工程首席专家，共青团十七届中央委员会委员，北京青年研究会常务理事，中国社会学会青年社会学专委会理事，中国青年志愿者协会理事等。主要研究领域和方向：马克思主义新闻学、新闻伦理、青少年研究。编著出版论文集、研究报告集、访谈文集、专著（合著）20 多本，1000 多万字。如《艰难的新闻自律》（合著）、《学问有道——学部委员访谈录》、《共筑基层教育中国梦》、《青少年蓝皮书——中国未成年人互联网运用报告》、《青年学者看中国》、《国情调研》系列丛书等。获第二届政府出版奖提名奖、中宣部“好信息”奖、中国社会科学院优秀科研成果奖、中国社会科学院优秀对策信息特等奖、全国党建研究会科研院所专委会调研课题优秀成果奖等。

沈　杰　社会学博士，中国社会科学院大学研究员、教授。发表独著论文 69 篇，独立和合作著译 12 部，主编和合作研究报告 23 部。发表的著述成果中，13 项获国家级学会或省部级奖，被《新华文摘》《中国社会科学文摘》《高等学校文科学报文摘》《中国人民大学复印报刊资料》转载的文章 58 篇。近年主要著述有：《青年对社会变迁的反应：现代化进程中青年社会心理的变迁》（独著），天津社会科学院出版社，2012；《中国改革开放以来青年发展状况研究》（主编），人民出版社，2015；《青年世界的社会学洞见》（独著），人民出版社，2018。

杨斌艳 中国社会科学院新闻与传播研究所副研究员，中国社会科学院大学副教授、硕士生导师。中国社会科学院舆情调查实验室秘书长，中国社会科学院“国家治理研究智库”副秘书长，中国社会科学院青年人文社会科学研究中心副秘书长、中国社会科学院团委委员。主要研究领域：网络传播、舆情与社会治理、青少年的网络行为。2010 年起参与“中国未成年人互联网运用状况调查”项目，该项目已出版《青少年蓝皮书：中国未成年人互联网运用报告》五部，完成青少年互联网相关的多项智库课题、对策研究。青少年互联网运用研究和工作，获中宣部“好消息”奖（2011 年度）；获《全民科学素质行动计划纲要》“十二五”实施工作先进个人（2016 年），多次获中国社会科学院优秀决策信息奖，获“优秀皮书报告奖”一等奖（2019 年）。

季　琳 中国少年儿童发展服务中心媒介与教育中心主任。长期致力于青少年成长实践与互联网相关问题研究和工作。1999～2005 年，在国内首个国家重点青少年网站——中青网担任技术负责人，参与网站创办和建设；2005～2010 年，担任中国青少年社会服务中心网络部部长；2010～2016 年，历任中国少先队事业发展中心新媒体中心副主任、少先队小干部杂志社常务副社长、辅导员杂志社常务副社长等职务。2017 年至今，在中国少年儿童发展服务中心、中国青少年宫协会负责少年儿童媒介与教育相关工作和活动的开展。

摘　要

近年来，我国互联网运用飞速发展，未成年人在各种互联网新应用、新服务的陪伴下成长，他们的学习生活受到了互联网的巨大影响，对于未成年人的网络行为进行持续监测具有重要社会价值和现实意义。希望全社会有更多的人关注参与，共同探讨未成年人互联网运用、保护、规制这个大课题。“中国网脉工程”子项目“中国未成年人互联网运用状况调查”自 2006 年启动，2020 年 1 月，项目组完成了第十次全国抽样调查。青少年蓝皮书就是该项目的重要成果之一。基于第十次调查的最新数据，本书（第六册青少年蓝皮书）对于中国未成年人互联网运用的网络行为、网络认知、网络交往、网络表达、网络学习、网络素养等新情况新问题进行了报告，对网络流行文化、人工智能技术、网络课程、网络游戏等未成年人互联网运用热点话题进行了专题讨论，对 2020 年新冠肺炎疫情中未成年人互联网运用状况进行了调查分析，特别是同时对港澳台青少年互联网运用现状进行分析报告，首次完整呈现了全国未成年人互联网运用状况。本书还对美国青少年 2000～2018 年的互联网和新技术运用状况进行了梳理和比较分析。

课题组研究发现：未成年人网络接入差距不断弥合，但城乡差异出现了新的特点；未成年人网络运用丰富多元，手机依赖日益加深，智能终端成为个性和潮流表达的载体；未成年人在线学习普及度提高，但效果和评价存在不足；未成年人的网络终端软件体验更加智能、沉浸、多元，但身心健康和沉迷成瘾等问题不容忽视；未成年人网络社交主要是熟人社交，较为内敛谨慎，网络表达相对消极，社交表达和隐私保护之间存在矛盾；未成年人网络文化呈现公众化、多元化和市场化特点，存在追新逐潮的取向和消费不理性的问题；未成年人的网络素养有所提高，但和现实需要相比仍显不足；网络沉迷、信息茧房、多元价值观等问题一直困扰未成年人。

课题组建议：正视未成年人网络主体地位，弥合互联网运用深层差距；提升家长的数字抚育能力，建立线上线下良性互动；完善保护和纠正机制，倡导线上线下联动，共同预防应对网络沉迷和依赖成瘾等问题；构建未成年人网络运用保护规制体系，营造良好的网络生态环境；通过社会各方多元参与和长期干预，消解网络沉迷、不良信息、隐私泄露、软色情、泛娱乐等对于未成年人的负面影响。

关键词： 未成年人　互联网运用　网络认知　网络行为　网络交往

目 录

Ⅰ 总报告

Ⅱ 分报告

Ⅲ 热点报告

Ⅳ 区域报告

Ⅴ 国别报告

Ⅵ 附录

皮书数据库阅读**使用指南**

总 报 告

General Report

B.1
重视未成年人网络主体地位 加快完善网络生态环境建设

——我国未成年人互联网运用的现状、问题和对策

季为民　刘博睿*

摘　要：　未成年人是互联网运用的重要群体，当代未成年人用网程度不断加深，他们的互联网运用呈现一些新特征、新问题，需要深入观察思考。本报告全面描绘了未成年人互联网运用的基本状况和生态环境，指出当前未成年人互联网运用呈现的主要问题：城乡差异发生深层转变、在线学习效果不尽如人意、身心健康和沉迷成瘾等不容忽视、网络素养教育仍需加强等。建议要从未成年人的网络主体地位出发，国家、社会、家校、网络

* 季为民，中国社会科学院新闻与传播研究所副所长、研究员，主要研究方向为马克思主义新闻学、新闻伦理、青少年研究；刘博睿，中国社会科学院研究生院新闻学与传播学系 2019 级博士生。

平台和研究机构共同努力，从法规制度、社会风尚、教育规划、抚育理念、行业规范等方面共同发力，弥合差异，完善机制，为未成年人提供适合的网络内容，建设健康文明有序的网络生态环境，保障未成年人健康、安全使用互联网。

关键词： 未成年人　互联网运用　网络生态环境

未成年人一直是互联网运用的重要群体。截至 2020 年 3 月，我国网民规模已达 9.04 亿，其中，19 岁以下网民数量近 2.1 亿，占总体网民数量的 23.2%[①]。尽管未成年人在网络世界占据举足轻重的位置，人们也逐渐意识到应该为未成年人提供良好的网络生态环境，但真正适宜未成年人网络需求、保障他们上网安全的网络生态环境建设始终存在重大障碍，由互联网运用问题造成的未成年人身心遭受伤害的案例也屡有发生。

2006 年开始，“中国未成年人互联网运用状况调查”课题组，针对 18 岁以下未成年人的网络态度、网络运用行为以及相关家庭、社会方面的认知与支持进行深入调查，见证了中国未成年人对互联网从陌生到熟悉、从单一设备到广泛接入、从简单接触到深入生活的全过程，用全面翔实的数据描绘了中国未成年人互联网运用的发展历程和演变趋势。2020 年 1 月，课题组完成了第十次全国调查，本次调查以 GDP 和人口规模作为主要指标，对全国 7～18岁的在校学生进行抽样调查，向 10 个省区市的 89 所学校发放问卷 12829 份，收回有效问卷 11210 份（调查详细情况见附录 2 技术报告）。本次调查对象全部为 21 世纪后出生的未成年人，对他们来说，互联网运用不再是需要刻意适应和学习的新鲜技能，而是“与生俱来”的能力。但在拥有网络技能的同时，未成年人依旧保持着自身的认知特点，这也让他们的互联网运用在延续过往发展趋势的基础上呈现一些新特点、新问题、新动向：接近饱和的普

① 中国互联网络信息中心：第 45 次《中国互联网络发展状况统计报告》，2020，第 25 页。

及度、愈发多元的接入设备、更低的触网年龄、更长的使用时间以及广泛丰富的应用让其对互联网的认识更加全面；对视力和运动的影响、不良信息的侵扰、网络媒介素养的短板、对电子产品和网络空间的依赖甚至成瘾等问题也依然突出；随着互联网的全面普及，城乡差距、在线教育方面的问题呈现新的动向。特别是在新冠肺炎疫情期间，如何让未成年人利用网络健康地学习、生活成为新的课题。这些新特点新问题新动向，对未成年人互联网运用提出了更高的要求：高度重视未成年人的网络主体地位，整合制度、行业、家校以及社会等各方面资源，为建设适合未成年人身心发展的网络生态环境、保障未成年人的互联网使用权利做出更务实的努力。

一　未成年人互联网运用基本情况

（一）互联网运用的总体特征

1. 上网普及率接近饱和，首次触网年龄不断降低，城乡差距进一步缩小

调查显示，未成年人的互联网普及率已达 99.2%，显著高于我国总体互联网普及率（64.5%）[①]。未成年人首次触网年龄不断降低，10 岁及以下开始接触互联网的人数比例达到 78%，首次触网的主要年龄段集中在 6～10 岁。对比 2017 年和 2020 年的数据发现，8 岁前开始接触互联网的未成年人增多（见图 1），表明未成年人网络“原住民”的特征越发明显。伴随网络接入手段的日益普及和网络运用便捷程度的不断提升，城乡之间未成年人的网络普及率已几乎没有差别，“全民上网”已经成为未成年人的显著标签。

无论城乡，家庭都以超过 85% 的比例成为未成年人上网的主要场所；在其他上网场所中，城市未成年人在学校上网的比例（6%）高于乡镇未成年人，而乡镇未成年人在网吧上网的比例（1.2%）高于城市未成年人。在使用设备方面，手机仍是未成年人上网的主要设备，超过 80% 的未成年人使用手

① 中国互联网络信息中心：第 45 次《中国互联网络发展状况统计报告》，2020，第 1 页。

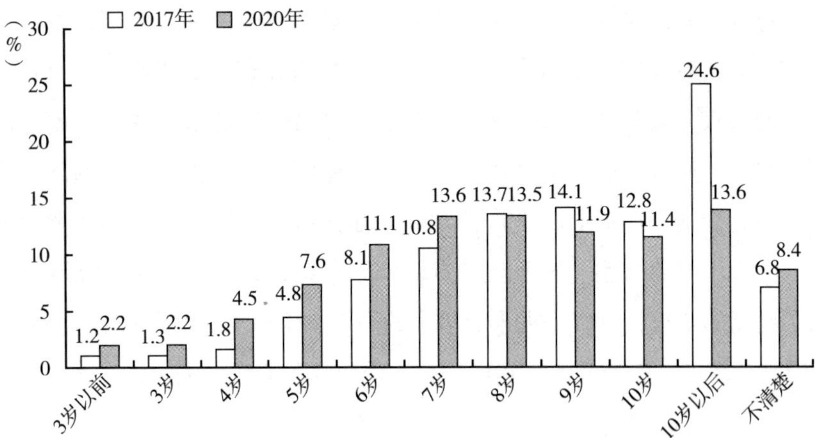

图 1　2017/2020 年未成年人触网年龄对比

机上网（见图 2）。随着智能家居和人工智能设备的发展和普及，12.4% 的未成年人开始使用智能机器人（小度音箱、天猫精灵、Alpha 蛋等）上网，使用智能手表上网的未成年人达 19.9%。

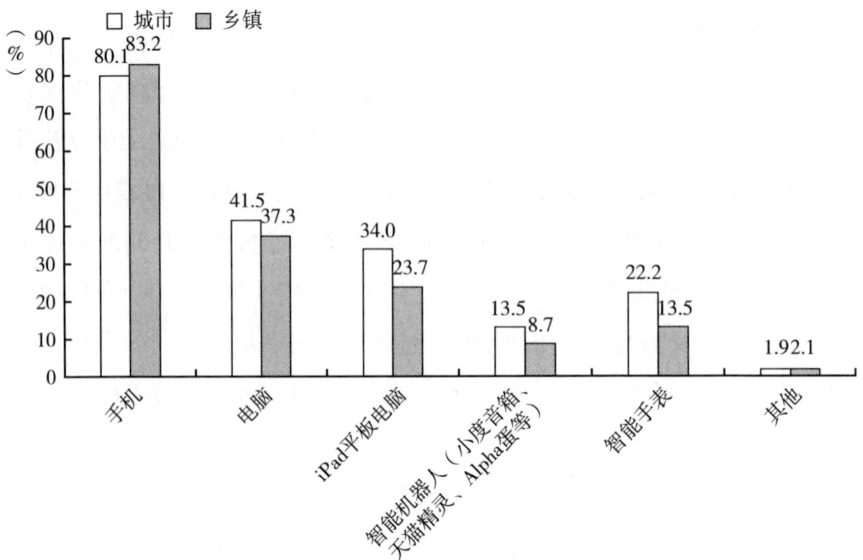

图 2　城乡未成年人上网设备比较（多选题）

注："iPad/平板电脑" 的表述依照问卷原文。因为是对中小学进行调查，将 iPad 作为平板电脑中最常见和常用的一种与平板电脑并列，主要是为了方便年龄小的孩子快速准确识别和答题。本书其他报告涉及此调查题目的同此。

2. 上网时长和频率在周中和周末差异显著，乡镇未成年人的使用频率整体高于城市未成年人

就未成年人整体而言，在上网时长和频率方面，未成年人在周中和周末区别明显。80%以上未成年人上学期间日均上网不足1小时，仅有6%在周中日均上网时间超过两小时。节假日上网时间明显增加，且随着年龄的增长而不断延长。在上网频率上，有1/3以上的未成年人表示在周中“从不上网”，另有1/3以上未成年人每天只上1次网。而在周末，“从不上网”的比例仅为4.9%，一天上网2次及以上的比例也明显提升。值得注意的是，乡镇未成年人的互联网使用频率整体高于城市未成年人，如乡镇周末“一天6次以上”上网的频率接近10%，而城市这一比例仅为6.6%（见图3）。

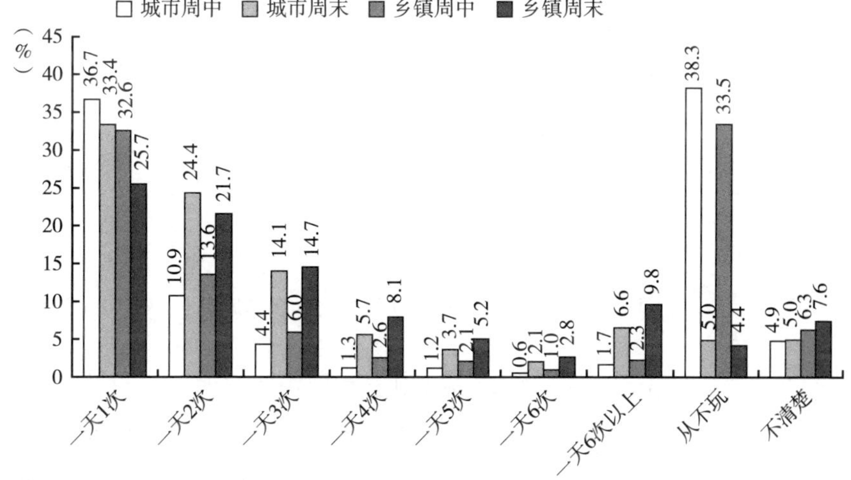

图3　未成年人周中/周末上网频率对比

3. 上网最主要的目的是娱乐、学习和社交，微信和视频的使用比例显著提升

调查显示，娱乐、学习和社交是未成年人上网最主要的目的。在使用软件类型方面居于前5位的分别为音乐（45.7%）、游戏（41.8%）、在线学习（37.0%）、微信（32.5%）和视频（26.2%）（见图4）。在主要使用的网络应用和网站方面，爱奇艺、腾讯视频、优酷、芒果TV等视频门户网站以63.2%占最高比例，而以抖音、快手、西瓜视频等为代表的短视频平台

以62%位列第2，短视频平台和视频门户网站成为未成年人网络运用的最爱。这一现象在乡镇尤为明显，调查显示，乡镇未成年人使用二次元、网络直播平台和短视频App的比例高于城市未成年人。

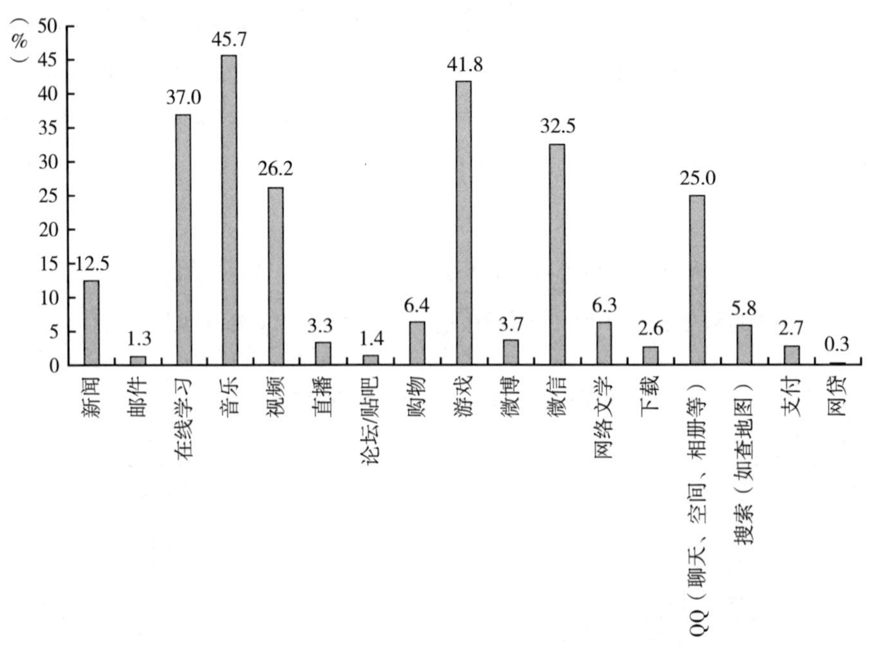

图4　未成年人网络运用功能分类（多选题）

4. 在线学习日益受关注，疫情前后变化显著

调查显示，在线学习以37.0%的比例位列未成年人上网目的的第3位，与2017年（13.4%）相比提升显著。这说明近年来在线教育产业的不断发展已经对未成年人的学习方式产生了明显影响。在参与网课的比例方面，各年级学生群体参与网课的比例均高于80%，且城乡在网课普及率上差距不大。在小学生和初中生中，参与网课的学生数量与年级成正比，而高中阶段选修网课的学生比例略有降低。学习科目上，英语（41.0%）、数学（37.9%）和语文（28.8%）是未成年人在线学习的主要内容，音乐、绘画等艺术类科目，以及编程、乐高、人工智能等在线课程也受到未成年人和家长的青睐（见图5）。

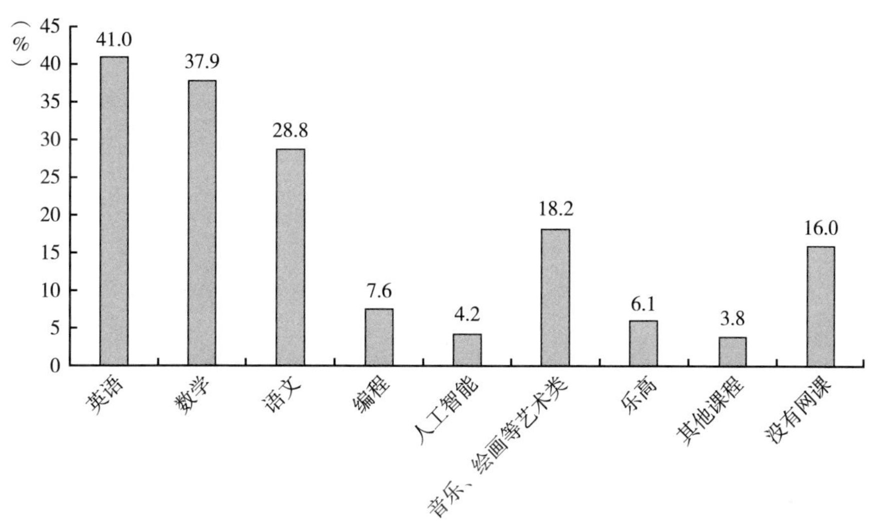

图 5　参加网课科目种类占比情况（多选题）

在参与在线学习的时间和效果上，总的来看，网课所占时间并不多。调查显示，41.2%的未成年人每周网课时间不足 1 小时，仅有 3%的未成年人每周在线学习 8 小时以上。未成年人对在线学习的态度也呈现两极分化，50.1%的未成年人对网课表示“一般”或“不喜欢”，而对网课表示“比较喜欢”或“非常喜欢”的占 43.6%（见图 6）。对网课的喜爱程度也随着年级的升高而降低，且乡镇学生对网课的喜爱程度也低于城市学生。在线学习已经成为学生课外学习的重要方式。调查显示，求助“学习类 App”已经成为未成年人在家学习或做作业遇到问题时寻求答案的重要方式，仅次于求助家长，位列求助老师和同学之前。而在网课的作用上，65.6%的小学生认为网课提高了成绩，与对网课的态度相似，初中生和高中生对网课的作用认同的比例逐渐递减，体现出网课对学生的影响也随着年级的提升而逐渐减弱。

在疫情发生后进行的调查中，在线学习以 69.7%的比例成为青少年日常生活中最重要的内容。在学习内容上，英语、数学、语文、物化生、作文等科目的比例有所提高，而艺术类和编程、机器人等兴趣班的比例明显下

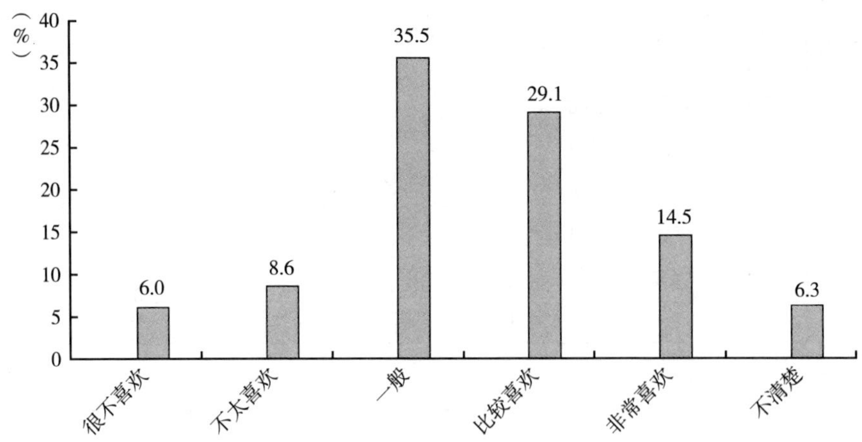

图6 未成年人对网课的态度

降，体现出网课向正规学校教育全面倾斜的趋势。对于网课和真实课堂的区别，49.5%的未成年人认为网课效果不如真实课堂，38.6%的认为两者差不多，仅有9.4%的受访者认为网课效果更好。

5. 主要通过央媒获取疫情信息，对谣言有一定的辨识能力

疫情期间，各方面的海量信息充斥舆论场，这些真假难辨、态度不同的信息对青少年的信息甄别能力带来巨大考验。总体而言，未成年人表现出较强的信息甄别能力和判断力，能较好地对各类信息进行筛选和过滤。在了解疫情信息的渠道方面，传统媒体、市场化新闻媒体和专业媒体的新闻客户端成为未成年人最主要的信息来源，这类信息平台因为谣言较少而更受未成年人信任（见图7）。相较之下，亲友和同学、短视频、网络论坛、视频应用、直播弹幕等媒介平台提供的疫情信息，在受信任程度上难以与专业新闻机构相比。在未成年人关注的信息类型方面，与其自身利益直接相关的内容更受关注，其中“学生开学考试等相关时间和安排”“学生假期和在家教育安排”最受关注，而“患者或家属的网络求助”“湖北省的医疗物资和民生情况”“与疫情相关的国内外舆情”等信息的受关注度相对较低。

在疫情防控信息广泛传播的同时，一些谣言和不良信息也充斥着网络。

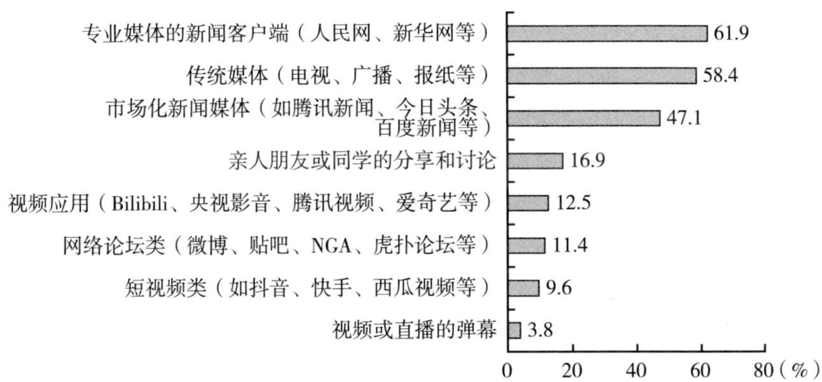

图 7　未成年人认为疫情期间最可信的媒体（多选题）

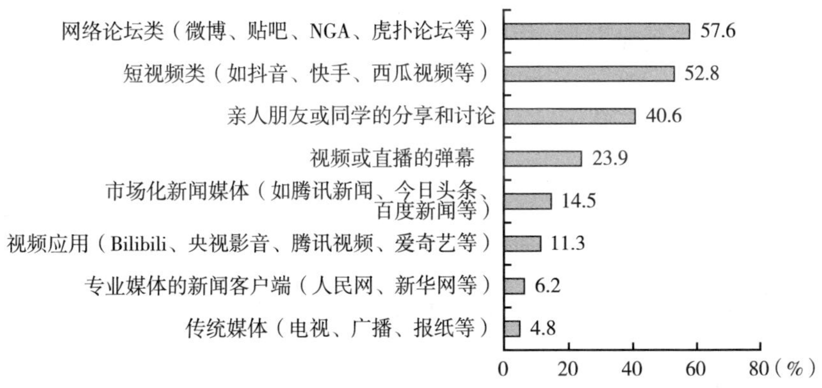

图 8　未成年人认为疫情谣言的主要来源（多选题）

调查显示，56.7%的未成年人认为网络上疫情相关谣言较多，其中网络论坛和短视频平台是谣言的“重灾区”（见图 8）。而针对疫情期间的谣言，国家相关部门采取了一定的管控措施，未成年人也予以充分理解，超过 50%的未成年人表示对媒介管控措施要“视情况而定，如是不实信息则支持管控”，超过 40%的未成年人认为这些媒介管控措施是国家维持社会稳定、安抚民心的必要举措。

（二）不同群体互联网运用情况比较

不同学业水平和生活区域的未成年人在网络运用习惯、网络的认知与应用能力上存在一定差异。总体上，未成年人对互联网的认识和掌握程度随着学业水平的提升而提高，随着互联网的快速发展和推广普及，城乡未成年人获取互联网资源的差距逐渐弥合，而网络运用、理解认知、表达能力和网络素养等深层次应用差异日渐凸显。

1. 低龄化趋势明显，未成年人内部存在“代际”差异

“触网”低龄化趋势进一步强化，小学生的上网设备更加多元。小学生中10岁前接触网络的比例比初中生高5个百分点。相较于中学生主要用手机上网，智能手表、智能机器人等操作更简便、更适用于低幼儿童的智能设备的普及让小学生的上网设备更加多元。

在互联网运用方面，未成年人内部也存在“代际”差异，在使用时间和目的上随着年龄的增长而变化。与小学生相比，中学生上网时间有所增多，特别以中小学生普遍长时间上网的周末为例，在周末和节假日上网超过三小时的小学生仅占5.8%，而初中生就上升至16.1%，到了高中生群体这一比例已经接近30%（见图9）。在上网目的方面，各类休闲娱乐活动都是中小学生上网的首要目的，但中学生把更多的上网时间留给了完成作业、查找资料、参与网课等活动。同时，主动获取信息的需求也随着学业水平的提高而提升。

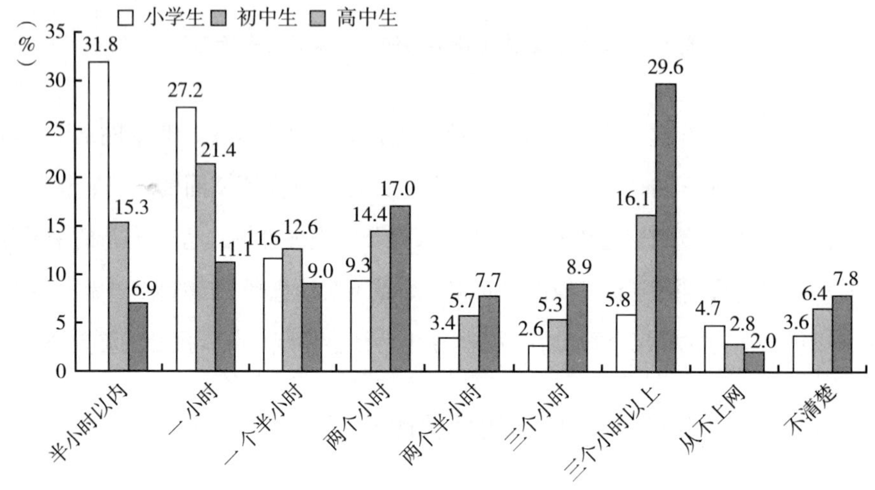

图9　小学、初中、高中学生周末上网时间对比

2. 中学生主动运用网络能力和社会热点关注度较小学生高，媒介素养有所提升

未成年人主动运用网络的能力随着学业水平的提升而提高。网络社交和自我表达方面，中小学生对网络交友的谨慎程度随年龄增长而提高。44.3%的小学生表示不会和网友见面，中学生这一比例提升到60%，肯定会和网友交往的比例也从小学生的近30%下降到中学生的3.7%。网上表达方面，中学生比小学生更擅长主动表达，其个人社交页面的更新频率和内容丰富程度都比小学阶段有所提升。针对网络社交的弊端，小学生在意个人信息泄露和上当受骗，中学生在意占据学习时间和不良信息困扰。

参与公共事务讨论是运用网络的另一重要方面。调查显示，虽然多数中小学生对社会热点问题持“随便看看”的态度，较少主动参与讨论，但未成年人对社会热点的了解和关注度会随着年龄和学业水平提高而提升。对社会热点“从不关心”的小学生占24.9%，中学生占14.4%；面对热点会和身边人讨论的小学生占16%，中学生占33.4%。尽管在网上主动表达的欲望始终不高，但未成年人对社会热点的关注度和搜索能力随着年龄的增长和学业的提升而有所提高。

调查显示，中小学生普遍具有较高的网络媒介素养和网络安全意识，且这一素养随着年龄的增长而提升，具体表现为使用安全软件的比例不断升高，针对真伪信息分辨能力的网络安全意识自我评价也同样有所提升。面对个人隐私问题，中小学生也都表现出较强的自我保护意识。

正确的网络言行规范与责任意识，以及正确判断和区分网络不良信息同样是网络素养的重要内容和体现。调查显示，中小学生有着较强的网络责任意识，随着年龄增长，中学生更能意识到对个人在网络上的言行负责的重要性，而中学生比小学生更多参与使用网络，遇到网络不良信息的概率也有所提升。

3. 随着年级升高，对网络学习的满意度下降，亲子互动减少，家庭、学校的引导保障不足

调查显示，随着学业压力的增加，与小学生相比，中学生参与网课的学

习时间有所增加，特别是每周参与网课学习八小时以上的中学生比例与小学生相比近乎翻倍；中学生网课学习内容越发向语文、数学、英语等传统主科倾斜，艺术、体育和其他兴趣拓展科目明显减少；学习时长的增加并未带来对在线学习的一致认同，相较于小学生对在线学习总体评价较为积极，中学生对在线学习的负面情绪更显著，对其效果评价也较低。

家庭和学校对未成年人互联网运用的沟通与指导存在问题和不足。调查表明，未成年人在网络上和父母的交流互动较少，中小学生在社交媒体上与家长的互动不足，处于青春期的中学生与父母在网上的隔阂更加明显。随着年龄的增长，父母对子女上网时间和内容的监管指导却逐渐减少，虽然未成年人在网上遇到不安全的事情仍会向父母求助，但沟通总体比例减少，亲子交流存在不少问题。同时，学校对学生的网络素养培养明显不足。调查显示，仅有约 1/4 的中学生受过网络媒介素养课程教育，小学生接受相关教育的比例虽有所提高，但仍有较大的提升空间。

4. 城乡网络运用差距不断弥合，但乡镇未成年人网络依赖程度更高

随着网络建设的不断发展、移动设备的日益普及，乡镇未成年人利用网络已经变得越发便捷，相较于中小学生之间基于年龄、经验和学业水平等原因产生的网络运用差异，城乡未成年人在网络运用上的差距则呈现逐渐弥合的趋势。调查显示，城乡未成年人在网络普及率上都已趋于饱和，尽管乡镇未成年人在 10 岁前首次“触网”的比例低于城市未成年人，但其上网时长已经全面领先，特别是周末三小时以上上网的比例已经高出城市未成年人近 5 个百分点（见图 10）。与此同时，由于上网而“几乎没有运动时间”和患有近视的乡镇未成年人比城市未成年人更多。

城乡未成年人网络运用差距逐渐弥合还体现在具体的网络行为上。放松休闲是他们上网的主要目的，应用的网络功能和软件类别也总体相似，在模仿网络流行趋势方面也呈现趋同的特点。在线学习方面，尽管排列的重要程度略低，但乡镇未成年人参与网课的比例甚至略高于城市未成年人。

尽管城乡未成年人在网络运用方面的差距逐渐缩小，但在网络安全和网

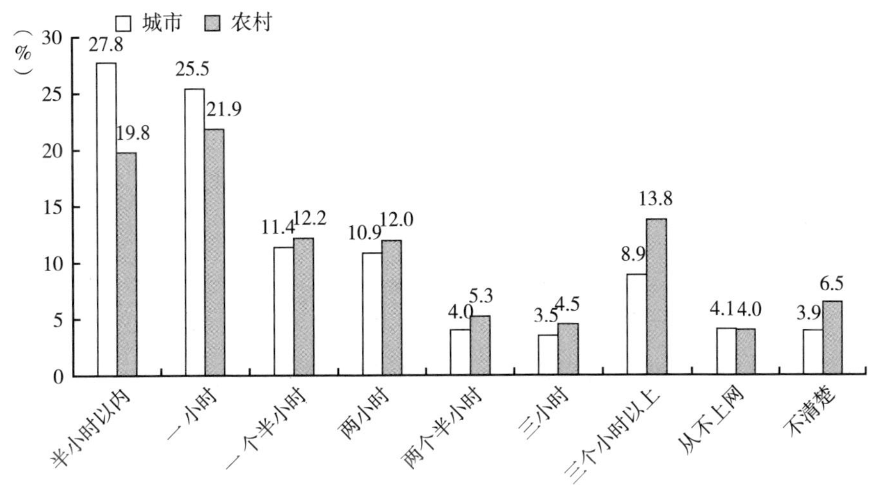

图 10　城乡未成年人周末日均上网时长情况

络素养方面的城乡差异仍值得关注。调查显示，在乡镇未成年人对网络依赖程度更高的同时，他们遭遇网络不良信息和网络安全事件的比例也更高。尽管城乡未成年人在使用软件过程中主动开启“青少年模式”的意愿都不强，但乡镇未成年人的主动性更低，加上各种社会经济因素的限制，乡镇未成年人更难得到父母的上网指导和学校的网络素养教育。

（三）媒体使用、社交表达、网络消费、产品依赖和问题干预

手机和其他各类智能移动设备已经成为当前未成年人上网的主要终端，不同场景下的网络服务越发丰富，未成年人在网络应用和网络产品消费上也呈现丰富多元的特点。网络产品消费成为未成年人彰显个性、激发兴趣的重要载体和渠道，网络社交为未成年人尝试建构和维系人际关系提供了重要的平台。但在享受消费网络带来的各种便利和丰富生活的同时，日渐增长的荧屏时间、不断翻新的网络运用也让未成年人陷入手机依赖、网络成瘾等一系列影响身心健康的社会问题中，引起社会各方的关注。

1. 手机依赖日益加深，应用丰富多元，成为未成年人个性和潮流表达的载体

调查显示，超过 80% 的未成年人将手机作为自己上网的首要终端。随

着依托手机等移动智能终端构建的应用生态的逐渐完善，包括工作、学习、休闲娱乐在内的大量生活需求可以通过手机完成。未成年人上网的时间不断增加，对手机的依赖也日益加深。

互联网和电子终端的高度普及、丰富多元的网络产品和定制化的网络服务为未成年人参与网络生活提供了更多可能和便利。调查显示，未成年人热衷于体验和尝试不断翻新的网络文化，他们的网络消费也具有多元化、个性化的特征。丰富的网络应用和社交媒介为未成年人提供了个性化、潮流化的表达形式，流行歌曲、网络语言、网络游戏等受到未成年人热捧，紧跟潮流、防止自己“out”，也成了未成年人追逐网络应用和时尚表达的主要动因。

2. 未成年人的网络文化产品消费呈现个性化、趣味化和小众化特点，存在浅尝辄止和消费不理性的问题

未成年人网络文化产品的偏好和消费呈现个性化、趣味化和小众化特点。多元的文化偏好让未成年人对网络文化产品消费有了更多的选择。为了追求兴趣、寻找“同好”、获得认同（环境和自我），未成年人以兴趣为纽带在社交平台上聚集成松散的兴趣团体，形成了兴趣朋友圈，共同的兴趣爱好催生出多彩多元的亚文化景观，塑造着“萌文化”“潮文化”“丧文化”等并行多样的网络文化。而商业机构得以通过商业营销将未成年人的文化接受和使用进一步放大，在为未成年人创造更多为他们各自钟爱的网络文化产品的同时，也让网络文化消费染上了商业色彩。

未成年人对网络文化产品迷恋追逐的另一面，则是浅尝辄止和消费理性不足。网络文化产品丰富多彩，未成年人本身自制力和专注度又十分有限，加上短视频和网络文章的碎片化传播，未成年人在进行多元文化产品选择的同时，对网络文化产品使用呈现“轻”“浅”等特点：热点转换迅速，追潮浅尝辄止，缺少对文化产品的深入理解，对流行趋势的追随也大多出于感性和冲动。最终，网络文化热点虽然被大量未成年人关注、接触，但真正留下长久影响和印迹的并不多，这也使成年人追踪、理解未成年人的网络文化偏好变得更加困难，要求成年人在对未成年人的网络文化逐潮现象进行监管引

导时应持更加开放包容的态度。

3. 网络社交主要是熟人社交，较为内敛谨慎，网络表达相对消极，社交表达和隐私保护之间存在矛盾

未成年人的网络社交行为表现出网络表达态度相对消极、表达能力和隐私保护存在矛盾的特点。不同于网络文化产品消费中表现的开放多元，未成年人的网络社交大多紧密围绕现实交往，表现出内敛谨慎的特点。调查显示，从社交平台使用情况来看，小学生偏好微信、中学生偏爱 QQ，这反映了社交软件推广时间对应未成年人成长选用的首因效应。未成年人网络社交的主要目的并非扩展人际关系，而是维系、增强与现实好友的亲近关系，因此超过 80% 的未成年人表示好友“大多是现实生活中认识的人”（见图 11）。对在网上认识的朋友，未成年人在交往过程中表现得较为消极内敛，多数未成年人将网络交友仅停留在网上，多数情况下不会与网友见面，同样对维系网络社交的意愿也不强，仅有少数未成年人表示会和网友保持长期的交往关系。

在未成年人的生活中，偏向熟人的社交环境使网络社交更多成为现实生

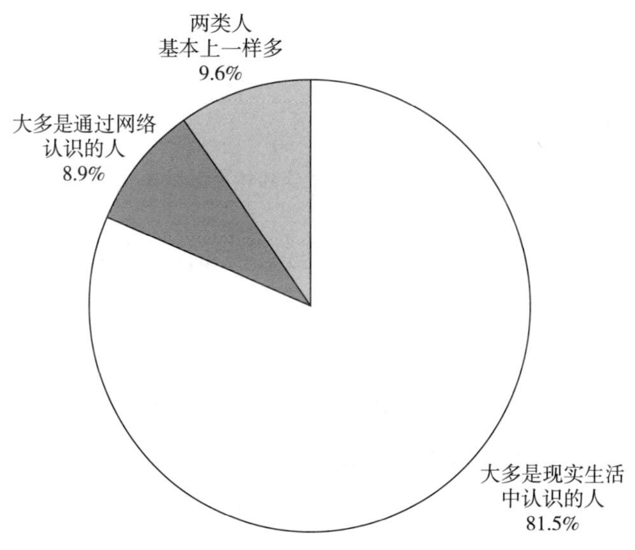

图 11　未成年人网络好友构成

活交往的延续补充，而且，在好友交往和自我表达方面，网络社交的作用并非不可替代，因此未成年人的网络表达并不积极。多数未成年人仅关注别人而自己不发动态或几天才更新一次个人动态（见图12），发布的内容也是以个人爱好、学习情况等内容为主，对个人困惑、情感等问题极少在线上分享，遇到生活中的困扰也更多通过线下交往进行排解或者干脆不说，这说明未成年人的网络社交与外界的沟通较为有限。他们更倾向于做单纯的网络信息阅读者、关注者，而不是生产者。

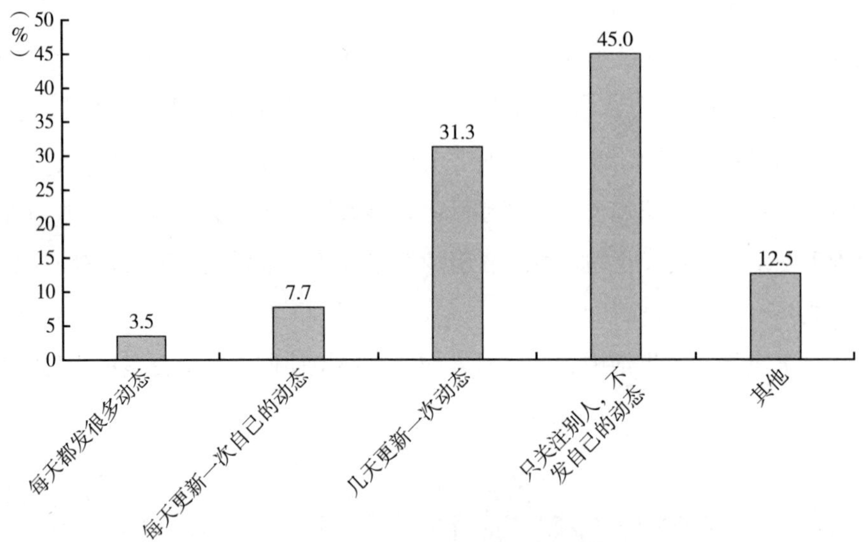

图12　未成年人社交媒体更新频率

由于未成年人社交更偏向现实，在线表达和社交意愿也比较弱，他们在网络运用中会出于自我保护而减少网络交往，这使得个人隐私在网络社交中得到了无形的保护，但未成年人现有的自我保护意识并不能保证隐私不被泄露。随着年龄的增长和社会经验的增加，未成年人参与社会交往和表达的意愿会有一定提升，在社交和表达增加的同时，隐私泄露、不良信息侵扰等网络风险有所提高，又会对未成年人造成新的困扰（见图13）。这样，表达意愿和安全风险之间存在难以调和的矛盾，在缺乏有效保护措施的情况下，未成年人参与网络社交和表达的风险始终存在，需要重点关注。

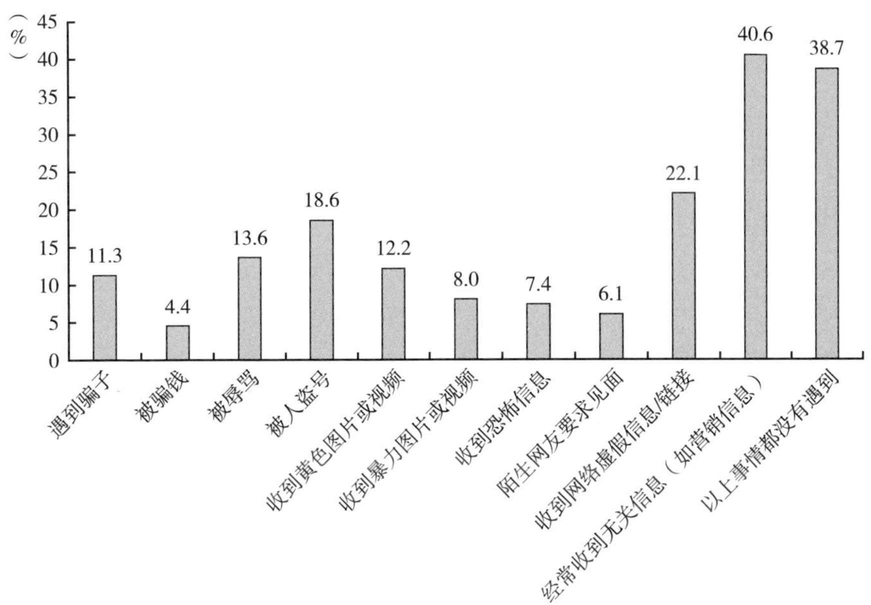

图13　未成年人上网过程中经常受到不良信息困扰的情况（多选题）

4. 未成年人的"数字化生存"程度不断提升，网络依赖成瘾风险增加并影响身心健康，需要加强社会工作防治引导

当代未成年人"数字化生存"程度不断提升，在享受数字生活带来快乐和便利的同时，一些未成年人对电子产品和网络的依赖不断加深甚至成瘾，这对身心健康产生了不良影响，引发了一系列家庭和社会问题。

当代未成年人几乎从出生起就在网络环境下成长，沉浸式的网络环境为他们带来丰富的网络生活体验。数据显示，参与调查的未成年人平均网龄超过6.3年，中学生拥有智能手机的平均年限达到4.87年，最长的达到15年。网络运用正给未成年人的生活带来一系列问题和影响：网络运用时间增多，运动时间随之减少，视力问题愈加严重；便捷的信息服务导致主动思考减少，亲子间沟通不足，家庭和学校对未成年人使用网络欠缺指导；不良信息、网络诈骗、隐私泄露等网络风险严重危害着未成年人的身心健康，趣味性短视频、碎片化阅读、即时通信，以及新奇刺激的电子游戏更容易让未成年人沉迷其中。特别是农村留守儿童及生活学习困难的未成年人，网络陪伴能够带给他们现实生活中难以获得的愉悦感、成就感，他们更容易深陷其中、难以自拔，这也使网络依赖和沉迷成为未成年人互联网运用不可回避的问题。

相较于其他可以通过调整网络运用习惯进行引导纠正的个人问题，由于个人、家庭、社会等多种因素交织，网络成瘾成为一个不易解决的社会问题。长期以来，“网瘾少年”作为一个特殊的标签，给部分未成年人的生活、学习和社会发展带来巨大的困扰。多年来，有关各方针对网瘾青少年不断探索矫治纠正方法，但多数收效甚微，有些方式还付出了巨大的代价，对未成年人的身心造成了严重伤害。近几年，作为一种新的视角，社会工作开始介入青少年“网瘾”问题，在帮助未成年人摆脱网络依赖、恢复正常生活方面起到了一定的作用。社会工作超越了传统网瘾矫治方式的局限，通过个体、小组和团队支持等手段，将未成年人、家庭、社区、学校、朋友群体等均纳入其中，以平等、尊重、关怀的方式改善未成年人的生活环境和态度，从而引导未成年人走出网瘾困扰。通过社会工作的视角，可以深入观察网瘾背后的深层次问题，以更好地认识和预防网瘾问题。当前，我国社会工作开展和队伍建设刚刚起步，各方面对社会工作的理解认识和制度保障不足，在开展过程中存在不少障碍，急需相关方面在专业设置、人才培养、就业创业、社区保障等体制机制上给予更多的支持，如此才能真正发挥社会工作的优势，使它在解决未成年人网络运用问题中发挥更大的作用。

（四）网络认知和网络素养

媒介是人们了解社会的窗口，媒介内容深刻影响着人们对社会的认知和态度。与过往世代不同，互联网作为当代未成年人接触最多的媒介平台，全面塑造着他们对社会的认识，也改变着他们认识和参与社会生活的方式。作为互联网的参与者和建设者，他们必须具备一定的网络素养才能健康参与网络空间的活动，作为网络原住民的当代未成年人的健康成长更需要较高网络素养的保障，需要社会各方给予更多的关注和支持。

1. 网络已成为未成年人认识社会的主要渠道，其适应和创新能力不断增强

媒介的使用对人们形成对社会的认识具有重要作用，对当代未成年人而言，网络已经取代报纸和广播电视等传统媒体成为他们生活中的第一媒介，深刻影响着他们对社会的认识和态度。特别是互联网深度介入教育、社交、娱乐等领域，互动便捷的社交媒体造就了“人人都有麦克风”的网络环境，互联网不仅是未成年人接收信息的第一媒介，也是他们参与社会生活和表达意见态度的重要平台。

互联网对未成年人社会认知的影响是全方位的（见图 14）。首先，信息技术的发展加速了知识技能的更新迭代，互联网使知识获取更加便捷，提升了未成年人的学习效率和认知能力。调查显示，在未成年人的网络运用目的中，学习占有重要的地位，在线教育和资讯平台大大延长了未成年人的学习时间，拓展了其获取知识的方式渠道，改变了传统言传身教的文化传承方式，增强了未成年人独立查找资料、解决问题的能力，他们会更容易接受、理解网络新技术带来的新知识新事物。其次，具有海量、浅读、碎片和个性特点的网络传播让未成年人的认识和思考增加了维度、内容和方式，他们获得的信息更浩瀚，虽然浅表、零碎但更多维、立体，他们对社会的认识虽然不一定深刻但会更有个性，互联网给了他们不同的眼界和视角。而且，和传统阅读相比，互联网的非线性阅读和传播方式使未成年人的思维更加跳跃，更有利于培养创新性思维习惯。最后，网络的多元让未成年人对待新事物更加开放，社交媒体、兴趣圈子为不同文化提供了生长的土壤，而作为网络原生一代的未成年人更能适应多元网络文化，尤其是对网络亚文化会比成年人更宽容和更易接纳。

此外，网络文化带有明显的后喻文化特征。在互联网技术的传播上，除了传统的教育方式外，未成年人对成年人的知识反哺成为日常景观。调查显示，越来越多的未成年人开始向父母、祖父母等长辈“普及”电脑知识，成为知识反哺的“小老师”。尽管媒介使用的代际差距始终存在，但在网络世界，晚辈向长辈的逆向知识传播正在弥合社会整体信息的代际差距。

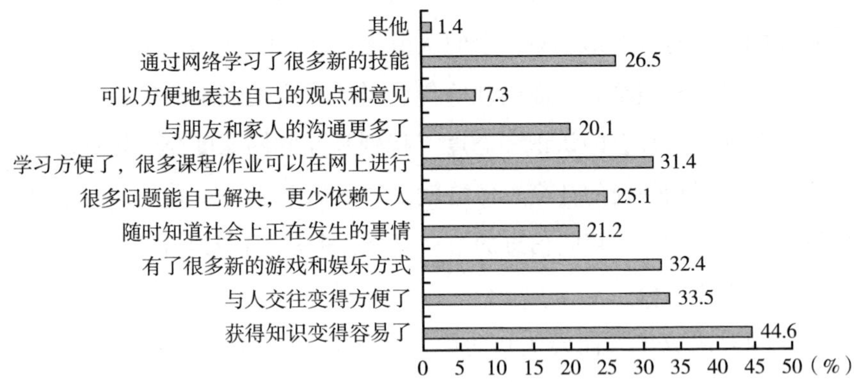

图 14　未成年人认为网络对认识世界和社会交往起到积极作用的情况（多选题）

2. 理解和运用网络的“知识沟”不断加深，引导的难度不断加大

在互联网的塑造下，未成年人对世界的认识呈现诸多新特点，多元、包容、创新、开放、跳跃成为网络媒介环境下未成年人认识世界的重要特点。互联网运用也给未成年人带来了认知问题，城乡在关于互联网的社会认识和参与水平方面差距明显，这对未成年人世界观、价值观的正确引导形成挑战。

近年来，随着信息技术的发展、互联网的推广和移动终端的普及，城乡未成年人获取网络信息的差距不断弥合。但是由于未成年人的生活、家庭、教育条件及家人陪伴的不同，在“信息沟”不断弥合的同时，理解和运用网络的“知识沟”却有拓宽的趋势。调查显示，城市未成年人了解时事、获取知识、参与网络课堂，运用网络解决问题和辅助学习等行为明显多于乡镇未成年人，而乡镇未成年人收看视频、参与娱乐、社交、休闲等行为要多于城市未成年人（见图 15）。可见，乡镇未成年人的网络运用相对知识学习而言更加消极，其网络运用提升学习能力的作用比较有限。而这些差距与互联网硬件差距相比更难以弥合。由此可以预见，在未来一段时间，城乡网络“知识沟”还将继续存在并有持续拓宽的可能。

互联网对未成年人的成长而言是一把“双刃剑”。随着未成年人互联网运用的深入，互联网对未成年人社会认知的负面影响也日益显现（见图 16）。首先，多样和海量的信息虽然让未成年人开阔了眼界，但是，缺乏自控力的未

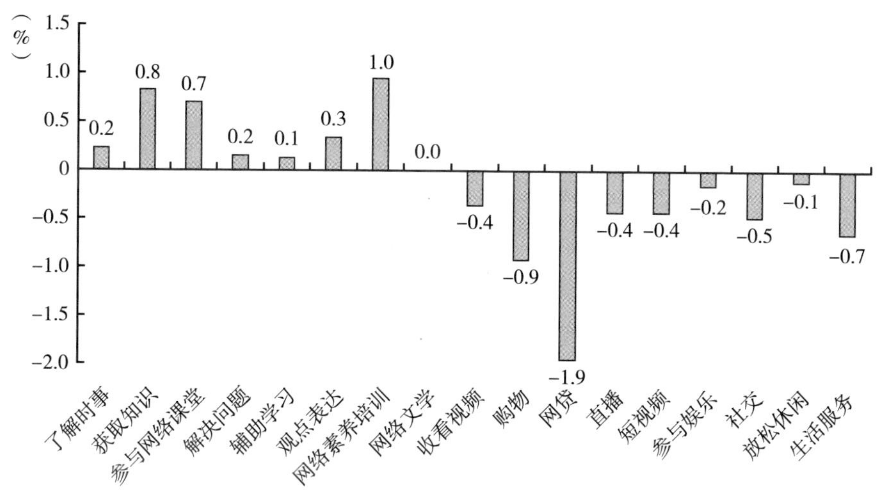

图 15　城乡之间网络运用信息沟弥合、知识沟加剧的情况
（正值为城市行为更明显，负值为乡村行为更明显）

成年人很容易在信息的海洋中迷失。如果缺乏引导，他们会被新鲜奇特的内容吸引，不能正确客观地认识世界，专注度也会下降。其次，浅显、碎片的阅读会使未成年人的认知深度大打折扣，快读、随兴和定制的算法选择信息逐渐主导了未成年人的见闻，看似光怪陆离的网络世界对未成年人个体来说变得单调、浅薄和封闭，未成年人的网络阅读正在娱乐化、碎片化，对待问题浅尝辄止、不求甚解，难以形成严肃的思考。最后，过度使用网络会挤占未成年人正常的学习和生活时间，虚拟社交也会对他们的现实生活带来负面影响，尤其是网络沉迷会使未成年人对现实世界出现认知偏差，使其正常的社会化过程受到影响。目前，各类不良信息已经对未成年人造成了困扰，影响了未成年人的道德判断，被不良信息长期侵扰使他们不能正确对待享乐主义、拜金主义和消费主义价值观。如果家庭和学校的引导教育不足，这些问题都会成为影响未成年人社会认知和价值判断的巨大挑战。

3. 数字化生存将成为未成年人的生存常态，需要全面提升其网络素养，把他们培养成为合格的“数字公民”

当代未成年人从睁眼看世界就开始了“数字化生存”。网络世界作为现

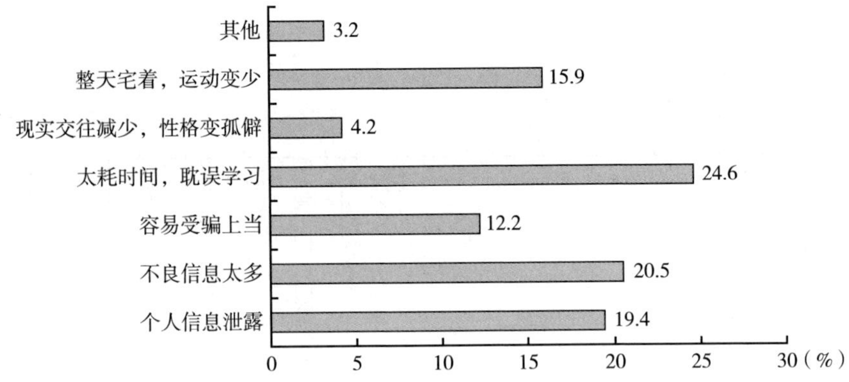

图 16　网络对未成年人身心成长造成不良影响的情况

实世界的投射，同样需要生存于其中的人具有基本的生存技能并遵守一定的规则，未成年人在适应网络生存、学习网络表达的过程中需要学习养成必要的网络素养，以成为一名合格的“数字公民”。

美国国际教育技术协会发布的《国际教育技术学生标准》提出，“数字公民”要“能够充分意识到在网络世界中生活、学习和工作的权利、责任和机会，并安全、合法、符合道德规范地使用数字化信息和工具”。[①] 这将成为未来数字时代每一个人的基本生存方式，其中既包括对网络世界的认识，也包括对学习工作机会的判断和寻找，同时强调了安全、合法和符合道德地运用数字工具的能力，这是对“数字公民”网络素养的宏观概括。

作为理解和使用网络媒介的重要基础知识和技能，媒介素养的内容涵盖广泛，对个人的网络运用习惯、态度、认知和运用能力都提出了要求。当代未成年人在网络环境中生活、学习、成长，在媒体宣传、家庭引导和学校教育的共同作用下，已经形成一定的网络素养基础认识，如上网较为节制、谨慎，具有一定的自我保护意识。调查显示，未成年人互联网运用总体较为节制，通常不会过长时间使用网络，他们也具备一定的网络信息搜集和处理能

① ISTE Standards For Students，https：//www. iste. org/standards/for － students，最后检索时间2020 年 8 月 18 日。

力。在社交方面，相对消极和谨慎的社交行为对个人信息和安全起到了一定的保护作用。在网络运用和表达中，未成年人总体较为自信，尽管在网上发布的内容并不多，但随着年龄的增长，参与公共事务和表达的意愿会越来越强。在安全和文明意识方面，多数未成年人能够正确辨别不良内容，认同在网上要谨言慎行并对自己的言行负责，也具有一定的隐私保护意识。这些方面都体现出当代未成年人已经具备基本的网络媒介素养和运用能力。

虽然未成年人具备了基本的网络素养，掌握了初步的网络技能，但从实践和教育环节看，当前未成年人的网络素养仍有较大的提升空间。调查显示，超过60%的未成年人不会使用音视频软件发布内容；为数不少的未成年人经常遭受不良信息的侵扰，但又不使用安全软件和杀毒软件，也不设置高安全密码，缺乏使用网络平台“青少年模式”的主动性（见图17）；多数未成年人已有“保护隐私”意识，但仍有不少人在上网过程中主动提交和填写个人信息。这些问题都说明未成年人的网络素养还有不小的提升空间。

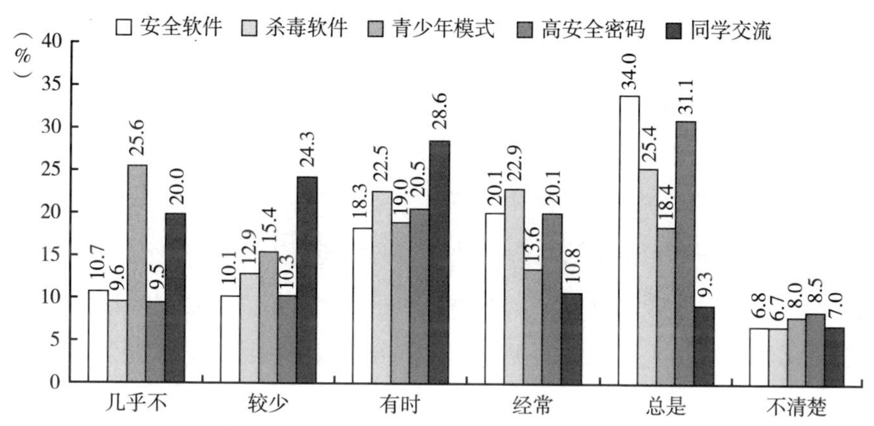

图17　未成年人使用各类网络安全措施的情况

提升未成年人的网络素养，离不开家庭、学校和社会各方的全面参与、配合支持。目前，家庭的指导和监管效果不佳，学校的媒介素养课程开设普及率不够。随着未成年人年龄的增长，家长、学校的保护监管会逐

渐放宽，网络素养、网络风险和家校监管、社会规制方面就会产生一定的矛盾，对不同年龄段未成年人网络素养的培养提出了更深层次的问题和要求。

（五）互联网运用的区域发展状况

本次调查，除针对全国未成年人互联网运用状况进行调查分析之外，还对上海等中心城市进行了专门调查研究，对港澳台地区未成年人互联网运用状况进行综合分析，对美国未成年人网络运用趋势进行了总结报告。通过对国内外不同文化背景和发展阶段的情况进行对比，发现不同地域的未成年人互联网运用既存在共性也存在特性，还有一些问题和经验值得关注和借鉴。

1. 中心城市网络运用能力更强，社交媒体运用成为港澳地区关注焦点

北京和上海作为超大规模城市，经济、文化、社会、教育和网络建设等均在国内处于领先地位，这些地区的未成年人在社会见闻、教育资源方面也具有更大的优势，研究分析这些地区未成年人的互联网运用数据，可以对其他地区未成年人互联网运用的发展起到比照和引领作用。

通过对北京小学生和上海中学生互联网运用状况进行分析，可以发现，两地未成年人触网年龄较全国平均年龄更早，且“出生越晚，触网越早”的趋势更加显著。京沪地区的中小学生互联网运用状况虽然和全国基本相似，但在网络学习、搜索信息等主动运用网络能力方面要高于全国水平。以参与网课为例，尽管北京小学生不参加网课的比例略高于全国平均水平，但参与网课学生平均上网课时间更长，在英语和编程科目的学习水平上也显著高于全国水平。而上海中学生无论参与网课的时间还是比例都高于全国中学生平均水平，每周参与网课八小时以上的比例更是全国水平的近 5 倍。同时，京沪地区未成年人对网络安全的认识水平更高。北京小学生在互联网上发言更为谨慎，考虑自身言论对他人影响、隐私保护和设置高安全级别密码的比例也更高。京沪两地尽管拥有丰富的教育资源，但在校园网络安全课程的参与比例和家长对子女上网行为的指导方面表现并不突出，特别是北京地

区小学生参与网络素养课程的比例明显低于全国水平，这也反映出当前未成年人网络素养教育的欠缺。

港澳台的互联网建设发展水平较高，未成年人网络普及程度也近乎饱和，触网年龄较内地更低，运用时长和运用深度均高于内地平均水平。值得注意的是，在社交媒体的使用和表达方面，港澳台地区的运用水平明显高于内地，这些地区的未成年人对社交媒体（特别是 Facebook）的运用很多。不同于内地未成年人主要用社交媒体维系现实友谊，港澳台地区未成年人不仅把社交媒体当作交往工具，更当作重要的新闻媒介和信息来源。当然，在享受社交媒介迅捷、便利、定制化的信息服务的同时，假新闻的泛滥和不良信息的充斥也对港澳台未成年人的媒介素养和判断力提出了挑战，这也表明不同文化环境下未成年人的互联网运用面临着相似的问题。台湾地区通过机制制度维护青少年网络安全的探索值得关注，从 21 世纪初曾比照游戏和电视管理推动网络内容分级，后因效果有限而取消分级制度，目前，正在整合网络安全技术机构、新闻管理机构、民间儿童福利组织和科研机构等单位，建立一套以法律为基础的网络安全保障机制，其方法体系和运行机制的探索都很有特点。

2. 网络监测变化趋势显著，尝试经验值得关注

近 20 年来，皮尤公司对美国未成年人的网络运用状况进行了全面深入的调查。从皮尤研究中心多年来调查的主题变化，便可大概掌握美国未成年人互联网运用的演变脉络：从内容过滤和内容创作，到电子游戏和民主参与；从手机使用和家长态度，到聊天隐私和父母担忧，再到父母管控和代际关系。特别是随着智能手机和移动互联网的发展，美国未成年人网络运用调查的关注热点从 2007 年起开始聚焦社交媒体的发展，内容涵盖社交媒体的网络欺凌、隐私设置、友谊关系以及数字分心等问题。这些研究问题的变化也记录了 21 世纪以来互联网从 Web1. 0、Web2. 0 再到移动互联智能时代的变化。值得注意的是，美国家庭对未成年人上网内容的监管呈现从技术管控到非技术管控的变化趋势，2010 年以前主要通过软件等技术手段管理上网时间和内容过滤，此后主要采用家庭对话、订立规则和人工检查上网内容等非

技术方式。这一变化趋势说明了家庭在保护未成年人上网安全方面至关重要，以及家庭陪伴和亲子互动对培养未成年人良好网络素养的重要性。

二 未成年人互联网运用中存在的主要问题

（一）网络接入差距不断弥合，但城乡差异又有了新的演变

近年来，我国的网络基础设施建设稳步推进，手机等上网终端高度普及，城乡网络接入的差距逐渐弥合，城乡未成年人互联网运用差异有了新的变化，逐渐从网络接入能力的“信息沟”向网络知识获取的“知识沟”转变。调查显示，相较于城市未成年人，乡镇未成年人用网时间更长，但是，乡镇未成年人特别是农村留守儿童在休闲娱乐、网络社交等方面用时更多，对网络的依赖程度也更深。同时，乡镇未成年人受到网络不良信息侵扰更多，而且缺少网络素养方面的课程和指导，不知道如何应对上网时遇到的问题。这也体现了城乡社会发展、教育水平、公共服务等方面的差异。城乡未成年人网络应用知识和能力的差距还将不断拉大，这一差距比网络基础设施差距更难弥合。

（二）在线学习普及度提高，但效果和评价存在不足

近年来，在线学习日渐普及，线上远程教学受到家长和学校重视。“网课”成为未成年人校园学习的重要补充，各类艺术、编程和乐高等趣味课程丰富了未成年人的学习内容。特别是新冠肺炎疫情发生以来，全国大中小学生停课不停学，通过网络课堂开展远程学习，保证了疫情期间学校教学活动的开展。线上名师下乡等远程网络教育活动也为平衡城乡教育差距、促进教育公平发挥了作用。但是，未成年人对于在线学习的效果评价并不高，值得关注。调查显示，未成年人针对网课的态度情绪两极分化，表达“喜欢”和“不喜欢”的学生比例相当，且负面情绪随着年级提升而增强；未成年人对授课效果的评价则随年级提升而降低。调查发现，网络课程和学习软件

可以帮助未成年人快速解决问题，但也让求助网络成为一些未成年人的“学习习惯”，导致独立思考和解决问题的能力下降。此外，脱离现实教学环境的网课在沉浸感、代入感和互动性上与现场教学差距显著，注意力分散、教学吸引力不够、家庭事务干扰等都会影响未成年人在线学习的效果，甚至父母或祖父母的陪伴也会影响网课效果。而且，网络直播课堂对带宽要求相对较高，在线教育在推进教育均衡的同时是否会导致新的不平衡，都值得关注。

（三）网络终端软件体验智能、沉浸多元，但身心健康和沉迷成瘾等问题不容忽视

当下的未成年人将使用网络视作生活的一部分。手机、电脑、智能手表、机器人以及各类智能家居终端不断更新，各类应用软件、短视频平台、社交媒体等广泛应用，为未成年人营造了随时随地的上网环境和沉浸式的智能体验。网络社交和兴趣平台满足了未成年人群体的共同爱好和个性化愿望，网络算法和定制化推送强化着个性化的网络生存，网络歌曲、网络语言和网络红人等流行元素不断推动网络亚文化的生成进化，也影响着未成年人对兴趣、潮流的认同和追求，对其职业认同和未来发展均产生影响。这种沉浸式体验和个性文化的张扬在丰富未成年人生活的同时，也产生了不少问题：上网对未成年人视力、体质的负面影响和对户外运动时间的侵占；沉浸网络产品对心智发育尚不成熟的未成年人成长造成影响；网络沉迷、游戏成瘾使未成年人对现实生活和交往拒斥回避；短视频、个性资讯和网络文学等定制化推送形成的“信息茧房”“软成瘾”效应对未成年人学习生活造成干扰；网络不良价值倾向对未成年人身心健康造成影响等。未成年人对新鲜事物具有好奇心且自我约束能力薄弱，面对网络沉迷和成瘾等风险，家长和学校要有效教育引导未成年人正确使用互联网，为其提供网络安全的底线性保障。另外，可以通过社会工作帮扶未成年人戒除网瘾、提高素养，但我国开展社会工作的时间较短，缺乏专业社会工作人才，家庭、学校以及社会各方对社会工作也缺少认识和理解，家庭、学校、社区的相关权责不明，社会工

作的成功案例、程序和经验也不多，这都使得通过社会工作解决未成年人网络运用问题存在一定的困难。

（四）网络素养有所提高，但和现实需要相比仍显不足

作为网络原生代的未成年人经过长时间的网络生存，已经具备一定的网络素养，特别是在对互联网的认知和个人保护层面已经有一定的意识，多数未成年人能够做到文明上网，发表网络言论时会考虑他人的感受和自己的责任。但是，从未成年人网络活动实际情况来看，其网络素养还有较大的提升空间：在网络表达方面，多数未成年人不会使用音视频软件进行网络表达；在网络学习方面，未成年人自制力薄弱，在线学习“边学边玩”效率不高；在网络安全方面，尽管自认为具有网络安全和隐私保护意识，但不少未成年人在网络活动中仍会泄露个人资料或信息，且不愿使用网络安全软件、设置保护模式和高强度密码。此外，层出不穷的诈骗信息、教唆利诱、淫秽色情等各类少儿不宜的网络信息同样对未成年人网络素养形成挑战。

由于未成年人判断能力有限，在面对不良信息侵扰时多数不能正确处理，如果家长和学校不能提供及时正确的指导和教育，则会加剧不良信息对未成年人的负面影响，未成年人的网络素养也难以提高。调查显示，多数学校对网络素养课程重视不足，网络素养教育面临困境，未成年人接受系统网络素养教育的比例偏低，缺少分阶段、有计划的素养培养，难以保障未成年人健康理性地开展网络实践和活动。

三　改进未成年人互联网运用的对策和建议

（一）正视未成年人网络主体地位，缩小互联网运用深层差距

调查显示，更长的时间、更多元的设备以及更加丰富实用的内容和个性化的网络表达，给了未成年人更多的互联网运用选择，未成年人成为互联网

运用的重要群体。但是，社会各界对未成年人互联网运用问题的重视和关注仍显不足，在规制保护、家校监管、平台服务、社会保障等方面仍有缺陷。如在智慧城市和网络平台的设计建设中很少考虑未成年人的需求，在各类网站和网络服务中很少为未成年人专门开设相关页面和空间，很少针对未成年人的认知特点和需求开展内容建设。在未来的互联网发展中，必须正视未成年人的网络主体地位和现实问题，统筹修订关于未成年人互联网运用的法规、政策、制度，提供更有针对性的网络服务和保障。

要高度关注城乡未成年人在网络认知和网络运用方面的差距。当前城乡间网络运用的主要矛盾已经由网络接入转向网络运用。调查显示，城乡未成年人在网络的主动使用和参与能力上存在差距，乡镇未成年人更多是将上网作为娱乐和陪伴工具。在家庭和生活环境暂时难以改变的情况下，应在基层教育中加强乡镇未成年人网络素养教育。第一，可以有组织地增加乡镇未成年人在校上网时间，利用校园网络落实素养教育。第二，增设适应乡镇农村环境特点的网络素养教育课程，提升乡镇未成年人网络素养。第三，继续推进网络远程教育发展，持续开展送教下乡等活动，不断丰富教育内容，利用网络工具实现城乡教育公平，缩小城乡未成年人在教育资源、知识学习方面的差距。

（二）提升家长的网络抚育能力，建立线上线下良好家庭关系

调查显示，未成年人在家庭中完成了超过85%的网络活动。然而，家庭对未成年人正确使用网络提供的教育引导相对有限，家长在代际沟通、网络运用等方面给予子女的指导都不够。线下的亲子沟通引导不足，则会引起线上关系的疏远，也会影响线下亲子关系的和谐。提升家长的网络抚育能力、构建线上和线下良好亲子关系是改进未成年人互联网运用的重要途径。首先，构建网上网下良好互动的家庭关系。网上家庭关系问题是现实家庭关系问题的投射，培养并维护良好的生活习惯、增进亲子间的信任，是管理引导未成年人网络行为、提高其网络素养的前提，特别是对乡镇留守儿童而言，由于缺少与父母的交流和陪伴，网络沉迷等问题的发生概率会更高。其

次，建立良好的网络习惯要从家长自身做起。家长在保持良好网络运用习惯方面要以身作则，避免对子女造成不良影响，如一些年轻父母自身对网络高度依赖，自然会对子女造成不良影响。再次，正视后喻文化现象，促进家庭成员网络技能共同提高。许多未成年人已经具备对长辈“技术反哺”的网络知识和运用能力，家庭成员应该增加关于网络运用的技术问题交流，促进家庭网络素养的共同提高，特别是网络运用能力不强的家长，让未成年人做网络“老师”既可以提高其网络运用能力，也可以深入掌握孩子的网络运用情况。最后，通过智能技术建立社会网络学习机制，为未成年人和老年人学习网络应用提供社会支持。目前，很多低龄未成年人由祖辈抚育，而这两个群体都缺乏网络基础知识技能，但在生活中又越来越需要使用网络，可以通过社区、村镇为他们提供互联网运用辅导等志愿服务，向他们传授基本的网络应用知识，保障这两个群体可以更好地使用网络。

（三）完善保护和纠正机制，倡导线上线下联动，共同预防应对网络沉迷和依赖成瘾等问题

近年来，未成年人网络沉迷和依赖成瘾引起社会广泛关注。为了防治未成年人的网络沉迷和依赖成瘾问题，社会各界提出了各种建议，要求在制度、教育、网络内容和科研等方面共同发力，实现线上线下的联动，建立网络沉迷和依赖成瘾预防纠正机制，提升未成年人的网络素养。首先，明确网络沉迷依赖成瘾问题的原因机理，加强线上和线下的联动，用替代活动和技术手段相结合的方式进行社会纠治。线下开展丰富的体育锻炼、社交娱乐和游戏活动；线上设置上网时间限制、内容筛查引导等未成年人保护机制，在算法语言和内容推送方面做出改进，减少不良信息的侵扰和网络成瘾的诱因。其次，发挥各类青少年基层组织的作用，借助各级共青团、少先队组织的优势，关注未成年人网络沉迷依赖成瘾等问题，及时开展工作进行纠正，为未成年人网络运用提供组织服务。最后，发挥社会工作的作用，填补家庭、学校和其他方面的空白，为防治未成年人网络沉迷依赖成瘾开展工作。各方应在制度保障、队伍建设和工作保障等方面给予

社会工作更多的支持，推动社会工作在未成年人互联网运用保护方面发挥独特作用。

（四）构建中国特色未成年人互联网运用保护规制体系，营造良好网络生态环境

要做好未成年人的网络保护，需要建设符合未成年人特点、保障未成年人健康的网络生态环境，需要构建完善中国特色未成年人互联网运用保护规制体系。调查显示，尽管未成年人在互联网运用方面已具备一定的自我保护意识，但网络素养仍较欠缺，特别是在网络安全意识、个人隐私保护、网络责任意识等方面，当代未成年人还需要进一步提高和强化。而以上目标需要国家、社会、学校、家庭、网络平台、研究机构等高度重视，共同努力，从法规制度、社会风尚、教育规划、抚育理念、行业规范等方面共同发力，为未成年人提供适合其成长特点的网络平台内容，建设健康文明有序的网络生态环境。

具体来说，在国家层面，要完善保护未成年人互联网成长的有效法规体系，根据实际需要制定相应的政策规划，明确方向、整合资源、统一行动。调查显示，尽管我国已经出台《儿童个人信息保护规定》等未成年人网络服务保护法规，但未成年人群体对这些法规的认知程度相对较低，同时，政策和法规工具的体系化和有效落实还需要一定的时间，也需要基于实践经验不断加以完善。在社会层面，需要强化未成年人互联网运用保护的共识，形成全社会尊重未成年人上网权利的氛围。可以通过各种平台工具，宣传保护未成年人健康用网的意识，落实保障未成年人网络安全的行动。在教育层面，要兼顾家庭和学校，重点提升未成年人网络素养教育的水平。当前，我国未成年人的网络素养课程教育存在明显不足，家长对儿童上网的有效指导也较为有限。网络素养不是未成年人的专属，应在全社会推动网络素养教育，通过课堂学习、社会推广和在线呈现等多种方式，使未成年人和家长共同提升网络素养。在企业和研究机构层面，要落实社会责任，真正为未成年人互联网运用投入资源、付诸行动。网络服务提供

商要做好网络信息安全的保障，通过完善网络实名制、青少年模式等功能的设置，严格落实对未成年人的保护和对不良信息的监管。鼓励更多的研究机构开展相关学术研究和网络环境监测，针对未成年人网络运用的特点和实践开展研究、监测和评估，为保障未成年人健康用网提供更多的有效方案和建议。

参考文献

方兴东、陈帅：《中国互联网 25 年》，《现代传播（中国传媒大学学报）》2019 年第 4 期。

季为民：《互联网媒体与青少年——基于近 10 年中国青少年互联网媒体使用调查的研究报告》，《青年记者》2019 年 9 月上。

季为民、沈杰主编《中国未成年人互联网运用和阅读实践报告（2017～2018）》，社会科学文献出版社，2018。

季为民、沈杰主编《中国未成年人互联网运用报告（2019）》，社会科学文献出版社，2019。

分 报 告

Sub-reports

B.2

未成年人互联网运用现状

孙 萍 李蓟昭*

摘 要： 基于“第十次中国未成年人互联网运用状况调查（2020）”，本报告分析了我国未成年人互联网使用的基本状况、行为特征、存在的问题等，并在此基础上提出相关对策建议。调查发现，未成年人的互联网使用已全面普及，首次触网年龄不断降低，娱乐、学习、社交成为未成年人主要上网活动。与此同时，网络课堂使用发展迅速，城乡之间的互联网使用差异逐步由“是否使用”转变为“如何使用”的问题。随着信息社会的不断发展，促进网络素养教育、强化网络课堂普惠政策，可以帮助更多的未成年人健康科学上网。

关键词： 未成年人 互联网运用 网络课堂

---

* 孙萍，博士，中国社会科学院新闻与传播研究所助理研究员，主要研究方向为数字媒体和平台经济；李蓟昭，中国社会科学院新闻与传播研究所研究助理。

一 前言

未成年人的互联网使用是信息时代下重要的社会议题。探究青少年人群的互联网使用不仅可以帮助我们有效把握当代青少年的学习、成长环境，也可以了解互联网对青少年的现实影响，并在此基础上对其实现有效引导、促进其健康上网。随着“Z 世代”数字原住民的不断成长，学界对于青少年互联网的研究也由之前的基本面向转为更加细分、聚焦的领域，包括网络使用、健康成长、身份认知、情感态度、社群文化、代际关系、实践行为等多个层面。[①] 本报告在既有文献的基础上，基于“第十次中国未成年人互联网运用状况调查”的数据，具体分析了未成年人在互联网使用的频率、时长、目的等多个层面的基本情况，并在此基础上分析未成年人的互联网行为特征及可行的对策建议。

本报告主要关注的对象是“Z 世代”（Generation Z）。根据既往文献，“Z 世代”又称为“互联网世代”,[②] 虽然学者对它的定义并不完全一致，但“Z 世代”主要指出生于 1995 ~ 2010 年的新生代人群。本文所研究的未成年人群为出生在 2002 年以后、18 周岁以下人群，与“Z 世代”的定义具有较大重合度。本报告采用一题一计的方式，针对每个问卷问题单独统计相关数据。

二 互联网使用现状

（一）全面接入网络，家庭是主要使用场所

调查显示，未成年人的互联网普及率已达 99.3%（另外的 0.7% 为缺失

① 参见佟菲《想象表演与自我呈现——“观展”范式下互联网使用与青少年自我认同建构》，上海师范大学硕士学位论文，2013；陈卫东《中国青少年移动互联网应用的特点及影响分析——基于全国 8 省市抽样调查数据》，《中国青年研究》2015 年第 7 期，第 5 页。

② 高戈：《探析弹幕传播机制下“Z 世代”次文化社群生态——以 bilibili 弹幕网为例》，《传媒论坛》2020 年第 2 期，第 134 页。

样本），明显高于我国总体互联网普及率（64.5%）。[①] 根据中国互联网络信息中心（CNNIC）所公布的第45次《中国互联网络发展状况统计报告》，学生群体在我国网民群体中占比最高，达到26.9%，其中，20岁以下人群占比为23.2%。而城乡之间的未成年人互联网使用率也几乎没有差别。“Z世代”成为互联网一代的判定已被事实验证。

从城乡的上网地点对比可以看出，个体家庭成为未成年人上网的主要地点，在城乡两地占比均超过85%。学校、网吧、随时随地上网的占比较少，且城乡之间稍有差异。城市未成年人在学校上网的比例（6.1%）高于乡村地区未成年人，而乡村地区未成年人的网吧上网比例（1.2%）高于城市地区未成年人（见图1）。

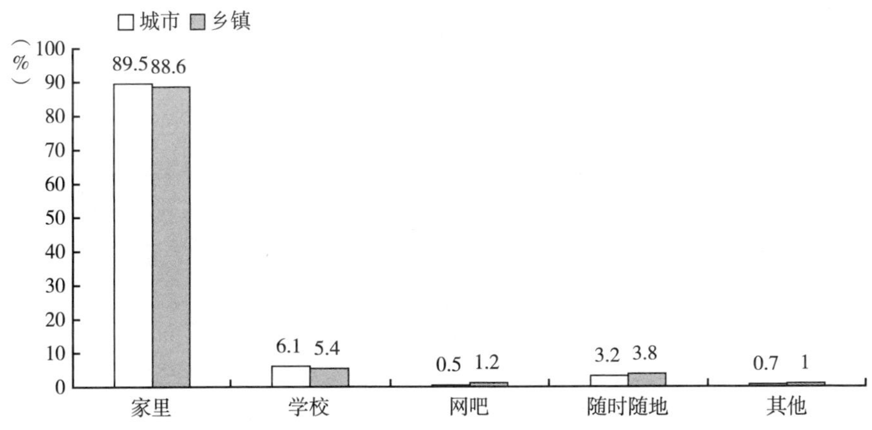

图1　城乡地区上网地点对比（2020）

（二）以手机接入为主，三成使用智能设备

手机仍然是未成年人上网的主要设备，有超过八成的未成年人使用手机上网。同时，除了电脑（含平板电脑）以外，未成年人的上网设备更加多元，相较于2017～2018年的数据，上网工具增加了智能机器人（如小度音

① CNNIC调查显示，截至2020年3月，我国城乡互联网总体普及率达64.5%。

箱、天猫精灵、Alpha 蛋等）、智能手表等。其中，超过一成（12.4%）的未成年人使用智能机器人，两成（20.0%）使用智能手表。

与此同时，城乡未成年人在上网设备的使用上有一定差异。在手机的使用上，乡镇地区未成年人比例（83.2%）略高于城市地区未成年人（80.1%）。而在电脑、iPad/平板电脑、智能机器人（小度音箱、天猫精灵、Alpha 蛋等）、智能手表等上网设备上，城市地区未成年人的使用比例更高（见图 2）。

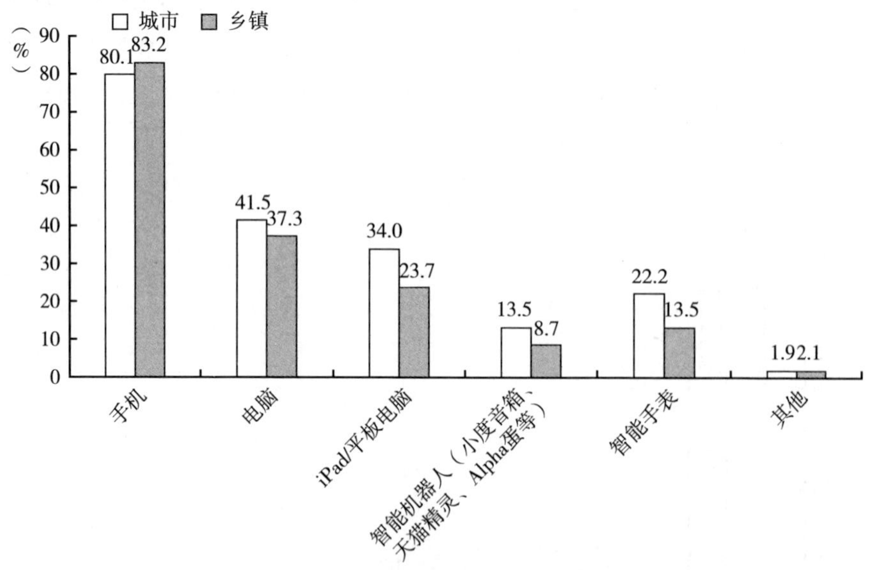

图 2　城乡未成年人上网设备比较（2020）

（三）首次触网年龄峰值：从10岁以上降至7岁

随着移动终端设备的普及，未成年人触网年龄不断降低，10 岁及以下开始接触互联网的人数比例达 78%。其中，首次触网的主要年龄段集中在 6～10 岁，即小学四年级以前。同时，4 岁以下首次触网的比例有所增加。

从 2020 年的数据可以发现，未成年人的首次触网年龄中，7 岁成为一个增减分水岭。7 岁以下各年龄的比例呈现增长趋势，而 7～10 岁各年龄占比则呈现递减趋势。10 岁以后触网的未成年人比例由 24.6% 缩减至 13.6%，可以发现，“Z 世代”的触网年龄不断提前，平均触网年龄不断下降（见图 3）。

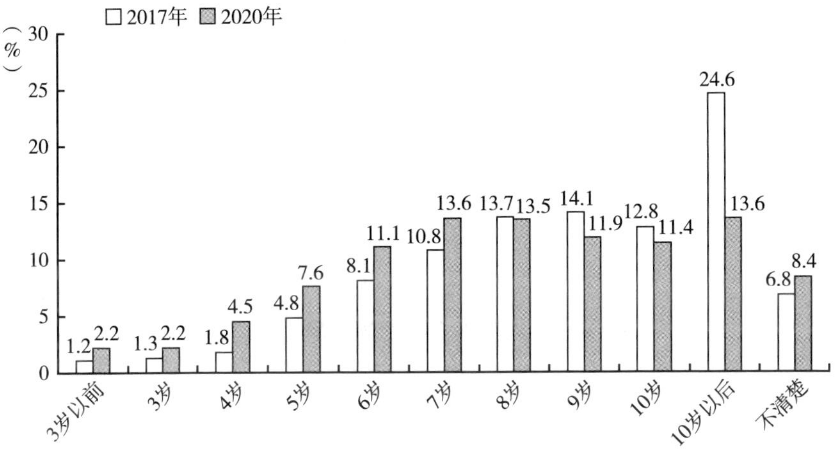

图 3　未成年人触网年龄对比（2017，2020）

（四）周末上网集中，两成未成年人一天上网4次以上

未成年人在周中和周末上网休闲的频率具有较大差异，大部分未成年人倾向于在周末增大上网频率。数据调查显示，在周中，有 1/3 以上的未成年人表示“从不（上网）玩”，另有约 1/3 的人数表示一天上网 1 次。一天上网次数超过 3 次的占比不到 6%，而在周末，“从不（上网）玩”的比例下降至 4.8%，一天上网 2 次及以上的人数比例明显提升（见图 4）。

从城乡对比分析中可以发现，随着上网频率的不断增加，乡镇地区的未成年人在周中、周末的互联网使用频率开始明显高于城市地区的未成年人。例如，在上网频率达到“一天 3 次”及以上时，乡村地区未成年人的比例明显增加，尤其是在周末。当上网频率为“一天 6 次以上”时，乡镇地区的未成年人周末上网频率达到近一成，明显高于城市地区（6.6%）（见图 5）。

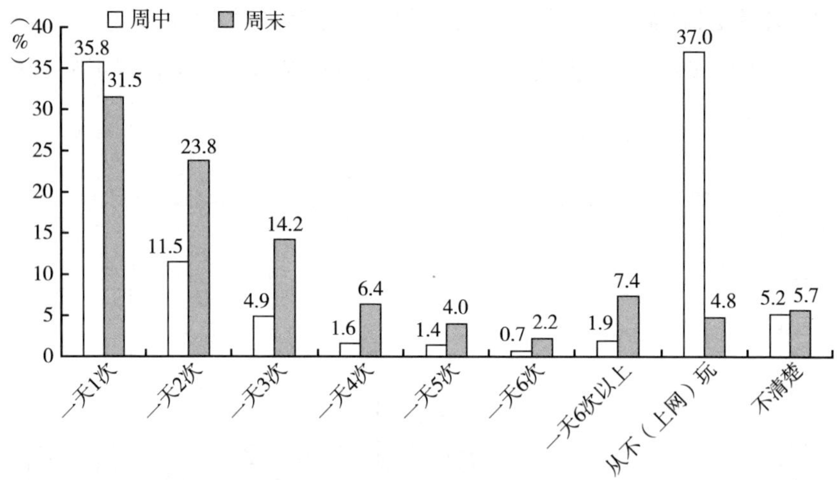

图4　未成年人周中/周末上网频率对比（2020）

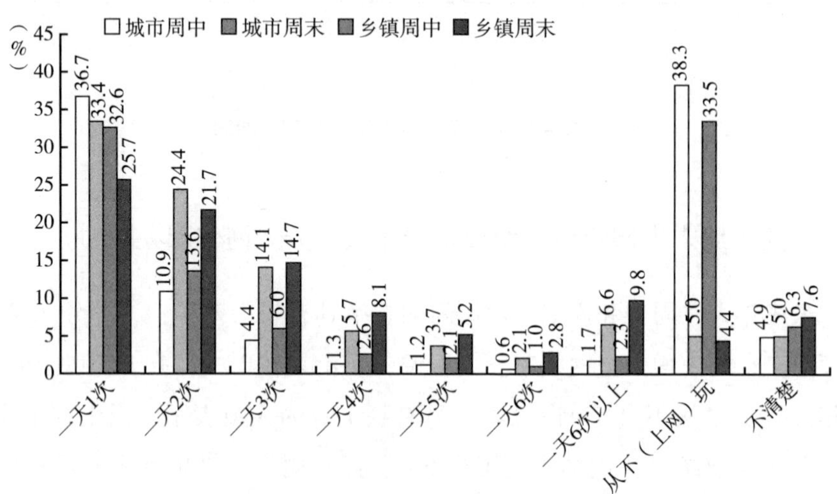

图5　未成年人城乡周中/周末上网频率对比（2020）

（五）近八成的未成年人周中日均上网不超过半小时

从周一至周五，未成年人的上网时长受到较大限制，35.9%的未成年人上网时间不超过半小时，有约1/3的未成年人表示周中不上网。上网时间在两小时及以上的未成年人总数占比不超过6%。节假日期间，未成年人的上网时长明显延长，相较平时，上网时长在半小时以内的比例下降，时长在一小时及以上的比例明显上升，更有 13.5% 的人上网时长达 3 小时以上。

其中，三个年龄阶段的未成年人在周中上网时长均呈现一定程度的两极分化。一方面，超五成的人数“从不玩”或上网时长为“半小时以内”；而另一方面，上网时长在“三小时以上”的人群比例高于“两个半小时”和“三小时”的人群占比（见图 6）。

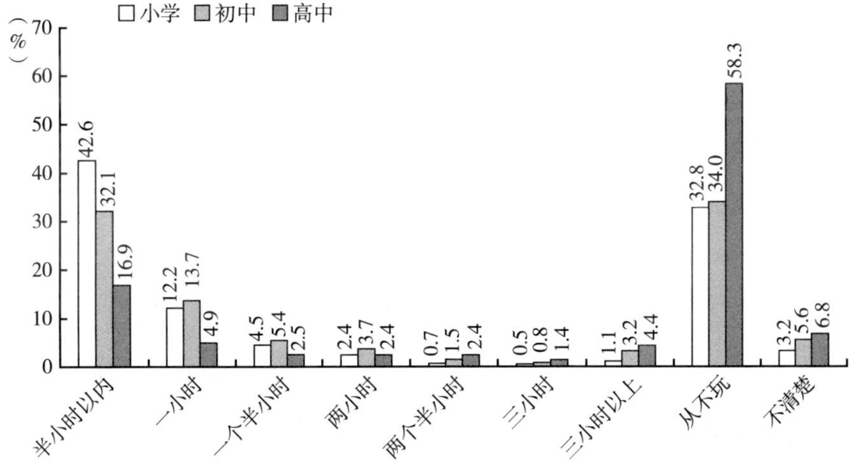

图 6　小学、初中、高中周中上网时间对比（2020）

数据显示，未成年人在周末上网的总体时间较周中明显增加。上网时长在一个半小时以内的小学生占比约七成，初中生占比约五成，高中生则不到三成。相反，有约三成的高中生在周末上网时间达到三小时以上。当周末上网时长超过一个半小时后，年龄与上网时长呈正相关（见图 7）。

随着总体上网时间的不断增加，未成年人也意识到网络带给自己的负面影响。其中，21.4% 的人表示自己“比以前更爱待在家里，运动减少了”，20.1% 的人表示自己“用电脑和手机太多，视力下降很快”，另有 17.9% 的人表示上网“分走了不少学习时间”。

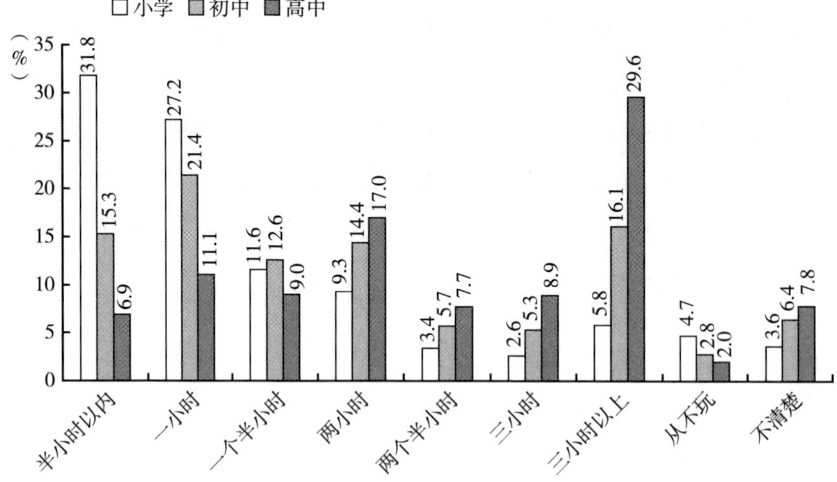

图7　小学、初中、高中周末上网时间对比（2020）

（六）上网目的：在线学习重要性凸显

调查显示，娱乐、学习、社交是未成年人上网的主要目的。居于前5位的分别是音乐、游戏、在线学习、微信和视频（见图8）。其中，微信（32.5%）和视频（26.2%）的使用比例较2017年明显提升。

游戏在上网活动中排名第2，超过四成的未成年人接触并玩网络游戏。近些年手游发达，也促使更多的未成年人加入网络游戏大军。在被问及“是否研究过网络游戏”攻略时，45.1%的表示“没有”，另有五成左右的未成年人接触过游戏攻略，有近一成的未成年人表示“经常”研究游戏攻略。与此同时，随着社交网络日益普遍，虚拟交友也日渐流行。但未成年人对于网络交友的持续性并不确定，近四成人表示可能会持续交往，但超过四成的人表示不会继续交往。

（七）图文视频类App使用多元且广泛

根据CNNIC最新数据，截止到2020年3月，我国网络视频用户规模超

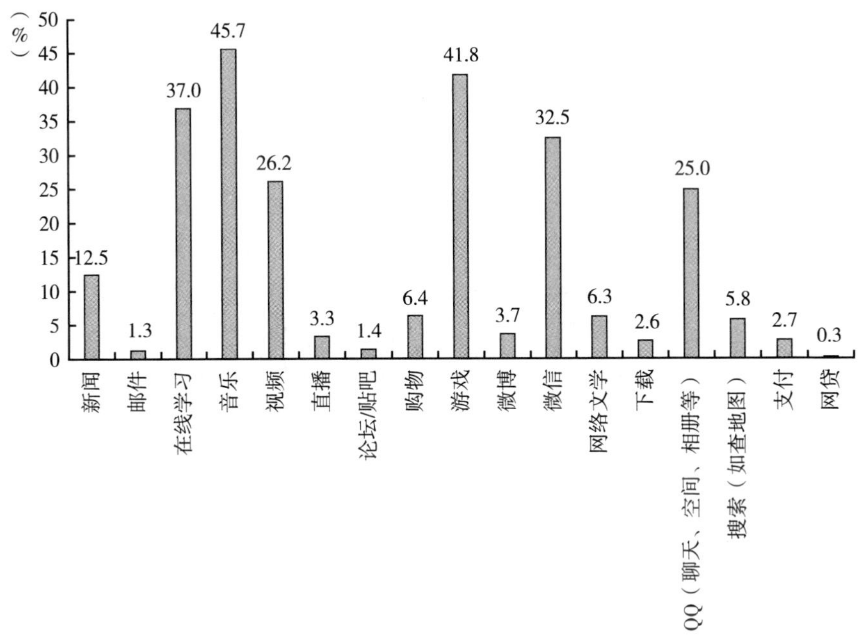

图8　未成年人上网使用的网络功能分类（2020）

过8.5亿人次①，包括短视频在内的视频App“火山喷发”式的发展成为不争的事实。调查显示，未成年人广泛使用图文视频类App，其中占比最大的是视频门户网站，如爱奇艺、腾讯视频、优酷、芒果TV等，占比为63.3%，排名第2的是短视频类App，如抖音、快手、西瓜视频等，占比为62.0%。

不同年龄阶段的未成年人在图文视频的消费中占不同比例。其中，二次元类、网络直播平台、网络论坛类、网络文学平台类的使用比例与年龄呈正相关，即未成年人年龄越大，使用比例越高。在短视频类和视频门户网站的使用中，小学生和初中生占比较高，高中生占比较低（见图9）。

① 中国互联网络信息中心（CNNIC）：第45次《中国互联网络发展状况统计报告》，2020年3月，第61页。

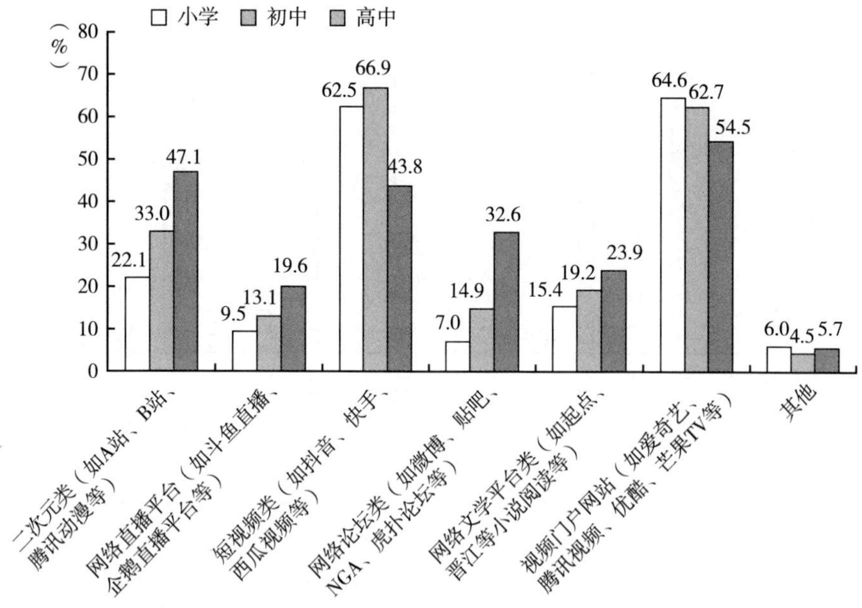

图9　小学、初中、高中未成年人图文视频类App使用对比（2020）

（八）75.2%的未成年人自我约束力较强，但注意力分散须警惕

随着互联网对未成年人日常生活的渗透，网瘾和自我约束成为值得关注的问题。调查显示，家长不在身边的情况下，42.9%的人表示在“所有情况下都可以忍得住，不上网玩”，32.3%的人表示“多数情况下忍得住，不去上网玩”，18.4%的人表示“一半情况下忍得住，一半情况下忍不住”，低于7%的人数表示多数情况下忍不住，要去上网玩（见图10）。“Z世代”未成年人的家庭多为双职工，相当一部分未成年人需要在无人看管的情况下完成作业，因此，互联网对其的干扰力较大。尤其是对于自控力较差、上网成瘾的未成年人来说，独自在家完成作业成为较大挑战。

约六成的未成年人表示自己平时上网较少或从来不会超出事先限定的时间，近四成的表示会超出限定时间（见图11）。另外，长时间的超时上网可能会影响未成年人的运动时长和身体健康。调查显示，超四成的青少年表示每日运动时间不足1小时，超四成的人表示自己眼睛已经近视。

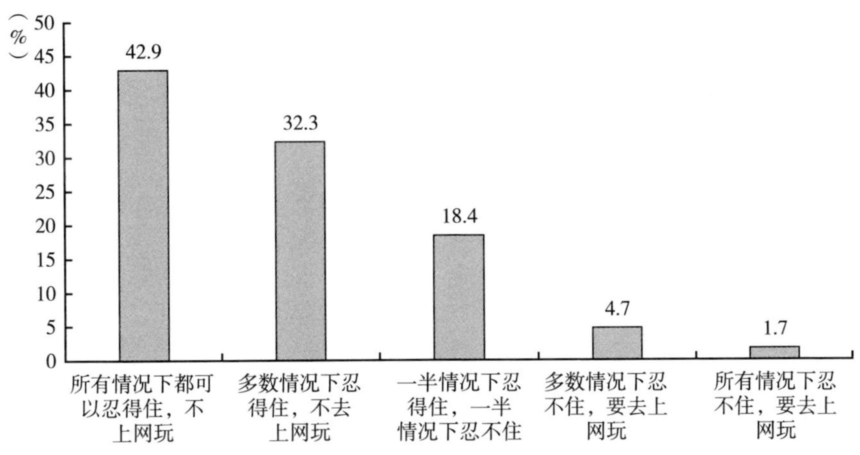

图10 “家长不在身边，是否会上网”比例（2020）

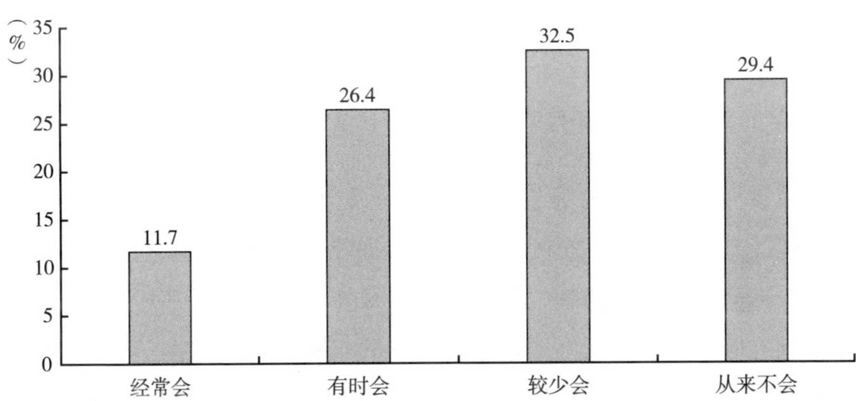

图11 “上网是否超出事先限定”比例（2020）

（九）在线学习使用人数攀升，超八成人有网课

在未成年人上网目的调查中，在线学习以37%的比例居第3名，较2017～2018年有较大幅度攀升（13.4%）。根据网络学习的科目调查发现，语数英“三大科”占比最大，尤其是英语（41.0%）和数学（37.9%）。16.0%的未成年人表示“没有网课”。本次调查样本收集时间为2019年底，

未能包含2020年“新冠肺炎”疫情的相关网课使用情况。如果将此段时间的网络使用情况包含在内，相信网络课堂使用比例将大幅上升（见图12）。

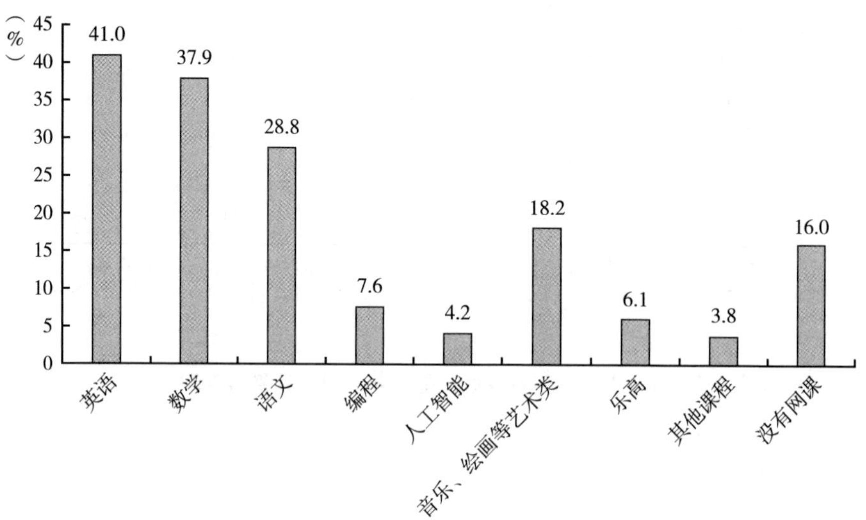

图12　未成年人参加网课的科目分类（2020）

选择参加音乐、绘画等艺术类网课的人数排第4位，与编程、乐高、人工智能等其他寓教于乐类网课显示的数据相似。在小学和初中年级学生群体中，选修这些课程的学生数量和年级成正比，而到了高中阶段，选修人数比例有所降低，显示出未成年人在不同年龄段对网课的感兴趣程度也不尽相同。另外，各年级平均约有16%的学生未参加任何形式的网课，且网课在乡镇的普及率与城市相差不多，城市和乡镇分别为16.8%、13.6%。

学习类App已经成为未成年人学习过程中的重要帮手，当问及“在家学习或做作业遇到不懂的问题时，通过什么方式寻求答案”，21.6%的人表述会求助“学习类App”。

（十）七成人每周网课两小时以内，低年级更喜欢网课

调查发现，网课学习的时长普遍较短，41.2%的未成年人每周网课时间

少于 1 小时。两小时以内的人数占比达到 70%，有 3% 的人表示每周网课时间超 8 小时。

未成年人对于在线学习的态度呈现两极分化，其中，47% 的未成年人表示“一般”或“不喜欢”，40.9% 的人数表示“比较喜欢”或“非常喜欢”。其中，小学生普遍比较喜欢上网课，约 45% 的小学生选择喜欢，超过平均水平，而年级越高，学生们对网课的喜欢程度越低，初中和高中学生对网课的喜欢程度均低于平均水平，分别为 34.8% 和 23.5%。同时，城市学生（45.6%）相比乡镇学生（37.4%）更喜欢上网课，在不喜欢网课的人数统计中，乡镇（17.1%）比城市（13.9%）略高（见图 13）。对于网课的作用，六成以上未成年人认为有效果（见图 14）。其中，65.6% 的小学生认为网课提高了成绩，为所有年龄段中最高的，56.4% 的初中生和 45.2% 的高中生表示提高了成绩。

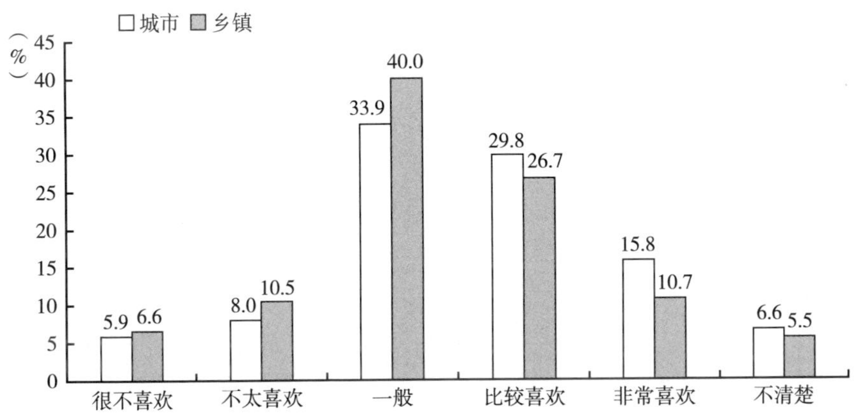

图 13　网课态度城乡对比（2020）

（十一）上网方面家长和孩子冲突较少

调查发现，七成以上的未成年人表示“很少”或“没有”因为上网问题与父母发生争执。同时，有超过一成的人表示“有时”（9.4%）或“经常”（2.8%）与父母发生争执。2017 年的调研报告发现，父母对未成年人

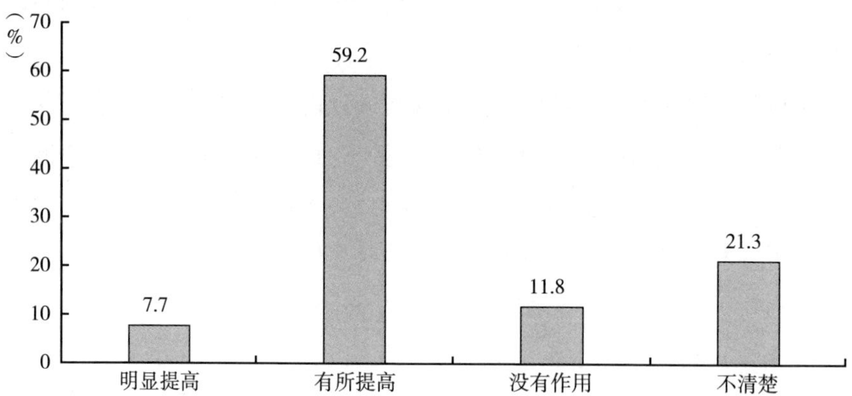

图 14　网课对学习成绩影响认知（2020）

上网频率产生较大影响，包括寄宿与否、代际关系、家庭上网时长等。[①] 但是本次调查发现，关于未成年人上网的代际冲突并不明显（见图 15）。另外，多数未成年人认为家长对自己上网的帮助较大。在调查样本中，未成年人对“家长在上网中的帮助”一选项平均打分为 6.4（总分值为 10）。

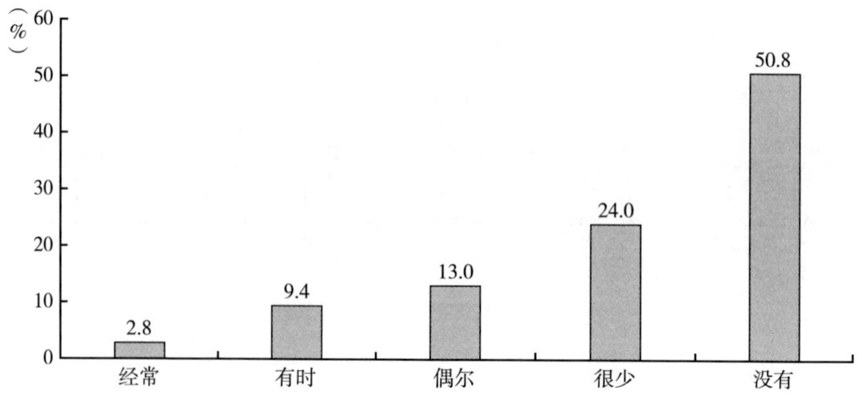

图 15　因上网的问题与父母发生过争执的比例（2020）

① 杨斌艳、吕静：《未成年人互联网运用状况》，季为民、沈杰主编《青少年蓝皮书：中国未成年人互联网运用和阅读实践报告（2017～2018）》，社会科学文献出版社，2018。

三　互联网行为特征及存在的问题

（一）互联网全面普及后，需关注城乡使用行为差异

相较于“80后”“90后”的互联网使用情况，“Z世代”的互联网使用率几乎达到100%。随着千元手机、低价流量的普及，城乡地区在互联网接触率上的差别基本消除。但是，这并不意味着城乡之间未成年人互联网使用不存在差异。未来城乡的互联网差异将逐步从“能否使用”过渡到“如何使用”。

2019年6月，中共中央、国务院出台《关于深化教育教学改革全面提高义务教育质量的意见》（以下简称《意见》）。《意见》指出，要促进信息技术与教育教学融合应用，推进“教育+互联网”发展，建立覆盖义务教育各年级各学科的数字教育资源体系，尤其是要关注城乡教育差距，免费为农村和边远贫困地区学校提供优质学习资源，加快缩小城乡教育差距。本次调查已初步显示，城乡未成年人在上网设备、接触内容、用网时长和使用频率等方面存在一定差异。随着手机成为网络接入的主要终端，农村青少年使用互联网的频率也越来越高，而如何加强规范引导，提升乡村地区未成年人的网络素养和自我管理能力，成为较为突出的问题。

（二）网上课堂的适用性和教学效果有待进一步观察

在网课流行后，需更多了解未成年人对于网课的态度和认知，注意不同年龄群体对于网课的适用性和评价。从此次调查数据来看，对于网课持“喜欢”或者“不喜欢”态度的未成年人数量接近。另外，长时间网课对学生视力的影响值得关注。调查发现，未成年人主要通过手机上网，占比达到75%以上，而用电脑上网的未成年人仅占14%。按一节网课40分钟计算，大部分学生在疫情期间每天用手机连续听课4～6小时，时间过长，上课效果不太好，且手机屏幕较小，易造成未成年人视力损伤。2018年8月30

日，教育部、国家卫健委等8部门联合印发的《综合防控儿童青少年近视实施方案》中提到，学校教育本着按需原则合理使用电子产品，教学和布置作业不依赖电子产品，使用电子产品开展教学时长原则上不超过教学总时长的30%；家长陪伴孩子时应尽量减少使用电子产品，有意识地控制孩子特别是学龄前儿童使用电子产品，非学习目的的电子产品使用单次不宜超过15分钟，每天累计不宜超过1小时。

作为一种新的教育教学方式，网络课堂具有操作简易、低成本、可复听等特点，但同时也存在互动性差、浸入感低等问题。既往研究发现，网络课堂的使用受到多种因素的影响。其中，知识获取、自我表现预期、同行/社会压力以及对于网课的娱乐性预期都会影响民众对于网络课堂的态度。① 尤其是对于未成年人的教育，娱乐性和互动性是提升学习效果非常重要的方面，未来的网络课堂设计应该考虑在情景化和互动性上进行提升。

（三）智能化产品逐渐进入未成年人生活

未成年人已成为智能化产品使用的先锋群体。随着AI、5G、物联网等智能技术的不断普及，居民进入智能互联时代。青少年使用智能产品的频率和时长日渐增多。调查显示，12.4%的未成年人使用智能机器人上网，20%的人使用智能手表上网。

智能化产品进入未成年人学习和生活，其影响值得关注。一方面，万物互联的时代，智能技术和家庭机器人可以有效帮助未成年人群提高学习效率，减少出行、交流成本；但另一方面，智能技术背后的“算法黑箱”“信息黑洞”“隐私侵权”等问题也日渐浮出水面。智能化技术背后的逻辑是数据和算法的技术，但以培养熏陶为目的的未成年人教育在很大层面上可能忽视算法存在的诸多问题，从而造成智能技术对未成年人的“欺骗”和“隐瞒”问题，伤及未成年人成长。伴随着智能化而来的另一个问题是，城乡

① 孙萍、牛天：《知识获取VS娱乐享受——基于UTAUT拓展模型的网络课堂使用探究》，《新闻与传播研究》2019年第5期，第77页。

未成年人在知识获取上可能面临新一轮的“数字鸿沟”①。以智能化为基础，在城乡之间拓展形成的上网设备、网速支持、技术可供平台、教育消费等问题日渐显现，城乡未成年人教育方面的“智能鸿沟”可能会进一步加深。

（四）互联网流行文化对未成年人的影响不容小觑

新媒体生态造就的互联网文化对未成年人的影响巨大。调研数据显示，未成年人对网站视频、短视频、二次元文化、网络文学、直播和论坛的使用已十分普遍，尤其是使用视频类 App 的未成年人已占其总人数的六成以上。《青少年网络流行文化研究调研报告》认为，当下青少年网络文化具有社交化、二次元化、新部落化、技术产品消费生产化、文化参与和创造性、符号消费的再符号化、文化资本累积以及女性力量崛起等特征。②

“Z 世代”作为“互联网一代”，其成长环境和价值观念的塑造受到网络流行文化的巨大影响。粉丝文化、网络流行语、亚文化圈层等正日益影响青少年的自我认同和行为方式，互联网流行文化已成为未成年人的“第二人生”③。沉迷线上生活会造成对未成年人线下学习、教育、社交活动实践的严重挤压，造成青少年人群对社会生活的弱参与和弱反馈。

（五）信息时代的家庭教育和代际关系值得关注

随着信息时代的到来，数字技术和互联网使用对家庭教育生态和代际关系产生巨大影响。首先，信息时代的家庭教育愈发强调监护者的主体责任。除了有效保障未成年人的衣食住行等基本权益外，有关媒介素养培养的主体责任开始显现。家长如何提升自我媒介素养，并在此基础上配合学校，重

---

① 陈仕伟：《大数据时代数字鸿沟的伦理治理》，《创新》2018 年第 3 期，第 15 页。

② 中国青少年研究中心、苏州大学新媒介与青年文化研究中心“青少年网络流行文化研究”课题组：《新媒介空间中的青少年文化新特征——“青少年网络流行文化研究”调研报告》，《中国青年研究》2016 年第 7 期，第 58 页。

③ 中国青少年研究中心、苏州大学新媒介与青年文化研究中心“青少年网络流行文化研究”课题组：《新媒介空间中的青少年文化新特征——“青少年网络流行文化研究”调研报告》，《中国青年研究》2016 年第 7 期，第 65 页。

视、引导未成年人的媒介理念，成为关键问题。其次，我们可以发现，未成年人的互联网使用成为影响新时代代际关系的重要因素。虽然大部分被调查的未成年人具有较好的自控性，但仍有超过一成的人数表示会因此与家长起冲突。

四 对策建议

（一）推进网络素养教育规范标准落地，多方合力有效提升未成年人网络素养

“Z 世代”成为“互联网一代”已是不争的事实，调查显示，其互联网触及率接近 100%。未来新生代的成长势必会加速形成基于互联网、多方联动的平台教育机制和学习机制，因此，未成年人的网络素养教育成为当下我国青少年教育工作的重中之重。重视并保障未成年人形成良好的网络使用素养是保障我国社会良性有序发展的重要前提。

要以政府为核心，以媒介机构为依托，形成学校、家庭、社会机构等多方协作的模式，及时有效、因地制宜地推出未成年人的网络素养教育纲领。帮助未成年人形成正确的上网态度和网络交往价值观，培养其健全的人格，完善其社交网络人格修养。[①] 但是，目前我国很多的网络素养课程存在流于形式、枯燥乏味、过于抽象等问题，推进未成年人网络素养教育的问题存在多处短板。政府应该联合教育机构和社会力量，因地制宜，有针对性地做好网络素养教育课程的研究、开发和实地应用，确保未成年人的网络素养教育落到实处、产生实效。

（二）强化网络课堂普惠策略，缩小城乡差距

近几年网络课程日渐流行，无论学校教育体制内的网课还是商业化网

---

① 孙彪：《青少年群体网络素养教育提升路径研究》，《法制与社会》2019 年第 24 期，第 144 页。

络课程，使用人数比例均出现较大幅度增长。2020 年的新冠肺炎疫情使得网络课堂的触及度和普及率大大提升，全国小学、中学以及高等院校均通过网络课堂开展线上授课。2019 年 4 月，国家市场监督管理总局、国家标准化管理委员会发布公告，批准发布《信息技术学习、教育和培训在线课程》国家标准，[①] 对网课的建设维护、课程设计、参与度等做了规范。但是，目前教育机构和市场上的网络课堂内容良莠不齐、形式纷杂，很难做到统一指标和评估机制。国家教育部门可在此基础上对乡村地区的网络课堂进行政策倾斜，同时帮助乡村地区实现教学电子设备的购置与维护，做到教育资源最大限度的公平、普惠使用。

（三）关注未成年人网瘾问题，积极塑造青少年人群的主体意识

研究发现，“Z 世代”的社交、娱乐和学习已经在很大程度上依赖互联网和手机应用。同时，对于互联网的使用，代际差异巨大，未成年人群是主动使用互联网最活跃的用户。“Z 世代”大规模地从现实生活“迁徙”到网络生活中已变为现实，对于虚拟空间的过分浸入感使得部分未成年人难以有效平衡线上线下的学习与生活。[②]

作为未来青少年人群成长过程中的重要文化载体和传播媒介，网络空间的存在意义巨大。但是，过分地“浸入”虚拟空间不利于青少年的学业、社交、个人成长。尤其是在数字化日渐成为衣食住行各方面的中介时，未成年人的“网瘾”问题除了指对网络游戏、社交等的迷恋外，而是更演化成为一种普遍的、内化的“虚拟浸入综合征”。过分沉浸其中使青少年无法形成健康、全面的立体生活。对此，要积极探索提升未成年人的能动性，使其对网络生活的两面性有充分认识。在提升自我主体性的同时，多方协调共建自律守时的网络使用生态。以网络游戏为例，可以通过引导教育使青少年人群意识到网络游戏的利与弊，帮助其回归人的主体掌控，并以学校和家庭为

① 《标准号：GB/T 36642 - 2018》，国家标准全文公开系统，2018 年 9 月 17 日，http：//www.gb688.cn/bzgk/gb/newGbInfo？hcno = 6E3B4E826115275EA7597F610181B886。

② 刘红心：《网络游戏对青少年社会化的影响研究》，山东师范大学硕士学位论文，2018。

主，从网络使用工具、使用频率、使用时长等方面鼓励其自我约束，形成良性可持续的网络使用习惯。

（四）重视并关注信息时代的新型代际关系，保障家庭教育可持续发展

信息社会下的典型特征是移动终端、人机互联、人际互联，尤其是出生在互联网时代背景下的“Z 世代”，受到网络和智能技术的影响十分巨大。与此同时，“Z 世代”未成年人的家庭成长环境同“80 后”“90 后”等不太一样。由城镇化、信息化所造成的代际“技术反哺”的情况越来越少。“Z 世代”的父母多为“80 后”或“90 后”，在互联网计算机的应用上十分娴熟，他们对于互联网的认知很大程度上来源于自己的父母。因此，新生代父母对于互联网使用的态度会在很大程度上影响家庭中未成年人的互联网使用。

当下网络空间具有开放性、匿名性、实时性，网络资源丰富多样，[①]“新生代”如何在父母的引导下健康使用网络问题成为现代教育重要的议题之一。尤其是形成良性的家庭引导、用网环境，并在此基础上减少代际用网矛盾、增强互信互利的和睦关系，显得尤为必要。未成年人是当下我国互联网环境中最活跃的主力人群，由于他们仍处于思想道德、价值观念急剧变化期，所以有效的价值引导、家庭监管和父母科学的应对手段显得十分有必要。

参考文献

《中共中央国务院关于深化教育教学改革全面提高义务教育质量的意见》，http：//www. moe. gov. cn/jyb_ xxgk/moe_ 1777/moe_ 1778/201907/t20190708_ 389416. html，最

① 邓验：《青少年网瘾现状及监控机制研究》，中南大学硕士学位论文，2012。

后检索时间：2019 年 6 月 23 日。

刘红心：《网络游戏对青少年社会化的影响研究》，山东师范大学硕士学位论文，2018。

孙萍、牛天：《知识获取 VS 娱乐享受——基于 UTAUT 拓展模型的网络课堂使用探究》，《新闻与传播研究》2019 年第 5 期。

佟菲：《想象表演与自我呈现——“观展”范式下互联网使用与青少年自我认同建构》，上海师范大学硕士学位论文，2013。

B.3
未成年人对互联网的认知和态度

杜智涛　罗湘莹*

摘　要： 随着网络技术的快速发展，互联网和数字化生活方式形塑并影响着未成年人的认知和态度。互联网已经成为未成年人认知和态度形成的主要媒介，互联网表达的多元化也拓展了未成年人的认知领域。互联网对未成年人的认知与态度形成也造成了诸多不良影响，如互联网影响了未成年人专注力养成和认知深度的形成、挤占未成年人学习时间并影响未成年人的社会化。针对这些问题，应多方联动、协同治理，形成由法律约束、政府监管、行业自律、企业负责、学校引导、家庭保障各方联动的未成年人网络保护体系。

关键词： 互联网　未成年人　认知　态度

一　基本状况与主要特征

（一）互联网成为未成年人认知与态度形成的主要媒介

1. 互联网的高度社会嵌入性对未成年人认知形成产生重要影响

中国互联网络信息中心（CNNIC）发布的第45次《中国互联网络发展

* 杜智涛：中国社会科学院大学媒体学院教授，主要研究方向为网络传播；罗湘莹，中国社会科学院大学新闻学与传播学系硕士研究生，主要研究方向为网络传播。

状况统计报告》显示，截至2020年4月，我国网民规模达9.04亿，较2018年底增长7508万，互联网普及率达64.5%。[①] 2019年3月27日，共青团中央维护青少年权益部和中国互联网络信息中心联合发布的《2018年全国未成年人互联网使用情况研究报告》显示，我国未成年网民规模为1.69亿，未成年人的互联网普及率达到93.7%。[②] 我国互联网普及率继续平稳增长，互联网已经高度嵌入未成年人的生活，是未成年人获取信息、社会交往和生活娱乐的主要媒介。据调查，近七成未成年人在10岁以前就已经开始上网，27%的未成年人在学龄前就开始接触网络（见图1）；近34.3%的未成年人每天上网超过3次，29.3%的未成年人每天上网时间在两个小时以上。很多未成年人表示，做完作业或者周末，首要的事情就是上网。与此相对应的是，未成年人纸质图书阅读率呈逐年下降趋势；同时，电视、广播等媒体在总体人群中收视（收听）率下降，在未成年人中的收视（收听）率更低。互联网高度的生活场景嵌入性，以及其所容纳的海量信息资源、丰富的内容表现形式，会使未成年人形成高度的认知依赖，这种依赖可能会对其他认知方式产生一定的排他效应，互联网已经成为未成年人认知、态度形成的最主要的信息渠道。

尼葛洛庞帝在其著作《数字化生存》中提出了一个对未来的畅想，按照他的解释，人类生存在一个虚拟的、数字化的生存活动空间，在这个空间里人们应用数字技术（信息技术）从事传播、交流、学习、工作等活动。“数字化生存”在今天已经成为现实，互联网创造了一种随时“在场”的情境，虚拟世界与现实世界的边界不断模糊，更多现实世界中的商业活动、政治生态、行为规则，乃至亲情伦理都被复制到虚拟空间里，这些都使得正在发育与成长的未成年人获得了新的认知世界的方式，使得未成年人对世界的认知、理解表现出与以往很大的不同。

---

① 中国互联网络信息中心（CNNIC）：《中国互联网络发展状况统计报告》，2020年4月，http：//www.cac.gov.cn/2020-04/27/c_1589535470378587.htm。

② 共青团中央维护青少年权益部、中国互联网络信息中心（CNNIC）：《CNNIC：2018年全国未成年人互联网使用情况研究报告》，2019年3月。

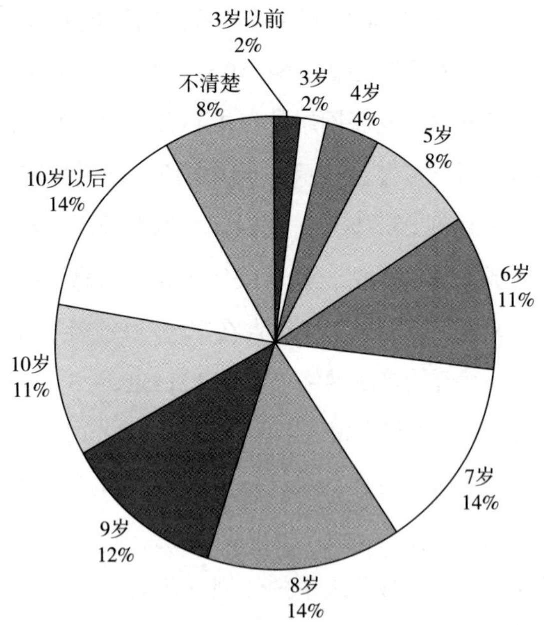

图1　未成年人第一次上网的年龄

2. 互联网在知识获取上的便捷性拓展了未成年人获取知识的能力

互联网延展了未成年人的学习时间、拓展了其知识获取的渠道。据调查，有37%的未成年人把在线学习作为他们上网的最主要目的。未成年人的网络学习也从简单的“查阅学习资料”发展成为网络课堂、在线题库、移动阅读、网上创作、在线互动学习等多模式、多渠道、多维度的学习模式。同时，中国大学MOOC、作业帮、小猿搜题、扇贝单词等学习类App也如雨后春笋般涌现，网络学习成为未成年人获取知识的主要形式。《2018年全国未成年人互联网使用情况研究报告》显示，87.4%的未成年人会使用互联网进行学习。[①] 在线学习成为除娱乐休闲外未成年人上网的最主要目的之一，包括通过互联网来完成作业和查资料（48.1%），通过互联网扩大知识量（25.9%），通过网上课堂/上网课进行在线学习（20.7%）（见图2）。

① 共青团中央维护青少年权益部、中国互联网络信息中心（CNNIC）:《2018年全国未成年人互联网使用情况研究报告》，2019年3月。

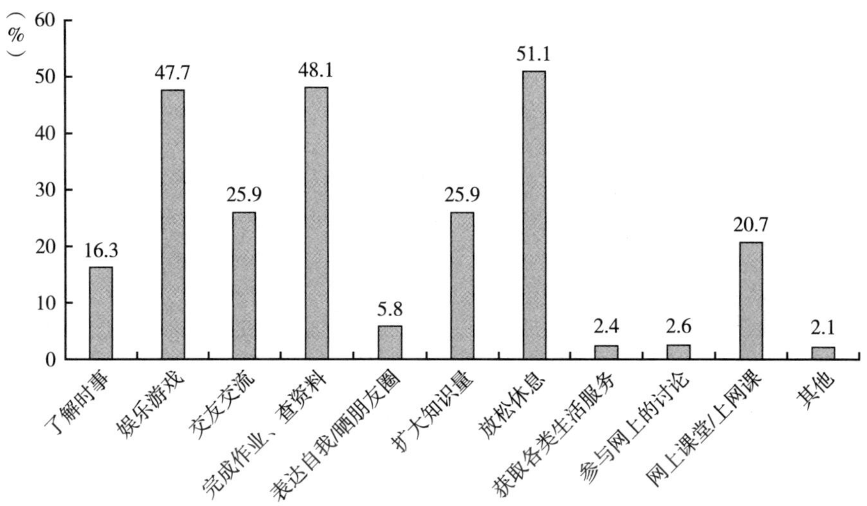

图2　未成年人上网的主要目的

同时，未成年人通过网络获取知识的效果也较好，他们普遍认为互联网对自己的学习起到了积极作用。调查显示，有54.7%的未成年网民认为通过网课学习成绩有所提高，7.1%的未成年网民认为通过网课学习成绩明显提高。另外，44.6%的未成年人认为互联网“使他们获取知识变得更容易”；31.4%的未成年人认为通过互联网自己“学习更方便了，很多课程、作业可以在网上进行”；21.2%的被调查者认为通过互联网可以“随时知道社会上正在发生的事情”；26.5%的被调查者认为通过网络“学习了很多新的技能”；25.1%的被调查者认为通过互联网“很多问题能自己解决，更少依赖大人”（见图3）。

学校的授课式教育和家庭的言传身教已不再成为未成年人认知的所有来源。互联网使未成年人可以方便地查找资料、获取信息。据调查，70.3%的未成年人表示，当自己面对问题时，会通过互联网寻求帮助。互联网在信息检索、知识获取等方面的便捷性，提升了未成年人在发现问题、分析问题和解决问题上的主观能动性，使未成年人主动求知的意识得到了提高，这些都提升了未成年人的学习能力和认知能力。

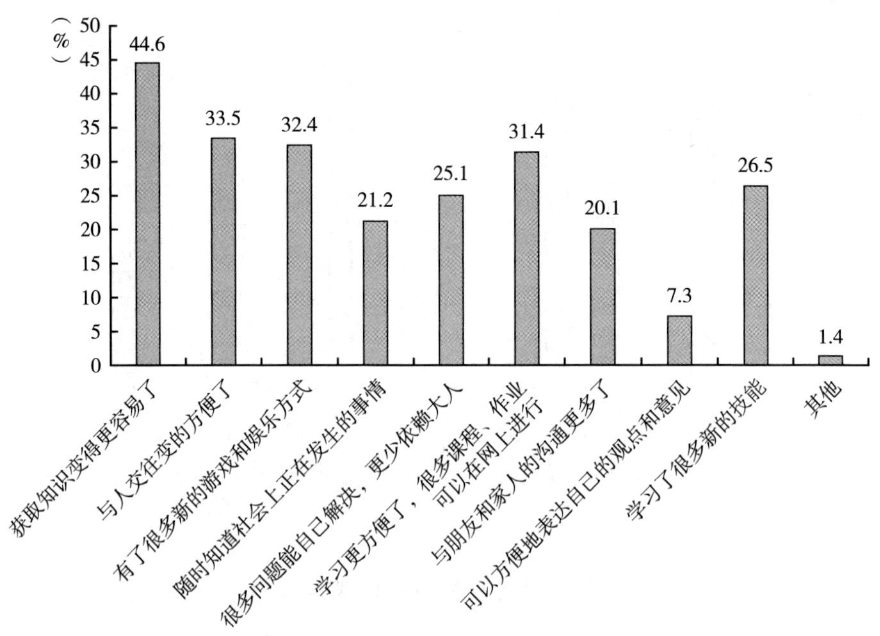

图 3　上网给未成年人带来了哪些好的变化

3. 互联网快速迭代的新应用增强了未成年人的创新能力

互联网时代，新技术的迭代与更新速度加快，使得层出不穷的新应用频繁进入未成年人的视野并影响他们的生活。未成年人更容易接触到新的事物，这使得他们比他们的父辈们更容易接受、适应新的观念和新的模式，也促使他们表现出更强的创新能力。调查中发现，超过八成的未成年人表示“自己不愿意循规蹈矩重复自己经常做的事，愿意尝试没有经历过的新奇事”。这种现象既与未成年人天然所具有的强烈好奇心有关，也与互联网所带来的新体验和新刺激有关。

互联网的非线性阅读模式为未成年人的创新思维奠定了认知基础。互联网中的信息是通过超链接的网状结构组织起来的，这是一种非线性、跳跃式、复杂的信息组织模式。非线性的信息组织模式有利于促使未成年人形成一种非线性的思维模式。这种非线性的思维模式与固有的呆板、因循守旧、循规蹈矩、程式化的线性思维模式相对，要求青少年打破固有的框架、传统的模式看问题，寻求新的视角和新的突破。这有利于培育未成年人形成发散性、多视角、多维度、关联性、系统性的思维模式，拓展他们看待问题、分析问题、解决问题的思路，提升他们的创新能力。此外，互联网的崛起带来了新的创业机会，也培养了一批年轻的创业成功者，他们成为年轻人新的榜样，激励着年轻人成长、成才。调查中发现，不少未成年人表示自己未来想进入互联网行业工作，或者创业。

互联网的快速发展带来了人们信息搜索与知识获取能力的极大提升，这使得未成年人的记忆方式，认知模式产生了很大变化。在海量的信息面前，“博闻强记”不再成为构建未成年人竞争力的最主要因素，而想象力、创造力等因素越来越成为未成年人竞争优势的体现。互联网在未成年人创新观念的塑造、创新能力的培育、创新思维的锻炼等方面，都发挥了不可估量的作用，这些新的变量都深深根植于未成年人的成长过程中，这使得当前未成年人的智力开发模式、成长路径与以往存在极大差异。

（二）互联网表达的多元化拓展了未成年人的认知领域

1. 互联网的多样化应用拓展了未成年人的认知渠道

互联网应用场景不断扩大，所能承载的应用服务也愈来愈多。各类短视频、直播、新闻资讯以及社交类 App 的出现，以及互联网内容生态的不断完善，极大地丰富了未成年人的认知渠道，拓宽了未成年人的视野和知识面。从图 4 可以看到，未成年人使用过互联网上的新闻、在线学习、音乐、视频、直播、购物、游戏、微博、网络文学、QQ（聊天、空间、相册等）、搜索（如查地图）等各类应用。其中，在线学习（占 37.0%）、游戏（占 41.8%）、音乐（占 45.7%）是三类最主要的应用。互联网的多样化应用极大地拓展了未成年人的认知渠道，使未成年人认知世界的方式更加多元化。但同时也使得未成年人过早介入成年人的社会生活，比如，调查发现一些未成年人有网贷、网恋经历，这些经历会使未成年人的成长面临诸多不确定因素，可能会影响未成年人正常的身心发育及其世界观、价值观的形成。

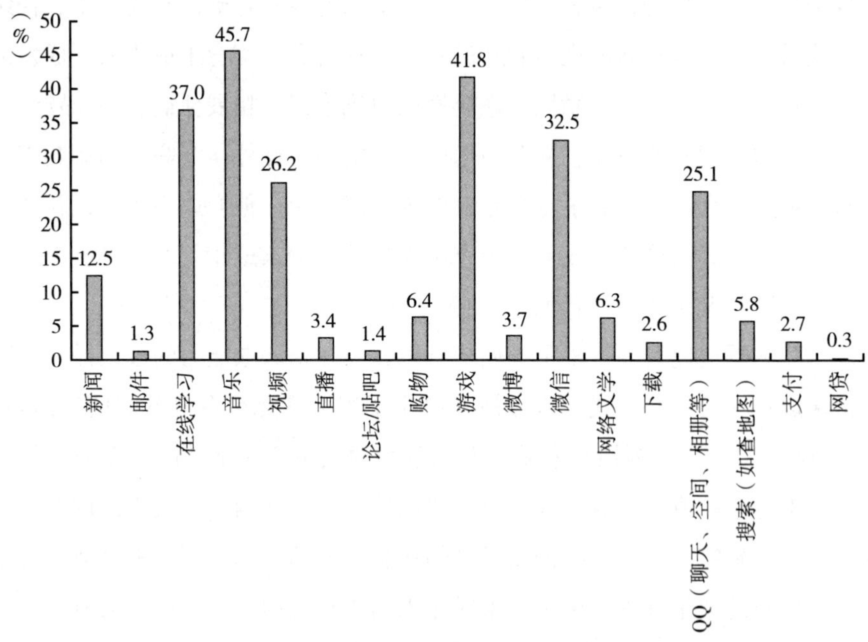

图4　未成年人上网使用的网络功能

2. 互联网丰富的信息表达形式提升了未成年人对认知体验的要求

网络媒介形态的演变历经了2G的“文字时代”、3G的“图文时代”、4G的“视频时代”，未来伴随着5G技术的普及与成熟，将会有更丰富的媒介形态诞生。新媒体环境下的阅读内容不仅以文字呈现，还多以图片、视频等富媒体的方式呈现。视频具有丰富的表现力和视觉效果，已成为当前内容呈现的基本形式。与文字相比，视频的内容呈现更加直观，具有极强的情绪感染力、趣味性和丰富的场景表现力。

作为“互联网原住民”的“Z世代”，伴随着互联网的发展而成长，从小浸润在互联网所构建的富媒体环境中，对认知体验有着更高要求。许多“80后”“90后”童年记忆里的游戏（如《超级玛丽》《魂斗罗》等）并没有完整的故事线，以画面低像素、挑战模式较为单一、操作简单易上手等为特点。而“00后”则很不一样，MobData研究院发布的《2018“Z世代”未成年人游戏玩家洞察》中显示，“Z世代”玩家倾向于3D画面和联机游戏。[①] 随着技术的发展，活跃在“Z 世代”童年世界中的手游，在交互性、视觉表现等各个方面都有了极大的改善，其交互体验更加友好、故事情节更为饱满、情感调度高效、操作紧张刺激、画面流畅度高。这在丰富了未成年玩家感官体验的同时，也在一定程度上提升了其信息的刺激阈值，使未成年人对静态的文本信息兴趣不足，更加丰富、多样的信息表现形式和更多精致、精彩的内容才能更加吸引他们的兴趣。调查中发现这个问题较为普遍，不少未成年人表示对游戏、视频的接受程度要远大于纸质图书。

3. 互联网塑造的多元文化使未成年人对新事物更加理解和包容

互联网的开放性与包容性催生了多元的文化景观。相较于传统的文化环境，互联网的文化环境更加宽松、开放与自由，网络文化已经成为“网生代”的生活底色，为徘徊在主流话语体系边缘外的网络亚文化提供了诞生和传播的土壤。以弹幕视频网站 Bilibili（B 站）为例，作为国内亚文化聚集地，B 站目前已经成为一个涵盖 7000 多个兴趣圈层的多元文化社区，也逐渐成为“Z 世代”了解世界和表达自我的一扇窗口。在这个平台上，既有在线学习课程、vlog 等主流文化形态；又有各种次文化，如恶搞、鬼畜、耽美及其他二次元文化充斥其间，形成了多元文化交融的场域。

诸如 B 站此类的网络平台为各种亚文化的诞生提供了土壤，产生了御宅族、火星文、Brony、兽迷等各种现代次文化，不同文化之间的相互交融与对话，使未成年人对新事物的接受程度更高，对不同文化持有更加包容的态度。据调查，绝大多数未成年人能够理解与包容不同文化，他们认为文化的差异性、多元性是值得尊重的。

未成年人对多元文化的包容性还与互联网的“参与式文化”有关。互联网对参与性、平等化的强调潜移默化地培养了未成年人的共情能力，在未成年人的认知中植入“去他者化”的意识，使未成年人能够设身处地、换位思考，这些都使得未成年人具有更强的包容性和同理心。此外，未成年人

---

① MobData 研究院：《2018“Z 世代”未成年人游戏玩家洞察》，2018 年 11 月 29 日，中文互联网数据资讯网，http：//www. 199it. com/archives/801961. html。

对多元文化的包容性还与互联网丰富多元的内容有关。多种信息的不同价值取向有效地拓展了未成年人的思维模式和思考方式，使他们在多元文化的相互交锋、对冲与佐证中，从不同角度全面地了解事件，有利于培养他们多层次、多角度思考问题的能力以及批判性思维，使得未成年人对新事物更加理解和包容。

4. 互联网催生“后喻文化”的形成

美国人类学家玛格丽特·米德（Margaret Mead）在其出版的著作《文化与承诺》中指出，世界正朝着高科技、网络化、信息化、全球一体化迅猛发展，进入了一个知识创新的“后喻时代”。对于“后喻时代”所催生的长辈反过来向晚辈学习的现象，米德将其命名为“后喻文化”。在“后喻文化”的影响下，自上而下的代际文化传承模式出现断裂，知识以解构、重构、反哺的方式扩散，形成一种“文化反哺”的社会景观。

“后喻文化”在当前中国家庭表现得尤为突出。千禧年前后出生的“Z 一代”出生、成长于互联网环境中，特别是移动互联网的广泛普遍，使他们处于泛在化的网络环境中，被互联网的各种应用所包围，他们成为名副其实的“数字原住民”。由于网络新媒体的技术赋权，未成年人在网络新技术的应用上具有得天独厚的优势，他们在网络社区中不断更新并获取知识，逐渐形成代际信息优势，并通过多种方式对作为“数字移民”的长辈进行“文化反哺”。近年来，不断有新闻报道晚辈手绘说明书教长辈使用智能手机、社交软件或购物类 App 等现象，这一现象正是以“文化反哺”的方式弥合代际信息差异，而这种状况在偏远地区更为普遍。据调查，54.8%的未成年人表示家长上网不会操作时有时会向他们请教；21%的未成年人认为家长上网不会操作的时候经常向他们请教（见图 5）。

（三）互联网对未成年人认知的双向作用：“信息沟”弥合与“知识沟”加剧

互联网中海量而快速触达的信息，极大地减少了城市与乡镇未成年人在

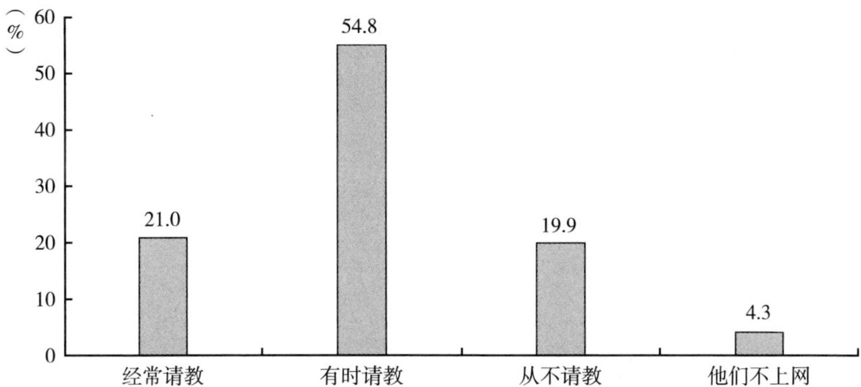

图5　当家长上网不会操作的时候，是否会向未成年人请教

信息获取上的分野，最大限度上弥合了城乡之间的“信息沟”；但与此同时，却进一步加大了城乡间“知识沟”。

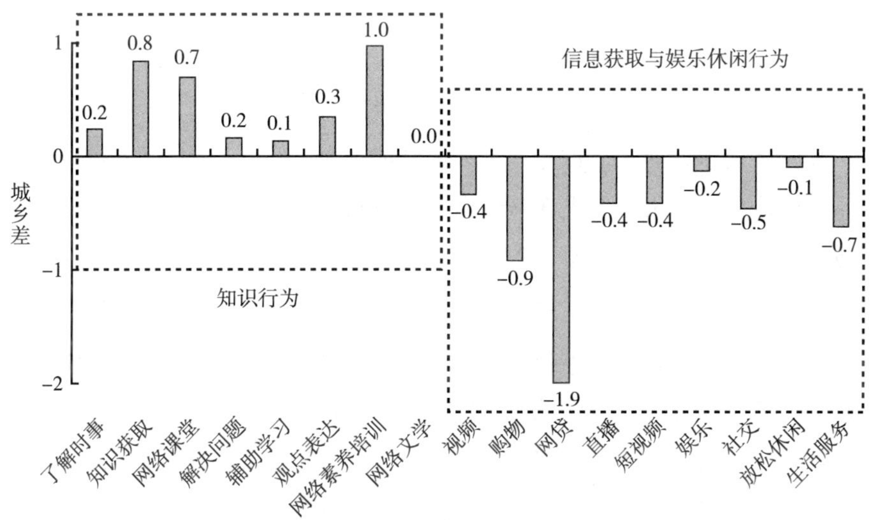

图6　“信息沟弥合”与“知识沟加大”的现象

如图6所示，横轴代表未成年人网络行为，包括17种主要的互联网使用行为。纵轴代表城市未成年人网络行为与乡镇未成年人网络行为之间的差异，用“城乡差”来衡量，“城乡差”绝对值越大，则说明城乡

的差异越大。“城乡差”为0时，说明不存在城乡差异；“城乡差”为正值时，表示城市未成年人网络行为比乡镇未成年人网络行为明显；“城乡差”为负值时，表示乡镇未成年人网络行为比城市未成年人网络行为明显。

未成年人互联网使用行为大体可以分为两大类：一是知识行为，包括了解时事、知识获取、参加网络课堂等在线教育、运用网络独立解决问题、运用网络辅助学习、通过网络表达自己的观点、参加网络素养的培训、阅读网络文学作品等行为。这些网络行为有利于扩展未成年人的知识，提升未成年人的学习能力与认知能力。从调查中可以发现，在利用网络扩展知识行为上，城市未成年人与乡镇未成年人之间存在较大差异，前者要显著多于后者，由此可以看出，未成年人城乡“知识沟”正在形成。二是信息获取与娱乐休闲行为，包括看视频、网络贷款、观看直播和短视频、游戏娱乐、社交、放松休闲以及生活服务等。在这些行为上，乡镇未成年人要多于城市未成年人，而这些行为多属于娱乐休闲行为，对于未成年人提升认知能力、学习能力的益处不大。

其原因是多方面的，首先，家庭经济能力、父母文化水平、教育理念等的差异会造成城乡未成年人在网络信息接触行为上的不同。类似网络课堂等在线教育服务多数需要收费，互联网内容付费和知识付费的趋势重新构筑起城乡未成年人知识获取的壁垒。而城乡父母文化水平差异使得其对子女的教育理念存在较大差异，不少城市家长会给子女增加校外培优课，比如早教、英语、文艺、体育等，这些校外培优课往往通过线上与线下互动的方式提升教学效果，据调查，超过70%的城市未成年人参与过各种校外培优课；而多数农村家长缺乏对子女进行校外培优的意识和环境，这导致城市未成年人在知识获取上面临着机会不平等的问题。

其次，农村留守儿童的问题仍然较为严重，这些远离父母的留守儿童缺乏父母的亲情关怀，缺乏有效的家庭教育，在学习、生活、心理及人格发展上都存在不少问题。据调查，留守儿童的父母有的半个月、一个月才与子女通一次电话，有的一年才回家一次；而祖父母由于年龄差异、文化差异太大，与孩子代沟较大，无法进行深层次沟通。家庭教育的断裂或缺位，使许多农村未成年人出现了内向、自卑、不合群、缺乏安全感等心理问题。一些孩子还会出现厌学心态及“学习无用论”等观念。互联网成为这些留守儿童最主要的陪伴，特别是由于缺乏监管、引导，网络上不健康的内容对他们的影响尤为严重。这也导致了乡镇的未成年人应用网贷、网络直播、短视频等远多于城市未成年人。此外，调查还发现，辨别网上信息真假的能力，城市未成年人要明显高于乡镇未成年人，根据调查数据，城市未成年人辨别网上信息真假的能力的均值为8.1，乡镇未成年人这一指标为7.6。这些都是城市未成年人与乡镇未成年人“知识沟”加大的重要原因。

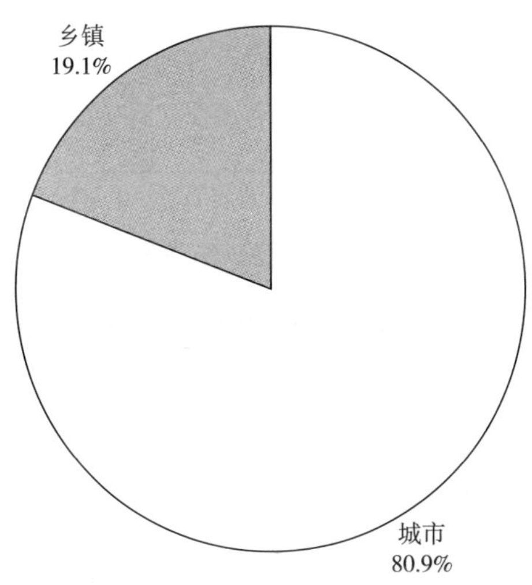

图7　学校网络素养课程开设情况城乡对比

最后，信息技术素养的差异也是“知识沟”加大的重要原因，城乡之间的教育资源的不平等导致了城乡未成年人在信息技术素养上的差异。据调查，开设过网络素养课程的学校中，城市占80.9%，而乡镇仅占19.1%，如图7所示。在开设互联网使用（或上网）知识课程方面，城市学校要多于乡镇学校，如图8所示。在对计算机网络安全基本知识的了解程度上，城市未成年人要远高于乡镇未成年人，如图9所示。目前，很多乡镇中小学校的办学基础仍然较差，教学设施简陋，师资力量薄弱，特别是在偏远农村，这一现象更为严重。一些农村、乡镇的中小学除了讲授文化课的教师之外，美术、音乐、英语、体育等方面的教师都非常稀缺，更不用说网络素养相关课程的教师了。这些都是互联网环境下城乡未成年人“知识沟”进一步拉大的原因。

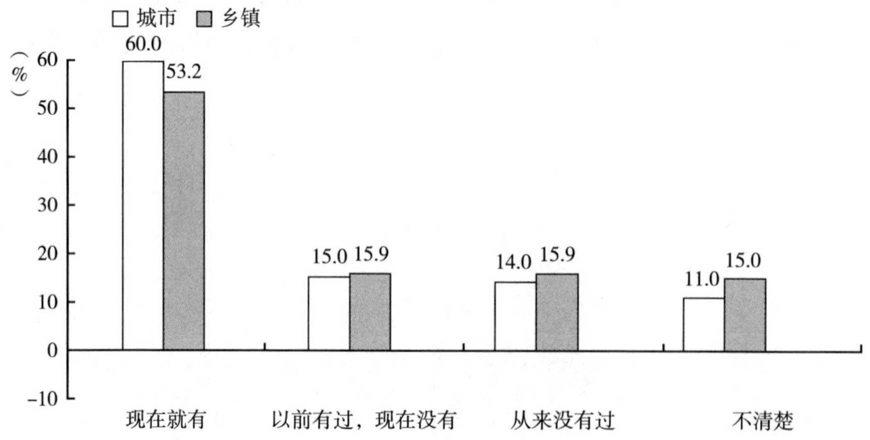

图 8　城乡学校开设互联网使用课程的对比

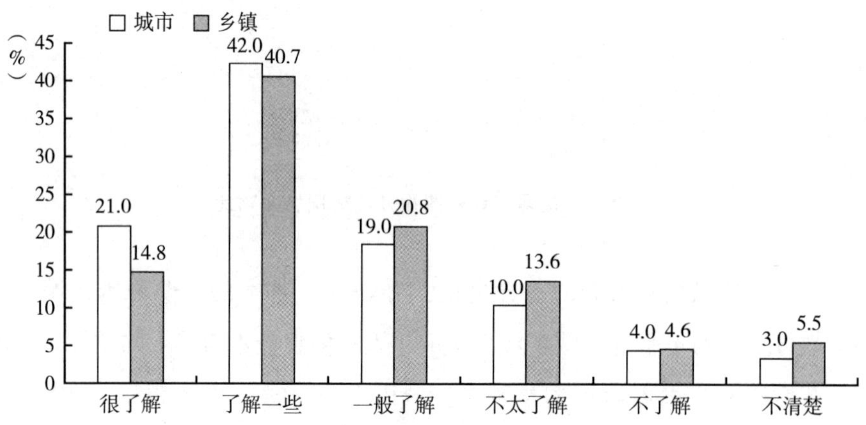

图 9　城乡未成年人对计算机网络安全知识的了解程度对比

二 存在的问题及原因分析

（一）互联网富媒体表达影响未成年人专注力的养成

互联网拥有丰富的内容、多样化的呈现形式，很容易使人产生信息迷航，加之未成年人自控力弱，更容易被网上的各种新鲜、奇特的内容所吸引，难以自拔。同时，网页之间的超链接，使浏览者频繁在一个又一个网页之间跳转，常常没有看完一篇文章又打开第二篇、第三篇，注意力不断被一个又一个新事物所牵引。尽管这种超链接的信息组织模式有助于未成年人形成一种非线性的思维方式，潜移默化地提升其创新能力，但未成年人在这种信息环境下，往往无法形成对某件事的长时间专注。海量超载、内容庞杂、形式多样的碎片化信息及其超链接式的组织模式，往往会分散人的注意力，特别是对于正在发育的未成年人而言，容易影响其专注力的养成。

据调查，这个问题在未成年人中具有普遍性，很多被调查者表示："上网时，很难把自己从网上的信息中抽出来，特别是看小视频的时候，不自觉地点开一个接一个视频，完全控制不住自己，越看越无聊，但又停不下来，心里很浮躁，沉不下心来看书、学习了。"还有一些被调查者表示："上网越频繁，越无法集中精力学习，自己的专注力严重下降。"互联网应用产品往往具有令人"软成瘾"的因素，其产品设计刻意迎合人们的好奇心以及寻求刺激心理和神经活动机制，比如网络游戏、短视频等应用，其丰富的视觉效果、令人振奋的音效、带有悬念的情节、有效的参与机制与即时的反馈机制，都使用户欲罢不能，人的注意力被无意识控制而不能自拔。这些丰富的刺激使人习惯于依赖外界因素对注意力的吸引，而逐渐削弱自己主动控制注意力的能力，使人对学习、读书等内容相对枯燥、需要主动思考的行为失去专注力。这对于成长中的未成年人来讲是非常不利的，不但不利于未成年人专注力的养成，而且还有可能影响未成年人身心的正常发育。

（二）互联网“浅阅读”影响未成年人的认知深度

与纸质书的“深度阅读”相对，互联网环境下的屏幕阅读更多是一种“浅阅读”。“浅阅读”是指浏览式的、泛泛的阅读，不用对所阅读的内容做深入思考。“浅阅读”追求的是快速、兴趣和信息量，难以深入思考、系统学习，易导致获取信息知识浅尝辄止、不求甚解，阅读更多呈现碎片化、娱乐化的特征。造成“浅阅读”的原因是多方面的。

随着互联网的商业化进程持续加快，资本的逐利性导致互联网快餐文化的兴起。一方面，网上的许多内容多采用感性话语或煽情化的创作手法，利用宣泄式文体煽动受众情绪，不利于未成年人的理性思考。另一方面，许多文章在写作时论证不严密，仅仅呈现结论或简化后的信息，未成年人在阅读时不求甚解，不了解推理过程和背景知识，往往很难做出系统的思考。这些都会降低未成年人的深度思考能力，不利于未成年人独立思考和批判性思维的形成，使得他们过分依赖网络感性刺激，忽略了大脑深层思考的价值。①

互联网的媒介形态也导致其成为快餐文化泛滥的天然温床。尼尔·波兹曼在《娱乐至死》中探讨了不同媒介对公众话语的建构和偏向。他认为，印刷媒介偏向于理性严肃的公众话语形式，而电子媒介偏向的是支离破碎的、脱离语境的、不连续的娱乐话语形式。同时，移动终端屏幕偏小导致阅读障碍和视听仪式感的消解，深度内容和长文不适合在手机屏幕上阅读，使得内容生产者需要生产适合在任何环境下阅读的内容，使得泛娱乐化逐渐成为内容发展的方向。因此，在网络上，轻量化、碎片化的知识往往有着更好的传播效果。知识的传播者为了吸引更多的阅读者，往往将知识或信息简化，导致知识或信息的浅层化、碎片化甚至娱乐性。未成年人利用碎片化时间阅读完这些碎片化的知识后，缺乏一个对知识和信息进行加工、连接和整合的过程。这样的知识传播与知识获取模式导致学习内容零散、无序、不系

---

① 董艳春：《未成年人互联网自我表达和社会参与状况调查研究》，《中国青年研究》2017 年第 1 期，第 63、95～100 页。

统等问题较为突出，获得的知识无法通达整合，难以形成一个完整的、循序渐进的知识体系，不利于未成年人形成完整、系统化的认知能力。

（三）互联网的过度使用挤占未成年人获取知识的时间

互联网的过度使用会挤占未成年人学习与获取知识的时间。尽管未成年人过度上网的标准目前尚无统一界定，但从效果上看，过度上网是指超过正常频次、时间限度，并影响健康作息、产生明显行为依赖的上网行为。基于这样标准来看，未成年人普遍存在过度上网的现象。57.7%的未成年表示在周一至周五每天都会上网。调查显示，23.0%的未成年人认为网络最大的弊端是太耗时间、耽误学习，这一点在所有选项中占比最大（见图10）。

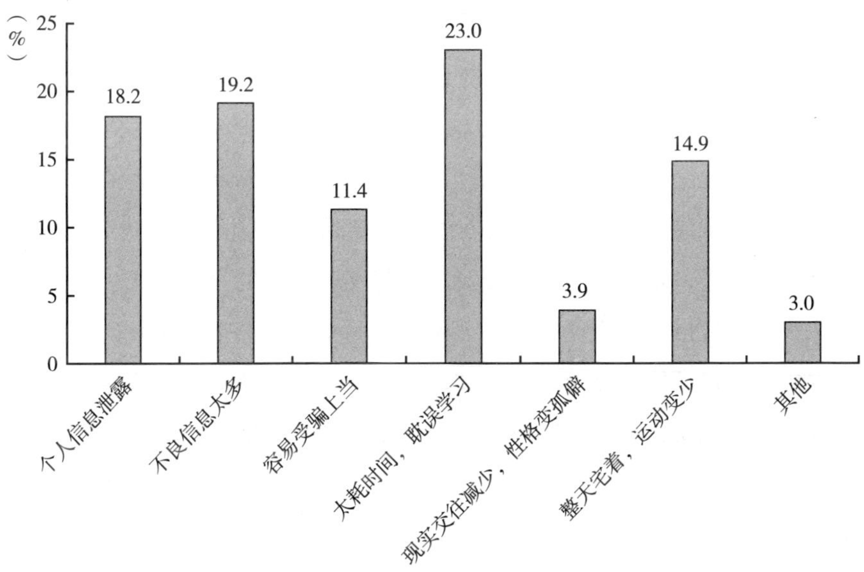

图10　互联网给未成年人带来的弊端

目前，未成年人拥有智能手机等移动终端设备的比例较高，调查中发现，未成年人中有84.2%会通过手机、iPad/平板电脑等移动设备上网，可以做到随时随地上网，不少未成年人表示自己上网不会受到限制。便捷化的上网条件，如果疏于监管，将会极大影响未成年人的学习。一方面，部分未成年人在课堂上玩手机，导致上课效率低下，影响了学习效果，分散了学习精力。另一方面，一些未成年人沉迷于网络游戏、社交媒体、短视频、直播等应用软件，导致精神涣散、上课心不在焉。目前，算法推荐技术更是起到了推波助澜的作用，算法会根据用户兴趣爱好和浏览习惯，进行相关信息的个性化推送，造成用户的"信息茧房"效应。这一效应对未成年人产生的影响更加突出，未成年人的健康成长是建立在全面完整的知识体系上的，如果获取的知识是片面的，则会影响他们观察世界的视角，不利于他们形成正确的世界观、人生观和价值观。

（四）网络沉迷影响未成年人的社会化过程

社交媒体为未成年人的成长提供了新的社会化途径，但同时也给未成年人的社会化过程带来巨大的不确定因素，使未成年人的成长过程面临新的问题。部分未成年人沉迷于社交媒体中的虚拟社交，从而影响到现实生活中的交往。现实社会中的人际互动是全方位的，网上的社交经常是有选择性、非真实的。数字化交往中，人们可以利用昵称、头像、朋友圈、表情包等各种方式进行"印象装饰"，通过一些表演行为塑造"理想中的自我"。然而现实世界并不完美，现实生活中的交流方式与互联网上的交流方式也存在很大差距。利用虚拟世界的交往来代替现实的人际交往将会带来一系列后果，部分未成年人习惯了网络交流的方式和语言，形成对虚拟社交的情感依赖，用虚拟社交代替现实世界的情感体验，淡化了对现实情感的感知。回到现实世界中，则会产生心理落差，降低在现实生活中交流的欲望，无法适应现实世界中的人际交往方式。美国心理学家雪莉·特克尔在其著作《群体性孤独》中写道，"无论机器人生活还是网络生活，都可以帮助我们把自己从现实的、复杂的、凌乱的生活浪涛中转移出来，一旦实现这种转移，我们就会更不愿意离开"。[①] 网络社交缩短了现实社会人际交往的交往时间，沉迷于网络中的社交关系，可能会对未成年人正常的社会交往产生一定的障碍，进而

---

① 〔美〕雪莉·特克尔：《群体性孤独》，周逵、刘菁荆译，浙江人民出版社，2014，第165~166页。

会影响未成年人的心身健康。

沉迷网络游戏也会影响未成年人的社会化过程。未成年人正处于社会化和人格形成的重要阶段，沉迷于网络游戏，将会淡化他们对社会角色的认知，产生对家庭关系、师生关系、同学关系、社会关系的不正确认识，弱化其对现实亲情、正义感以及道德感的感知，甚至会使他们变得情感麻木，丧失最基本的事实和道德判断能力。

网络沉迷还会削弱未成年人在现实社会中的抗逆力。未成年人在现实中往往面临着考试的压力、成长的困境。面对这些困境，他们往往会有一种无助感。互联网所营造的拟态环境既可以让他们摆脱这种压力，又能够赋予他们在现实社会所无法获得的成就感、自由感。自控能力较弱的未成年人很容易沉迷于其中而不能自拔。但当他们回到现实时，无法规避的压力和问题会让他们手足无措，他们会更难以面对现实社会中的压力。这些问题都会使未成年人的社会化过程面临严峻的考验。

沉迷网络游戏也会影响未成年人的社会化过程。未成年人正处于社会化和人格形成的重要阶段，他们的生理、心理尚不成熟，对现实世界的认知尚不完善，沉迷于网络游戏而不能自控会使他们对现实社会的认知产生一定的偏离。沉迷网络游戏会淡化未成年人的社会角色认知，削弱学校、家庭在未成年人教育中的主导地位，削减教育的规范化作用，使未成年人的社会化处于失控的状态。同时，沉迷于网络游戏中的虚拟刺激会淡化未成年人对现实情感的感知，弱化未成年人对现实亲情、正义感以及道德感的感知，甚至会使未成年人变得情感麻木，丧失最基本的事实和道德判断能力。

（五）网络信息参差不齐影响未成年人身心健康

互联网在为未成年人释疑解惑、扩大其认知视野的同时，也存在大量不良信息，这会对未成年人的价值观和身心健康产生影响。目前，未成年人受到互联网违法信息侵害的风险正在不断加剧，譬如类似“暗网”这样的网络灰色空间成为给未成年人带来伤害的犯罪行为的温床，包括拐卖儿童、贩卖儿童、色情视频、网络性侵未成年人等极为恶劣的违法犯罪行为不断出

现。公安部表示，近年来存在部分不法分子以互联网为媒介，打着“童星招募”等幌子以诱骗、胁迫未成年人“裸聊”，索要“裸照”或“裸体视频”等方式进行“隔空”猥亵的违法犯罪行为有蔓延之势，成为伤害未成年人的犯罪行为的新形态。

与此同时，互联网信息呈现多元化、异质化的特点，信息质量也参差不齐。网络上充斥着大量有害信息，如“蓝鲸游戏”、儿童邪典动画、“PUA”骗局等，这些不良信息易导致未成年人陷入错误的价值导向，对其身心健康造成影响甚至留下严重创伤。类似邪典动画、暴力视频这样潜移默化的精神污染，会侵蚀未成年人的精神世界，使那些长期沉溺在互联网所塑造的符号化世界的未成年人，将猎奇、暧昧的感官刺激作为精神寄托；使他们对于危险和暴力的行为习以为常，“容忍阈值”降低，甚至习惯于此和上瘾。据调查，40.6%的未成年人在上网时经常收到无关信息（如营销信息），22.1%的未成年人收到网络虚假信息/链接，18.6%的未成年人经历过被人盗号的事情，13.6%的未成年人遇到过网络被辱骂事件（见图11）。

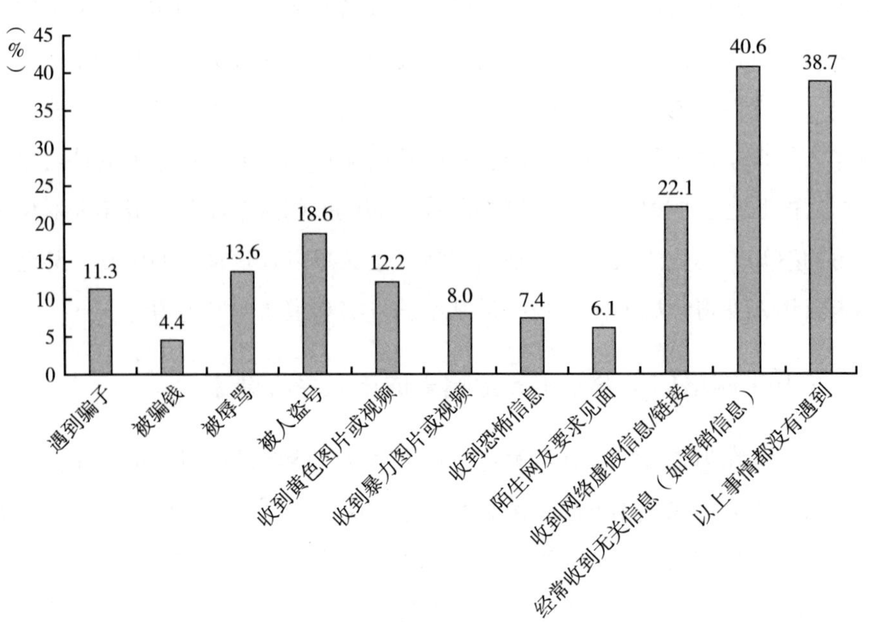

图11　未成年人在网上收到的不良信息与遇到的不良行为

未成年人正处在身心发展的重要阶段，这一阶段是他们人生观、世界观与价值观的形成时期，这一时期未成年人判断是非的认知能力和鉴别能力均较弱，容易受到互联网内容的引导。而网络上充斥着大量消费主义、享乐主义、拜金主义等与社会主流价值观相悖的意识形态以及猎奇、庸俗的不良文化，这些低俗文化往往会对未成年人的政治信仰、价值认同和道德判断产生误导，侵蚀未成年人对社会主流价值观的认同。

三　对策建议

（一）加强未成年人网络立法，构筑网络防护墙

从已有的法律政策体系来看，我国的互联网监管主要集中于互联网行业，出台的法律法规大多针对互联网产业、内容、渠道等方面，或者仅针对未成年人这一主体本身。针对未成年人互联网运用相关的法律法规较少，已出台的政策法规观念陈旧、较为笼统，存在规制滞后、立法不够细化、执法过程“九龙治水”导致边界不清、权责不明等问题。

但综观2019年一年的立法进展，我国在未成年人互联网安全方面的立法工作有了一些推进。例如2019年2月14日国家广播电视总局局务会议审议通过《未成年人节目管理规定》，将未成年人节目管理工作纳入法治化轨道；2019年8月，国家互联网信息办公室发布《儿童个人信息网络保护规定》，该规定是我国第一部专门针对儿童网络保护的立法；这些规定使未成年人互联网安全方面的立法工作有了进一步细化和明确。

在未来，未成年人网络保护的立法还需要进一步完善，应尽快构建我国未成年人网络保护的基本法律框架，加快未成年人网络保护的专门立法，构建未成年人网络保护协同规制模式，让未成年人网络保护真正有章可循。此外，完善内容审查与分级制度。韩国、美国、德国、日本等多国对在未成年人的互联网使用环境安装过滤软件提出要求，利用技术手段建立有效、成熟可控的内容过滤体系。以德国为例，在州际协议层面，制定了《青少年媒

体保护州际协议》[1]，2003 年通过了第一部《青少年媒介保护国家条约》，此后该条约几经修改，其最新版本于 2011 年 1 月 1 日生效。根据该条约，互联网内容提供商有义务对其内容进行年龄分级，并贴上标签。内容分级制度在诸多国家都有成熟的应用，也取得了较好的效果。我国应借鉴这些经验，进一步完善内容审查，建立并完善内容分级制度，构建起未成年人安全上网的环境。

（二）落实互联网企业责任，加强平台监管

作为互联网发源地，同时也是互联网大国的美国，一直注重开展积极的行业自律。例如，2007 年成立的家庭在线安全研究所（FOSI）是美国一家致力于探讨网络安全的非营利性慈善机构。FOSI 曾提出在互联网上创建“责任文化”（Culture of Responsibility），要求六方（政府、执法部门、行业、家长、教育者、孩子）协作，在未成年人网络保护中承担不同层次的责任。[2] 此外，美国的众多民间行业组织及学术机构也制定了一系列自律规范。

保护未成年人身心健康是全社会的共同责任。近年来，不论是互联网游戏厂商，还是短视频平台普遍启用了未成年人健康防护系统、成长守护平台。2019 年，国家网信办统筹指导抖音、快手、火山小视频、西瓜视频、全民小视频、哔哩哔哩等 21 家主要网络视频平台上线了“青少年防沉迷系统”。未来，企业应进一步强化和明确社会责任，提升行业自律水平，加强平台监管，利用技术手段为未成年人过滤低俗有害的内容。

同时，互联网企业还应注重优化网络内容供给。在内容生产和传播的过程中，树立文明健康的审美底线，利用创新和优质内容的生产来获利，做到不低俗、不媚俗。此外，企业应不断深耕优质内容，建立并完善优质内容奖

---

① JMStV_ Stand_ 14_ RStV_ Lesefassung-Endversion，http：//www. kjm – online. de/files/pdf1/JMStV_ Stand_ 14_ RStV_ Lesefas – sung – Endversion_ 1_ 7_ 20103. pdf.

② FOSI Mission and Values Family Online Safety Institute，2019 – 3 – 12，https：//www. fosi. org/about/mission/.

励机制，构建良性发展的优质内容生态圈，探索商业与教育性的平衡模式，切实守好青少年上网的每一寸净土。

（三）构建适宜未成年人成长的良好的网络环境

学校是未成年人社会化过程中的重要力量。教育部门应高度重视未成年人的网络素养教育，学校应强化教育职责，加强未成年人网络素养培训，提升未成年人的网络认知能力与使用能力。网络素养教育应分为两大板块，一是面对中小学生的网络素养教育，可由教育部牵头；二是面对未成年人父母或社会公众的网络素养教育，可由国家新闻出版广电总局和国家互联网信息办公室牵头。学校作为家校联动的主动方，应积极加强与家长的沟通，实时了解未成年人学习生活情况。

同时，家庭对于未成年人的教育责任应始终处于主导地位，在未成年人互联网安全的保护和实现方面，其监护人承担首要责任。因此，相关部门应加强对未成年人家长的网络素养培育，提升家长的网络使用素养。父母应重视履行未成年人监护人的职责，做好示范作用，以家庭教育为主导，教育、引导、监督未成年人正确使用网络。家长应对未成年人用网时间进行控制，对上网内容进行把关。此外，家长还应加强与孩子的情感沟通，培养和谐亲密的亲子关系，营造良好的家庭氛围，并注重对未成年人健康、健全的心态与人格的培养。

以网络游戏为例，未成年人是“互联网的原住民”，视网络为洪水猛兽，希望通过“断网”来解决网络游戏成瘾的教育方式是不现实的。在某种意义上，未成年人沉迷的虚拟网络就像一面镜子，映射出现实世界的情感缺位。因此，家长应在未成年人的成长过程中，给予足够的陪伴和关爱。同时家长还应避免“妖魔化”游戏的偏激思想，意识到游戏潜在的社会价值和社会功能。引导孩子在游戏中培养高雅的审美情趣、体验沉浸式的“心流”感受，帮助孩子树立正确的游戏观和自律意识。引导孩子通过对游戏的文化创造与复现提升创新能力，并在竞争与协作中树立规则意识和协作精神。

参考文献

陈昌凤：《网络治理与未成年人保护——以日韩青少年网络保护规制为例》，《新闻与写作》2015 年第 11 期。

杜智涛、刘琼、俞点：《未成年人网络保护的规制体系：全球视野与国际比较》，《青年探索》2019 年第 4 期。

黄晓林、李妍：《美国儿童网络隐私保护实践及对我国启示》，《信息安全与通信保密》2017 年第 4 期。

王国珍：《网络素养教育视角下的未成年人网瘾防治机制研究》，《新闻与传播研究》2013 年第 9 期。

B.4
未成年人微信运用基本现状

党生翠　赵津平*

摘　要： 本文在中国未成年人互联网运用状况调查（2020）的数据基础上，分析了我国未成年人社交媒体的使用状况。调查发现，微信已成为未成年人使用率最高的社交媒体，且多为熟人社交；他们在公共表达中“潜水党”特征明显；微信使用的城乡数字鸿沟显著。同时，未成年人在微信使用中具有亲和动机与自我表达偏好，限制了其社会资本的提升；使用者媒介素养欠缺与社会支持不足加大了其隐私暴露风险；使用的碎片化倾向也加大了网络沉迷的可能。未来须培养未成年人的数字公民意识，进一步完善相关法律并改善未成年人社会支持系统。

关键词： 未成年人　微信使用　媒介素养　社会支持

随着信息技术的快速发展和移动互联网的不断革新，移动社交类 App 逐渐发展为一种新的社交途径。以“微信”为代表的众多网络社交平台改变了以往人们交流沟通的方式，并逐渐融入了青少年的日常生活。一直以来，我国青少年移动互联网，尤其是社交媒体的使用问题受到了社会的广泛关注。相关数据显示，截至 2020 年 4 月，10 岁以下的网民数量占网民总数

---

* 党生翠，博士，北京师范大学中国社会管理研究院/社会学院副教授，主要研究方向为网络社会治理与公益慈善管理；赵津平，北京师范大学社会学院学生。

的3.9%，10～19岁的占19.3%。[①] 截至2019年底，我国未成年网民规模为1.75亿，未成年人互联网普及率达到93.1%，明显高于同期全国人口的互联网普及率64.5%。手机的使用率达到93.9%，手机是未成年人上网的首要设备。可见，我国未成年人的日常生活已经和移动互联网以及新兴社交媒体密不可分，数字媒介日益成为他们认知现实世界、建构自我的重要渠道。

本文采用文献研究法、数据分析法、比较法及政策研究等方法，探究了以微信为代表的新兴社交媒体在未成年人社会交往、自我建构、代际沟通等方面的作用，以更全面地把握未成年人社交媒体的发展趋势。

一 未成年人微信运用状况及其特征

青少年在使用移动互联网和社交媒体的人群中占据了较大比重。他们在社交媒体生态下积极参与各类社会交往和人际互动，互联网也在不断塑造着他们的行为表达方式。总体而言，我国青少年使用微信的比例日益增加，以微信为代表的各类社交媒体在青少年的日常生活中发挥了重要作用。首先，与腾讯QQ等相对传统的移动社交媒体相比，微信这一新兴社交媒体在未成年人中更受青睐。尤其是在小学生群体中，微信这一新兴社交媒体的使用呈现低龄化趋势。其次，由于经济发展不同步，技术能力存在一定差距，城市与农村未成年人在微信使用方面存在显著的“数字鸿沟”。再次，以微信为代表的社交平台为未成年人提供了个性化自我建构和印象管理的虚拟空间。但他们在此平台的自我表达不足，对互联网中社会热点事件的参与度较低。复次，未成年人在互联网使用中的隐私保护意识薄弱。要防止他们遭受网络不良信息的侵害，需要学校和家庭等多方面的教育和引导。最后，微信逐步进入代际交流媒介的行列，传统的代际交往形式已被打破。然而，由于互动理念的差异，代际微信交流仍然存在诸多困境。

---

① 中国互联网络信息中心（CNNIC）：第45次《中国互联网络发展状况统计报告》，http://cnnic.cn/hlwfzyj/hlwxzbg/hlwtjbg/202004/P020200428399188064169.pdf，最后检索时间：2020年4月28日。

（一）微信对未成年人的渗透率日益提高

在日常生活中，青少年群体对互联网技术有较多的接触与运用，对网络社会有较为深刻的了解与体会。在青少年的成长过程中，互联网与社交媒体为他们提供了认识社会、参与社会互动的平台和途径，为青少年的人格发展提供了自我探索的理想空间，为他们自我意识的形成与建构带来了积极影响。移动互联网与新兴社交媒体为青少年群体提供了广阔的交友空间，而互联网中信息流动的便利性、实时性等特点又让他们能够方便地表达自己的观点，即时地发布信息，进行人际交往和互动，建立新的人际链接。移动互联网和社交媒体也成为青少年寻求情感慰藉与依赖的途径，互联网日益发展为该部分人群生活与情感的重要组成部分。

微信是现代社会最为重要的社交平台之一。通过微信，人们能够即时发送文字、图片、语音和视频。同时，微信也为青少年群体的日常信息交往和网络互动提供了平台。本次调查结果显示，在未成年人互联网运用的主要功能中，微信使用位于第4，约占32.5%（见图1）。可见，微信这一新兴的即时通信类社交媒体深受未成年群体的喜爱，在青少年的日常社交生活中占据重要地位。

（二）微信渐成未成年人社交第一平台，腾讯QQ社交仍占主场

1. 微信较腾讯QQ的优势逐渐明显

在社交媒体的使用种类方面，以腾讯QQ、微信为代表的即时通信类社交媒体最受未成年人青睐。调查显示，微信已成为未成年人最常用的社交软件，占比为55.8%。其次是腾讯QQ，占比33.2%。由此可见，微信相较传统社交平台腾讯QQ的优势逐渐明显，选择的人数比例高出22.6个百分点（见图2）。

2. 小学生比中学生更青睐微信社交

年级因素与未成年人使用腾讯QQ或微信的选择偏好存在显著相关。在偏好使用微信的未成年人中，小学高年级的未成年人占比最多，占80.0%；

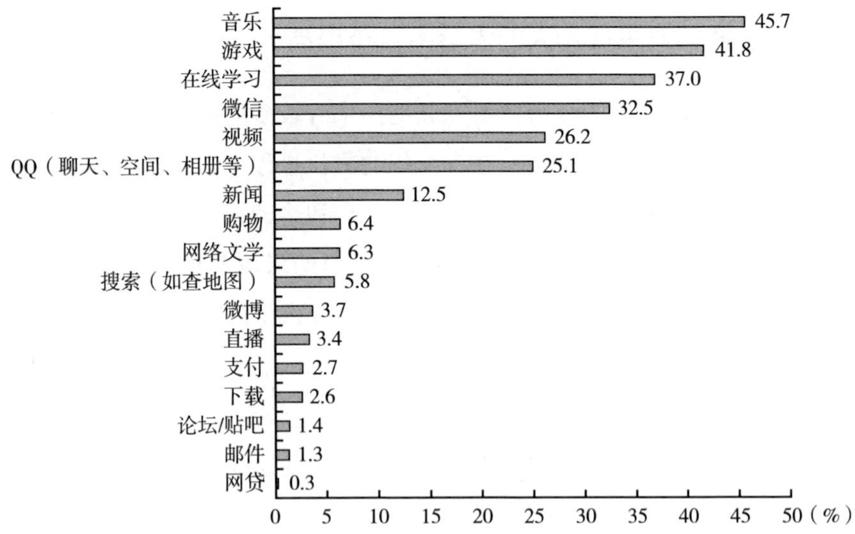

图 1　未成年人互联网运用的主要功能

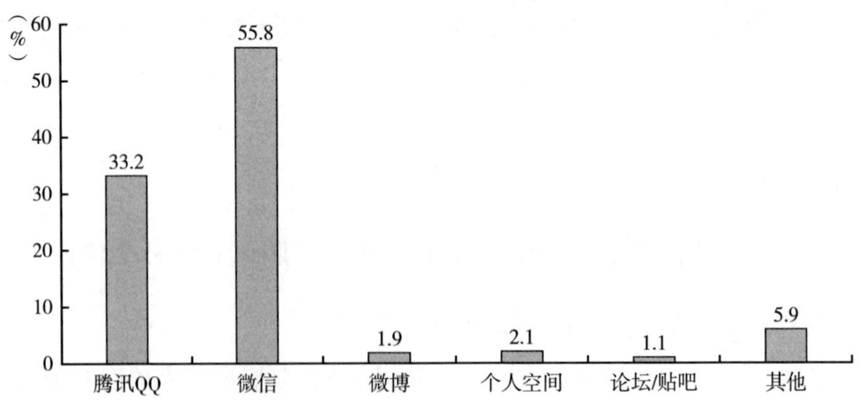

图 2　未成年人最常使用的社交软件或平台

在偏好使用腾讯 QQ 的未成年人中，初中生占比最多，占 43.8%。由此可见，小学生比中学生更青睐微信社交，微信这一新兴社交媒体的使用呈现低龄化趋势（见图 3）。

绝大多数小学生是 8～12 岁的学龄儿童，他们在社会化过程中具有较强烈的社交需求。因此，小学生比中学生更偏好选择较晚产生的社交媒体微信

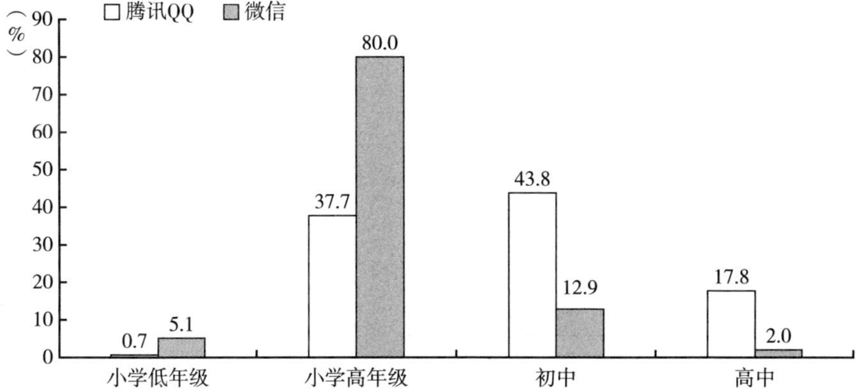

图 3　中小学生使用腾讯 QQ 和微信的偏好

作为社交的主要平台。中学生更青睐于使用腾讯 QQ 进行网络社交。这一方面缘于腾讯 QQ 的功能较为完备，与微信的后发优势互为补充，也说明中学生学习压力增大，朋友圈逐渐平稳，选择腾讯 QQ 进行网络社交对于他们学习生活的影响较小。

3. 城乡未成年人微信使用的数字鸿沟

尽管微信在城乡未成年人中占据了主导地位，但二者内部还是存在显著性差异。在我国城乡二元结构下，地域因素影响了微信这种新兴社交媒体在乡镇青少年中的创新扩散。在偏好使用微信的未成年人中，高达 82.3% 的未成年人生活在城市地区，来自乡镇的未成年人仅占 17.7%，城市地区的未成年人使用微信的比例大大高于农村地区的未成年人（见图 4）。农村地区与城市地区存在微信使用的“数字鸿沟”（Digital Divide）。

在《创新的扩散》一书中，美国传播学家埃弗雷特 · M. 罗杰斯提出了创新扩散理论。他认为，同一社会体系内的不同个体接受创新有先后顺序。从城乡差异角度来看，农村地区的经济发展水平和技术创新能力落后于城市地区，因此，农村居民接受创新产品的时间也晚于城市居民。这种创新扩散的差距在未成年人微信使用普及过程中也有所表现，城市居民能够凭借移动互联网等先进技术获得信息优势，而农村居民由于经济发展水平和技术能力

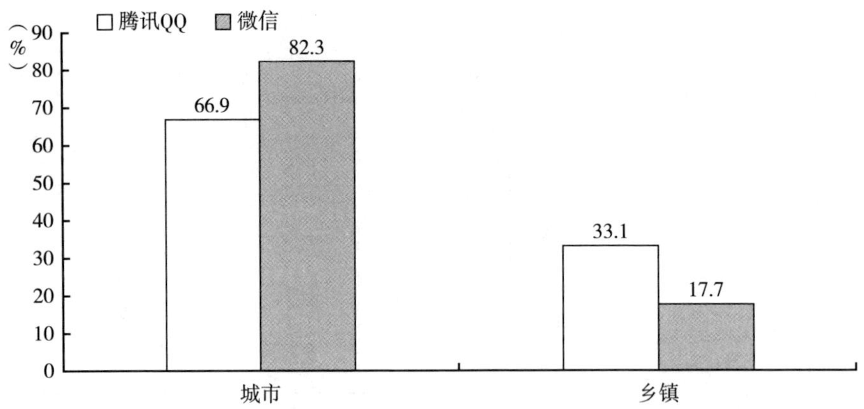

图 4　城乡未成年人使用腾讯 QQ 和微信的偏好

的双重限制，对互联网使用的认知与接纳水平相对较低。因此，城市地区的未成年人使用新兴社交媒体微信的比例大大高于农村地区的未成年人。

（三）微信熟人社交特征明显，“群体性孤独”风险较小

1. 熟人线上交往为社交媒体主要用途

在通过网络结交新朋友方面，39.5%的未成年人表示通过“一起聊天”的方式结交网络上的新朋友，占比最大；选择“一起玩游戏”方式的未成年人次之，占比33.0%；选择通过“朋友的朋友”结识新朋友的未成年人占比30.9%（见图5）。由此可见，未成年人主要通过网络聊天、游戏等方式在互联网上与好友保持联系，维持感情纽带，获得社会支持。

美国社会学家马克·格兰诺维特用“强关系”和“弱关系”概念对人际交往中产生的关系进行划分。强关系在深度交流方面发挥重要作用，弱关系则是信息传递的桥梁。通过弱关系，人们能够尽可能多地拓展自己的社交网络，而通过弱关系建立起来的组织或社群想要维系一种稳定而牢固的状态，则需要通过强关系不断巩固。未成年人在日常使用移动互联网的过程中，通过社交媒体与现实中的熟人维持互动，提高了原有的社会网络的互动频率，巩固了他们在现实中与好友的强关系，同时也大大降低了与网络陌生

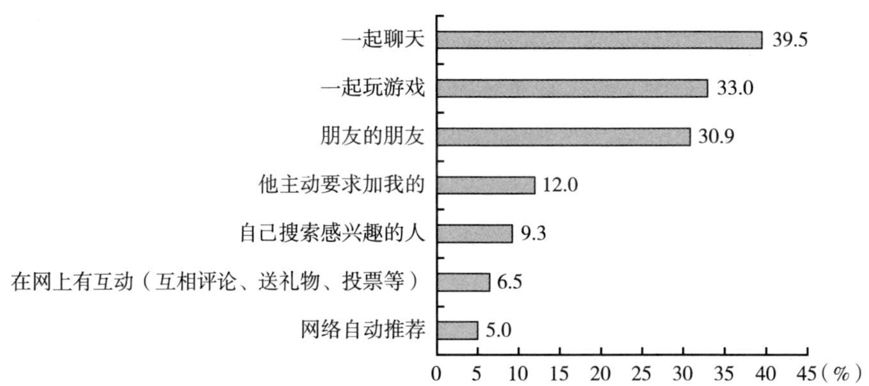

图5　未成年人通过网络结识新朋友的主要方式

人交往的风险。

2. 现实好友仍是主要倾诉对象

当未成年人在现实生活中遇到烦恼，他们仍然倾向于向现实中的熟人倾诉。调查结果显示，选择“自己在心里想”的未成年人最多，占比40.2%，其次是选择“在现实中向好朋友诉说”的未成年人，占比39.2%；再次是选择“在现实中向父母诉说”的未成年人，占比37.0%；相反，选择“在网络中向好朋友诉说”的未成年人占比仅为16.2%（见图6）。由此可见，对于未成年人来说，他们的倾诉对象还是以现实中的熟人为主，现实中的熟人是他们的主要情感寄托对象和社会支持来源。

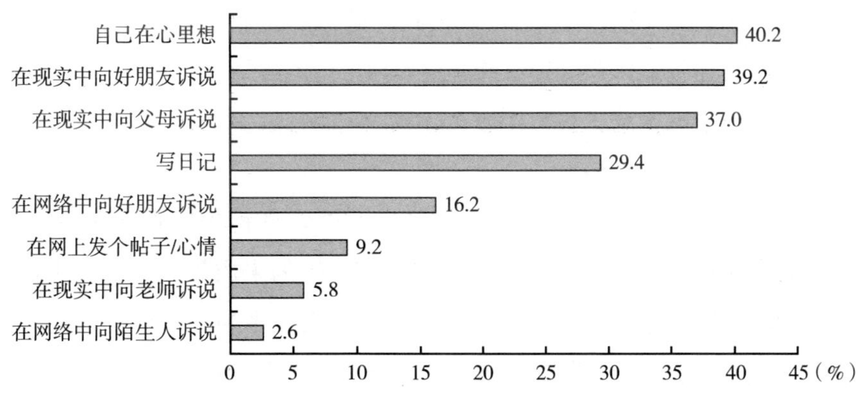

图6　在现实生活中遇到烦恼时未成年人选择的交流方式

社交网络拉近了人与人之间的距离，实现了“天涯若比邻”的即时性社交。然而，移动互联网的普及也造成了现实生活中人际关系的疏远，引发了“群体性孤独”的风险。雪莉·特克尔认为，人们过多使用电子设备，沉迷于虚拟世界，好像是把自己绑在了移动互联网上，而脱离了现实生活的环境，进入了一种全新的自我状态。“群体性孤独”在日常生活中具体表现为过度沉迷于网络虚拟世界，漠视现实生活中的社交关系。但此次调研发现，未成年人运用微信进行熟人社交的特征明显，他们陷入“群体性孤独”的风险较低。这一方面说明我国未成年人对社交媒体的依赖程度有限，另一方面也证明我国人情社会的特征在“网生代”身上仍在延续。

（四）自我建构、亲和功能与自我表达：微信世界的“潜水党”

1. 建构个性化自我与印象管理

微信创建了一种新的人际交流模式，用户可以自由选择文字、声音、图片等多种方式，与他人在网上进行形式多样的互动交流。此外，微信重新界定了印象管理的前、后台界限，赋予了用户印象管理的权利。对于未成年人而言，微信无疑是一个展示自我的理想舞台。

未成年人在各类社交平台上发布信息呈现个性化、多样化等特点。其中，发布“自己的兴趣爱好”的未成年人占比最多，为35.2%；其次是选择发布“自己的学习情况”的未成年人，占比24.1%；选择发布“及时的心情感想”占比23.0%（见图7）。由此可见，未成年人通过社交平台进行个性化的自我建构与印象管理，通过点赞和评论的方式进行沟通交流，从而实现与好友的情感联系，获得社会支持和一定的社会资本。

2. 微信社交与潜水特征

调研结果显示，未成年人在社交平台上更新自我状态的频率并不高，31.2%的未成年人“几天更新一次动态”，7.7%的未成年人“每天更新一次自己的动态”，仅3.5%的未成年人“每天都发很多动态”。此外，“只关注别人，不发自己的动态”的未成年人占比最高，为45.0%（见图8）。比起展示自己的动态，更多的未成年人更愿意去了解朋友的动态。可见，微信

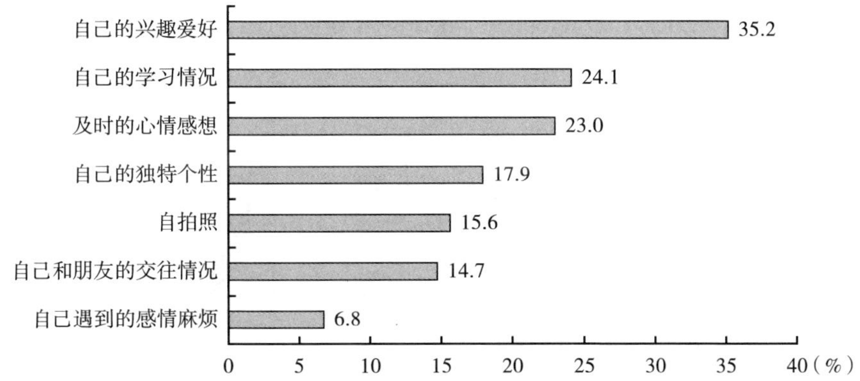

图7　未成年人在社交平台上发布有关自己的信息的情况

是未成年人网络社交的重要渠道，未成年人更愿意发挥微信的社交功能，与同龄人进行情感交流。

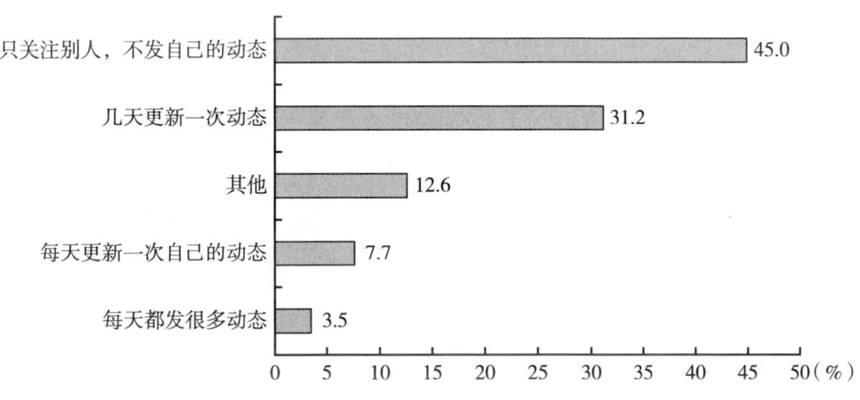

图8　未成年人网络状态更新状况

不同年龄段的未成年人在网络状态更新方面也存在显著差异。调查结果显示，88.8%的小学生选择“几天更新一次动态”，在小学生中占比最多；32.8%的小学生选择“只关注别人，不发自己的动态”（见图9）。由此可见，小学生晒出自己动态的意愿比中学生低，他们更愿意了解朋友的动态，潜水特征明显。而对于中学生来说，他们有更强烈的意愿发布有关自己的信息，从而进行自我建构和印象管理。

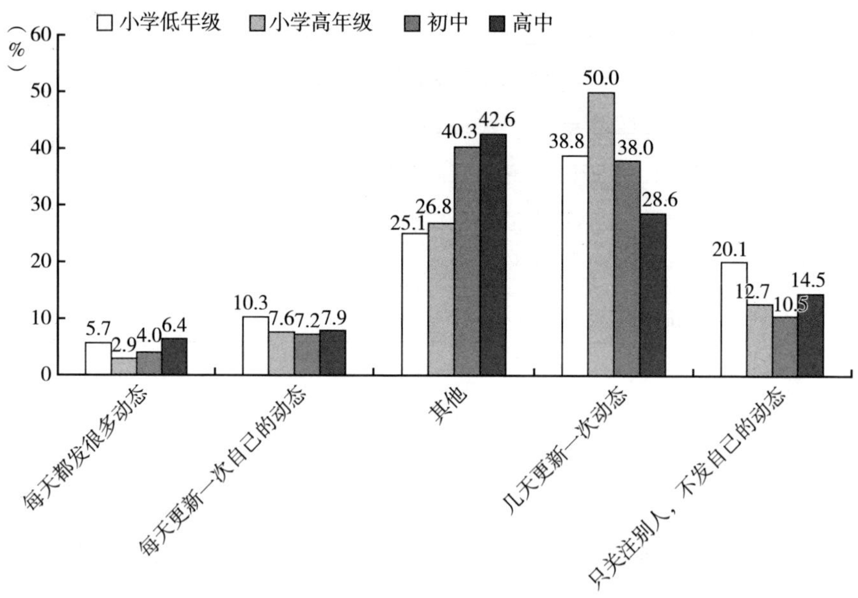

图 9　不同年龄段的未成年人网络状态更新状况

自我意识是个体对自我及其与客观世界关系的认识。绝大多数小学生是8~12岁的学龄儿童，他们的自我意识尚未发展完全，仍在建构之中。因此，这部分人群在社交媒体上的自我展示和呈现较少，更倾向于浏览他人的发布内容。中学生的自我意识发展较为完善，他们在社交媒体上进行自我展示的意愿更加强烈。因此，中学生更偏向于在网络上发布个人状态，有意识地进行印象管理。

此外，未成年人在互联网使用中的潜水特征明显。对于网络上热议的社会热点事件，36.0%的未成年人表示他们“只是随便看看相关消息”，33.1%的未成年人“浏览大家的评论”，27.0%的未成年人“从不关心”，仅11.0%和8.8%的未成年人会在网上“对事件的报道进行转发分享”和“进行跟帖讨论”（见图10）。由此可见，未成年人对网络热点事件的关注度与社会参与度都比较低，具有明显的潜水特征。

3. 自我表达不足，扮演消费者而非创造者角色

为探究未成年人在移动互联网和社交媒体中的自我表达程度，问卷中设

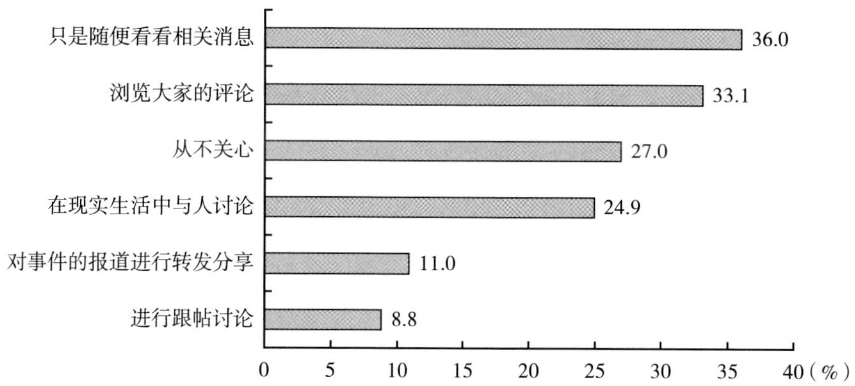

图 10　未成年人对于网络上社会热点事件的态度及做法

置了相关问题。其中，在“你会使用音频、视频等进行网上创作或发布消息吗”一题中，仅 30.9% 的未成年人选择“会”，而 60.8% 的未成年人则表示“不会”（见图 11）。由此可见，未成年人很少在网上进行创作或发布消息，他们较为保守，通过社交媒体来进行自我表达的意愿较低。未成年人在互联网上往往习惯于扮演内容消费者的角色，如接收信息、观看视频、欣赏音乐等；但未成年人很少扮演内容创造者的角色，大多不会主动在互联网上发布作品、发表个人观点。

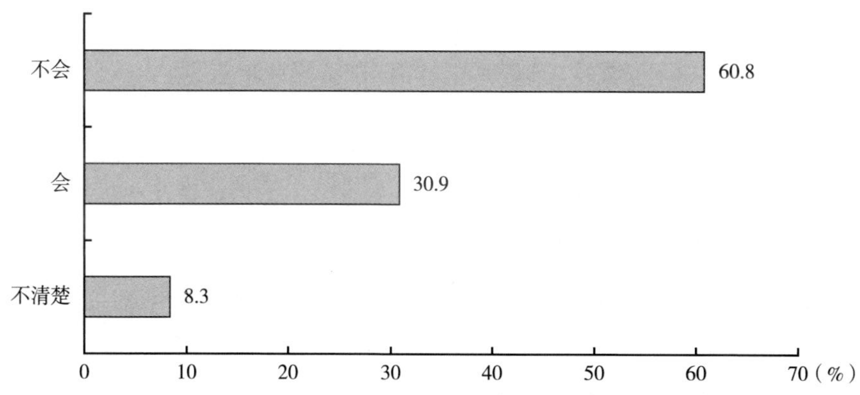

图 11　未成年人是否会在网上进行创作及发布消息

此外，未成年人在社交媒体中对于公共事件的关注较少，社交媒体的政治参与功能较弱。上文中关于未成年人对网络社会热点事件的态度及做法的分析显示，未成年人对互联网中社会热点事件的参与度低，对不熟悉的事物保持谨慎态度，自我表达的意愿不高。

（五）社交媒体使用与隐私保护存在悖论

调查结果显示，未成年人独立使用的上网设备呈现多样化特点。80.9%的未成年人使用手机独立上网；使用电脑的人数次之，为 40.3%（见图12）。可见，未成年人使用上网设备的意愿强烈，种类丰富。未成年人的日常生活已经离不开网络设备。

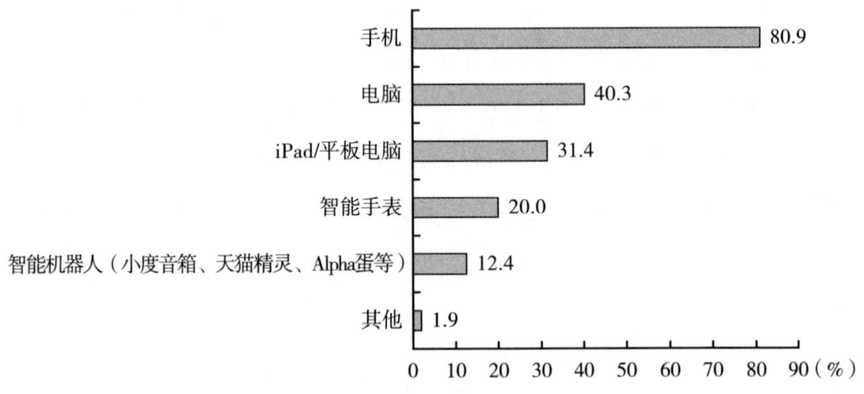

图 12　未成年人独立使用的上网设备

与此同时，互联网上的信息内容参差不齐，大量的不良信息掺杂其中，可能会影响未成年人身心健康。53.3%的未成年人表示经常在广告中遇到不良信息，占比最高；其次是在视频中遇到不良信息，占比 20.0%；再次是在搜索、游戏、下载等互联网使用中，未成年人也经常受到不良信息的侵害（见图 13）。

关于未成年人在互联网使用中的隐私保护行为，调查结果显示，52.4%的未成年人会在网络交往中公布自己的真实性别，占比最高；31.5%的未成年人表示会在网络交往中公布自己的真实年龄；公布自己的电子邮箱、手机

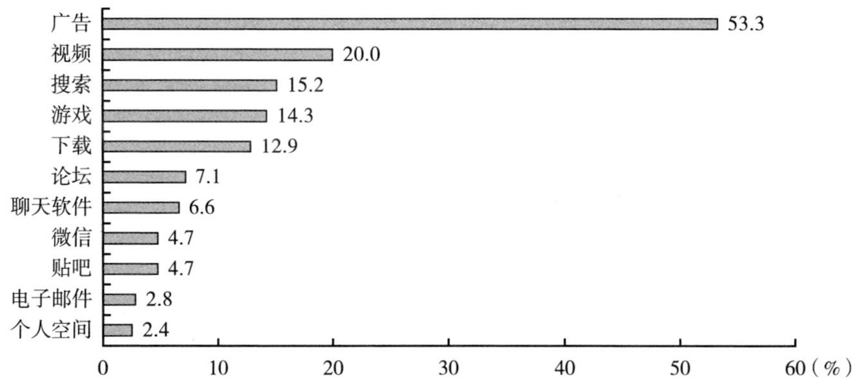

图 13　未成年人在网络上遇到不良信息的分布状况

号、班级等真实信息的未成年人占比最少，分别为 2.5%、6.7%、8.9%（见图 14）。由此可见，未成年人的隐私保护意识不足，他们可能会在网络交往中将性别、年龄、腾讯 QQ 或微信号等真实信息作为个人名片而泄露隐私，存在一定危害。

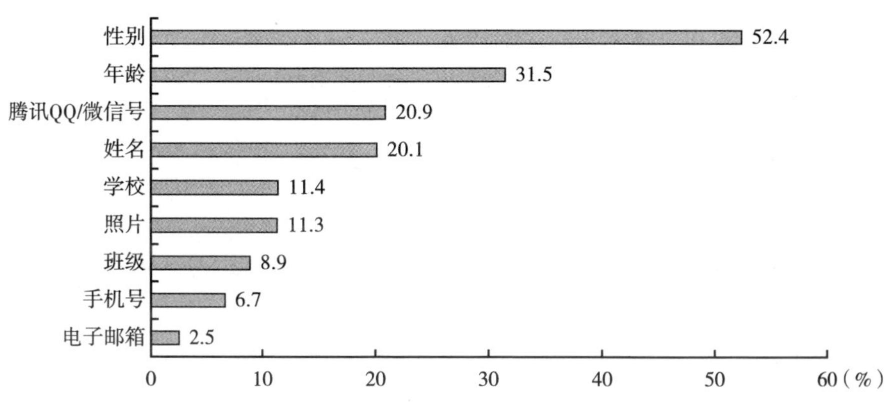

图 14　未成年人在网络交往中公布真实信息的情况

由上可知，未成年人的社交媒体使用与隐私保护之间存在悖论。未成年人参与网络社交的设备丰富，途径多样，他们长期暴露于各种社交媒体之中。然而，他们的隐私保护意识薄弱，很可能与不良信息接触，在熟人社交

的模式下隐藏着个人隐私泄露的巨大风险。因此，学校和家庭应该更加关注未成年人的互联网使用行为，加强对未成年人的教育和保护，提高他们的媒介素养和隐私保护意识，同时也要保护未成年人免受互联网中不良信息的侵害，保证他们能够健康成长。

（六）微信逐步进入代际交流媒介行列

为探讨微信这一新兴社交媒体在代际交流中发挥的作用，问卷设置了“您和自己的父母在微信中是否互动”一题。调查结果显示，27.7%的未成年人“有时”与父母在微信中互动，占比最高；选择“几乎没有”的未成年人次之，占比25.0%；“总是”与父母在微信中互动的未成年人最少，仅占6.5%（见图15）。由此可见，现实交往仍然是代际交往的主要形式。

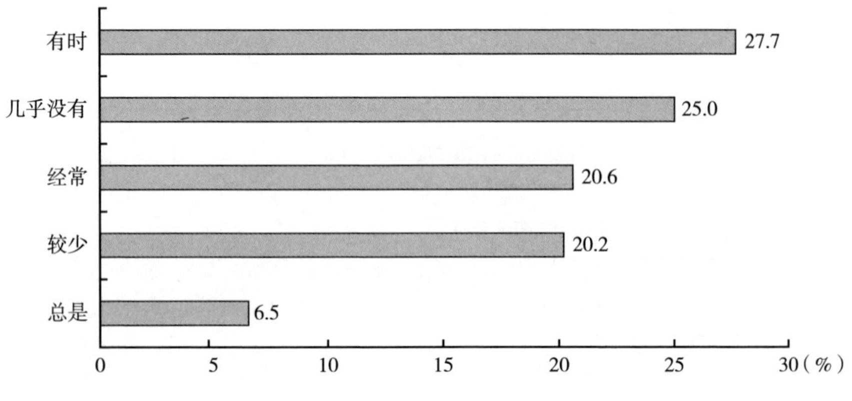

图15　未成年人与父母在微信中的互动

关于与父母在微信中的互动行为，来自城市和乡镇不同地域的未成年人的调查结果较为相近。在来自城市的未成年人中，27.6%选择“经常”与父母在微信中互动，占比最多；来自乡镇的未成年人中，27.5%选择“经常”与父母在微信中互动，占比最多（见图16）。由此可见，不同地域的未成年人在运用微信与父母互动的行为上并无明显差异。

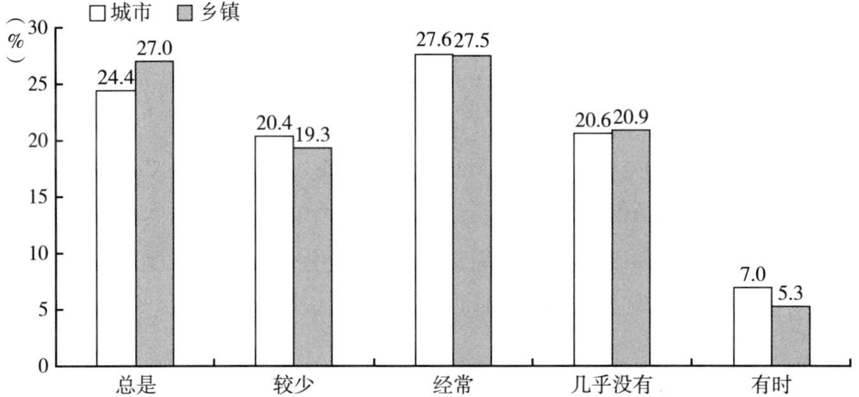

图16 城乡地区的未成年人与父母在微信中互动的行为差异

家庭代际互动，可以被看作一场文化代际的互动仪式呈现，这场文化代际互动中，参与主体为家庭成员，彼此通过某些要素进行互动，进而产生相应的文化意义。由于家庭成员生活经验、喜爱偏好以及个人习惯等不同，代际存在“数字鸿沟”，在微信这一新兴社交媒体中表现出不同的互动状态。因此，代际通过微信的交流面临着诸多不可避免的现实困境。但随着互联网的快速发展与社交软件的不断变革，微信也逐步进入代际交流媒介的行列。为了进行有效的代际互动，家庭成员应加强沟通交流，探寻更合适的互动机制，以适应网络空间中的社交互动。

二 未成年人微信运用存在的问题

以微信为代表的新兴社交媒体已经逐渐渗透到现代生活的各个角落，同时也塑造了新兴的社会交往与人际关系的空间。青少年群体正处于人生的转折期和过渡期，身心发展尚未成熟，容易受到移动互联网和社交媒体的多重影响。值得注意的是，在未成年人的互联网使用过程中还存在一些问题，如“社交媒体的亲和动机限制了社会资本的提升”“互联网空间的隐私保护与自我表达存在悖论”“信息碎片化加大了青少年网络沉迷风险”。

（一）社交媒体的亲和动机限制了社会资本的提升

亲和动机是与他人亲近的内在心理动力，用以描述个体寻求和维系人际关系的愿望。对未成年人来说，亲和动机在他们的人际互动中发挥着重大作用，可以激发他们与他人进行更积极的社会互动。在移动互联网和社交媒体的人际互动中，亲和动机有利于促进未成年人建立和维护自我形象，参加多样化的线上活动，并从中获得满足感。

社会互动是未成年人社交媒体使用的亲和动机的表现形式之一。根据格兰诺维特提出的强弱关系理论，未成年人使用社交媒体结交新朋友，同时也与现实中的熟人进行互动，扩大了弱关系，同时巩固了强关系。然而，社会资本不仅包括通过互联网建立新的关系网络，还包括通过移动互联网重构现实生活中的关系网络。大部分未成年人与他们在网络上新结交的好友只保持线上交流，在现实中的交流较少。线上社交的虚拟性和脆弱性限制了未成年人在交往过程中建立新的关系网络。从这方面看，未成年人在社交媒体上的亲和动机限制了他们社会资本功能的提升。

此外，未成年人在社交媒体中的自我展示和表达呈现保守谨慎的特点。相比于在社交媒体中进行创作、发布、共享自己的信息，未成年人更倾向于在网上接收信息和了解他人。这种内容消费者而非创造者的角色极大地限制了他们在互联网上的社交范围，同时也影响了他们对公共事件的意见表达与深度参与。因此，未成年人在社交媒体上保守的自我表达限制了他们社会资本功能的提升。

（二）互联网空间的隐私保护与自我表达存在悖论

在社交平台上，人们运用数字象征符号进行自我展示和表达，通过发布各种类型的内容塑造内心预设的自我形象，进而进行他人眼中的印象管理。未成年群体作为社交媒体的用户，参与网络社交的设备丰富，途径多样，往往在社交平台上发布个性化、多样化的内容，如学习情况、兴趣爱好、心情感想、自拍照等，以此更自主地经营自己的形象。

值得注意的是，互联网空间的自我表达与隐私保护问题存在悖论。青少年年龄较小，社会阅历少，心智发展尚不完善，隐私保护意识薄弱。他们在利用互联网和社交媒体发布信息、展示自我时，可能将自己的个人隐私信息泄露给他人。尽管社会支持系统可以帮助青少年同家人和朋友建立联系，获取人际交往过程中的肯定、帮助、鼓励等情感资本，但是这不足以有效解决未成年人社交媒体使用中的隐私泄露问题，也无法有效保护未成年人。因此，需要不断提高广大青少年群体的网络媒介素养，提高其客观理性地对待互联网中的各种社会交往行为的能力。

（三）信息碎片化加大了青少年网络沉迷风险

事实上，青少年对于网络交往的弊端存在一定认知。在“您觉得网络交往最大的坏处是什么”一题中，选择人数最多的一项是“太耗时间，耽误学习”，占比 24.6%（见图 17）。由此可见，随着各类社交媒体和娱乐应用在青少年网民中的快速渗透，近 1/4 的青少年已经意识到，社交媒体的频繁使用对其日常交往和学习生活造成了诸多负面影响。

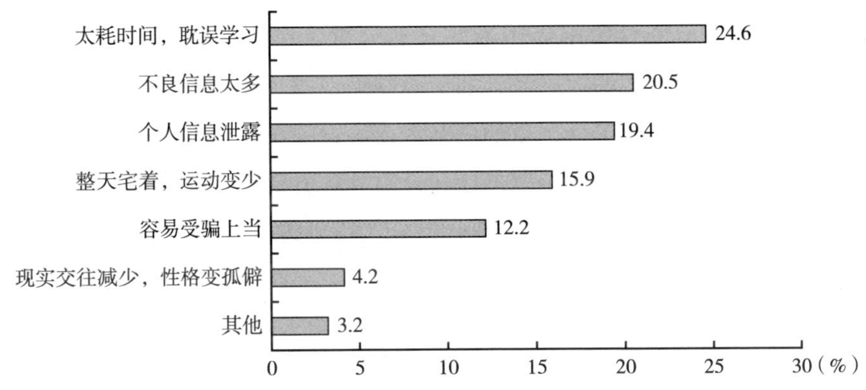

图 17　未成年人认为网络交往的最大弊端

如今，互联网已经从最初的技术应用、信息资源获取平台演变成了一种大众信息传播媒介。当代青少年在利用网络实现自我展示与表达的同时，也

因为过度使用和不当使用网络而造成了网络沉迷问题，出现人际关系恶化、时间管理混乱和身心健康受损等不良症状。

近年来，微信、微博、抖音等个性化移动社交平台层出不穷，占据了人们生活中的重要位置。这些新兴社交媒体往往以创新吸睛的风格分享各类资讯，符合年轻消费群体追求时尚的心理，吸引众多年轻受众参与平台的个人动态分享。未成年人作为新时代的“数字居民”，其媒介素养相对较低，信息辨别能力不足，自控力较差，容易在碎片化的信息洪流中迷失自我，从而产生网络沉迷等问题。因此，如何有效地帮助广大青少年网民认清互联网的利弊，正确合理地使用互联网，防止未成年人网络沉迷，应是全社会密切关注的焦点问题。

三　促进未成年人合理运用微信的相关建议

为有效解决我国青少年在移动互联网和社交媒体使用中的问题，政府、社会应各司其职，齐抓共管，综合施治。首先，培养未成年人的数字公民意识，既是青少年个体在移动互联网与社交媒体使用中的长远需求，也是未来国家在全球网络空间竞争中立于不败之地的重要保障。其次，完善相关法律，加强网络经营者的法律责任，加大对网络经营者的监管力度，保护未成年人在互联网空间免受不良信息的侵害，保护青少年的隐私安全。最后，加强家校陪伴与沟通，改善青少年群体的社会支持系统，有利于降低青少年的孤独感，使他们在丰富的家庭和友伴活动中获得良好的社会支持，提高社交媒体的使用效能。

（一）强化未成年人的数字公民意识，培养合格的数字公民

近年来，“数字公民”已成为互联网教育领域的热点话题。2016 年 6 月，美国国际教育技术协会发布《国际教育技术学生标准》，明确提出数字公民是未来数字时代每一个人的基本生存方式，并将合格的数字公民定义为：能够充分意识到在网络世界中生活、学习和工作的权利、责任和机会，

并安全、合法、符合道德规范地使用数字化信息和工具的网络行为。[①] 美国教育管理部门以标准、规范的形式将数字公民教育融入教育规划中。从1998年起，美国政府先后颁布了《儿童在线保护法案》《儿童在线隐私保护法》《儿童互联网保护法案》等法令，以保护儿童隐私，鼓励学校开展相关的数字公民教育。2015年，奥巴马签署了《每一个学生成功法案》，要求美国中小学为学生提供信息技术培训，积极引导中小学生正确使用信息技术工具。美国政府颁布的这些法案对中小学开展数字公民教育起到至关重要的作用。

"数字公民"教育也引起了我国政府相关部门的高度重视。2018年4月，教育部发布的《教育信息化2.0行动计划》指出，智能环境不仅改变了教与学的方式，而且已经逐渐开始影响到教育的理念、文化和生态。[②] 因此，数字公民教育的目标在于让学生能够学习和掌握信息技术，合理有效地获取互联网上的信息资源，提高辨别网络信息真伪的能力，增强自我隐私保护的安全意识，从而更好地适应不断发展变革的网络环境，为学习生活打下坚实的基础。

这就要求学校及相关教育部门着力推进涉及未成年人的网络素养教育，进一步开展数字公民教育理论和实践研究，制定实施相关教育政策。

（二）完善相关法律，实现隐私保护与自我表达的平衡

《中华人民共和国民法总则》第111条规定：对个人信息的获取需依法进行，应确保信息安全，并禁止非法收集、使用、加工、传输他人个人信息，以及非法买卖、提供或公开他人个人信息。[③] 我国国家互联网信息办公

---

① Clare Sullivan. "Digital citizenship and the right to digital identity under international law", *Computer Law & Security Review: The International Journal of Technology Law and Practice*, 2016, pp. 474 – 481.

② 中国网：《教育部发布〈教育信息化2.0行动计划〉》，http://edu. china. com. cn/2018 – 04/20/content_ 50922481. htm，最后检索时间：2018年4月20日。

③ 傅宏宇：《论网络环境下未成年人的个人信息保护》，《首都师范大学学报》（社会科学版）2019年第4期，第50~56页。

室于2019年8月22日公布《儿童个人信息网络保护规定》，其中第4条规定："任何组织和个人不得制作、发布、传播侵害儿童个人信息安全的信息。"① 由此可见，我国在网络隐私权保护和未成年人权益保护方面的立法正逐步完善。

然而，在网络日新月异、各种技术层出不穷的当下，隐私权的内涵和性质已然发生巨大的变化。隐私权不再局限于保护个人隐私信息不被外界得知的传统形式，而是针对不同的隐私信息进行区分，以有效化解互联网技术发展带来的新的矛盾冲突。为了保护用户尤其是青少年网民的隐私，政府对于网络隐私保护政策的制定应更全面且更专业。其中，未成年人社交媒体的接触率较高，微信、腾讯QQ等各类即时通信工具的隐私政策包含的条款尤其要被重点关注。

总而言之，针对互联网中隐私保护与自我表达的悖论问题，国家应进一步完善相应法律法规，保护互联网后台数据，以防止因用户自我表达不当而发生隐私泄露事件。

（三）改善社会支持系统，增强社交媒体的使用效能

未成年人在社交媒体使用中的需求日益多样化，面临的风险也不断加大，这就需要来自家庭、学校、行业协会等社会系统的多元支持。

首先，家庭系统对青少年的支持主要体现在两个方面。一是家庭监管。家长作为未成年人的监护人，可以通过家庭契约、技术设备等方式形成约束。二是家庭内部的亲子反哺机制。在数字文化时代，子代对亲代的数字反哺现象已日益普遍。家长通过接受子代反哺不仅可以增强其再社会化的能力，也可以增进亲子关系，还可促进子代通过施教行为更加理性地对待社交媒体。

其次，学校应加强青少年的媒介素质教育。第一，学校可以充分利用信

① 中华人民共和国国家卫生健康委员会：《国家卫生健康委员会2018年9月25日例行新闻发布会文字实录》，http：//www. nhc. gov. cn/wjw/xwdt/201809/26a20e0a78e 245ab849cb14d34d6ec4a. shtml，最后检索时间：2018年9月25日。

息技术课堂，开展网络知识相关课程，引导他们正确认识互联网的优势与不足，培养他们鉴别互联网信息真伪的能力。第二，促进网络文化与校园文化建设的有机融合与协调发展，丰富青少年的课余文化活动，引导青少年正确认知虚拟网络空间与现实世界的差别。第三，积极关注学生的身心健康，借助社交媒体等互动工具，利用青少年更易接受的方式，帮助他们敞开心扉，将学习生活中的烦恼向老师倾诉，加强师生之间的有效互动与交流。此外，学校还应积极开展更多的友伴支持活动，让青少年在与同龄人交往的过程中提升自我认同感，获得良好的社会支持。

最后，相关行业协会也应该积极主动地承担相应的社会责任。随着社交媒体与移动互联网应用软件中的青少年用户人数日益增长，青少年群体日益成为互联网的重要受众和消费群体。第一，相关行业协会应与学校展开良性交流与合作，积极引导未成年人正确合理地使用互联网产品和社交媒体；第二，行业协会也可以开展更加多样化的面向未成年人的社会活动，如体育类、艺术类、社会实践类等社会活动，为青少年的课余生活提供更多的选择。

综上所述，社会各界应当共同努力，从多方面积极引导未成年人正确合理地使用移动互联网和社交媒体。首先，帮助未成年人树立数字公民的责任意识，树立正确的人生观和价值观，以积极向上的态度参与各项网络活动；其次，政府部门应进一步制定和完善相关法律法规，制定全面专业的互联网隐私保护政策；最后，兼顾当前青少年群体的社会陪伴现状，从家庭、学校、行业协会等多个方面为他们构建良好的社会支持系统，使线上支持与线下陪伴有机结合，帮助他们成长为独立自强、健康向上的个体。

参考文献

黄宁宁、王迎平：《培养数字时代的合格公民——美国中小学数字公民教育的特点与启示》，《教育视界》2019 年第 21 期。

惠良虹、张莹、程赟、李晓燕：《网络环境下大学生数字公民责任实证研究》，《图书馆理论与实践》2019 年第 11 期。

季为民：《互联网媒体与青少年——基于近十年中国青少年互联网媒体使用调查的研究报告》，《青年记者》2019 年第 25 期。

李永健、陈宗海：《城市未成年人社交媒体使用的亲和动机、自我表露与性观念传播》，载《中国未成年人互联网运用报告（2019）》，社会科学文献出版社，2019。

刘砚议：《微信朋友圈中的“印象管理”行为分析》，《新闻界》2015 年第 3 期。

张敏、孟蝶、张艳：《“使用－满足”分析框架下社交媒体用户持续使用行为的概念模型研究》，《信息资源管理学报》2020 年第 1 期。

蔡丽婷：《互联网时代下隐私权的新内涵及保护机制——以微信朋友圈隐私权保护为例》，江苏大学硕士学位论文，2019。

李霄：《“00 后”青少年的社交媒体使用对主观幸福感的影响研究》，暨南大学硕士学位论文，2018。

中国互联网络信息中心：《2019 年全国未成年人互联网使用情况研究报告》，http://www.cnnic.net.cn/hlwfzyj/hlwxzbg/qsnbg/202005/t20200513_71011.htm，最后检索时间：2020 年 5 月 13 日。

中国互联网络信息中心：第 44 次《中国互联网络发展状况统计报告》，http://www.cnnic.net.cn/hlwfzyj/hlwxzbg/hlwtjbg/201908/t20190830_70800.htm，最后检索时间：2019 年 8 月 30 日。

中国教育新闻网：《〈中国青少年健康教育核心信息及释义（2018 版）〉发布》，http://www.jyb.cn/zcg/xwy/wzxw/201809/t20180926_1236091.html，最后检索时间：2018 年 9 月 26 日。

〔美〕弗雷特·M. 罗杰斯：《创新的扩散》，辛欣译，中央编译出版社，2002。

〔美〕欧文·戈夫曼：《日常生活中的自我呈现》，黄爱华、冯钢译，浙江人民出版社，1989。

〔美〕雪莉·特克尔：《群体性孤独》，周逵、刘菁荆译，浙江人民出版社，2014。

B.5 互联网对未成年人学习的影响

程 杰*

摘 要： 互联网在线学习成为未成年人重要的学习方式，尤其是2020年新冠肺炎疫情导致学校停课，在线教育发挥了重要的学校教学辅助功能。调查研究发现，目前中小学生在线学习的普及率已经达到84%，乡镇地区普及率并不比城市地区更低。基础科目是在线学习的主要内容，尤其英语和数学在线学习普及率较高，小学生尤其是低年级小学生的普及率更高。中小学生总体上对于在线学习的主观评价较为乐观，但在线学习与学生在校学习成绩并没有明显关系。线上学习的实际效果主要取决于课程质量和学习兴趣，不在于学习时长和投入强度。在线教育具有高效率、低成本、便捷性、互动性等优势，能够发挥正向引导未成年人利用互联网的积极作用。线上教育对于城乡教育均衡发展也是一把“双刃剑”，推动在线教育发展要特别关注数字鸿沟带来的新城乡教育公平问题。

关键词： 互联网 在线学习 未成年人 学习成绩 数字鸿沟

“互联网+教育”加快发展，未成年人尤其是中小学生利用在线学习成为新趋势、新潮流。2020年中国未成年人互联网运用状况调查新增了中小

* 程杰，中国社会科学院人口与劳动经济研究所副研究员，研究领域为劳动经济与就业。

学生在线学习板块内容，本文利用调查数据分析目前未成年人利用互联网在线学习基本状况和主要特征，观察在线学习对于中小学生学业表现的影响，探讨在2020年新冠肺炎疫情影响下，我国在线学习发展面临的机遇和挑战，提出鼓励和引导在线教育发展的政策建议。

一　未成年人利用互联网在线学习的基本状况和特征

（一）互联网在线学习的普及率

互联网在线学习已经成为未成年人重要的学习方式，中小学生互联网在线学习的普及率达到84.0%（见图1），小学生的普及率相对更高。2020年中国未成年人互联网运用状况调查显示，中小学生至少参加一项在线学习课程（“网课”）的比例超过80%，这一结果超出预期，当然农村地区样本量相对偏少，可能高估了其总体普及率。对比来看，小学生网课普及率相对更高，中学生尤其是高中生受到学校课程学习压力较重以及在线学习适用性的影响，上网课的比例相对较低。互联网的快速普及尤其是移动网络的普及，

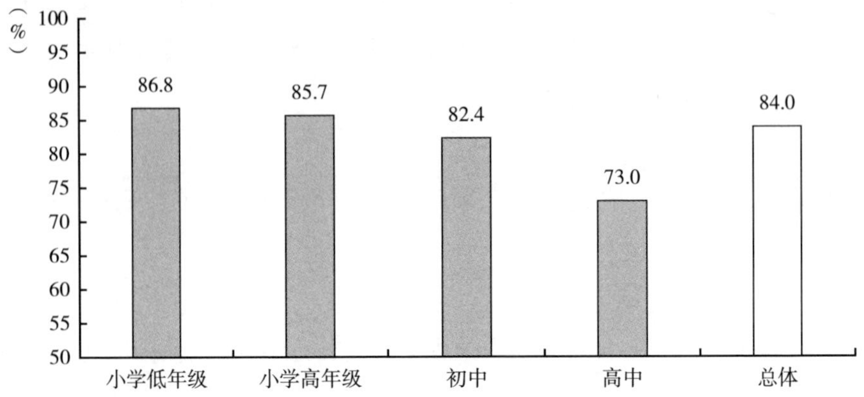

图1　中小学生互联网在线学习的普及率

注：①互联网在线学习普及率指至少参加一项在线学习课程的比例。
②小学低年级指小学一至三年级，小学高年级指小学四至六年级。

以及近年来在线教育市场迅猛发展，对于推动未成年人在线教育发挥了重要作用。

如图2所示，乡镇地区的中小学生互联网在线学习普及率甚至高于城市，这可能主要归因于乡镇地区中小学生家长陪伴指导相对较少，而在互联网普及率很高的情况下，更倾向于利用互联网在线学习来补偿家长教育。在中学阶段尤其是高中阶段，乡镇地区样本中利用互联网在线学习的比例甚至要明显高于城市地区，这背后可能反映出城乡地区之间的教育水平差异，乡镇地区中学教育发展相对滞后，更有动力和需求通过在线教育弥补。合理利用在线教育资源，的确是改变城乡之间和地区之间教育资源分配不均衡的有效手段。

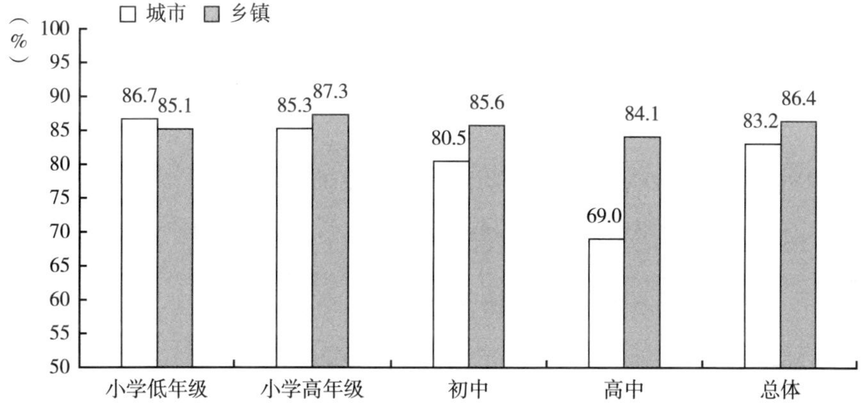

图2　中小学生互联网在线学习的普及率（分城乡）

（二）互联网在线学习的主要科目

基础科目是在线学习的主要内容，尤其是英语和数学在线学习普及率较高。英语的在线教育市场非常活跃，发展也相对成熟，语言类也便于通过网络方式教育。调查显示（见图3），41.0%的中小学生参加了英语网课学习。数学的在线学习教育也在加快发展，各类数学竞赛课程体系推动了线上教育，接近38%的中小学生参加了数学网课学习。艺术类在线学习逐步发展，例如钢琴在线学习成为热点。

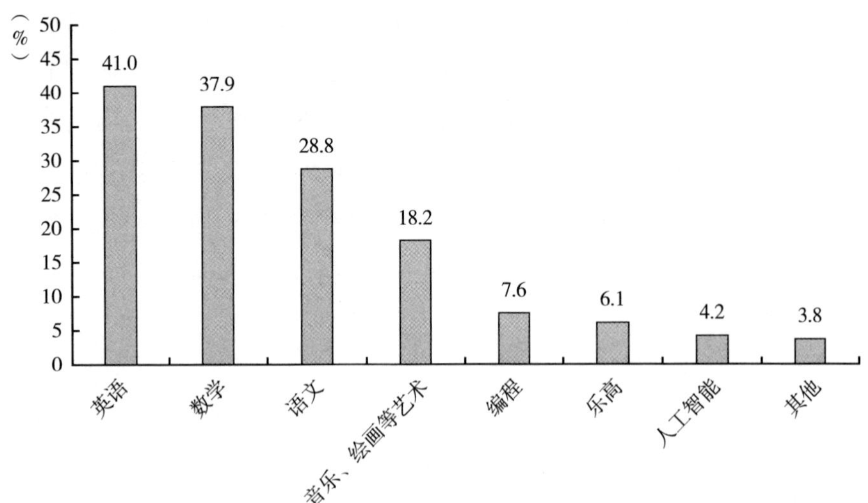

图3 中小学生互联网在线学习的主要科目

如图4所示，小学生尤其是低年级小学生的英语在线学习普及率很高。超过50%的低年级小学生参加了英语网课学习，随着学习阶段提高，英语

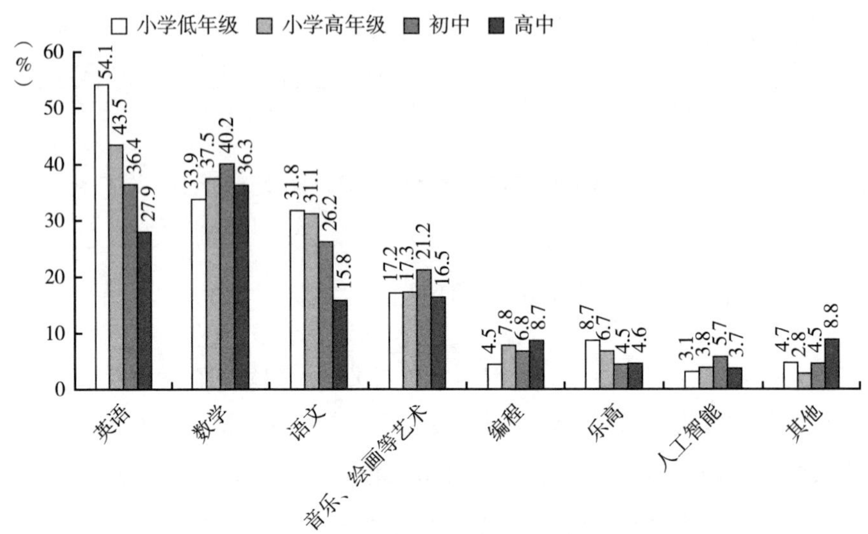

图4 中小学生互联网在线学习的主要科目（分年级）

网课普及率趋于降低，高中学生上英语网课比例低于 30% 。语文网课也表现出类似特征。但数学网课表现出不同特征，低年级小学生的普及率相对较低，主要受制于认知能力，初中生的数学在线学习普及率相对更高。

（三）互联网在线学习的时长

上过网课的中小学生中，大约一半的每周在线学习时长在 1 小时以内（见图 5）。考虑到学习效果和孩子视力健康保护，在线学习课程内容一般会有较为严格的时间限制。调查显示，目前绝大部分学生在线学习的时长得到较好控制，大约 80% 的中小学生每周上网课时间控制在 2 小时以内，5 小时及以上的不到 10% 。

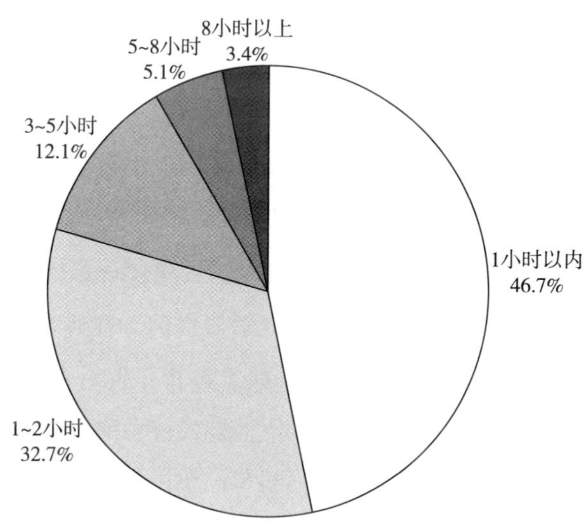

图 5　中小学生（上过网课的）互联网在线学习平均每周上课时长分布

小学生尤其是低年级学生的网课时长更短。网课对于小学生的视力健康影响更大，家长也更为敏感。随着学习阶段提高，学业压力加大，在线学习时长也趋于延长。调查显示，初中生每周上网课时间 3 小时及以上的比例约占到 25% ，高中生这一比例约占 29% （见图 6）。

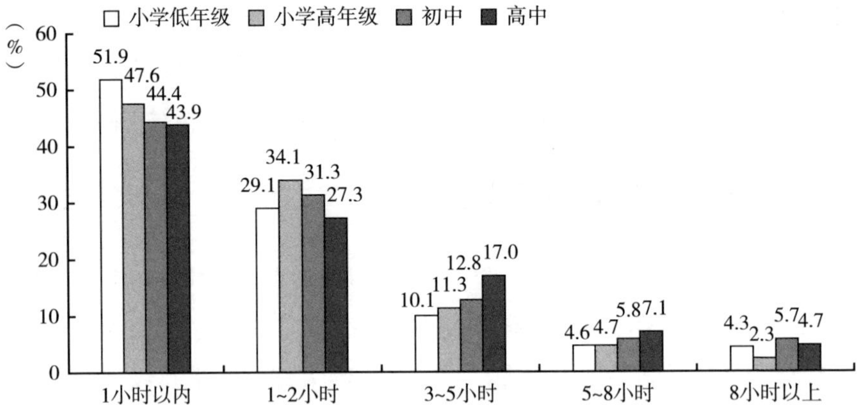

图 6　中小学生互联网在线学习平均每周上课时长分布（分年级）

二　互联网在线学习对于未成年人学习成绩的影响

（一）在线学习对学习成绩影响的自我评价

如图 7 所示，中小学生对互联网在线学习效果评价总体较为乐观，大约 2/3 的中小学生表示在线学习有助于提高学习成绩。在线学习具有效率高、互动性较强的特点，尤其是“一对一”线上教育，针对性更强。在线教育因市场竞争激烈，在课程体系和师资队伍上投入较大精力，保证了较好的教育质量。但是，也应该注意到，仅有不到 8% 的中小学生表示网课明显提高学习成绩，超过 10% 的中小学生表示网课对于提升学习成绩没有作用，另有超过 20% 的表示不清楚。

中小学生对在线学习效果评价存在差异性，总体上年级越高的学生对在线学习的效果评价越差。调查显示，小学生尤其是低年级小学生反映上网课明显地提高了自己的学习成绩，而中学生尤其是高中生对于网课明显提升学习成绩效果的评价不高，有 17% 的高中生表示网课没有作用，另有大约 1/3 表示不清楚（见图 8）。随着学习阶段的提高，知识体系更加复杂，网课的

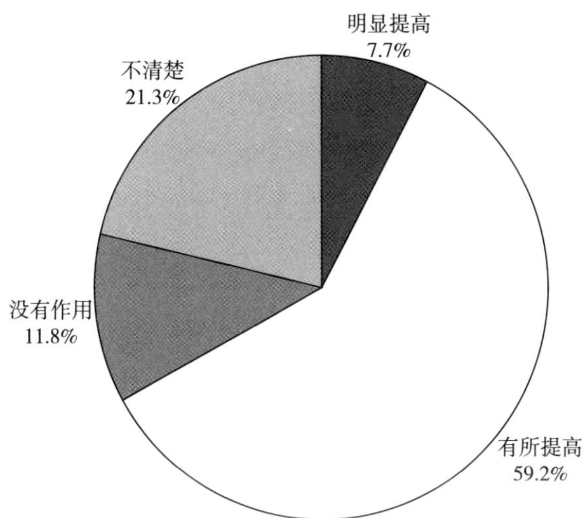

图7 中小学生对在线学习提升学习成绩效果的自我评价

课程体系设计难度加大，网课更多地发挥辅助性作用，对其效果难以直接评价。

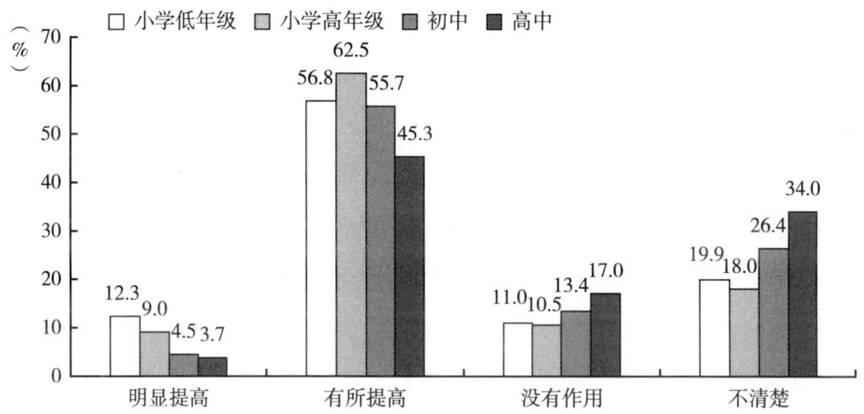

图8 中小学生对在线学习提升学习成绩效果的自我评价（分年级）

城市中小学生对在线学习的效果评价总体上比乡镇地区更乐观。约15%的乡镇地区中小学生反映网课对于提升学习成绩没有作用，仅有5.3%的乡镇地区被访者反映网课明显提高了学习成绩（见图9）。对比来看，城市中小学生对于网课效果的自我评价更为积极，这可能与网课学习内容质量存在关系。即便是线上教育，家庭支付能力、信息质量筛选能力等因素也会导致城乡地区的网课质量差别。

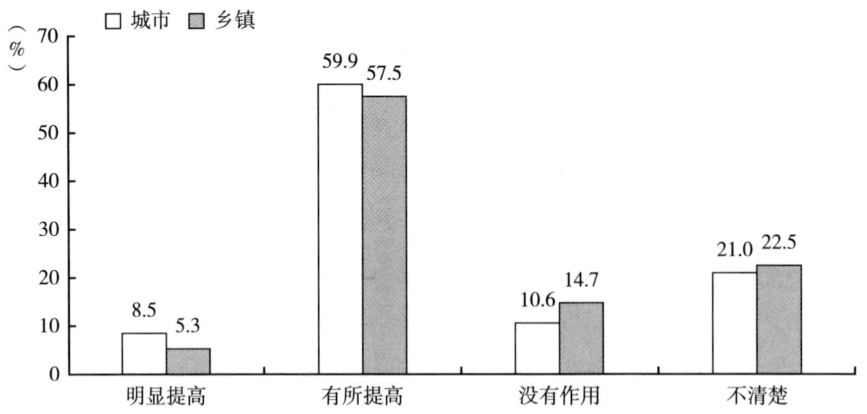

图 9　中小学生对在线学习提升学习成绩效果的自我评价（分城乡）

（二）在线学习与学习成绩表现

总体上，在线学习与学生在校实际学习成绩并没有明显关系。不同于学生自我评价，通过对网课情况与在校实际学习成绩的交叉分析，发现是否上网课与学习成绩之间并无显著性差异，没有上网课的中小学生中在校学习成绩为优等的比例为 27.1%，与参加英语、数学和语文等网课的学生基本相当（见图 10）。有意思的是，参加编程网课的学生中有 30.4% 表示在校学习成绩处于优等位置，这主要由于编程课对认知水平要求更高，往往学习成绩更好的孩子才会选择参加，并非意味着编程网课一定会提高学习成绩。同时，参加人工智能、艺术、乐高等网课的孩子似乎在校学习成绩相对较差，这可能由于这些孩子更喜欢“娱乐”，投入学校课程学习时间较少。

小学低年级学生在线学习有助于提高在校学习成绩，之后学习阶段网课的作用不大。调查显示，上网课的小学低年级学生中超过 25% 表示在校成绩处于优等，而不上网课的学生中仅有 17.9% 处于优等，反映出在线学

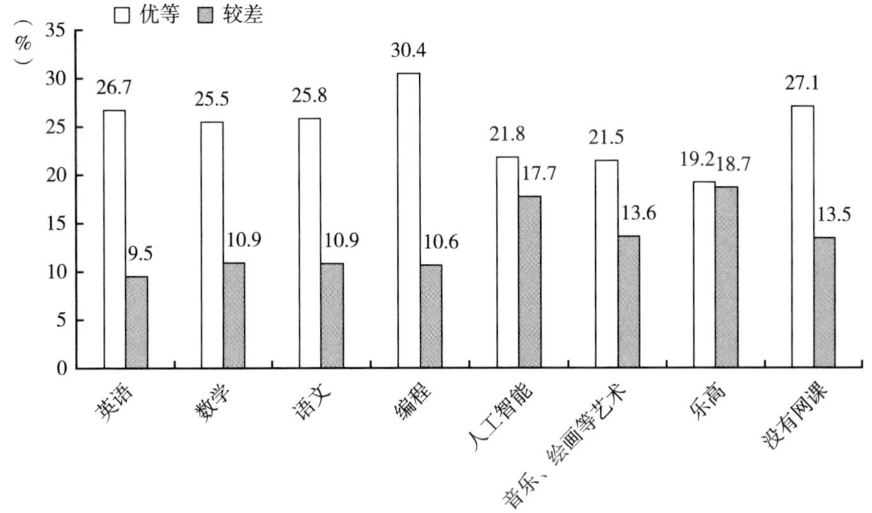

图 10　中小学生在线学习与在校学习成绩

注：调查问卷中，将学生在班上学习成绩划分为优等、中等、较差和不清楚四个选项。图中通过优等和较差两组的占比，反映学生实际学习成绩。

习对于低年级小学生的学业成绩有明显作用（见图 11）。但是，到了小学高年级和中学阶段，网课对于学生在校学习成绩不再产生作用，甚至在初中阶段，上网课的学生在校学习成绩表现反而更逊色，当然，这可能并非网课带来的效果，而是学习成绩相对落后的学生更有动力和需求通过线上学习来补课。

在线学习时长与学生学习成绩之间也没有明显关系。家长寄希望于加大网课学习投入力度、延长学习时间，但这对于提高孩子在校实际学习成绩似乎并没有太大作用。相反地，每周在线学习时间超过 8 小时的孩子在校实际成绩似乎表现更差（见图 12）。网课的实际效果更多取决于课程质量，而不在于学习时长和投入强度，当然孩子的学习兴趣也很重要。

学生对网课的自我评价与实际在校学习成绩基本相符合。调查显示，认为网课明显提高自己学习成绩的学生，确实在学校学习成绩表现较好，超过 45% 的学生在学校处于优等位置。同样地，认为网课对学习没有作用的学生中，大约 1/4 的学生在学校学习成绩较差（见图 13）。

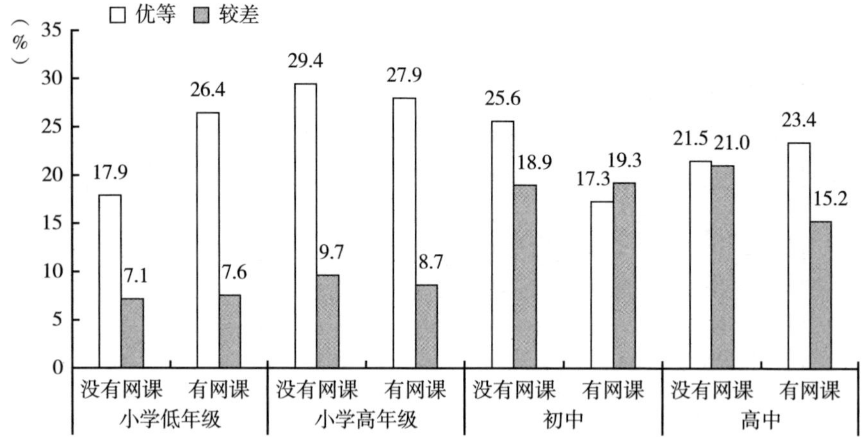

图 11　中小学生在线学习与在校学习成绩（分年级）

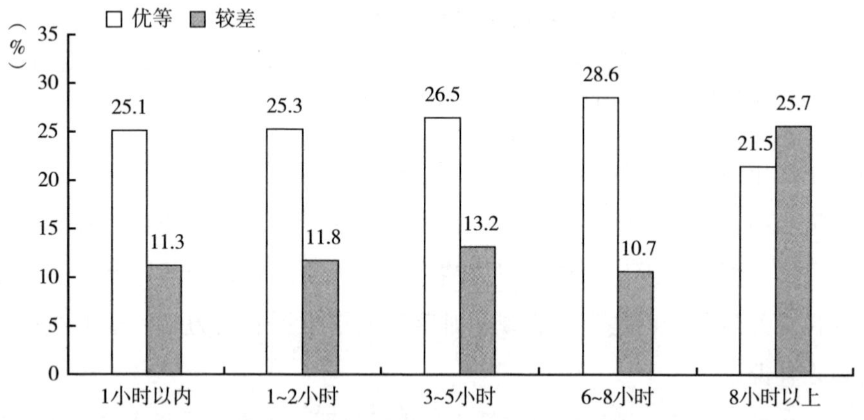

图 12　中小学生在线学习时长与在校学习成绩

（三）中小学生对在线学习的偏好态度

中小学生对在线学习的总体评价较为积极，大约 45% 的中小学生表示非常喜欢或比较喜欢。在线学习相对更为自由，不受学校课堂规章约束，互动性较强，对于孩子具有一定吸引力。调查显示，14. 5% 的中小学生表示非常喜欢网课，29. 1% 表示比较喜欢。但是，也有约 15% 的中小学生表示不太喜欢或很不喜欢（见图 14）。

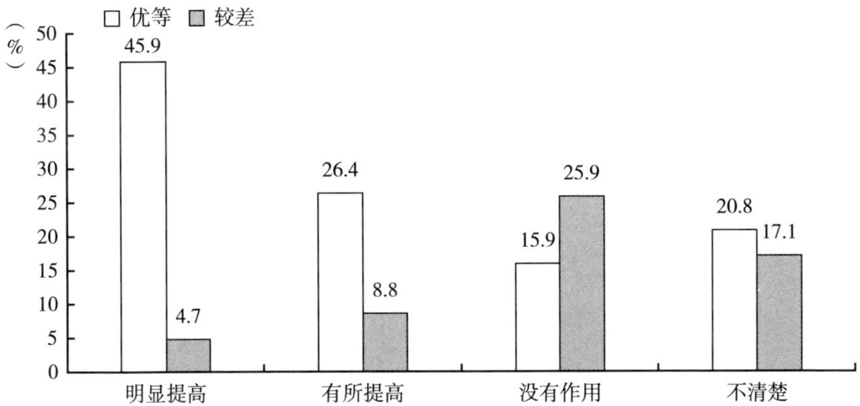

图 13　中小学生对在线学习效果的自我评价与在校学习成绩比较

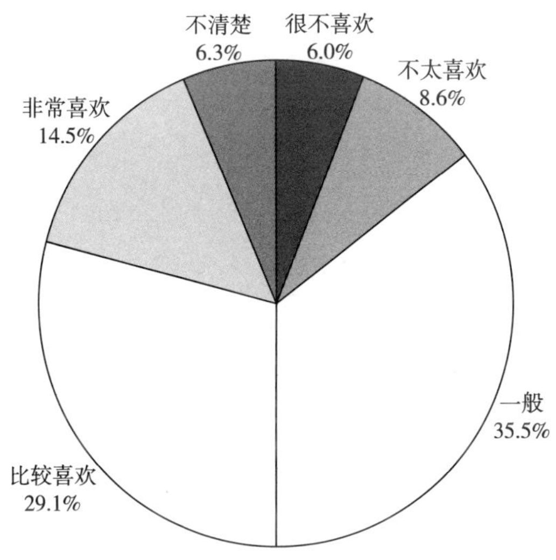

图 14　中小学生对在线学习的态度

越是高年级学生，对于在线学习的评价越差。调查显示（见图 15），超过 20% 的低年级小学生表示非常喜欢上网课，随着学习阶段提高，这一比例逐渐下降，到了高中阶段，表示非常喜欢上网课的比例仅有 6.4%，这可能与学业负担重和网课学习效果不佳有关。

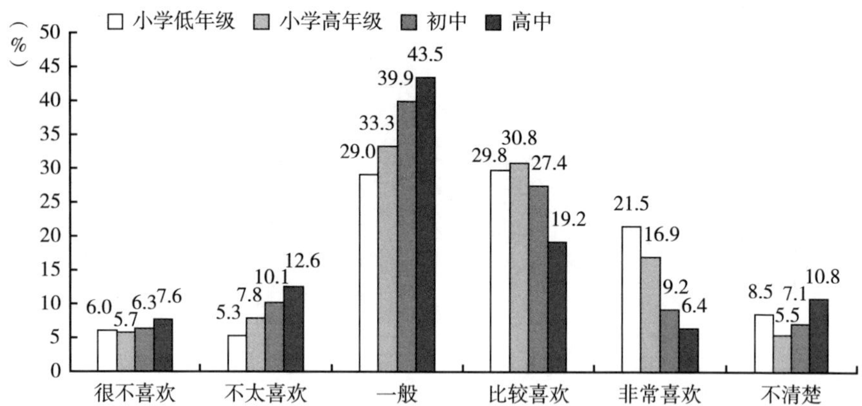

图 15　中小学生对在线学习的态度（分年级）

乡镇地区中小学生对在线学习的偏好度相对较低。调查显示，乡镇地区中小学生表示非常喜欢上网课的比例要比城市地区低约 5 个百分点（见图 16），这可能与网课内容和质量有关系。

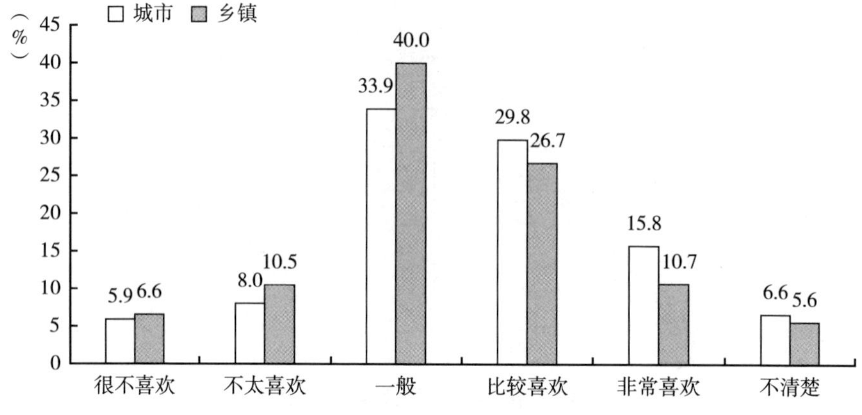

图 16　中小学生对在线学习的态度（分城乡）

在线学习的兴趣偏好与在校学习成绩存在相关性。学习兴趣确实影响学习效果和学习成绩，网课也同样如此。调查显示，表示非常喜欢上网课的中小学生中，在校学习成绩处于优等的比例达到 35.6%，对于网课表示不太喜欢或一般的中小学生中，在校学习成绩处于优等的比例为20%左右（见图17）。

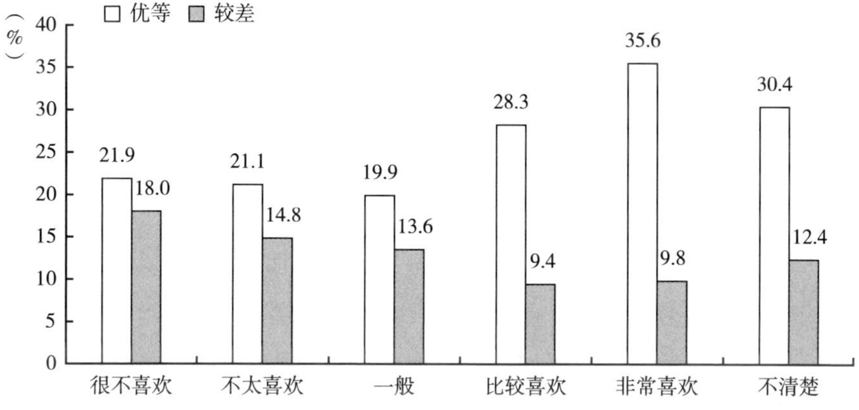

图17 中小学生在线学习偏好与在校学习成绩

三 未成年人利用互联网学习面临的挑战与建议

基于互联网的在线教育快速发展，在线学习成为中小学生的重要学习途径，尤其是在新冠肺炎疫情影响下，在线学习发挥了重要作用。可以预见，在线教育发展将进一步提速，未成年人利用互联网学习的普及率将进一步提高。在线学习给推动城乡教育均衡发展带来机会和挑战，机会在于利用在线教育吸收城市优质教育资源，补充农村教育资源短板，而挑战在于城乡数字鸿沟可能进一步加大城乡教育不均衡。线上教育是一个大趋势，但对于城乡教育均衡发展也是一把“双刃剑”。政府部门在规范和鼓励在线教育市场发展的同时，有必要投入更大精力，去积极应对新的挑战。

（一）互联网如何积极正向影响未成年人?

上网确实可能影响儿童的认知技能，但并不一定会直接显著提高学习成绩（Johnson, 2006；Mills, 2014）。最近一项实验研究表明（Malamud et al., 2018），从秘鲁首都利马成绩不佳的公立小学样本中随机选择了14所学校，随机抽样向3～5年级的儿童提供了家用笔记本电脑，尽管电脑和互联网使用提高了家庭数字技能，但互联网接入对学业成绩没有显著影响。几种可能的解释是：首先，干预本身并不与学校的教学活动直接相关。其次，新技术不可以在一年之内或仅仅几个月产生影响。再次，互联网使用的影响可能不够大。最后，可能是儿童没有将互联网用于教育目的，如果孩子们把更多的时间花在网络游戏等活动上，那么上网可能会减少学习时间。

在线教育本身就是一种促使互联网积极正向影响未成年人的途径。未成年人认知能力有限，家长在指导和监督孩子使用互联网过程中也存在识别能力和自身精力限制，专业的在线教育能够发挥其价值。我们的调查研究也证实，高质量的线上课程设置，加上孩子有学习兴趣，能够显著提高学习业绩。政府部门应该积极肯定互联网在未成年人教育上的作用，引导线上教育与学校教育之间相互协调发展，使线上教育发挥因人施教的“一对一”优势，避免教学内容重复或过度超前，规范线上教育市场良性竞争。

（二）数字鸿沟是否会带来新的城乡教育发展不平衡?

互联网在未成年人中的普及率差距是一个全球现象。互联网在全球范围内迅速扩张，但儿童接入互联网的差距仍然很大。发达国家儿童的互联网普及率相对较高，OECD国家超过95%的15岁以下学生在家中有互联网连接，相比之下，发展中国家的儿童接入互联网比例较低，例如在阿尔及利亚、秘鲁和越南15岁以下学生中，只有不到一半有条件在家上网（OECD，2017）。中国城乡之间和地区之间发展不平衡，互联网在未成年人中的接入率也存在较大的地区差异。

新冠肺炎疫情使城乡教育不公问题进一步凸显。中国发展研究基金会课题组（2020）向我国中西部八个省份、21个县小学生和老师进行的居家信息化学习调查结果显示，农村学生能够按时上网课（54.1%）的比例显著低于县城（80.1%）和乡镇（70.3%）。原因一方面是农村教师面临信息化教学挑战，他们普遍不太适应手机授课，部分教师因疫情而“赋闲”；

另一方面是农村学生的家庭信息化学习资源和设备不足，家庭支持能力有限，父母常处于缺位状态，一些农村地区家庭还未接入宽带或 4G 网络，影响正常授课进度。

弥合数字鸿沟是充分利用在线教育、推动城乡教育均衡发展的前提条件。政府部门在这方面应该发挥主导作用：一是加强通信网络基础设施建设，提高农村地区中小学“互联网 + 教育”的可及性，重点解决互联网技术应用方面存在差距的问题，保障学生和教师能够获得课程计划、视频、辅导材料等在线教学资源。二是调动电信公司、信息技术企业、社会公益组织等社会力量，参与欠发达地区教育信息化建设，以资金、设备、技术等形式投入欠发达地区教育信息化。三是提升落后地区教师的数字技能，加强在线课程的培训。四是引导家长更多地参与子女的教育过程，在线学习并不能完全替代家长的教育陪伴作用。五是对于弱势家庭子女的直接教育援助，政府可以考虑购买市场机构的课程，以“教育券”方式补贴给中低收入家庭和农村地区孩子。

（三）如何发挥在线教育优势以积极应对疫情冲击?

世界银行（2020）发布的报告显示，截至 2020 年 3 月底，新冠肺炎疫情已造成 161 个国家逾 16 亿儿童和青少年无法上学，接近全球入学儿童总数的 80% 。推迟开学日期或中断学习完全打乱了许多儿童、家长和教师的生活。远程学习策略大有可为，至少可以减轻影响。发达国家对转移到线上学习准备更充分，但教师和家长需要做出很大努力且面临诸多挑战。在中等收入国家和贫困国家，形势喜忧参半，广泛存在的机会不均现象将会进一步加剧。很多儿童没有书桌、课本、互联网接入，家里没有笔记本电脑，或者家长不支持。我们需要避免或者尽可能减少这种机会不均现象进一步扩大，避免危机对贫困儿童的学习产生更大的负面影响。

教育是民生大事，新冠肺炎疫情导致子女学业延误也是家长最主要的焦虑。中国社会科学院人口与劳动经济研究所民生课题组（2020）开展的 5000 多份居民抽样调查显示，超过 40% 的被访问孩子家长对孩子教育问题表示非常焦虑。对比来看，农村地区在互联网普及和线上教育方面与城市地区存在差距，农村子女家长的焦虑情绪更为严重，农村子女家长对于子女学业延误表示非常焦虑的比例达到65%，城市子女家长这一比例为50%。城乡教育差距在疫情的冲击下也进一步凸显。不同学业阶段的家长表现出的焦虑情绪也有差异。从幼儿园到中学再到大学，焦虑程度呈现倒U形曲线特征，幼儿园尚处在学前阶段，学习任务较轻，家长焦虑情绪相对较弱，家长更担心孩子身心健康尤其是视力健康；大学阶段子女基本上可以独立自理，家长焦虑情绪也不强。焦虑情绪较为突出的是中学生家长，尤其是初中生家长，超过70%的家长反映对于孩子学业耽误非常焦虑；毕业班家长面临中考和高考关键阶段，焦虑情绪尤为突出。

线上教育是应对延迟开学的补偿措施，但也带来一些负面影响。此次疫情被视为线上教育发展的“机遇期”，教育部门也在组织线上教学平台，鼓励开展线上教学培训，实现“停课不停教、停课不停学”。但是，线上教育与学校教学之间的课程体系缺乏协调，学校组织的线上课堂不利于教学互动和课堂监督，影响课堂质量和教学进度，也容易分散学生专注力。学生的互联网接触程度加深、线上课程时间过长，也会加重中小学生视力健康问题。

发挥线上学习的优势，需要妥善处理线上学习与学校教育之间的关系。建议相关部门研究出台教育补偿措施，为在校生建立教育基金，加强农村地区和贫困家庭教育援助。加强校外线上教育与学校教育之间的合作与协调。引导线上教育机构和行业协会注重课程学习与身心健康综合发展，加强中小学生视力健康和身心健康教育。

参考文献

Johnson, G. (2006). Internet use and cognitive development: a theoretical framework. *E-Learning and Digital Media*, 3 (4): 565 -573.

Malamud, O., Cueto, S., Cristia, J. and Beuermann, D. W. (2018), Do children benefit from internet access? experimental evidence from a developing country, *Journal of*

Development Economics, 138: 41 – 56.

Mills, K. L., (2014). Effects of internet use on the adolescent brain: despite popular claims, experimental evidence remains scarce. *Trends in Cognitive Sciences*, 18 (8): 385 – 387.

OECD (2017): PISA 2015 Results: Students' Well-being. PISA, OECD Publishing, Paris.

世界银行:《新冠肺炎大流行对教育的挑战与机遇》, https://blogs.worldbank.org/zh-hans/voices/educational-challenges-and-opportunities-covid-19-pandemic。

中国发展研究基金会课题组(2020):《消弭"数字鸿沟",农村教育信息化该怎么做?》, http://finance.sina.com.cn/china/gncj/2020-03-31/doc-iimxxsth2929144.shtml。

中国社会科学院人口与劳动经济研究所民生课题组(2020):《新冠肺炎疫情对民生影响的监测调查分析》, 研究报告, 2020。

B.6

未成年人互联网社会交往中的自我表达

李永健　杨苏丽*

摘　要： 本文基于2020年“第十次中国未成年人互联网运用状况调查”，通过对未成年人互联网上社会交往、自我表达的方式、内容、频率进行分析发现：微信已成为未成年人使用频率最多的社交软件，兴趣爱好是未成年人最常在社交平台发布的信息，未成年人网络社交对象以认识的人为主。未成年人在互联网上的自我表达，具有“围观型”、谨慎消极的特征，且倾向于对生活中的烦恼“自我消化”。针对未成年人互联网社会交往中的自我表达，应警惕游戏沉迷、泄露隐私、言论偏激等表现，需要国家、学校、家庭等从多方面努力，为未成年人营造良好的上网环境。

关键词： 未成年人　互联网　社会交往　自我表达

一　前言

借助互联网进行社会交往和自我表达，在未成年人群体中日趋常态化。不可忽视的是，网络信息参差不齐，未成年人的心智还不够成熟，在使用互

* 李永健，中国社会科学院大学媒体学院教授、硕士生导师，主要研究方向为传播社会学、传播心理学、传媒与青少年；杨苏丽，中国社会科学院大学新闻学与传播学系传播学专业硕士研究生。

联网的过程中若得不到正确引导，必将对未成年人的身心健康造成不利影响。本研究针对调查问卷中“网络社交和自我表达”部分的题目，根据调查数据分析当前未成年人互联网上社会交往和自我表达状况及存在的问题。

在社会学中，社会交往是指人类在开展正常的社会活动过程中，发生的人与人之间的联系和接触。本文对于社会交往的研究，主要针对未成年人借助互联网，以微信、QQ 等网络平台为媒介开展的社会交往活动。一方面，便捷的互联网为未成年人学习娱乐提供了巨大的便利，在一定程度上提高了未成年人的学习效率，开阔了他们的视野，促进思维创新；另一方面，在对事物辨别能力差、自我控制能力不强的未成年人面前，纷繁复杂的网络信息极易使未成年人迷失自我，进而影响未成年人的健康成长。

自我表达是指个人通过某种形式主动将自己的思想观点、情感状态、态度立场等展现出来，以实现意识输出或与他人进行互动。当前，便利的互联网、发达的电子设备和相对宽松的社会环境，为未成年人在互联网进行自我表达创造了良好的条件。未成年人思维活跃，也渴求通过自我表达来展现自我。他们借助社交工具分享自己的生活、学习状态，并在微博、豆瓣、知乎网络平台“围观”社会热点、他人评论，也借此表达自己的观点、态度，实现信息的实时互动与交流。但是，青少年还处于价值观的形成期，在借助互联网进行自我表达的过程中，如未能得到正确引导和及时监督，他们极易接触到网络中的偏激、错误观点，不利于未成年人完整人格的形成。

二　基本状况与主要特征

（一）微信超越 QQ 成为未成年人最常使用的社交软件

在此次调查中，微信成为未成年人最常使用的社交软件，占比 55.8%，其次是 QQ，占比 33.2%。而微博、个人空间、论坛/贴吧等占比并不大（见图 1）。在 2017 年针对青少年网络社交状况的调查中，QQ 以 59.7% 的占比成为未成年人最常使用的社交软件，而微信以 30.4% 居于其次。近年来，微信

凭借语音视频、群聊、朋友圈、小程序、微信支付等便捷、亲民的功能，发展成为全民性的社交软件，在未成年群体中的使用比重也显著增加。

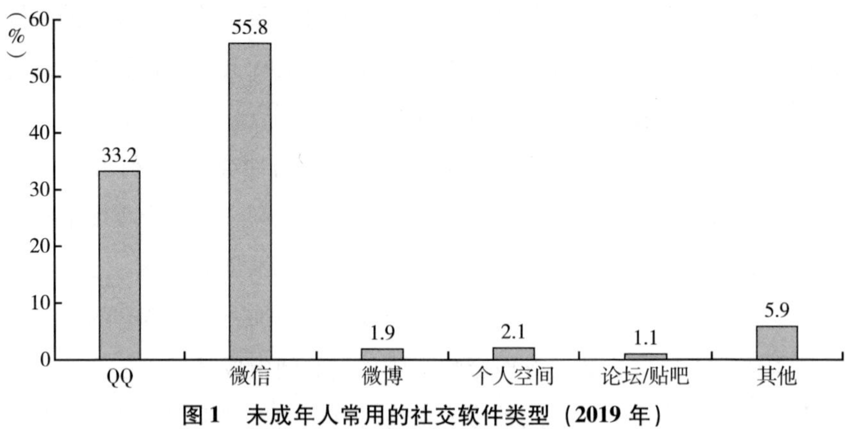

图1　未成年人常用的社交软件类型（2019年）

（二）社会交往的基本情况与主要特征

1. 最常发布的信息是个人兴趣爱好

针对“一般在社交平台上发布有关自己的什么信息（多选）?”这一题目，选择“自己的兴趣爱好”的最多，其次是“自己的学习情况”“及时的心情感想”（见图2）。可见，自己的日常生活状况，成为未成年人在社交平台发布的主要内容。

心理学学者认为，个体使用网络社交主要有以下两种动机：自我展示和获取归属感。社交平台为未成年人提供了一个展示自我的情境，他们自主设置个人头像、签名、昵称，管理自我形象，决定将哪些信息公布在社交平台，并与社交好友积极互动，实现自我宣传、自我表现。“作为归属动机的延伸，研究者进一步考察了同伴压力、受欢迎的需要和降低无聊感等变量对个体使用社交网络的推动作用。研究发现，同伴压力是学生使用Facebook的重要因素，因为他们想让自己看起来更酷、更受欢迎。”① 在一定程度上，

① 姚琦、马华维、阎欢、陈琦：《心理学视角下社交网络用户个体行为分析》，《心理科学进展》2014年第10期，第1647～1648页。

网络社交促进了未成年人的社会化。未成年人在社交平台发布个人状态时，也夹杂着就自己所展示的信息如何与好友展开积极互动的考虑。网络社交不但能够满足未成年人与同伴的交流需求，在分享兴趣爱好时获得积极反馈，而且还能够增强未成年人对个人的信心以及对他人的信任感，同时观察同伴们在社交平台发布的信息，也能促使未成年人及时反思自我、实现个人成长。

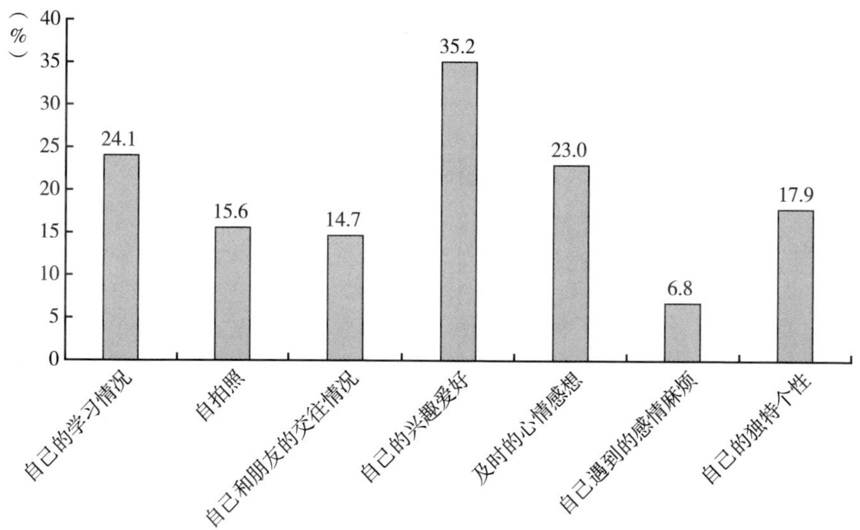

图 2　未成年人最常在社交平台发布的与自己相关信息

2. 主要对象是“现实生活中认识的人”

关于“您在网上交流的好友主要有哪些人?”中，81.5%的人认为“大多是现实生活中认识的人”，8.9%的人认为“大多是通过网络认识的人”，9.6%的人认为“前述两类人基本上一样多”（见图 3）。由此可见，“熟人社交”仍是未成年人网络社交的主要方式，在很大程度上，网络充当了未成年人与现实好友社会交往的补充和中介。“最初的研究警告说，积极参与在线社交将有损于面对面的互动，有可能破坏友谊和有意义的人际关系。然而，随着网络社交媒体的不断发展，这些工具已更加有效地融入青少年的社会生活”①。网络社交打破了传统社会交往方式的空间和时间限制，他们将现实生活中的圈子进一步拓展到网络，实现了随时随地的互动沟通，此外，网络中音频、视频、图文等，进一步丰富了未成年人之间信息互动的方式和内容。网络社交适应了未成年人敏感、渴求社会认同和强烈的自尊意识，手机、iPad 等工具的使用情境更加私密，使得未成年人拥有足够的时间去思考如何展现自我形象，尤其对于一部分性格内向的未成年人而言，网络社交能够克服面对面互动中可能遇到的害羞、尴尬状态，拥有比面对面互动更加舒服的社交体验。

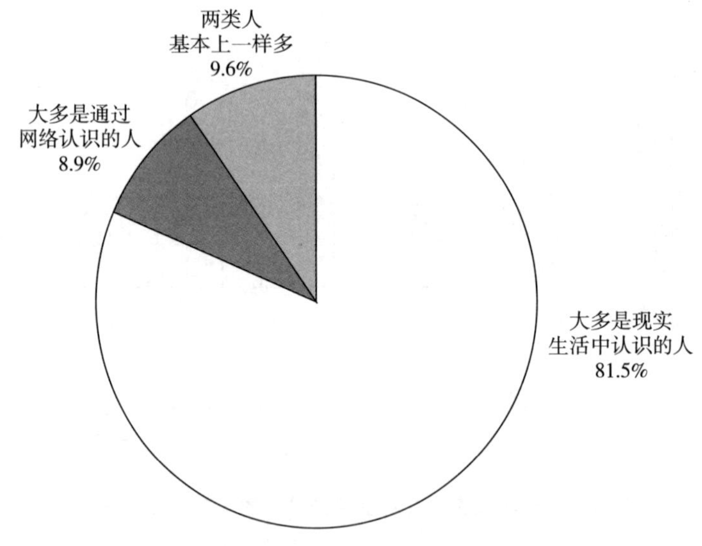

图 3　未成年人在网上交流的好友构成

3. “网络好友”与“现实好友”分界清晰，对待网络社会交往更加包容

针对“在网上认识的新朋友，您与他们在现实中有交往吗?”这个问题，49.4% 的人选择“只在网上交流”，10.4% 的人选择“在现实中见过几次面”，15.8% 的人选择“在现实中经常见面”（见图 4）。在网络上认

① 〔美〕巴巴拉 · M. 纽曼：《社交媒体影响青少年同伴关系：友谊、孤独感和归属感》，《中国青年研究》2014 年第 2 期，第 18 页。

识的好友，大部分未成年人并不会将其发展到现实生活中，这表明在网络社交中，未成年人并不完全处于被动地位，他们仍能够清晰地将“现实情感”与“虚拟情感”加以辨别。值得注意的是，在2017年的调查中，未成年人选择与网友“只在网上交流”的比重达到了54%。此外，2019年的调查中，表示与在网上认识的新朋友“肯定不会”“可能不会”长期交往下去的比重占46%，而在2017年，这一比重占52.4%。相关比重的下降，一方面，可能与此次样本调查对象年龄总体偏小（10～13岁占比78%），填写问卷时审题不严，忽略“在网上认识的新朋友”这一限定性条件有关；另一方面，显示出未成年人对待网络社交的心态呈现更加包容的趋势。

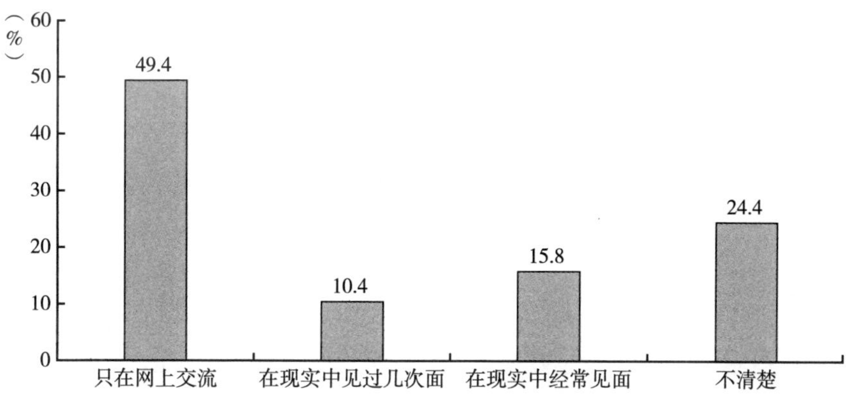

图4　未成年人网上认识的好友在现实中的交往情况

（三）自我表达的基本情况与主要特征

1. “围观型”自我表达特征明显

从已有调查可知，未成年人在社交网站发布的与自己有关的信息，通常包括自己的兴趣爱好、学习情况、心情感想，这些内容公布在社交平台，往往能引起个人与好友的互动交流，促进好友对个人生活状态的了解，是未成年人通过展现个人生活状态，进行自我表达的途径。因此，未成年人更新自己动态的频率，在一定程度上也能够显示出未成年人通过互联网自我表达的活跃程度。通过问卷调查发现，45.0%的未成年人“只关注别人，不发自己的动态”，31.3%的未成年人“几天更新一次动态”（见图5），可见，未成年人通过更新状态进行自我表达并不活跃。对于网络上大家都关注的社会热点事件，大部分未成年人表示“只是随便看看相关信息”“浏览大家的评论”“进行跟帖讨论”“对事件的报道进行转发分享”或者“在现实生活中与人讨论”的行为较少（见图6）。未成年人通过社交平台观察好友动态，通过浏览相关信息、评论来了解社会热点事件并判断其大致走向，但很少发表自己的言论，进行自我表达。未成年人参与网上社会热点事件讨论，进行自我表达的热情并不高，呈现“围观型”倾向。

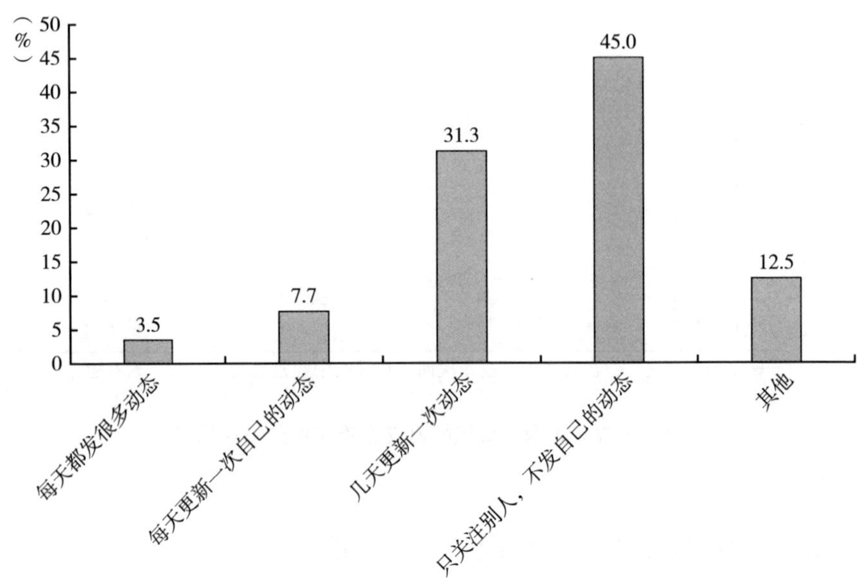

图5　未成年人上网类型

2. 通过网络行动进行自我表达的态度消极谨慎

当前，借助互联网信息传播的开放性和互动性，通过转发、顶帖，甚至人肉搜索等行为，对自己所支持或者反对的事物采取行动，已屡见

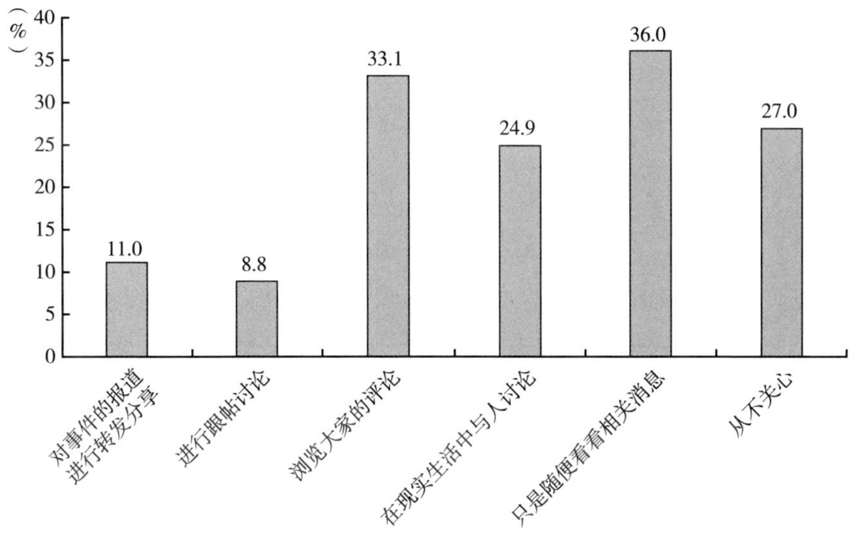

图6　未成年人参与社会热点事件讨论情况

不鲜。在此次调查中，针对“如果有人在网上组织帖子转发、集体讨论或顶帖，您会配合参加吗?”，52.4%的未成年人表示“肯定不会”，20.3%的未成年人表示“可能不会”（见图7）。对于“如果有人在网上组织集体声讨、快闪活动、人肉搜索，您会配合参加吗?”，71.8%的未成年人表示“肯定不会”（见图8）。相对于转发、顶帖等中性网络行动，集体声讨、人肉搜索等行为更加偏激，自我表达的欲望更加激烈。对于此类网上行动，超过70%的未成年人表示“肯定不会”或“可能不会”，表明未成年人并不认可此类网络行为，通过网络行动进行自我表达的态度相对消极谨慎。

3. “自我消化”是消解生活烦恼的主要方式

“在现实生活中遇到烦恼的事，您习惯通过以下哪种方式来与人交流?（多选）”，“自己在心里想”占比最大，成为未成年人消解生活烦恼的主要方式，其次是“在现实中向好朋友诉说”“在现实中向父母诉说”（见图9）。未成年人需要经历青春期，身心变化大，在生活中面对的烦恼也增多，及时消解生活烦恼，有助于未成年人身心健康成长。通过调查可见，“自我

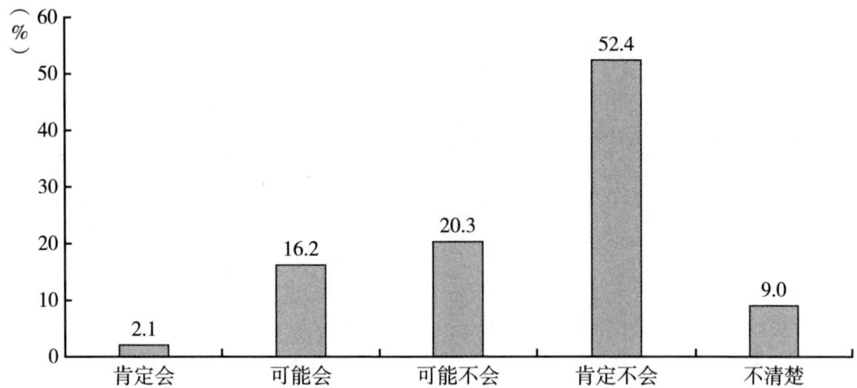

图 7　未成年人在网上参与帖子转发、集体讨论或顶帖的情况

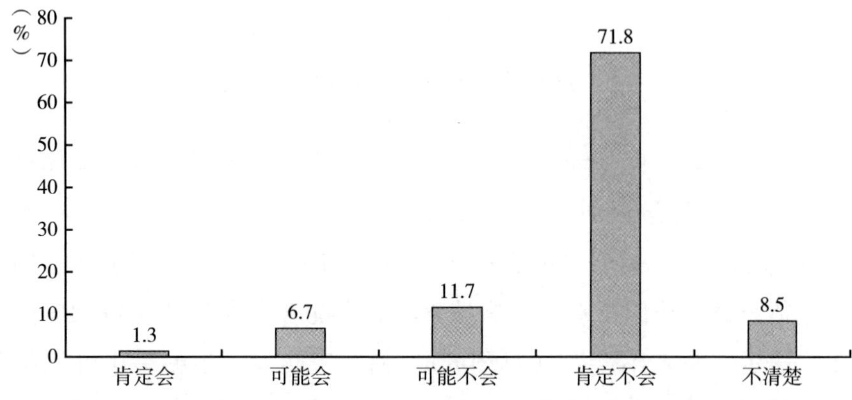

图 8　未成年人在网上参与集体声讨、快闪活动、人肉搜索情况

消化”依然是未成年人解决生活烦恼的主要方式，同时发现，大部分未成年人能够通过主动向父母、现实好友诉说，来解决烦恼。

三　问题和潜在风险分析

（一）警惕网络交往中的游戏危害

调查发现，对于“网络交往最大的好处是什么?”，认为“能与好友保

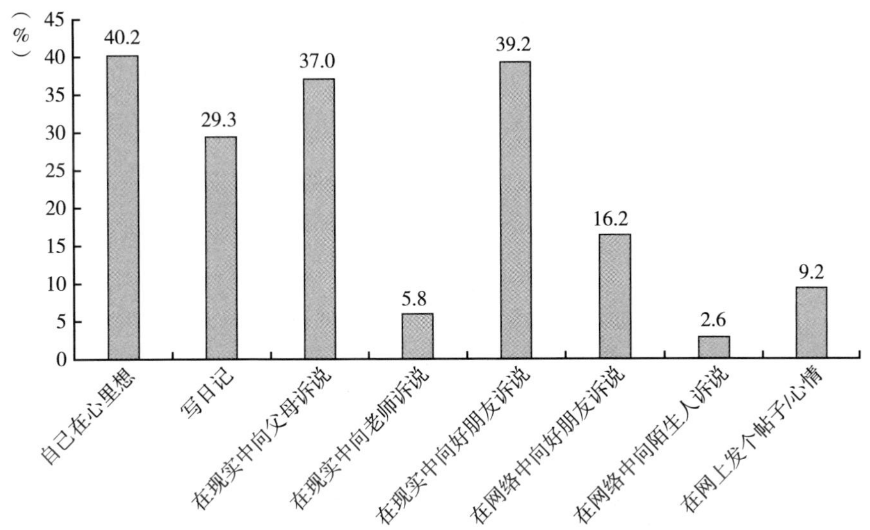

图9　未成年人交流生活烦恼的方式

持联系”比重最高（28%），其次是“有朋友互动，玩游戏更好玩”（15%）。而在2017年的相关调查中，认为网络交往“能与好友保持联系”的占比35.7%；其次是“方便发表自己的观点”，占比15.4%；而“有朋友互动，游戏更好玩”仅占7.6%。调查还发现，“一起聊天”“一起玩游戏”成为未成年人在网上认识新朋友的主要方式，网络游戏在未成年人网络交往中的重要程度显著提高。近年来，《王者荣耀》《和平精英》等网络游戏在满足大众休闲娱乐需要的同时，也使一部分自制能力差的未成年人沉迷其中。网络游戏在未成年群体中不仅充当娱乐休闲的角色，也成为未成年人网络交友的重要途径之一。网络游戏的语音对话、组队等功能，进一步增加了未成年人在游戏中与陌生人了解接触的可能性，且通过游戏认识的好友，在很大程度上是基于游戏配合的默契度以及“队友”在游戏中展现出的某一相对片面的特质而结识的。网络游戏具有的虚拟性以及复杂的网络环境，加上未成年人社会阅历的欠缺，使得未成年人通过网络游戏交友时陷入被动，易遭受不良诱导、威胁等。未成年人使用手机、电脑等上网，多是在家庭环境内部进行；此外，未成年人能够在网络游戏中感受到在现实社会难以获得的成就感、快乐感，未成年人沉浸于游戏体验时表现出的情绪高昂状态，会让家长对其产生“不务正业”的反感，必然会遭受家长的控制和反对，致使未成年人和家长之间发生矛盾，甚至可能造成未成年人与父母之间的关系恶化。网络游戏中暴力、色情的成分，会扭曲未成年人的价值观，诱发其尝试冲动；网络游戏中设备、皮肤等的充值购买，可能会使未成年人过度消费。

因此，应警惕未成年人在网络交往时的游戏危害，要加强监督引导，合理控制游戏时间和游戏内容，防止未成年人沉迷游戏、游戏交友对个人、家庭、社会带来的伤害。

（二）防止网络社交泄露隐私，过度网络交往影响学习

调查发现，未成年人在网络交往的过程中，会公布性别、年龄、QQ/微信号、姓名甚至个人照片、学校、电话号等信息，这些信息极容易被个别别有用心的人或者不法团体利用。此外，在“你认为网络交往最大的坏处是什么?”的调查中，大部分未成年人认为网络交往“太耗时间，耽误学习”“不良信息太多”“个人信息泄露”。

未成年人在网络社交中公布个人信息，会造成未成年人隐私的泄露。此外，互联网中的数据搜索、App 注册等，都对个人隐私权造成了潜在威胁。一方面，不同于以往互联网在未成年群体中主要充当娱乐休闲的角色，当前，在线课程、网络资料等进一步丰富了未成年人获取学习资源、提高学习效率的手段和方式，互联网在未成年人学习生活中扮演的角色发生了变化，家长和未成年人对网络的认识发生了改观，未成年人使用网络的自主性和频率进一步提升，导致其隐私泄露的风险也加大；另一方面，虽然大部分未成年人在网络交往中，能够保持谨慎态度，但是未成年人心智发育还不完全，对个人隐私的保护意识、对不良信息的分辨能力、对外界威胁的承受能力还很弱。尤其处于叛逆期的未成年人，自尊心强，在遇到困难时不能及时与父母朋友沟通，使得问题不能及时得到解决，会进一步放大隐私泄露的危害性。大多数未成年人还没有养成良好的时间观念，他们更

倾向于在生活中追求当下的满足和快乐。尤其还处于社会化初期的未成年人，对于学习压力和社会压力的感知不足，加上自身的猎奇心理，极易过度沉迷、依赖网络，学习时间和精力被大量消耗，影响未成年人的学习积极性和学习效率。

当前，手机、iPad 等在未成年人中的普及度进一步提高，未成年人接触网络的可能性进一步增大。引导未成年人正确使用网络，防范未成年人在使用互联网的过程中泄露隐私、过度沉迷于网络交往而影响学习，应该受到家长、学校、社会各方面的重视。

（三）警惕网络偏激言论、行为对未成年人价值观的影响

信息的高效和多样化传播打破了传统媒体时代人与人之间信息交流的时间和空间限制，也伴生了许多弊端。其中突出的问题就是信息超载和有害信息泛滥。

对于未成年人而言，如何在利用互联网时，筛选出对自己有用的信息格外重要。目前，尽管我国已出台一系列政策法规，为未成年人营造良好的上网环境，但是，网络有害信息依旧无孔不入，网页弹窗广告、不明链接等，都成为有害信息的传播途径。

未成年人在互联网上进行社会交往和自我表达，具有“围观型”倾向。未成年人在使用互联网的过程中，态度谨慎，具有较高的自我保护意识。但是，网络平台的开放性、互动性功能，将各类言论、信息不加区别地呈现在未成年人面前。针对某一热点事件，网友可能会对某当事人指责、谩骂，施加网络暴力，抖音、快手等短视频 App 低俗低质、虚假内容泛滥。在人人都是传播者的时代，个人传播的责任意识弱，情感往往先于事实而行，未成年人对信息的甄别能力、言论的判断能力差，极容易被诱导。他们虽不轻易在互联网发表言论，不参与过激的网络行动，但“围观”过程也在潜移默化地影响着未成年人，可能致使未成年人模仿相关行为，有思想偏激倾向，造成价值观的扭曲。

四　对策及建议

互联网的快速发展，催生了未成年人网络社交和自我表达需求。在互联网上进行社会交往和自我表达对促进未成年人平等、独立、自信人格和思想形成的作用，不能被忽视。同时，也应正视互联网社交和自我表达对未成年人造成的负面影响，通过有效的策略、进一步规范未成年人互联网使用的整体环境，引导未成年人养成正确的网络社交和自我表达思想、行为。

笔者提出以下对策及建议。

（一）正视未成年人网络社交和自我表达

网络普及程度的加深、功能的改变，不断创新、拓宽人类使用网络的范围和模式。未成年人网络社交和自我表达常态化，对未成年人生活、成长带来了一些积极变化。

1. 增强社会责任感

未成年人作为互联网用户的重要组成部分，能够借助互联网迅速了解时事政治、社会热点事件，与传统媒体时代“模块化”的信息内容设置不同，互联网时代井喷式、碎片化的信息以及网络速食主义现象，使得未成年人能够在短时间内方便快捷地浏览海量信息，并通过转发、评论、点赞进行自我表达，表明自己的态度和立场。网友评论、转发量、点赞量等，也能使未成年人从情感角度对事件做出判断，并通过将自己对该事件的看法与他人对比，反思自己看待问题的角度、自我表达的方式等。这种互联网自我表达与社会交往方式，能够扩大未成年人的视野，增强其社会责任感。

2. 缩小社交“鸿沟”

这里的“鸿沟”，不仅仅指因经济、文化等物质差距所导致的未成年人在互联网使用上的“数字鸿沟”，更是因未成年人在情感、心理、性格、种族、生活环境等方面不同所导致的社交“鸿沟”。与线下“小团体”式的社交圈相比，以微信、QQ 好友等构成的线上社交圈交际面进一步扩大，个体可以通过微博、论坛等开放性社交平台，自主地选择社交对象。未成年人可以通过社交平台，了解到现实生活中与自己交往并不多的同学朋友的信息，甚至了解到不同生活环境、阶层、种族的人们的状况。此外，互联网的匿名性使得个人在社交过程中的共性需求减小，个性得以解放，减小种族、生活环境、心理等不同对社会交往的限制，进行更加自由的社会交往和自我表达。从这一方面看，互联网使得社会交往的平等性进一步凸显，可缩小社交“鸿沟”。

3. 未成年人生活成长的“补充”“窗口”

互联网时代，未成年人的学习、娱乐活动进一步丰富，未成年人自我表达和社会交往的状态也更加活跃。微信、QQ 等网络社交平台信息呈现方式多样化的特点，使得未成年人能够随时随地与同学、朋友交流学习、生活信息，网络社交成为未成年人社会交往的重要“补充”。此外，微博、论坛等的开放性、互动性，进一步拓宽了未成年人自我表达的方式，成为未成年人情感宣泄、观点表达的“窗口”。

（二）网络不能替代家庭陪伴与沟通

从空间上看，家庭是未成年人生活学习的第一场所，从时间上看，未成年人受教育过程，最早从家庭教育开始，与作为监护人的父母相处时间最长，良好的家庭氛围，是未成年人健康成长的根本保证。当在现实生活中得不到支持与理解时，未成年人转向网络社交寻求理解和同伴认可的欲望更加强烈，这可能增大网恋、沉迷网络社交与网络游戏的可能性，甚至形成封闭型人格。

问卷调查发现，表示与父母“经常”或者“总是”在微信沟通的未成年人仅占 27.1%（见图 10），体现出家长并没有与未成年人进行足够的沟通，且城市地区未成年人与父母沟通的频率明显高于乡镇地区。乡镇地区未成年人的父母多外出务工，与未成年人相处的时间短，对未成年人了解少。乡镇地区未成年人父母应充分利用微信、QQ 等即时通信工具，加强与未成年人的沟通。

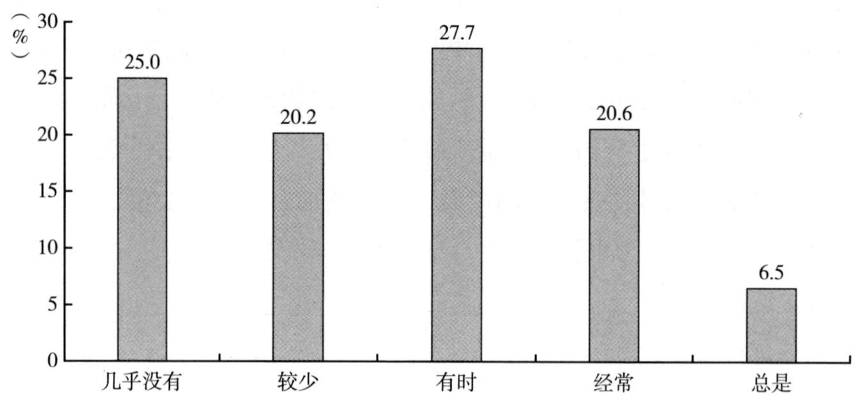

图 10　未成年人在微信中与父母的互动情况

未成年人正经历身体和心理的双重变化，身上也背负着很重的学业压力。一方面，处于人生过渡期和转折期的未成年人思想活跃，对外界充满好奇，并迫切地期望能在社会交往的过程中获得他人的认可，互联网的开放性、互动性可以使未成年人实现与众多网友的交流，并接受更多信息，打破传统媒体时代未成年人社会交往、自我表达的时空限制。另一方面，过度的网络社交可能导致未成年人回避现实人际交往，沉迷于虚拟世界。未成年人内心敏感脆弱、自尊心强，他们需要来自家庭的支持与了解，但是在遇到困难时又不能及时主动地向家长反映。家长应与未成年人积极沟通生活学习中的问题，密切关注未成年人的身心状态。与未成年人之间构建良好的沟通协商关系，能够使家长及时发现未成年人在成长中遇到的问题，在沟通互动中促成问题的解决。

（三）加强媒介素养教育，网络社交和自我表达要把握好“度”

当前，未成年人的成长环境已发生巨大变化。与传统媒体时代相对保守稳定的生活学习环境相比，互联网在未成年人成长中发挥的作用越来越大，一些学校也尝试开设了青少年媒介素养教育相关课程，但从总体上看，教育内容、方式、理念仍处于很初级的阶段，不能与青少年当前的媒介使用情况相契合，不能起到有效的引导作用。并且大部分媒介素养教育相关课程在大学阶段开设，未成年人的媒介素养教育没有得到充分的重视。未成年人使用新媒体的频率进一步增大，出现了网络成瘾、网络依赖等严重影响未成年人身心健康发展的问题。究其原因，一方面，在家庭、学校的教育理念中，针对未成年人的学校教育，应该以文化课为主，以考试成绩作为衡量未成年人素质的主要参考，认为媒介素养教育无足轻重。另一方面，针对未成年人对网络的使用，仍崇尚保护主义，家长、学校采取各种手段尽可能地将未成年人与网络隔离开来，通过强制使未成年人远离网络，企图减小互联网对未成年人的负面影响。

但是，当前网络与新媒体贯穿在未成年人成长的方方面面，多媒体广泛应用于课堂教学中，网课盛行，微信、QQ 等即时通信工具也便利了家长与老师之间的交流，媒介素养关乎未成年人的成长。使用“一刀切”的做法将未成年人与网络隔离，是不现实的，也是不理智的。这种做法忽略了网络社交在促进未成年人社会化过程中发挥的巨大作用，也忽略了互联网的丰富资源在扩大未成年人视野、促进思维创新方面的作用。保护主义观念只会增加未成年人对于互联网的好奇心理，并不能从根本上解决问题。学校有必要调整教育理念和教育体系，让学校教育跟上时代的发展和外界环境的变化对未成年人成长的影响，开设媒介素养教育相关课程，引导未成年人在进行网络社会交往和自我表达时，把握好“度”。

针对未成年人网络社会交往和自我表达的媒介素养教育，应首先将落脚点放在媒介的正确使用上，引导未成年人合理控制媒介使用时间、媒介使用频率，了解在网络社会交往中如何保护个人隐私，养成良好的媒介使用习惯；其次，引导未成年人养成良好的信息管理能力，即如何从海量的互联网信息中判断信息真假、甄别信息背后的价值导向，选取自己需要的、对自己有用的信息，以免被不良信息所诱导；再次，应教育未成年人在互联网自我表达的过程中，发表正确言论，不参与网络暴力；鼓励未成年人在网络社会交往和自我表达过程中遇到问题时，及时与家长沟通，以免受到二次伤害。

（四）未成年人上网保护规制仍需完善

尼尔·波兹曼在《童年的消逝》中提出："儿童的天真无邪、可塑性和好奇心逐渐退化，然后扭曲成为伪成人的劣等面目"①，互联网中不加年龄区别推送的、便捷易得的各类信息，使这一现象在当前表现显著。

近年来，抖音、快手、B 站等短视频平台兴起，大量未成年人成为其用户。这类短视频 App 中传播的内容，绝大部分是由成年人参与直播、制作的内容，传播对象也主要为成年人。此外，一些短视频为了赚取噱头，充斥着低俗、夸张的成分，未成年人长期接触此类视频，易导致身心早熟；"算法推荐"风靡，未成年人长期接触某类特定信息、特定网民群体，而将自己陷于"信息茧房"的桎梏；一些大型网络游戏未设置年龄权限，枪击、暴力内容可能导致未成年人在现实中的偏激行为；不限制游戏时长，未成年人无节制地沉迷于网络游戏，导致精神颓靡、大量占用学习时间，以及未成年人与家长之间的关系恶化；网络直播打赏等，可能导致未成年人过度消费；一些网络言论、暴力行为可能导致未成年人思想偏激、被网络暴力或者参与网络暴力。

2019 年 10 月 1 日，我国首部《儿童个人信息网络保护规定》已正式实施，但是对于未成年人上网保护，仅有法律是远远不够的，需要国家政策、教育体系、互联网企业等多方面的配合。家长、学校应监督、引导未成年人在使用网络 App 时，主动使用未成年人模式，减少未成年人对不当信息的接触频率，防止沉迷于互联网。互联网企业应加强行业自律，把对未成年人的保护落到实处，自动设置并完善供未成年人使用的相关功能，防止未成年人无内容差别、时间限制地沉迷其中。

（五）加强未成年人自我管理训练，引导未成年人自觉、正确使用网络

在本研究中，将年龄在 7～18 岁的人群定义为未成年人。根据身心发展

---

① 〔美〕尼尔·波兹曼：《童年的消逝》，吴燕莛译，广西师范大学出版社，2011，第 3～4 页。

特点，可将未成年人分为几个具体阶段，并制定具体的未成年人自我管理训练策略。比如，对处于小学阶段（7～12岁）的未成年人，应将训练的重点放在家长教未成年人如何正确使用常用的网络软件，使其掌握基本的网络使用技巧。学校应注意培养该年龄阶段的未成年人形成对互联网的初步认识；对于13～15岁的未成年人，这一年龄阶段他们多处于青春期，叛逆心理严重，开始拥有自己独立的思考和追求，这一时期，家长应尊重未成年人正常的网络娱乐、学习需求，尽可能加强与未成年人的沟通交流，及时了解未成年人的内心想法和情感状态，及时发现未成年人在使用互联网过程中遇到的问题，以免出现沉迷网络、网络欺凌现象。学校要加强对未成年人辨别善恶美丑能力的教育，引导未成年人形成良好的互联网使用自控能力；16～18岁的未成年人，通常已处于高中阶段，课业压力繁重，且已经形成相对成熟的人生观和价值观。这一时期，未成年人易出现逃避现实压力、沉迷网络的现象，家长应及时与未成年人沟通，促成压力的排解，学校应多组织未成年人喜闻乐见的媒介素养教育相关活动。

（六）鼓励未成年人互联网使用相关研究的持续开展

近年来，未成年人互联网使用状况得到了各界的关注，法学、社会学、传播学等学科，就各自的学科特性对未成年人互联网使用状况展开了研究。目前，互联网在我国全面普及，相关科技成果迅速涌现，互联网在未成年群体中的使用情况、使用程度、需求以及由此产生的问题也在不断发生变化。针对未成年人互联网使用的各项研究，也应持续开展，使得相关研究成果与互联网在未成年群体中的发展现状相一致，从而保证各项研究成果落到实处、落到细处，能有效指导相关政策的制定和实施。

B.7
未成年人网络素养与网络保护

王 颖 季为民*

摘 要： 本文根据2020年“第十次中国未成年人互联网运用状况调查”的相关数据，从未成年人的用网道德规范、网络安全意识、网络使用中家庭作用等方面分析了未成年人的网络素养、网络保护现状和存在的问题。建议从未成年人个体网络技能、社交能力着手培育未成年人网络素养，继续推进政府法治建设与互联网平台技术保障，为未成年人提供更完善的网络保护。

关键词： 未成年人 网络素养 网络保护

一 前言

互联网与数字化生活形塑着新一代年轻群体的认知方式、信息获取方式与社会化成长。作为“数字原住民”，未成年人受到新媒体多元开放、无差别信息传播的深刻影响，也面临有害信息、错误行为和不当价值观的引导风险。同时，未成年人的网络运用行为如同所有网民一样，亦反向形塑网络社会。因此，未来数字化社会的发展取决于人们现在利用数字传播的能力。未

* 王颖，中国社会科学院新闻与传播研究所助理研究员，主要研究方向为新闻传播法与政策；季为民，中国社会科学院新闻与传播研究所研究员，主要研究方向为马克思主义新闻学、新闻伦理、青少年研究。

成年人是未来世界的主人，其互联网运用植根于当前社会传播环境，塑造未来的社会传播形态。因此，无论是社会的宏观层面还是个体的微观层面，提升网络素养与增强网络保护都至关重要。

网络素养的概念是随着互联网的发展不断演进的。随着互联网的普及和社交网络的到来，互联网交互、开放、整合的特征使得网络素养的内涵进一步延伸。2013 年，美国学者霍华德·莱茵戈德以“Net Smart”定义网络素养，认为素养是技能和社交能力的结合。注意力、垃圾识别、参与、协作、网络智慧人是网络素养的五个组成部分。这一概念从网民参与的角度，表述了个体通过网络进行资源配置和协同合作的过程，是目前较为通用的网络素养定义。[①] 还有将网络素养归纳为十条标准：①认识网络——网络基本知识能力；②理解网络——网络的特征和功能；③安全触网——网络高度安全意识；④善用网络——网络信息获取能力；⑤从容对网——网络信息识别能力；⑥理性上网——网络信息评价能力；⑦高效用网——网络信息传播能力；⑧智慧融网——创造性地使用网络；⑨阳光用网——坚守网络道德底线；⑩依法用网——熟悉常规网络法规[②]。

综合当前的网络素养概念与标准，本文从未成年人的用网道德规范、网络安全意识、网络运用中家庭作用三大方面分析未成年人的网络素养与网络安全情况。本文所用数据均来自 2020 年“第十次中国未成年人互联网运用状况调查”（以下简称为调查），分析未成年人网络素养与网络保护的基本情况，探究未成年人网络素养与网络保护面临的问题，并对提升未成年人网络素养和网络保护提出相应建议。

① 喻国明、赵睿：《网络素养：概念演进、基本内涵及养成的操作性逻辑——试论习总书记关于“培育中国好网民”的理论基础》，《新闻战线》2017 年第 3 期。

② 2017 年 12 月 8 日，由北京市互联网信息办公室指导，首都互联网协会主办，千龙网、首都互联网协会新阅盟承办，北京市互联网违法和不良信息举报中心、千龙网新媒介素养学院支持的“新时代　新网民——2017 首都网络素养座谈会”发布了“网络素养标准十条”。

二　未成年人网络素养与网络保护的基本情况

（一）未成年人的用网道德规范

1. 多数未成年人表示发表网络言论时，具有自我约束意识

多数未成年人在上网时较为谨慎，表示不会放纵自己的网络言论。调查显示，33.2%的未成年人表示仍和平常一样说话，44.3%的未成年人表示自己在网上的言论比平常更谨慎，仅10.2%的未成年人表示在网上发表言论比平常更随意。这说明，绝大多数未成年人的网络表达能够自我约束，具有较高的自律意识（见图1）。

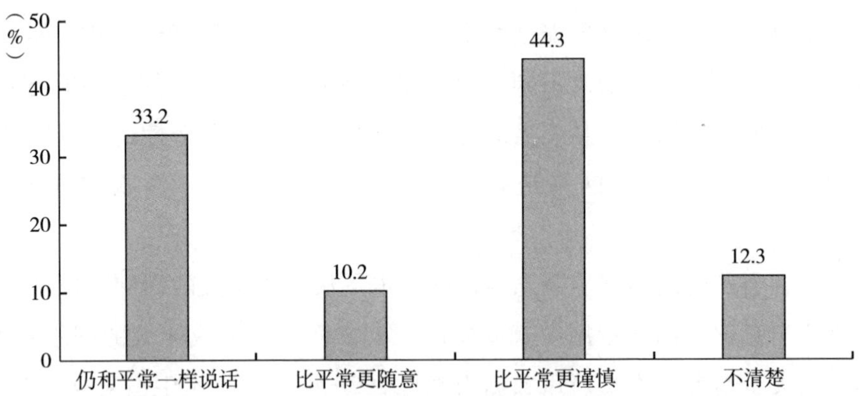

图1　未成年人网络上发表言论自我约束情况

2. 多数未成年人网上言行积极正面，对个人网络言行持负责任态度

调查显示，73.6%的未成年人表示几乎没有在网上主动骂过人，13.1%的未成年人较少主动骂人（见图2）。同时，对于网络言行负责观点持积极态度的占84.9%（完全同意及基本同意），持消极态度的仅占8.9%（基本不同意及完全不同意）（见图3）。

3. 半数未成年人会考虑自己网络言行对他人的影响

多数未成年人在发布网络信息或观点时会考虑到对他人的影响。调查显

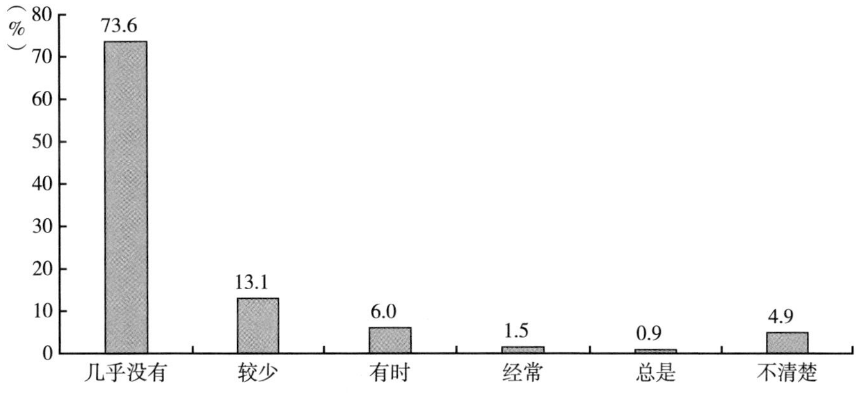

图2　未成年人网上骂人行为的情况

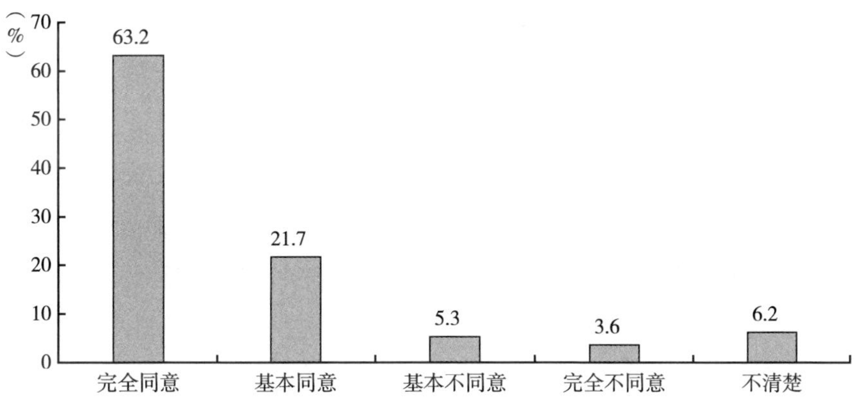

图3　未成年人对网络言行负责观点的态度情况

示，对于考虑对他人影响持肯定态度的占51.9%（总是及经常），20.9%的未成年人表示有时会考虑，持否定态度的占17.6%（较少及几乎没有）。这说明，多数未成年人对自己网络观点的影响有足够的认识，但也有少部分未成年人几乎完全不考虑这种影响，值得关注（见图4）。

（二）未成年人的网络安全意识

1. 大多数未成年人具有网络安全意识、隐私意识，会与家长沟通不安全事情

调查显示，74.8%的未成年人表示在网上几乎没有做过明知不应该做的

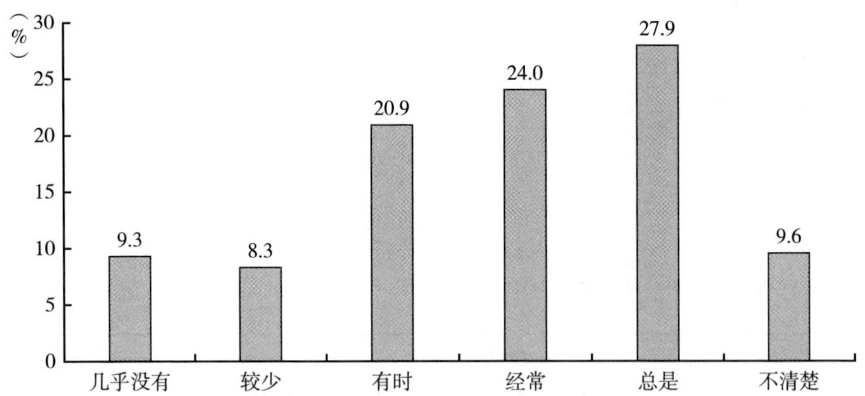

图 4　未成年人发布网上信息观点时考虑对他人影响的态度情况

事情（见图 5）；65.2% 的未成年人表示“几乎没有”浏览过网上新奇刺激的内容，17.0% 的未成年人表示“较少”浏览过，8.9% 的未成年人表示“有时”会看，“经常”和“总是”会浏览的累计比例为 3.0%（见图 6）。这说明，绝大多数未成年人具有一定程度的网络安全意识，但由于存在出于好奇心接触新奇刺激内容的未成年人，需要高度关注对互联网内容的有序监管和网络传播环境的优化。

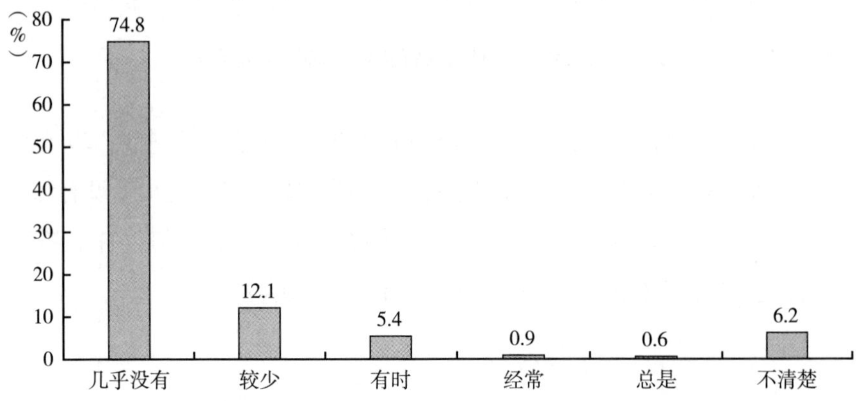

图 5　未成年人在网上明知不应该行为的发生情况

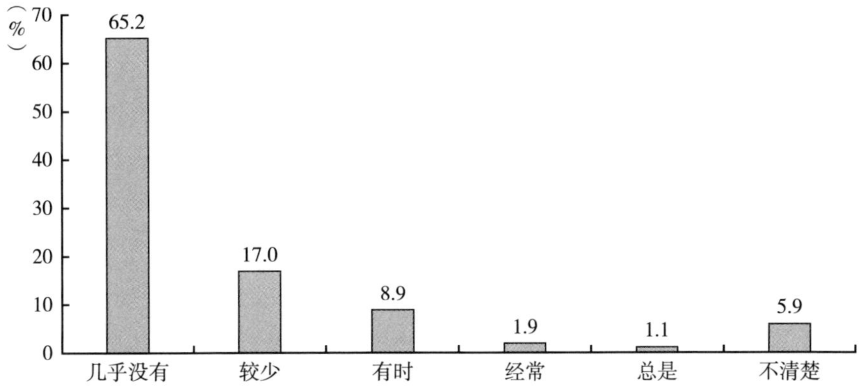

图6　未成年人在网上浏览新奇刺激内容的情况

另外，76.8%的未成年人表示，与不熟悉的人聊天，肯定不会透露家庭或个人信息，同时，也有9.5%的未成年人则表示有时、经常或者总是会透露（见图7）。

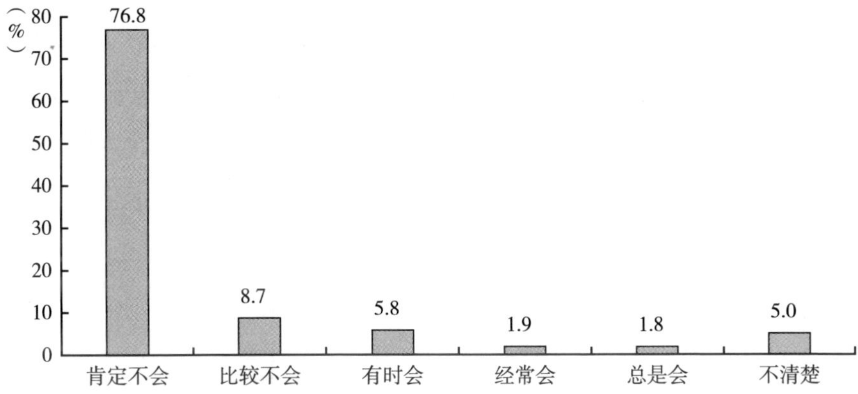

图7　未成年人在网上与陌生人聊天时透露个人/家庭信息的情况

在上网时遇到不安全的事项，近六成的未成年人表示“完全会”告诉家长，12.3%的未成年人表示“比较会”告诉家长，而持犹豫态度的“有时会”和“不清楚”的累计占比达16.4%，持消极态度的“较少会”和“从不会”的累计占比达11.8%。这说明，多数未成年人和家长在面对网上不安全事项时达成了默契，但少部分未成年人对告诉家长持犹豫或排斥态度，对这一现象需要重点关注（见图8）。

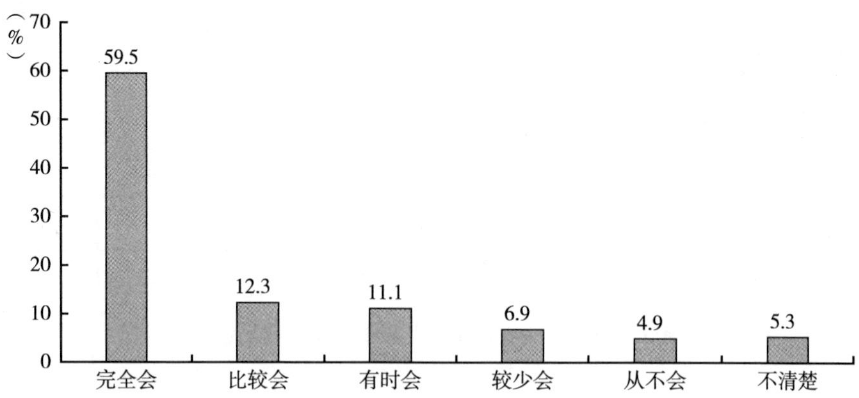

图8 未成年人对网上不安全事项向家长反馈意愿情况

2. 未成年人个人隐私保护意识较强

未成年人运用互联网时，保护个人隐私意识较强。调查显示，在上网或安装App需要填写个人信息时，54.7%的未成年人表示“每次都会想到”需要保护个人隐私的问题，21.6%的未成年人表示“经常会想到”需要保护个人隐私的问题。可见，七成以上的未成年人积极主动保护个人隐私，隐私保护意识较强（见图9）。

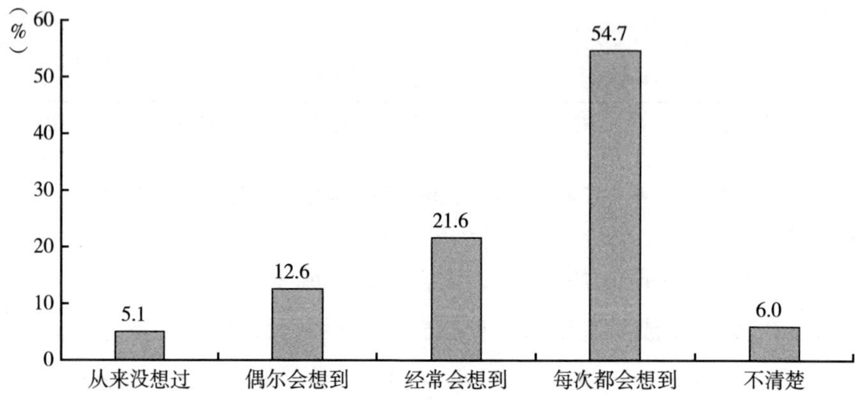

图9 未成年人对保护个人隐私的认知态度

3. 未成年人网络安全知识了解程度有待提高，安全防范意识和运用安全技术能力均不足

未成年人对网络安全基本知识了解程度并不理想。调查显示，仅有19.3%的未成年人表示“很了解”网络安全基本知识，41.9%的未成年人表示自己对网络安全基本知识只是“了解一些”，19.1%的未成年人认为自己只是“一般了解”，而“不太了解”和“不了解”的累计比例达15.8%（见图10）。

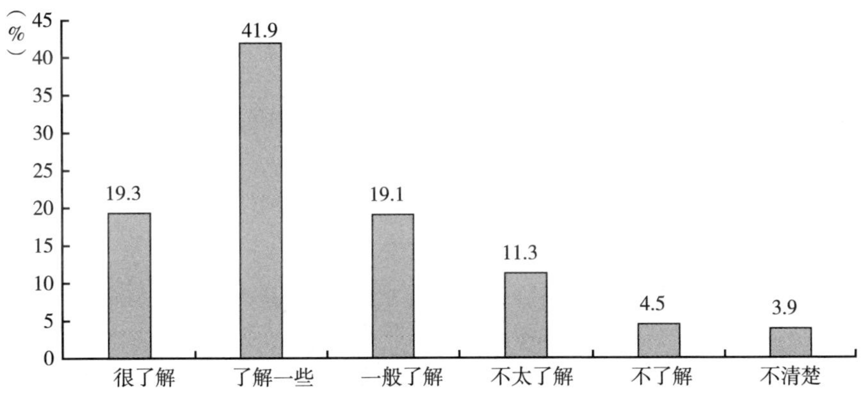

图10　未成年人对计算机网络安全基本知识的了解情况

调查显示，34.0%的未成年人完全会使用安全软件防御不良信息，20.1%的未成年人比较会用安全软件，而18.3%的未成年人则是有时会用安全软件防御，仍有10.1%的未成年人较少会用安全软件，以及10.7%的未成年人从不会用安全软件。从安全软件使用普及度看，仍有相当比例的未成年人使用程度不高（见图11）。“经常”和“总是”使用杀毒软件的占48.3%，22.5%的未成年人“有时”会使用杀毒软件，“较少”和“几乎不”用的占22.5%。这说明，未成年人在上网时的安全技术保护意识有待加强（见图12）。

调查显示，上网或使用App时，“经常”或“总是”能主动使用儿童模式或青少年模式的未成年人占32.0%，19.0%的未成年人“有时”会使用儿童模式或青少年模式，有15.4%的未成年人“较少”使用儿童模式或青

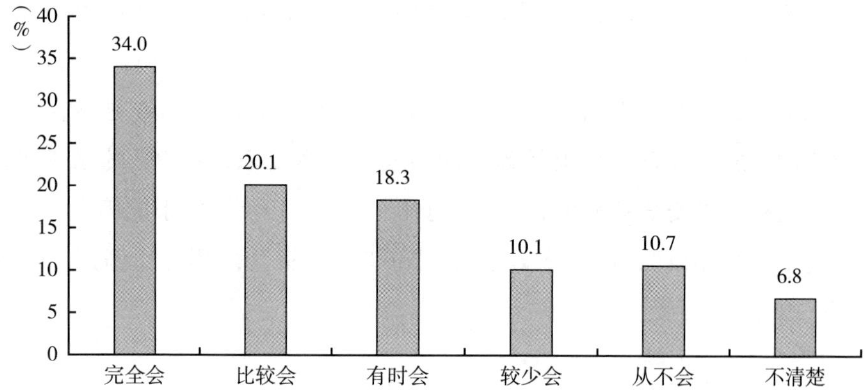

图 11　未成年人使用安全软件来防御不良信息侵害的情况

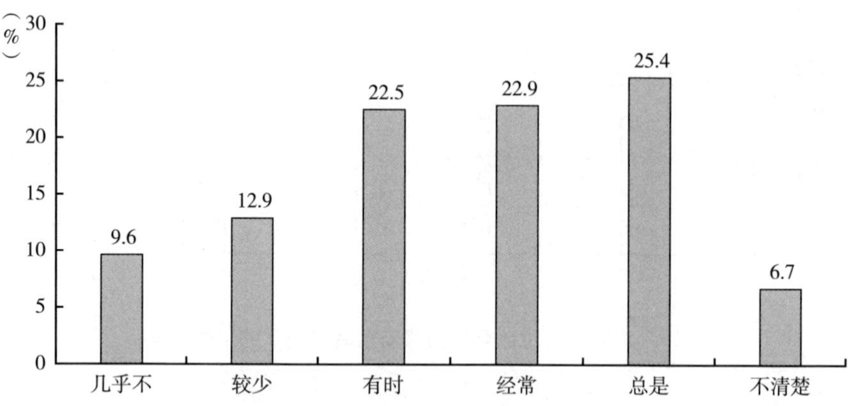

图 12　未成年人使用杀毒软件的情况

少年模式，25.6%的未成年人则是“几乎不”使用该模式。儿童模式或青少年模式是针对目前网络沉溺、传播信息参差不齐等现象，借助技术手段为未成年人打造的专用保护设计，有助于合理控制上网时间及内容。但调查显示运用情况并不好，需要对这一技术进行评估和改进，以提高借助新技术管理未成年人上网行为的实效，实现真正落地管用（见图 13）。

调查显示，在设置安全级别较高的网络密码以保护安全的问题上，31.1%的未成年人表示“总是”如此，20.1%的未成年人表示“经常”设置，两项占比达 51.2%。能做到“有时”设置的未成年人为 20.5%，有

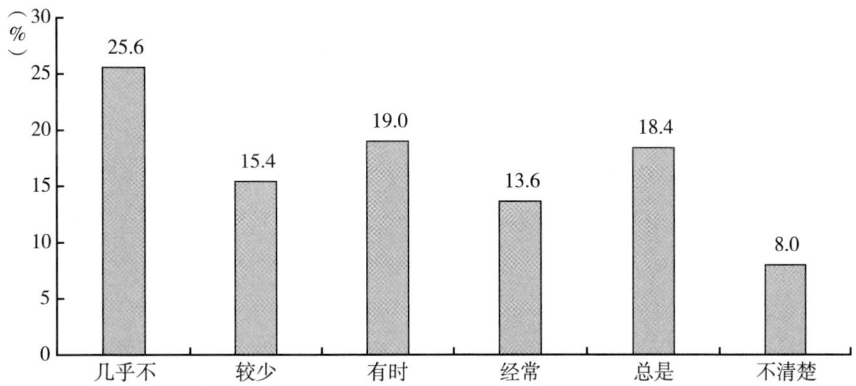

图 13　未成年人在上网时主动使用儿童模式或者青少年模式的情况

10.3% 的未成年人表示“较少”设置，9.5% 的未成年人“几乎不”设置（见图 14）。

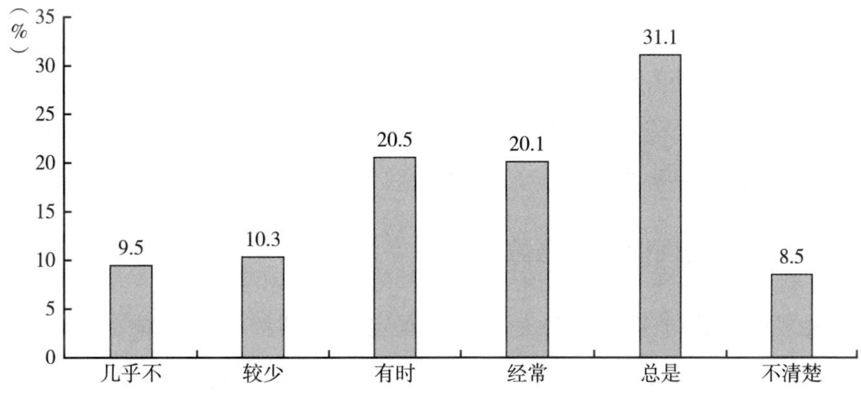

图 14　未成年人设置网络密码的情况

4. 未成年人与同学、朋友之间讨论网络安全与保护不多，对有关法律法规了解不足

调查显示，20.0% 的未成年人表示“几乎不”讨论，24.3% 的未成年人“较少”会进行此类讨论交流，仅有 28.6% 的未成年人表示“有时”会讨论，能够积极讨论的有 20.1%（经常和总是）（见图 15）。我们还发现，

未成年人的网络技能主要从同学、朋友中获取，但网络安全与网络保护方面的交流尚显不足。

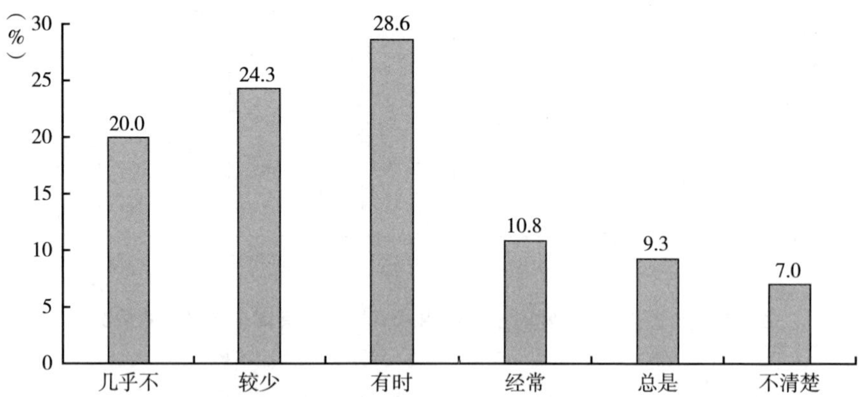

图15　未成年人与同学或朋友讨论交流网络安全和保护话题的情况

2019 年 10 月 1 日实施的《儿童个人信息网络保护规定》是专门针对未成年人个人信息保护的法律法规，调查显示，37.5% 的未成年人没听说过。近四成的未成年人对保护自己的法律法规不了解，表明部分未成年人的网络安全意识和保护意识不足。

（三）网络运用与家庭教育

大多数家长对未成年人上网是有规定和管理的。调查显示，31.2% 的家长“规定时间，没规定内容”，53.0% 的家长“既规定时间，也规定内容”，4.7% 的家长“规定内容，没规定时间”，仅有 9.3% 的家长对“时间和内容都没规定”（见图 16）。家长更关注对上网时长的管理，84.2% 的家长都对上网时间做出规定，57.7% 的家长是对上网内容有所规定。

调查显示，一方面，29.7% 的家长从来没有教过孩子上网知识或技能，48.8% 的家长有时会教，仅有 15.3% 的家长能够经常教孩子上网知识或技能。这与未成年人上网知识主要来源于同学、朋友相吻合（见图

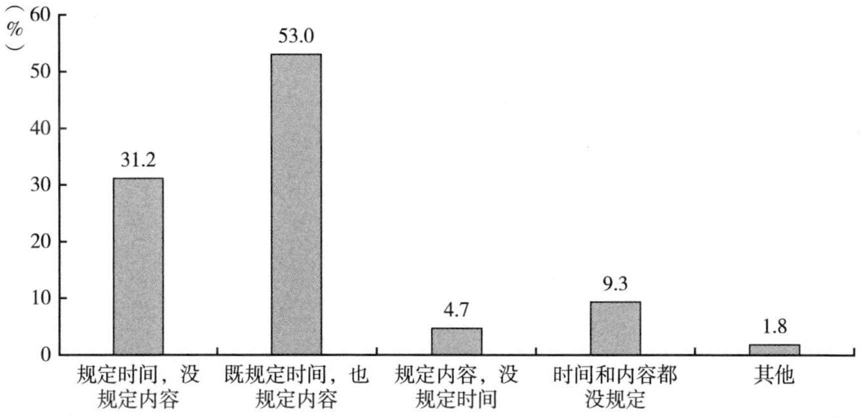

图 16　家长对未成年人上网管理的情况

17）。另一方面，家长上网遇到操作问题时，21.0%的家长会经常请教孩子，54.8%的家长有时请教孩子。有20.0%的家长从不请教孩子相关问题（见图18）。亲子两代人在上网方面表现出良好的沟通和互动、孩子向家长传授上网知识和技能的情况较为普遍。两代人在互联网运用上互助共进，共同提高网络素养、保障网络安全，这是保证未成年人健康用网的良好开端。

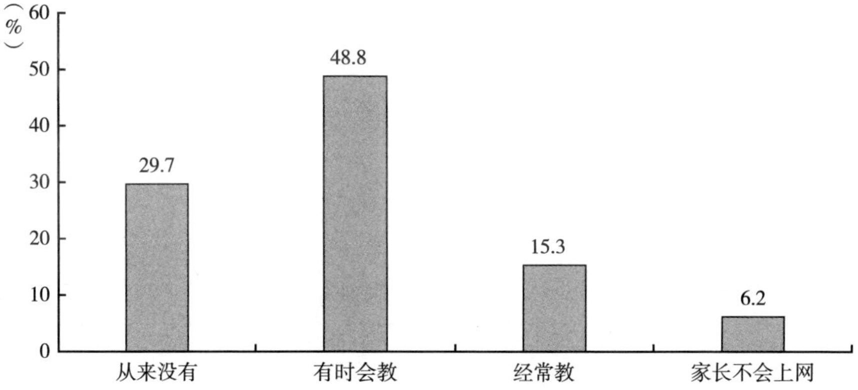

图 17　未成年人的家长教授其上网知识技能的情况

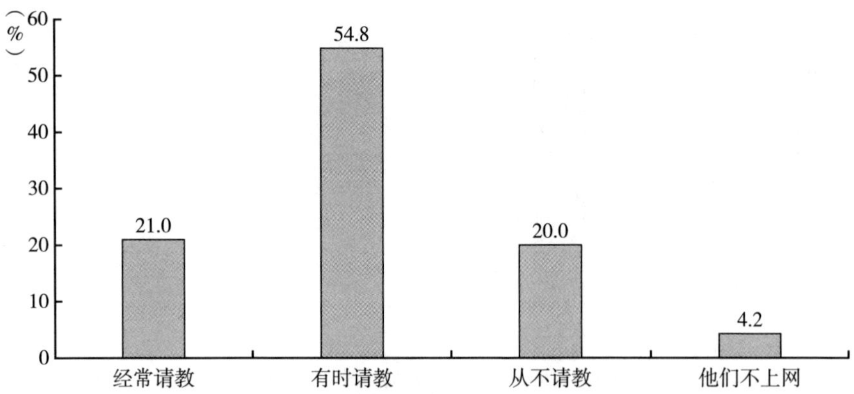

图 18　未成年人被家长请教上网技术的情况

总体来看，家长与孩子在网络使用上沟通比较顺畅，双方互动良好。七成以上未成年人表示没有或很少与家长就上网问题发生争执。从主观评价上看，多数未成年人认为父母对自己用网有帮助。当在网上遇到威胁或收到不良图片/视频时，59.6%的未成年人表示“完全会”尽快告诉父母，从不告诉和较少告诉的比例为8.9%和6.0%。未成年人与父母的亲子信任关系良好（见图19）。

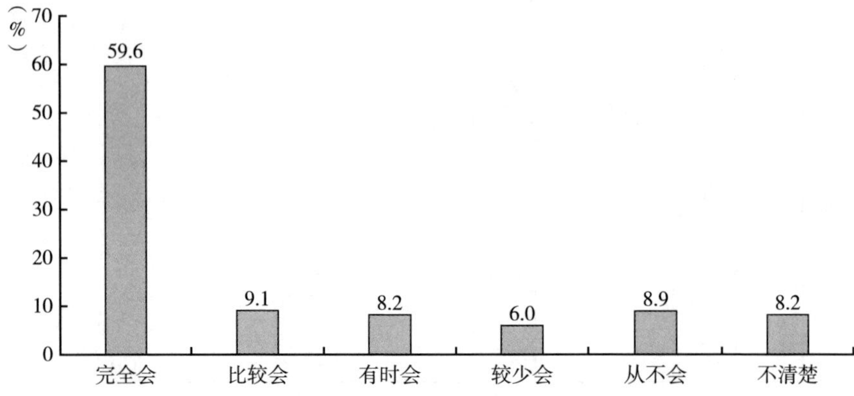

图 19　未成年人就网上威胁或不良图片/视频与家长沟通情况

三　问题分析

（一）网络空间对未成年人仍存在众多风险

未成年人对网络运用已建立一定的理性认识，但未成年人面对庞杂的网络信息仍欠缺对不良信息的分辨能力和识别能力。未成年人的数字化生活会使他们与真实世界的自己脱节，只与相似的人互动，忽略他们的行为对他人的影响，易被偏见和虚假信息迷惑。在无差别传播、不良信息野蛮生长的网络环境中，大部分未成年人曾遇到网络问题、接触不良信息。调查显示，未成年人在互联网运用中，最常遇到的问题是“经常收到无关信息（如营销信息）”“收到网络虚假信息/链接”“被人盗号”等。不良信息传播渠道多样，广告、视频、搜索、游戏等是未成年人接触最多的渠道。2019 年 8 月，北京市第一中级人民法院发布的报告指出，近七成未成年人犯罪案件存在接触网络不良信息问题①。不良信息传播渠道庞杂、层出不穷，给互联网空间内容的有序监管和网络传播环境的优化带来极大挑战。

（二）未成年人网络运用技能和网络安全保护技能均有待提高

互联网平台保障未成年人的安全技术措施存在漏洞，未成年人网络安全意识不足，运用网络安全技术自我保护的能力不强。本次调查发现，未成年人主动运用网络工具，如搜索引擎、整理信息工具、个人管理工具等解决个人现实中遇到问题的能力不强。仅有 11.6% 的未成年人表示经常使用网络搜索解决现实问题。由于网络信息的辨别能力、使用能力不够，未成年人接受网络信息的状态普遍较为被动、谨慎或消极，这表明，未成年人主动运用互联网为我所用的意识与能力均不足。

未成年人的网络保护技术措施还不够理想，一些网络视频平台推出的青

① 北京市第一中级人民法院：《未成年人权益保护创新发展白皮书（2009 ~ 2019）》，2019。

少年模式或儿童模式使用率不高。有些直播平台关闭打赏功能等提示只是做个样子，多数网络视频平台通过密码进入和退出，并未真正严格执行未成年人的实名认证程序。如果监护人不能尽到监护责任，未成年人就可以通过密码解锁进入“成年模式”。有数据显示，一些强制实名游戏产品未启用未成年人登录时段监护机制；在 17 款强制实名游戏的产品中有 5 款未启用防沉迷监护机制，其中两款游戏在持续游戏 3 个半小时时未出现健康时长提醒。同时，在使用 12 岁以下未成年人身份登录进行测试时，仅有 10 款在当日游戏时长累计 1 小时后出现了强制退出。使用 13 ~ 17 岁未成年人身份登录测试时，也只有 10 款出现了健康时长提醒和累计游戏时长达 2 小时时被强制退出。①

调查还发现，当前相当比例的未成年人不使用安全杀毒软件、不设置级别较高的安全密码，较少与同伴交流网络安全信息，对与自身密切相关的法律法规知之甚少。这说明，未成年人的网络安全知识教育欠缺，运用网络安全技术自我保护的能力和意识均需提升。

（三）家长与学校对未成年人网络素养的重视不够、教育不足

随着互联网的普及，家庭已经成为未成年人上网的最主要场所，家长对未成年人上网的包容和适应情况都有所改善。调查显示，55. 9% 的未成年人所在学校有专门教互联网使用（或上网）知识的课程，28% 的未成年人上过专门的网络素养课程，其他未成年人表示没有上过或者不清楚此课程。在家长监督、指导用网方面，64. 1% 的未成年人表示，在上网方面能够得到父母的帮助和有效监管，而随着网络学习的推广，未成年人在家长严厉监管下的“上网焦虑”有所缓和。

但是，调查也显示，自学及同伴学习是未成年人获得网络技能和网络知识的主要来源，学校的网络素质课程尚不能完全契合未成年人网络运用的需求。在家庭网络监管中，也存在父母管理孩子上网的意愿与能力不匹配等问

① 中国消费者协会：《青少年近视现状与网游消费体验报告》，2019。

题，能够真正为未成年人有效提供网络帮助的家长数量有限。调查中发现，四成以上未成年人表示家长会在朋友圈发自己的照片，家长对未成年人的隐私保护意识不足。

四　思考与建议

（一）网络素养不仅是未成年人的事情，它的培养需要整个社会各方面的重视、参与和配合

随着信息技术和互联网络的发展，网络素养不断增加新的要求和内容，未成年人的网络素养教育也应与时俱进，应以提升未成年人的网络技术能力、自我管理控制能力和社交能力的培养为基础，进一步增强其对信息的分辨能力和理性思考能力。

1. 提升未成年人互联网运用的技术能力和自我管理控制能力

首先，培养未成年人自我管理控制能力。具体来说就是自我时间管理的问题。家庭是未成年人上网的主要场所，作为陪伴者和监护人，家长对于未成年人能力培养负有重要责任：要清楚孩子的“数字运用轨迹”；和孩子协商约定上网时间和规则，协助低龄孩子养成良好用网习惯，与高龄孩子保持主动沟通交流，提升孩子的自控能力，特别是针对互联网内容丰富、诱惑过多的特点，应强化未成年人注意力的培养。同时，家长要正视互联网后喻文化的现实，虚心向未成年人学习网络知识和技能，打破家长的单向管理定式，加强互动互助互学，努力在互联网上实现两代人的共同进步。

其次，培养未成年人的批判思维及识别、运用数据信息的能力。针对15岁青少年基础教育阶段评估，PISA①（国际学生评估项目）在2018年首次提出“全球胜任力”的概念，即对地区、全球和跨文化议题的分析能力，

① PISA（Program for International Student Assessment），是经济合作与发展组织统筹的国际学生评估项目，旨在测试学生是否掌握了参与社会生活所需的基本知识和技能。每三年开展一次。

对他人的看法和世界观的理解和欣赏能力，与不同文化背景的人进行开放、得体和有效互动的能力，以及为集体福祉和可持续发展采取行动的能力。这就需要在互相尊重的基础上，能够批判地、多元地理解不同见解、观点和思想，特别是要掌握批判性思维和辨别失实数据的能力，能够对社交媒体信息的真伪做出分辨。因此，网络素养教育应当立足数字技术能力学习，并结合知识、科学、伦理等多种素养的培养，指导学生面向世界，面向未来，主动利用互联网思考和参与知识学习与社会实践，实现更好的学习体验和个人发展。建议全国中小学校在相关课程中增加更多网络素养培养内容，既学习网络安全知识内容，也提供运用网络实现自我展示、社会交往和信息安全等内容，引导未成年人掌握通过互联网自主解决问题的方法和能力。

2. 培养未成年人的网络学习和参与协作等社会化能力

从社会化成长角度来说，网络素养培养其实也是未成年人社会化成长的一种能力培养，即培养未成年人在阅读、学习、娱乐、互动中学会相互协作和参与网络共建。互联网是一个交互开放的信息平台，每个人都参与其中，分享生产传播着各种信息。未成年人的网络素养应该包括信息的生产传播和分享互动等网络共建能力，如百科信息的撰写、回答知乎问题等。这样，具备网络素养就意味着能够在互联网上通过分发传播信息与其他人理性互动交流，分享意见、贡献智慧，甚至参与网络社区社群的共建。在这一过程中，未成年人学会以批判性思维分析、辨别、判断互联网信息的真伪和价值，掌握独立思考、理性决断的能力，学习通过团队协作解决复杂问题。

（二）系统推进立法并鼓励行业实践，持续完善未成年人网络保护制度

1. 以依法治网管网为前提，逐步健全完善中国特色的未成年人互联网运用保护规制体系

互联网是一个开放交互自由的空间，但这不意味着可以放任放纵和随意而为，不意味着可以违法违规。规范未成年人的互联网运用，重点是通过立法保护未成年人的个人信息，严惩对未成年人的各种网络侵害，这在全球各

个国家皆有共识，我国在未成年人网络保护立法方面已有许多进展①，有关部门、组织和平台以持续行动推进未成年人网络保护②，下一步需要继续为建立完善未成年人互联网运用的保护规制体系投入更多法治资源和实践。

未成年人的个人信息保护问题受到了广泛关注，但在互联网空间还有不少盲点和漏洞。比如，教育学习类 App 作为未成年人的重要学习工具，就存在个人信息保护问题。目前，对其内容监管工作已经得到一定重视，如 2018 年 4 月全国“扫黄打非”办公室发起的“护苗 2018”行动首次将教育类 App 列入整治范围。但是，对此类应用程序在未成年人隐私保护方面的影响重视不足。面对同样问题，美国非营利机构组织常识（Common Sense）采取了全面的隐私评估方法，推出了教育类应用程序隐私评估报告，可为家长及教育从业人员提供可靠意见，同时可敦促从业者注重改进隐私保护设置。2020 年初，在新冠肺炎疫情影响下，学校教学普遍采用线上教育。线上学习成为常态，教育学习类 App 使用极大普及。因此，对此类为未成年人提供服务的平台在隐私信息保护方面的评估和讨论十分必要。

2. 按照有关法规规定，应积极开发推广保障未成年人网络安全的技术工具

互联网是一个依靠信息技术搭建的平台，相关企业有责任和义务开发创新技术手段保护未成年人网络权益，防范相关网络风险，保障网络安全。同时，互联网企业还应借助各自的平台推动有利于未成年人保护的网络素养教育，提升全社会的网络素养水平。在这方面，有关企业正在开展相应的工作，比如，在全国“扫黄打非”办公室的指导下，腾讯“护苗·网络安全

① 2019 年 10 月 1 日，我国首部专门针对儿童网络保护的《儿童个人信息网络保护规定》正式施行；2019 年 10 月 21 日，提请审议的《未成年人保护法（修订草案）》增加了网络沉迷防治等内容；2020 年 3 月 1 日施行的《网络信息内容生态治理规定》对未成年人网络保护做出了专门规定。

② 国家互联网信息办公室 2019 年指导 21 家网络视频平台上线“青少年防沉迷系统”；全国“扫黄打非”办公室联合腾讯公司启动“护苗·网络安全进课堂”2019 乡村行活动；第六届世界互联网大会“网上未成年人保护与生态治理”论坛就未成年人网络素养等进行研讨；中国网络社会组织联合会和联合国儿童基金会联合举办“清朗网络空间，伴你健康成长”2019 未成年人网络保护研讨会，发布《儿童个人网络信息保护倡议书》，号召社会各界充分尊重儿童平等、正确、合理使用网络的权利，共同致力于促进儿童全面健康成长。

进课堂”项目2019年在12个省、自治区、直辖市为超过24万名乡村中小学生普及网络安全知识；抖音等视频平台成立青少年网络健康成长研究中心，参与建设良好产品生态，通过“向日葵保护计划”，以优质内容和正能量价值引导、算法技术支持以及监管体系等共建法治化、制度化的未成年人保护机制；还有平台通过与政府部门、高校、专家和第三方机构协作，开发网络素养的教育课程和学习工具，通过线上学习与线下教学结合的方式，提升未成年人网络素养。这些探索和行动需要各方给予更多的支持和参与，修订法规漏洞，改进技术平台，逐步实现政府、社会、教育、平台等各方在未成年人互联网运用保护规制体系下的参与、监督、开拓、创新，共同承担起未成年人互联网运用保护的社会责任。

参考文献

张海波：《家庭媒介素养教育》，南方日报出版社，2016。

季为民：《互联网媒体与青少年——基于近十年中国青少年互联网媒体使用调查的研究报告》，《青年记者》2019年9月10日。

季为民、沈杰主编《中国未成年人互联网运用报告（2019）》，社会科学文献出版社，2019。

王国珍：《青少年的网瘾问题与网络素养教育》，《现代传播（中国传媒大学学报）》2015年第2期。

热 点 报 告

Hot Spot Reports

B.8
青少年“网瘾”问题的社会工作介入

李武悦*

摘　要： 针对目前我国青少年网络依赖的实际情况，社会工作已有一定程度的介入。本报告根据文献进行综述，呈现了：相关的人才队伍状况、理论、方法和技巧的投入；取得的介入效果；以及从理想目标的角度来看，我国青少年“网瘾”问题的社会工作介入还存在的一些亟待改进的方面，并进行了原因分析。报告最后建议为进一步提高介入效果，应注重社会工作本土化、建立和完善学校社会工作体系、打牢基层社区社会工作的基础、建设优良的社会工作者人才队伍、完善互联网的相关法律法规。

关键词： 青少年“网瘾”　社会工作介入　社会工作实践

* 李武悦，中国社会科学院大学（研究生院）文法学院硕士研究生，主要研究方向为社会工作理论与实务。

中国青少年网络协会2005年发布的《中国青少年网瘾报告》中提到，青少年网民总体中网瘾青少年约占13.2%，存在网瘾倾向的约占非网瘾青少年的13%。13~17岁的网民中网瘾者占17.1%，而处于中学阶段的13~18岁学生是网瘾重灾区。1650万未成年网民中有将近245万人上网成瘾，占据了未成年网民中的14.8%。这是一个庞大的数字。[①] 网络依赖会严重影响青少年身心健康和潜力发展，沉迷网络的青少年甚至出现暴力、犯罪、自杀等极端行为。青少年网络成瘾问题已经成为需要解决的一个棘手的社会问题。

2006年10月8日，党的十六届六中全会通过的《中共中央关于构建社会主义和谐社会若干重大问题的决定》明确指出："构建社会主义和谐社会是一个有助于不断化解社会矛盾的持续过程"，而"造就一支结构合理的、素质优良的社会工作人才队伍，是构建社会主义和谐社会的急迫需要"。[②] 青少年作为国家和社会长足发展的潜在力量，亦是面对网络冲击的弱势群体。诸多青少年沉迷网络，从长远角度来看，不仅不利于青少年自身成长和发展，也会影响和谐社会的建设。因此，专业社会工作介入青少年"网瘾"问题对于建设和谐社会的重要性不言而喻。本报告通过对知网中的相关文献进行梳理，介绍目前的社会工作介入青少年"网瘾"问题的基本现状，包括工作队伍现况、不同方式的社会工作介入情况以及成效、分析介入过程中存在的一些问题及其原因。并结合研究，提出一些进一步提高社会工作介入效果的建议。

一　青少年"网瘾"的概念

美国精神病学家Lvan Goldberg于1994年根据美国第四版《精神疾病诊

① 《〈中国青少年网瘾报告〉全文》，2011，https：//games.qq.com/a/20111118/000334_1.htm，最后检索时间：2020年7月1日。

② 《中共中央关于构建和谐社会若干重大问题的决定》，2006，http：//news.sohu.com/20061018/n245868615_2.shtml，最后检索时间：2020年7月1日。

断与统计手册》提出了“网络成瘾”概念，命名为“网络沉溺障碍”。后于1996年，金伯利·扬将其发展，得出“病理性互联网使用”概念：一种“无沉溺物质作用下的冲动控制障碍”。[①] 2003年，德国建立了全球第一个“网瘾治疗中心”。此后，随着互联网在全球范围的使用和发展，“网瘾”问题在全球蔓延，不同的国家和领域开始介入针对“网瘾”问题的研究和治疗。

中国作为互联网大国，青少年触网人数众多，“网瘾”问题不容小觑。中国学者积极探索解决问题的方法。一些学者（例如谢海波、孙梦、王丹、周倩等人）对青少年“网瘾”做出了相关研究和界定。周倩根据世界卫生组织对“成瘾”的定义，将“网瘾”界定为：“由于重复用网所导致的一种慢性或周期性的着迷状态，并带来难以抗拒的再度使用网络的欲望。同时产生想要增加使用时间的张力与耐受性以及克制、退瘾等现象，对于上网所带来的快感一直有心理与生理上的依赖。”[②] 广义上的“青少年”包含了儿童、少年和青年，文中所说的“青少年”是指狭义上的青少年，即未满18周岁的未成年人。本报告的青少年“网瘾”以上述周倩的定义为依据。

二 我国青少年“网瘾”问题的社会工作介入的基本现状

（一）社会工作干预青少年“网瘾”问题的工作队伍情况

社会工作对于青少年“网瘾”问题的介入，主要还是青少年社会工作。对于中国而言，青少年事务社会工作是社会工作的重要组成部分，其真正发展时间并不长。若从1998年8月中国青少年发展服务中心成立算起，至今才22年。虽然发展时间短，在体系机制等方面还存在不完善的地方，但是

① 谢海波：《小组社会工作对青少年网络成瘾的干预效果研究》，兰州大学硕士学位论文，2013，第5页。

② 谢海波：《小组社会工作对青少年网络成瘾的干预效果研究》，兰州大学硕士学位论文，2013，第6页。

2014 年团中央、民政部组织实施了 101 个全国首批青少年事务社会工作示范项目活动，表率效果良好并提升了青少年事务社会工作的社会知名度。[①] 截至2017 年底，全国共有青少年事务社会工作专业人才10.6 万人，较2016 年增长 23.2%。全国各地积极推动青少年事务社会工作人才的培训：山东设立省级青少年事务社会工作培训基地，培训覆盖 5450 人次，实施各类青少年社会工作服务项目共计360 个，参与社工1.8 万人次，覆盖青少年80.9 万人次；四川实施社工人才“千人培养计划”，覆盖青少年事务社工骨干 1504 人；海南海口等地探索为每个街道（乡镇）配备至少 1 名青少年事务社工。[②] 从这些数据可以看出，我国青少年社会工作人才队伍建设中，社会工作者人数增长、重视专业技能技巧培训使社会工作者在面对青少年各个方面的问题时更具有专业性。这对于社会工作介入“网瘾”青少年问题提供了人才、专业技能等有力的支持。

我国出台的《中长期青年发展规划（2016 ~2025 年）》（以下简称《规划》）中明确提到，到2020 年要建成20 万人的青少年事务社会工作人才队伍，并将这些人才投放到基层社区社会工作中，重点参与到青少年成长发展、犯罪预防等领域中。国家和政府通过扶持高等教育机构及建立实训基地、示范单位等具体措施来发展和完善青少年事务社会工作的培训和教育工作。[③]《规划》还提及青少年服务标准，青少年事务社会工作专业人才培养、评价、使用、激励相关政策配套体系的制定，建立健全青少年事务领域“三社”联动机制和社会工作专业人才、志愿者协作机制，各方面呈现向好发展的趋势。

中国社会工作介入青少年“网瘾”问题的人才队伍建设用时虽短，但是在政府的积极推动、社会组织等的积极响应下，专业人才数量逐年增加，人才培训稳步跟进，并制定了青少年社会工作行业的条例规范。这些政策和

① 张雪黎：《青少年事务社会工作专业人才队伍建设思考》，《青年发展论坛》2017 年第 1 期，第 84 页。

② 《青少年事务社会工作专业人才队伍建设“2020 计划”稳步推进》，《中国共青团》2018 年第 4 期，第 32 页。

③ 《〈中长期青年发展规划（2016 ~2025 年）〉印发》，2017，http://www.cnr.cn/sxpd/sx/20170414/t20170414_523707985.shtml，最后检索时间：2020 年 7 月 1 日。

行动，既有利于青少年社会工作的发展和完善，亦有利于青少年“网瘾”问题的干预和解决。

（二）社会工作介入青少年“网瘾”问题的有关理论、方法技能

关于社会工作介入青少年网瘾问题的相关文献研究，总体上概括，主要是利用社会工作的三大工作方法（个案、小组为主，社区为辅），结合社会工作专业理论、模式和技巧（保密、倾听、关怀、尊重等），对直接服务对象（“网瘾”青少年）和间接对象（父母、家庭环境、社区、学校、青少年朋辈群体等）进行介入，以帮助服务对象戒除网络成瘾。在知网中利用“青少年网瘾　社会工作”进行检索并筛选统计，得出结果：从总体上看，社会工作介入青少年“网瘾”问题的相关研究论文呈现阶段增长趋势。2006～2009 年，研究文献篇数逐渐上升；随着互联网的发展，对青少年“网瘾”问题的关注增多，相关研究成果数量攀升，但 2014 年略有下降，2015～2017 年上升之后略微下降（见图 1）。

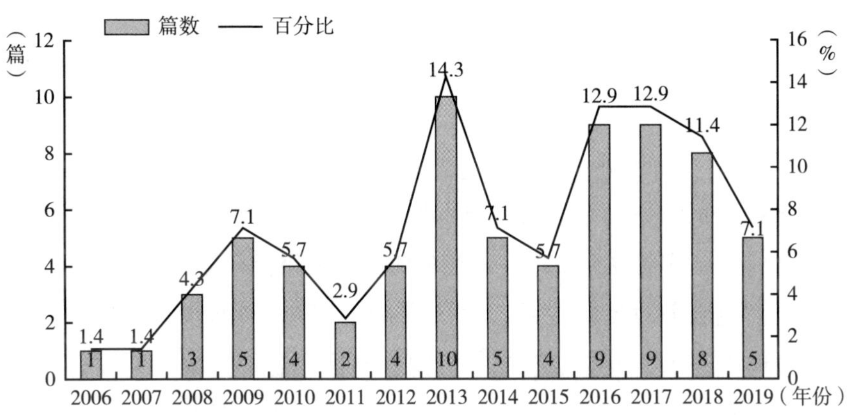

图 1　社会工作介入青少年网瘾问题的研究论文

注：知网中“青少年网瘾　社会工作”词条检索结果。

社会工作介入青少年网瘾问题研究中，最多的是使用“具体的理论和视角”，占据总量的 34%；其次是宽泛的“社会工作”角度（30.0%）；个案方法和小组方法均占 16%（见图 2）。

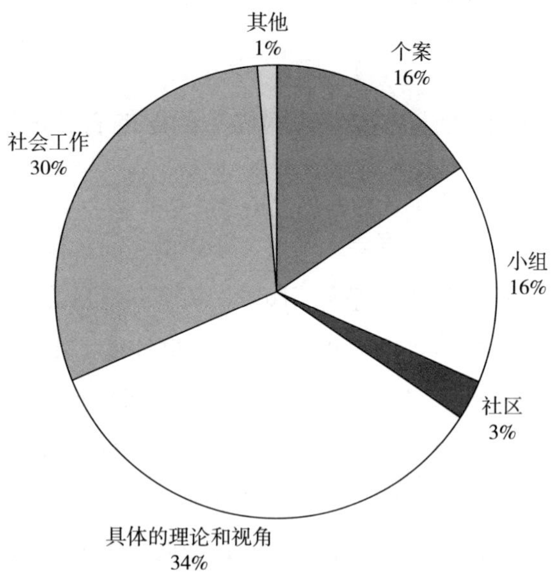

图2　社工介入角度的使用

注：知网中“青少年网瘾　社会工作”词条检索结果。

以下四个方面是基于知网文献梳理的结果，具体可概括为不同方式的社会工作介入。

1. 个案社会工作介入

个案社会工作介入手法的使用占据16%。对关于个案介入类文献的梳理表明，社会工作者在介入时有着相似的行为和路径。他们利用个别化的操作手法，尊重服务对象的差异，对有需求的“网瘾”青少年提供一对一的服务。总体上，个案服务是围绕“接案－预估－制定方案－共同行动－评估－结案－跟进”展开的，在过程中恰当地运用沟通技巧、关系技巧，真诚并富有同理心地回应，表达对服务对象的温暖和关怀，打开“网瘾”青少年的心扉，以建立专业的关系，产生信任，共同商定服务方案和目标，帮助服务对象获得亲人和朋友的支持，缓和“网瘾”青少年与家长之间的冲突，减轻他们对网络的依赖，从而达到合理使用网络、引导“网瘾”青少年回归到正常生活的目标。

2. 小组社会工作介入

小组社会工作是一种团队式的工作手法，它通过有目的的团体实践，协助个人增进其社会功能，以更有效地处理个人、团体或社区的问题。[①] 在针对青少年网瘾问题时，这种工作手法能让服务对象个人的行为、态度、价值观念等方面发生转变；学习并遵从适当的行为规范，在社会中充当积极的社会角色；学会利用集体的力量解决生活中的问题。社会工作者在小组过程中，给予青少年引导和活动总结。相对于刻板说教，青少年更容易接受此方式。

我国小组社会工作介入“网瘾”青少年服务及研究主要有两种小组划分形式：第一，同质性小组，组内成员都是差不多状况的“网瘾”青少年；第二，异质性小组，“网瘾”青少年和“非网瘾”青少年共同组建小组，共同参与活动。目前，国内研究主要针对的是前者，即社会工作者通过招募和预估，筛选出符合条件的“网瘾”青少年，组成小组，做出需求评估，共同制定方案，开展活动并做出成效评估，检测小组目标完成情况，根据实际情况考虑结案。

3. 社区社会工作介入

社区工作介入“网瘾”青少年的独立研究较少，但是它穿插于社会工作介入“网瘾”青少年工作的各种方法之中，占总体的3%。我国目前研究中社区社会工作介入“网瘾”青少年问题主要是在个案、小组社会工作中增加与社区相关的资源和环境因素的支持：社会工作者促进服务对象行为和态度发生改变之后，积极帮助服务对象在社区环境中建立新的良好印象和信任关系，以帮助服务对象获得邻里认可，开启新的生活；社会工作者招募社区中的青少年，利用社区已有的信息和资源（场地、资金、服务平台等）开展服务活动等。

4. 社会工作介入中具体理论、视角的运用

社会工作介入青少年“网瘾”问题中具体理论和视角的运用是最常见

① 王思斌主编《社会工作概论（第二版）》，高等教育出版社，2008，第123页。

的方法，占总体的34%，它们是社会工作介入青少年“网瘾”问题的支持工具。社会工作者坚信“网瘾”青少年改变是有可能的，利用优势视角理论，挖掘“网瘾”青少年的优势和特长并发挥之，利用展现和扩大案主原有优势来树立案主的信心、改变其关注点和行为模式，借此克服网络依赖；[①] 家庭过程模式理论则关注“网瘾”青少年形成网瘾的原因源于家庭功能的失调，网瘾问题的解决需要调和家庭矛盾、促进家庭有效沟通和亲密关系的建立等；[②] 社会工作整合理论侧重于个人－家庭－社区－社会的联动和多方资源的调度运用。[③] 青少年网络成瘾原因复杂，因此，社会工作者在工作介入的过程中，会涉及多种理论和方法的交叉使用，以达到更好的介入效果。在家庭治疗模式中，社会工作者会使用角色扮演的理论，让服务对象和家长之间进行角色互换和扮演，利用这种方式，让双方更深刻地体会到彼此之间的问题，为后期的关系调节和活动开展做好铺垫，方便服务开展。[④]

必须在与服务对象互动的过程中，表达出倾听、尊重、平等、真诚的态度，这是不管使用何种方法和理论都必须牢记的一点。只有这样，才能让处于弱势的“网瘾”青少年放下防备，吐露心声，而这些沟通是走向治愈的第一步。

（三）社会工作介入“网瘾”青少年问题的成效

文献研究发现，社会工作的三种工作方法和理论视角的运用，总体上对于应对青少年“网瘾”问题有着显著的成效。

1. 个案社会工作介入的成效

汪全冬的研究发现，个案社会工作的开展能成功地使案主戒除网瘾：网

---

① 杜依桥：《优势视角下青少年网络成瘾的社会工作介入研究》，陕西师范大学硕士学位论文，2017，第12页。

② 陈秀红：《青少年网络成瘾问题的家庭干预研究——家庭功能理论视角》，《上海青年管理干部学院学报》2010年第1期，第54～56页。

③ 韩江风：《社会工作的整合介入模式：理论基础与介入过程》，《中国社会工作》2019年第19期，第2页。

④ 张炽：《社会工作介入青少年网络成瘾问题的个案研究》，湖北师范大学硕士学位论文，2017，第24～26页。

瘾改善的目标达成情况为 +2，认知调整、父母教育观和教育方式转变、亲子关系和谐、社交能力提升方面的总目标的达成情况为 +1（其中 +2 为比预期好得多，+1 为比预期好）。案主网络成瘾前测为 86（重度），经过社工展开 8 次服务之后，后测结果为 23（正常），案主回归到正常的生活状态，人际关系改善明显。在后期的回访中，同学们对他的评价发生了改变，“他现在比以前爱说话了……以前一个人低着头也不知道干嘛……现在放学就和大家一起走……变化那么大”。[①]

大部分的案例在介入之初，案主网络依赖严重，与父母关系紧张。并且，由于求助多是家长发起，案主对社会工作者抵触情绪明显。在持续的接触和沟通之后，案主开始体会到社会工作者对自己的尊重和关心，逐渐参与到与社会工作者的互动之中。当服务进行到案主、社会工作者和家长三方比较熟悉和信任的阶段时，三方共同商讨适合此家庭的网瘾戒除方案，并依此开展服务活动。对于家庭环境较为支持、案主本人有改变欲望的案例，成功戒除网瘾的概率大。个别研究案例由于家长不配合，案主无法脱离家庭压抑环境，导致服务无明显效果，或是服务效果显著，但一回到原环境中就容易复发，以失败告终。

2. 小组社会工作介入的成效

有研究表明，小组社会工作的具体介入效果可以从这几个方面进行概括。通过对这六个方面的介入前后对比分析发现，“网瘾”青少年的网络依赖症状有明显的改善。

（1）凸显性[②]：总分为 15 分，平均每个组员下降了约 2.4 分；

（2）耐受性[③]：总值为 25 分，平均每个人下降约 3.3 分；

（3）强迫性上网/戒断症状[④]：总值为 55 分，平均每人下降了 9.7 分；

---

① 汪全冬：《青少年网络成瘾的个案工作介入研究——以南京市 Q 社区 X 个案为例》，南京农业大学硕士学位论文，2016，第 48 ~ 50 页。

② 表现为互联网支配个体思维、情感和行为的中心。

③ 个体不断增加上网时间和投入程度，以获得原先体验过的满足。

④ 个体不上网时即产生不良心理反应和负性情绪。

（4）心境改变[①]：总值25分，人均下降了5.9分；

（5）社交抚慰[②]：总分30分，人均下降了3.7分。

（6）消极后果总分40分，人均下降了6.1分。

小组一共开展了7次服务，从总体上看最后的测量结果，小组活动效果明显。[③]

耿钦在研究中表示，根据《青少年网络成瘾量表》前后测结果对比发现，参与小组活动的网瘾青少年的网瘾程度都有所下降，幅度在14～26分。虽然个别成员的后测分数仍然较高，属于中度网瘾，但是也呈现由重度转向中度的良好迹象。[④] 另有研究表明，经过7次小组介入之后，评估中发现组员上网次数（由一日3次减少为每周3次）和时间（从几乎每天5小时减少为每周平均10小时）明显减少；组员前测得分为45～68分，后测得分为32～47分，降低了13～21分，小组活动效果良好。[⑤]

除了量表测量结果外，社会工作者依据对组员的观察发现，现实行为上，组员从一开始的手机不离手，到最后能够放下手机参与小组活动，从一开始彼此之间充满矛盾和冲突到最后能够有效沟通、一起商讨活动分工、建立起良好和睦的成员关系，这些都说明小组活动的开展在一定程度上减少了“网瘾”青少年对网络的依赖。

3. 社区社会工作介入的成效

社区社会工作方法虽为辅助，但是，社区环境以及社区中关系系统、社区服务资源的调用和功能发挥，使“网瘾”青少年能够获得社区支持，而不再仅仅依靠家庭或者个人。这种支持的环境更有利于他们修正自己的不良

---

① 个体通过上网来改变消极情绪的症状。

② 个体通过上网来满足自己的心理需求。

③ 谢海波：《小组社会工作对青少年网络成瘾的干预效果研究》，兰州大学硕士学位论文，2013，第29～32页。

④ 耿钦：《小组工作介入初中生网络成瘾问题研究——以S中学为例》，井冈山大学硕士学位论文，2018，第36～38页。

⑤ 杨海霞：《青少年网络成瘾问题的小组工作介入研究》，西北农林科技大学硕士学位论文，2016，第43～45页。

行为，走向正轨。对“网瘾”青少年进行社区矫治之后，他们每天持续上网的时间基本上控制在3小时以内，比矫治前有很大的改观；他们的人际关系和亲子关系得到改善，能够做到友好待人；他们对网络的认知和态度发生改变，逐渐以较为正确的态度对待网络资源而非沉迷其中。[①]

综上所述，社会工作的三大工作方法的使用，对“网瘾”青少年的网瘾戒断的效果十分明显，社会工作介入的方法是切实可行的。它运用的与心理学、临床医学视角等不同的独特的专业技巧，在戒断青少年网瘾的工作中发挥着重要作用。

三　青少年“网瘾”问题的社会工作介入存在的问题及其原因分析

（一）传统家庭观念深厚，阻碍社会工作介入

中国社会是“个人－家庭－社会”三级社会结构模式，重视家庭，讲求“家本位”，认为家庭有责任承担家庭成员相关福祉的所有责任。因此，当家庭内部出现问题和困难时，中国传统的“面子”文化和“熟人”观念，使人们羞于向他人吐露。[②] 然而，社会工作助人的良好前提是受助者的积极求助行为和表白，无人向社工求助或者不接受社工的帮助的处境则增加了社会工作者发现和介入“网瘾”青少年工作的难度。如果“网瘾”青少年家庭没有主动求助的意识和积极的表白，被迫接受服务的效果很难令人满意。

此外，中国传统的家庭观念既培养了“集体主义”，即宗族之间互相帮助，也形成了“各家自扫门前雪”的“个人主义”。然而，无论给青少年重新建立社区关系支持系统，还是小组成员的招募配合，都需要服务环境中有更

① 李宗华、孙静：《城市青少年网瘾的社区矫治方法的实践与探讨——以D市S社区为例》，《社会工作》2007年第6期，第42页。

② 常立：《中国传统文化与社会工作价值观本土化的契合及伦理困境》，西北大学硕士学位论文，2013，第27～29页。

多人的互动。这种“个人主义”，却使人们对与自己无关的事情采取漠然的态度，让一些需要动员他人的活动无法顺利开展，或者动员工作难度很大。

（二）学校社会工作体系不完善，服务效果难以彰显

2009 年 11 月，广东省东莞市第一批学校社会工作者正式上岗，学校社工分布于东莞市公立及私立中小学、中职及技工学校等。[①] 由于我国大陆学校社会工作发展较晚，体系制度建设等方面还不尽完善，仍有很多问题亟待解决。第一，学校方面对于学校社会工作不够重视。很多学校不知学校社会工作为何物，更不用说知晓学校社会工作的作用和意义。第二，双重身份的角色混淆。部分学校虽然设立了学校社会工作岗位，招聘了相关人员就职，但是学校教师人员不足、课程任务繁重、学校负责人思想深处对学校社会工作认知不到位等诸多原因，让学校社会工作者承担代课教书任务。这种做法混淆了学校社会工作者的身份和角色，“老师”的角色拉远了青少年与社会工作者之间的距离，不利于信任关系的建立和服务活动的开展。第三，学校社会工作者的权利范围和立场不明确。学校社会工作者按其专业伦理价值，应当站在弱势群体（“网瘾”青少年）的立场上，为弱者发声；校方则认为员工应当从学校的立场出发。因此，当处理与学校立场不同的问题时，学校社会工作者会产生矛盾情绪，内耗严重。这些由宣传普及不到位、制度建设不完善所导致的“错位”和混淆，让原本利用专业方法为校园师生提供服务和支持、加强学校与家庭以及学生与家长之间联系与沟通、促进学生更好地融入学校生活的学校社会工作开展大受限制，以致服务成效难以很好地彰显。[②]

（三）社会大众对网瘾的危机意识不足，社工宣传不到位，居民缺乏有效的求助途径

对上海 6 ~ 20 周岁社区青少年的 4397 份有效调查问卷进行分析后的结

---

① 郭长兴：《学校社会工作嵌入高校学生工作的路径研究》，山东大学硕士学位论文，2019，第 5 页。

② 孙梦：《社工介入青少年网络依赖研究——以 B 中学学校社工项目为例》，南京师范大学硕士学位论文，2018，第 9 ~ 10 页。

果显示，50%以上的人知晓网瘾的含义，但尽管知道自己已经长时间上网，41%的被调查青少年不会对此进行控制。仅7%的被调查者知道社区内设有青少年网瘾心理咨询中心，求助率甚低。[①] 他们知晓网瘾却仍然不加以控制，一方面是因为他们没有意识到网瘾危害的严重性，另一方面缺乏有效手段控制自己的网瘾行为。危机意识不足导致错失社工介入的最佳时期。直到青少年由于长期沉迷网络而严重影响生活时，家长才意识到问题的严重性，开始寻求帮助。但是很多时候，这种求助是盲目的。他们最常选择的做法是让老师、亲戚进行劝说，而非找专业的社会工作者。这是因为我国社会工作在社会上的知名度不够，很多人还未曾听闻，更不用说积极主动地寻求专业社会工作者的帮助。

四 进一步提高对于青少年“网瘾”问题干预效果的建议

社会工作作为一门学科，有其独特的专业方法和技术，在介入和处理青少年“网瘾”问题上也具有独特的应对措施。面对上述问题及分析，现根据研究结果，为进一步提高社会工作介入成效给出如下几点建议。

（一）注重社会工作本土化，在吸收借鉴先进经验的同时，做好剔除糟粕工作

由于存在中西方文化等诸多方面的差异，很多源于西方社会的理论和操作手法运用于中国实际时会产生水土不服的现象。比如中国人的面子文化、人情关系，导致不适合在实务中使用“直接披露”工作手法：让服务对象直接向对方表达自己的不满和厌恶，对于国人来说，不仅不利于矛盾的缓解，很多时候反而会造成更深层次的冲突和矛盾。作为被贴着不良标签的群体，“网瘾”青少年的情绪十分敏感，因此，社会工作者介入青少年网瘾问

① 朱于枫、罗鄂湘：《上海市社区青少年网瘾情况调研》，《科教文汇》2009年第4期，第54页。

题时，更需要采用符合中国实际的、针对中国“网瘾”青少年心理状况的社会工作理论和工作技巧，探寻并满足其需求，解决他们的问题。

对于社会工作介入青少年网络成瘾问题的研究，目前主要集中在具体理论、视角、个案、小组社会工作介入之中，研究还相对分散，不成体系。因此，在后续发展过程中，在吸取其他国家先进经验的同时，应当立足我国实际，总结出符合本土的经验模式，以便推广和复制，解决更多青少年“网瘾”问题。国内的陶宏开教授，为解决中国青少年“网瘾”问题提供了很多宝贵经验，比如制订了判断青少年是否网络成瘾的十大标准，为社会工作界做青少年“网瘾”问题评估及制订戒断方案提供了基础和依据。

注意做好糟粕剔除工作。目前，我国社会工作中实际社会工作仍是主体部分，专业社会工作还处于发展初期。实际社会工作具有强烈的行政性，倾向于做“思想工作”。对于青少年群体来说，枯燥的思想教育工作是难以接受的，饱受多方劝说的“网瘾”青少年的接受度更低。因此，在社会工作发展过程中，应当注意与“网瘾”青少年沟通的方式：社会工作者要以平等的姿态，找到他们的兴趣点以促进沟通，并通过有趣味且具有启发性的活动来激发青少年反思，帮助他们主动改变自己的不良行为，形成正确的行为模式。

（二）建立和完善学校社会工作体系，明确学校社会工作者的身份和角色要求

学校社会工作的介入可以弥补学生工作“重管理，轻服务”的不足。助人自助的理念，平等、尊重的价值观念，专业而人性化的工作手法，能够拉近学校社会工作者与学生之间的距离，让学生愿意表达自己的问题和需求，从而有利于学校社会工作者明确解决问题的途径和目标。

可以从以下几个方面来发展和完善学校社会工作体系。第一，政府部门做好学校社会工作的推广工作，让更多的学校了解社会工作。发挥中国社会工作发展过程中政府推动的优势力量，开设岗位，并给予学校社会工作者等同于老师的待遇，吸引人才就职。第二，明确学校社会工作者的权利范围和

职能。明确学校社会工作者的身份和角色要求，拒绝学校社会工作者承担文化课的教授任务，以防学生与学校社会工作者之间出现隔阂与对立，影响到相关工作的开展。第三，应当建立和完善学校社会工作的规章制度。例如，明确学校社会工作的考核、奖惩机制；驻校社会工作者应当以第三方的身份进入学校，以中间人的身份来做学生和老师的工作，为弱者（“网瘾”青少年）发声。

（三）打牢基层社区社会工作的基础，做好社会工作、合理用网、戒除网瘾方法宣传以及资源链接工作

首先，基层社区社会工作者利用紧跟潮流的 Vlog、俏皮而让人印象深刻的广告横幅等群众喜闻乐见的方式大力宣传社会工作，让居民知道什么是社会工作，遇到哪些困境可以寻求社会工作者帮助，以及可通过哪些途径寻求社会工作者的帮助。让“网瘾”青少年及其家庭做到求助有门、求助有方。

其次，社区社会工作者在社区中积极宣传合理使用互联网注意事项，并对社区居民进行“青少年网络成瘾”预防及戒除的科普，以期从总体上提升民众对青少年网瘾问题的认识，帮助其掌握合理有效的预防和戒除的技巧。面对家长羞于向外人求助的情况，社区工作者应当多和社区居民交流互动，打破其“社工是外人”的心理防线，转变为居民心目中的“熟人”。此外，社区社会工作者应积极走访青少年家庭，了解他们的基本信息，主动发现问题，而非仅被动地等待服务对象的求助。

最后，社区工作者做好社区的资源链接。积极与所在地区网络监管部门沟通，促进社区及周边网吧等营业场所规范营业，拒绝未成年人进入网吧。

（四）加强人才技能培训、完善社会工作行政体系，建设优良的解决青少年“网瘾”问题的社会工作队伍

加强对基层社区社会工作者戒除青少年“网瘾”的技能培训。基层社区的社会工作者是直接面向社区中的“网瘾”青少年及其家庭的，并且，

社区社会工作者所掌握的信息和资源都是依托于本地，他们的工作开展具有地缘优势。实践中，对社区工作者进行互联网相关知识和技能的培训，尽量避免服务案主时出现沟通障碍等尴尬场景，以拉近服务对象与社会工作者之间的距离，尽快建立专业关系。再者，很多青少年沉迷网络，与其失能的家庭支持系统存在密切的关系。因此，社会工作者亦需要做家庭的工作。由于年轻的社会工作者婚姻家庭的经验尚少，需要对该类社会工作者进行相关经验的传授和培训，以方便后续工作的开展。

完善社会工作行政体系建设。个案、小组、社区工作一般被称为微观、中观层面的社会工作，较为零散，如果要从较广泛层面解决青少年“网瘾”问题，需要一定的支持系统——宏观层面的社会工作行政，即需要国家、社会中与青少年相关的部门来制定和完善青少年福利服务政策，并付诸实施，保证社会工作介入的正式性、程序化。[①] 如此，社会工作的介入才能真正起到助“网瘾”青少年自助的目标。

（五）完善互联网的相关法律法规，强化企业的社会责任意识和调动社会大众参与监督

我国于2017年6月1日正式开始实施的《网络安全法》中，将未成年人网络保护作为重点。然而，日益多元发展的互联网，对青少年的影响涉及诸多方面，因此政府相关部门、立法机构、行业组织以及家庭等应各司其职、勠力合作，构建保护青少年的多元化、体系化的互联网运行机制。

体系建立和完善还应考虑到中国城乡二元制影响之下的青少年使用网络行为习惯差异以及保护形式的差异。因此，地方各级应当根据本地青少年的实际情况来制定合理的政策。与此同时，坚定执行保护青少年安全入网的相关政策，做到分工明确、监督有力。[②] 不仅要促进相关法律内部的合作互助

① 冯静：《社会工作理论对青少年网络成瘾问题的启示》，《十堰职业技术学院学报》2009年第6期，第61页。

② 季为民、沈杰主编《中国未成年人互联网运用报告（2019）》，社会科学文献出版社，2019。

机制，还要强化企业的社会责任意识和调动广大人民群众参与监督。只有这样，才能从源头着手，弥补社工后期介入的被动式不足，构建青少年健康用网的一片蓝天。

参考文献

李川莹：《叙事治疗模式在青少年网瘾问题中的个案应用》，河北大学硕士学位论文，2014。

王晓磊：《社会工作介入青少年网络依赖行为矫正研究》，新疆大学硕士学位论文，2018。

周丹红：《对社会工作介入“网瘾”青少年矫正工作的初探》，《怀化学院学报》（社会科学）2006 年第 5 期。

B.9
青少年数字依赖与风险应对*

蒋俏蕾　童淑婷　陈宗海**

摘　要： 本文在日常生活时期和疫情防控时期进行了两次全国性问卷调查，通过对比分析，深入了解城镇青少年对网络产品的依赖性及风险认知现状，并对其存在的主要问题进行了总结归纳和原因阐释。建议：政府应在保障未成年人数字权利的前提下，根据不同的网络应用场景建立相应的防沉迷机制，构建多元共治的未成年人网络保护体系；学校应建立完善的数字素养教育体系，积极探索数字教育技术的新应用；家庭应重视数字抚育，加强对未成年人数字生活的关注和引导，提升家长的数字素养；互联网企业应积极治理平台网络生态，有效落实网络防沉迷的平台举措，充分发挥对未成年人数字成长的赋能作用。

关键词： 数字化成长　网络依赖　网络沉迷　数字素养　风险应对

美国教授马克·鲍尔莱因指出，如今成长在数字时代的青少年因为被电子屏幕占据了过多的注意力，可能没有更多的时间去学习，造成知识贫乏、恐惧读书，难以形成独立思考的习惯和批判精神，公民意识越来越弱。近年

---

* 本文系中国青少年研究会2020年度重点课题“青少年数字化生存状况及其身心健康影响研究”的阶段性成果。

** 蒋俏蕾，清华大学新闻与传播学院副教授；童淑婷，字节跳动平台责任研究中心研究员；陈宗海，清华大学新闻与传播学院青少年数字化生存状况及其身心健康影响研究课题研究助理。

来，国内越来越多的新闻报道也指出，互联网使用可能给青少年带来网络沉迷、网络霸凌、社交恐惧等风险问题和消极影响。如果不加干预，可能影响青少年的健康成长；反之，有效的管理和干预，可以发挥数字媒介对青少年发展的正向作用。

在此背景下，本文在日常生活时期（2019 年 9 月）和新冠肺炎疫情防控时期（2020 年 3 月）进行了两次全国性问卷调查，通过比较分析试图更加全面地考察和呈现青少年对网络产品的依赖性及风险认知情况，探析这些现状与青少年心理健康、学业表现、社会交往等方面的关联，并且从政府、学校、家庭和企业等多角度，为保障青少年的健康成长提供更加细致、多元、有针对性的策略与建议。

第一次问卷调查在前期对不同类型城市青少年媒介使用情况进行实地调研、走访的基础上，通过专业的样本服务开展了覆盖全国各省、自治区、直辖市中学生的网络问卷调查，调查对象为全国 11 ~ 19 岁的全日制在校学生，涵盖初中生和高中生，最终样本覆盖了全国各省、自治区、直辖市的 258 个地级市和 101 个县级市，共收集到完整有效的问卷 1051 份，其中男生为 503 人，占总数的 47. 9%；女生为 548 人，占总数的 52. 1%，平均年龄为 16. 88 岁。参与此次问卷调查的青少年父母的教育水平以初中、高中或中专学历为主——在父亲的教育水平中，初中学历占比最多，为 41. 4%，母亲的教育水平中占比最多的也是初中，占总数的 38. 8%。鉴于新冠肺炎疫情防控期间青少年居家学习的特殊情况，我们又在 2020 年 3 月初开展了第二次全国调研（抽样方式与前次一致），收集到完整有效的问卷 1048 份，其中男生为 518 人，占总数的 49. 4%；女生为 530 人，占总数的 50. 6%。参与此次调研的青少年年龄在 12 ~ 19 岁，平均年龄为 17. 10 岁。父母的教育水平以初中、高中或中专为主——在父亲的教育水平中，初中占比最多，为 40. 9%，高中和中专总占比 30. 7%，大学本科仅占比 6. 5%；母亲的教育水平中占比最多的也是初中，占总数的 39. 6%，只有 5. 7% 的母亲拥有大学本科学历。两次调研的样本情况基本一致。

一　青少年数字化生存的基本现状

（一）青少年数字化生存的主要特征

1. 数字土著：年龄小、网龄长、接触数字设备早

两次调研的结果显示，青少年尽管生理年龄尚幼，但接触网络的时间普遍较长，平均上网史达到 6.36 年。青少年群体不仅网龄长，接触和使用数字设备也较早，参与调查的中学生智能手机使用史平均达到 4.87 年，最长的达到 15 年。两次调研的结果均显示，当代青少年作为网生代，具有明显的年龄小、网龄长的特点，成为真正意义上的数字土著。

2. 上网设备：移动端具有显著优势，智能手机成为最主要的上网设备

第一次调研的数据显示，青少年通过多种数字设备终端使用互联网，其中最主要的上网设备是智能手机，占比 60.1%，其次是台式电脑（19.3%），再次是平板电脑（13.9%）、笔记本电脑（5.3%）和通过电视上网（1.4%）。然而，青少年在疫情防控期间使用智能手机的比例大增，高达 86.6%（见表 1），这一方面可能是青少年因假期延长而使用智能手机进行游戏娱乐，也可能是使用智能手机参与网课学习。

表 1　日常生活时期与疫情防控时期青少年主要上网设备使用比例

单位：%

时期	智能手机	平板电脑	笔记本电脑	台式电脑	电视
日常生活时期	60.1	13.9	5.3	19.3	1.4
疫情防控时期	86.6	2.5	3.6	5.5	1.8

从使用频率上看，两次调查均显示智能手机也是青少年使用频率最高的上网设备——日常生活中青少年使用智能手机的频率为“经常”（31.5%）或“非常频繁”（18.7%）的占比较高；疫情防控期间，青少年使用智能手机的频率激增，“经常”占比 23.5%，“非常频繁”逼近 70%。相比于智能

手机，青少年使用其他上网设备的频率则有较为明显的差距。在疫情防控的特殊时期，“经常”或“非常频繁”使用平板电脑上网的占比分别为7.5%和4.0%；使用电视上网的频率达到“经常”和“非常频繁”的占比为16.9%和9.5%；经常通过台式电脑上网的占比为8.5%，非常频繁使用台式电脑上网的比例为6.8%；而经常通过笔记本电脑上网的比例为8.2%，非常频繁的比例为7.4%（见表2）。

表2　疫情防控期间青少年上网设备的使用频次

单位：%

设备类型	从不	很少	有时	经常	非常频繁
智能手机	0.4	1.2	5.6	23.5	69.3
平板电脑	54.2	23.1	11.2	7.5	4.0
笔记本电脑	50.1	21.8	12.5	8.2	7.4
台式电脑	44.2	27.5	13.0	8.5	6.8
电视	16.5	24.5	32.6	16.9	9.5

3. 网络活动：类型多样但频次相差较大，即时聊天比例最高，疫情时期网络游戏、网上学习增幅明显

为了了解青少年网络活动的频率，两次调研均对青少年进行各种类型的网络活动的频次进行了细分，具体情况如下。

在日常生活中，青少年网络活动的频次（达到每天不止一次）依次为：即时聊天（如QQ、微信等），占比40.3%；网络搜索（如百度等），占比27.9%；网络音视频（如网络音乐、网络节目、网剧），占比26.8%；网络新闻，占比17.1%；网上学习（如在线课堂等），占比7.3%；网络游戏，占比10.6%；微博，占比9.7%；网络文学（如网络小说等），占比7.4%；短视频（如抖音、快手等），占比7.3%；网络购物（如淘宝、网上订外卖等），占比4.2%；电子邮件，占比1.3%；网络直播，占比1.1%。可见，在青少年每天都会频繁使用的网络产品中，社交、信息、娱乐类仍为主体，网络学习并未成为日常的上网活动。

疫情防控期间，青少年网络活动呈现较为明显的差异。青少年上网活动

的频次（达到每天不止一次）从高至低依次为：即时聊天（如 QQ、微信等），占比 81.6%；网上学习（如在线课堂等），占比 71.6%；网络音视频（如网络音乐、网络节目、网剧），占比 50.6%；网络搜索（如百度等），占比 49.4%；短视频（如抖音、快手等），占比 48.7%；网络游戏，占比 40.6%；网络文学（如网络小说等），占比 23.9%；网络新闻，占比 23.7%；网络直播，占比 17.7%；微博，占比 16.3%；网络购物（如淘宝、网上订外卖等），占比 8.9%；电子邮件，占比 1.7%。与平常时期相比，青少年各种上网活动的频次均呈上升趋势，短视频、网络游戏、网络文学、网络直播等娱乐活动增幅明显。值得注意的是，网络学习大幅增长，仅次于即时通信，这与疫情防控期间“停课不停学”的倡议密不可分，青少年纷纷使用智能手机等终端进行学习。

在备受关注的具有沉迷风险的网络产品中，网络游戏或手机游戏仍占比较高。在日常生活中，青少年每天不止一次使用网络游戏产品的比例为 10.6%，每周玩网络游戏超过一次的占比为 30.1%，最近一个月使用不止一次的占 18.4%，最近三个月使用不止一次的占 16.3%，从来不玩网络游戏的占 24.6%。相比于日常生活时期，疫情防控时期的青少年进行网络游戏的频率更高，每天不止一次使用网络游戏产品的比例增长至 40.55%，而从来不玩网络游戏的比例缩减为 12.5%。在深度访谈中，大部分青少年随口都可以说出自己常玩的 1～3 款网络游戏或手机游戏。因此，在青少年防沉迷问题上，游戏仍是需要特别留意的网络产品类型之一。

与此同时，社会和家长不应忽视作为“数字土著”的青少年在网络社交媒体上投入的大量时间。有的中学生从来不玩网络游戏，但绝大部分青少年都会不同程度地使用社交媒体。QQ 和微信是青少年使用比例最大和使用时间最多的网络产品，除了同学间进行网上社交、使用班级群组布置作业等功能外，以即时通信为主要功能的社交平台上也提供了许多其他内容，比如微信小程序提供的大量内容及跳转至其他平台的内容、QQ 看点中各类信息，青少年可以在里面长久逗留。

4. 上网地点：家庭占绝对优势，新兴场所值得关注

两次调研的结果显示，作为青少年上网的主要场所，家庭以绝对优势毫无争议地成为青少年上网最为主要的环境；交通工具上（如地铁、公交车、出租车等）、公共场所（如商场、餐馆等）、学校、网吧占比均未超过 3%（见表 3）。可见，引导青少年安全、健康上网，预防青少年网络沉迷，家庭教育是重中之重。家庭是青少年上网最为主要的场所，如何营造良好的家庭上网环境、约定上网规则显得尤为重要。

表 3　日常生活时期和疫情防控时期青少年主要上网场所占比

单位：%

时期	家里	学校	公共场所（如商场、餐馆等）	交通工具上（如地铁、公交车、出租车等）	网吧
日常生活时期	94.5	1.4	1.6	2.2	0.4
疫情防控时期	94.1	2.8	0.7	0.4	2.1

除此之外，我们不难发现，由于多年来对于网吧的管控和移动互联网的日益普及，网吧逐渐淡出青少年使用网络的空间范围。即便是在日常生活时期也有 60.3% 的青少年从未去过网吧，这也在一定程度上体现出相关法规在近年来所发挥的作用。当然，公共场所（如商场、餐馆等）和交通工具（如地铁、公交车、出租车等）作为青少年的上网场所也应被关注。特别是随着 5G 技术的发展以及相关网络服务的提速降费，青少年在这些场所上网的情境、内容以及行为偏好等都将成为未来值得关注和研究的问题。

5. 上网目标：娱乐放松、在线学习、获取信息名列前三

两次调研的结果均显示，青少年上网最主要的目标均为娱乐放松、在线学习、获取信息。在日常生活时期，为了娱乐放松占比 39.4%，为了完成学习或其他任务占比 22.4%，为了了解感兴趣的事件或信息占比 17.7%，为了跟家人或朋友联系占比 16.1%，为了获取意见、建议或解决问题的办法占比 3.7%，为了表达自己或发表看法占比最小，为 0.7%。在疫情防控时期，青少年上网的主要目标变化不大，为了娱乐放松比例有所提高，达到

44.7%，为了完成学习或其他任务、为了了解感兴趣的事件或信息占比变化不大，分别占比26.9%和20.1%（见表4）。

表4　日常生活时期和疫情防控时期青少年上网目标的比例

单位：%

上网目标	日常生活时期	疫情防控时期
了解感兴趣的事件或信息	17.7	20.1
表达自己或发表看法	0.7	1.3
完成学习或其他任务	22.4	26.9
获取意见、建议或解决问题的办法	3.7	3.0
娱乐放松	39.4	44.7
跟家人或朋友联系	16.1	4.0

无论从网络产品的服务定位还是基于对青少年网络沉迷问题的预防和干预，了解青少年的上网目标都是非常有助益的。只有了解了青少年的上网目标，才能更好地评估哪些网络产品能够更好地满足青少年的需求偏好。而从媒介依赖的角度来说，能够帮助青少年实现其更多目标的网络产品，青少年对其的依赖感也更加强烈。根据调研结果，目前青少年上网所要实现的目标中，排名靠前的分别是休闲娱乐、在线学习和获取信息，因此与此三者相关的网络产品或服务会更受青少年的欢迎，而那些能同时满足上述多种目标的网络产品则可能吸引青少年对其产生更为强烈的依赖感。因此，那些既能够为青少年提供娱乐服务，又能帮助其学习或获取信息的网络产品或服务，会更受青少年青睐。

6. 上网时间：平常时期碎片化特点明显，疫情时期上网时间成倍增长

青少年群体由于年龄的特殊性，其上网时间受到了较为严格的管控，尤其是在学校期间，大部分青少年并不能使用互联网。因而，青少年在日常生活时期的上网时间呈现较为明显的碎片化特点，即较为零碎，通常单次连续上网时间并不是特别长。根据第一次调查反馈的数据，青少年在最近一周总共的上网时间集中在3～6小时（26.8%）。而在疫情防控期间，青少年的上网时间大幅增长，与日常生活时期差异明显。青少年在疫情期间一周内总

共的上网时间集中在31～50小时（34.7%）、21～30小时（22.4%）、11～20小时（14.4%）。疫情防控期间上网时间的成倍增长与青少年游戏娱乐、在线学习等网络活动的频率增加相关（见表5）。

表5　日常生活时期与疫情防控时期青少年的一周上网时间

单位：%

上网时长	日常生活时期	疫情防控时期
没有上网	4.8	1.3
1～2小时	26.8	4.5
3～6小时	29.6	9.6
7～10小时	20.5	13.0
11～20小时	7.9	14.4
21～30小时	6.2	22.4
31～50小时	2.4	34.7
多于50小时	1.8	0.1

上述调研数据表明，一方面，我们应该对少数青少年出现的连续上网时间过长的情况予以警惕；另一方面，单纯以时间长短作为考察或预警青少年网络沉迷的衡量指标显然是并不足够且存在偏颇的，应该结合青少年网络使用的情况来综合考量。

7. 上网作用主观评估：青少年认知理性，对网络作用的评价中性偏积极

网络使用量的多少并不是判断网络沉迷的重要条件，而青少年对于网络使用在其生活中的主观认知则对于网络沉迷的预警具有非常重要的参考价值。因而，在两次问卷调查中，笔者邀请参与调研的青少年思考上网给其带来的各种好处和坏处，并以此判断互联网在其生活中起到的作用是积极的还是消极的。结果显示，整体而言，参与调研的青少年对于网络的评价比较理性且偏向积极。

在第一次调查中，认为互联网在生活中的作用是中性的青少年占总数的比例为54.3%。在疫情防控时期，总体情况变化不大，认为互联网在生活中的作用是中性的青少年占总数的比例为58.8%，认为有点积极和非常积

极的比例有所下降，认为有点消极的比例有所上升，而认为互联网在其生活中发挥的作用非常消极的仅占2.4%（见表6）。

表6 日常生活时期和疫情防控时期青少年对上网作用的主观评估

单位：%

时期	非常消极	有点消极	中性	有点积极	非常积极
日常生活时期	1.6	6.5	54.3	24.4	13.2
疫情防控时期	2.4	15.1	58.8	15.3	8.4

在深度访谈中，邀请参与调研的青少年具体列举出互联网的积极作用和消极作用，得到的具体反馈如下：上网对于青少年生活的积极影响表现在了解更多知识、方便联系沟通、娱乐放松减压等方面，而青少年认为网络的消极影响则包括网络沉迷影响学习、浪费时间、网络暴力、损害视力、降低效率、泄露隐私、信息真假难辨、不良信息等方面。可见，目前青少年对于网络的积极作用和消极影响都具备一定的认知，因此相关的数字素养教育与网络沉迷防护也应结合当前青少年对于网络的认知现状来开展。

8. 网络依赖：程度较高，青少年在疫情防控时期更依赖网络

主观的网络依赖感是一种心理感受，本次调研沿用了媒介依赖理论中的经典假设问题来考察青少年心理上的网络依赖程度。问卷中，邀请参与调研的青少年想象：如果有一天起床发现互联网消失，再也不能上网了，会有多想念能够上网的感觉（“1”代表毫不想念，“10”代表超级想念，分数越高，表示想念程度越高）。在日常生活时期，选择网络依赖度为6~10的青少年占总数的比例为44.7%，而在疫情防控时期这一数据增长至75.2%，甚至有24.3%的青少年选择了“超级想念”，大幅超过日常生活时期的12%。整体而言，青少年的网络依赖程度较高。网络依赖度的提升与青少年在疫情防控期间上网时间大幅增长相呼应。

除了统计比例外，还对青少年主观网络依赖程度进行了平均值计算——青少年在日常生活时期的网络依赖度为5.13，而疫情防控期间青少年的网络依赖度为7.24。由此可见，青少年在疫情防控时期对互联网的依赖感更为强烈。

（二）青少年的数字素养现状

1. 青少年数字素养：整体水平尚可，但不均衡

为了了解我国城镇青少年的数字素养现状，我们在既有经典数字素养量表的基础上进行了修订和拓展，全面考察了青少年的技术素养、安全素养、批判素养和创意素养。这些数字素养的具体维度涵盖了青少年是否熟练使用并掌握当前比较常见的网络产品、对网络上存在的风险与安全隐患是否能够觉察和规避、能否对网络信息和内容进行甄别与判断以及是否能够灵活运用网络资源进行创意表达和呈现等方面的情况与水平。

调研结果显示，城镇青少年的数字素养整体水平尚可，但是数字素养的各个具体维度仍有不均衡的情况。具体而言，目前青少年具备较高的安全素养，而创意素养仍有待提升。

在技术素养方面，大部分青少年能够准确地使用网络检索方式进行信息的检索。在安全素养和批判素养方面，大部分参与调研的青少年知道在网络上应该保护自己的个人隐私，注意网络礼仪，提防网络诈骗，还应该尊重他人的隐私信息，警惕色情、暴力、反动等不良信息，抵制网络欺凌现象以及规划并控制自己每天使用网络的时间。在创意表达素养方面，青少年通过文本、多媒体等多种方式呈现和发表自己的观点和创意的能力和水平还有提升的空间。具体表现为利用网上的一些信息触发灵感，促进某些问题的解决；能够根据自己已有的知识结构对不同格式（视频、音频、文字图片等）的信息进行重组和再创作；拥有属于自己的主页并且能够定期、熟练地使用它（如微信朋友圈、QQ 空间、微博、博客等）或是经常逛微博、贴吧等，并经常参与话题的讨论，与网友进行观点的互动；有意识地开发电脑、智能手机等软件的新的、潜在的功能，探索电子产品基础功能以上的高级功能。

2. 网络求助：父母角色非常重要，同伴互助作用明显，教师帮助有待加强，自我消化需引起重视，谨慎求助网络朋友

鉴于目前青少年的数字素养状况，两次调研也试图了解当青少年遭遇网

络风险或困难时，会如何进行求助。两次问卷调查考察了不同情境下青少年可能进行沟通、寻求帮助的对象排序情况。在日常生活时期，当青少年上网遇到各种风险或问题时，首选的求助对象均为父母，且占比均较高。因此，父母在青少年网络保护方面的责任最大，应多留意青少年的需求和动向。然而，在各种情况下，青少年向老师求助却占比非常低，几乎均排在倒数第1或第2，可见老师和学校在青少年网络保护方面所起的作用仍亟待加强。这与青少年在学校环境下很少使用网络的现实情况有密切联系。青少年在学校不能使用网络，因此也较少想到向老师求助。

在疫情防控时期，情况存在一定的变化。当青少年遇到上网技术问题、遇到网络信息甄别困难、感到困惑，发布信息相关的疑问、进行网上创作时遇到困难等情境时，向同学或生活中认识的朋友求助的比例最高，这表明同辈群体作为“强连接”可发挥关键性作用；当青少年遭遇个人隐私泄露、遇到网络诈骗、遭遇网络欺凌等比较严重的风险情境时，首先会向父母求助，而且占比较高；当青少年感到网络沉迷时，33.0%的青少年倾向选择自己解决或消化（见表7）。

表7　疫情防控期间青少年网络求助情况

单位：%

上网问题	父母	老师	同学或生活中认识的朋友	网上认识的朋友	自己解决或消化
遇到上网技术问题	7.8	9.5	44.5	10.9	27.3
遇到网络信息甄别困难，感到困惑	11.4	10.5	39.9	12.4	25.8
发布信息相关的疑问	7.3	12.8	35.2	18.1	26.6
进行网上创作时遇到困难	7.4	18.7	34.0	14.0	25.9
遭遇个人隐私泄露	45.2	7.4	23.2	4.4	19.8
遇到网络欺诈	57.1	8.9	12.6	3.7	17.7
遭遇网络欺凌	42.4	11.4	22.9	6.6	16.7
感到网络沉迷	25.6	11.1	26.1	4.2	33.0

值得注意的是，无论是在日常生活时期还是在疫情防控时期，无论遇到什么困难，青少年选择自己解决或消化的比例均不低，选择向网上认识的朋

友求助的比例均较低，一方面表明青少年群体对向网友求助持谨慎态度，网友作为“弱连接”对青少年解决实际困难所发挥的作用有限，另一方面提醒我们要高度注意青少年的心理健康，及时发现青少年使用互联网过程中存在的问题，避免因自己解决或消化造成心理压力过大，甚至产生抑郁、焦虑等情绪，危及身心健康。

二　青少年数字化成长存在的主要问题

（一）触网年龄小、网龄长，智能手机使用频率高，存在网络沉迷的风险

21 世纪以来，移动互联网技术日臻完善，以智能手机为代表的移动终端设备逐步融入青少年的日常生活，成为影响青少年社会化的重要因素。两次调研的结果清晰地显示，城镇青少年普遍存在年龄小、网龄长的特点，数字设备接触呈现低龄化趋势，以智能手机为代表的移动终端表现得更为明显。智能手机已然成为青少年群体使用最为频繁的上网设备，而在疫情防控阶段，青少年使用智能手机的比例大增。青少年正处于青春成长期，心智发育尚未成熟，鉴别力、自制力还有待进一步提升，花费大量时间和精力使用互联网或是智能手机，无疑潜藏着巨大的社会风险。如果不能有效应对，则可能使得青少年面临网络沉迷所造成的不良后果。

（二）上网时间长，热衷即时通信，喜爱网络游戏，网络依赖感强烈

就上网时间而言，日常生活时期和疫情防控时期表现出较大的差别，总体上青少年上网时间不短。日常生活时期，青少年大多身处学校，被禁止携带手机，周末的闲暇时光又受到父母的严格管理；而疫情防控时期，正值我国春节且寒假延长，青少年使用智能手机上网的机会增加，或休闲娱乐，或在线学习，造成上网时间成倍增长。在青少年偏好的网络活动中，不管是日

常生活时期还是疫情防控时期，青少年进行即时通信的比例均排在所有网络活动的首位；但在疫情防控期间，以网络游戏、网络直播、短视频为代表的网络娱乐行为增幅明显，网络游戏甚至增长了30%。这或许也与许多即时通信平台开发出了游戏、音视频等多种复杂功能有关。吴娟、石琬若等人针对晋冀鲁部分地区中小学生的调查发现，青少年的网络娱乐行为与父母的人际关系呈显著的负相关，青少年网络娱乐行为的频率越高，和父母的人际关系越差。这一发现需要引起足够的重视。

青少年过度使用互联网容易造成网络依赖，而在疫情防控期间，青少年网络依赖感更为强烈。这一方面映射了青少年在疫情防控期间上网时间大幅增长，另一方面也从侧面说明青少年在休闲娱乐、游戏放松等方面倾注了大量时间，产生网络依赖感，而网络依赖可能影响青少年的注意力和视力，不利于培养青少年系统思考、独立解决问题的能力，进而降低其学习的积极性，导致成绩下降。

（三）在线学习成为亮点，疫情防控时期表现更为突出，未来或成一种常态

在线学习的推广运用已成为青少年数字化成长的一个重要组成部分。两次调研的比较分析结果显示，在疫情防控阶段，青少年在线学习行为陡增；同样的现象表现在青少年的上网目标中，娱乐放松、在线学习、获取信息位列前三名，青少年选择完成学习或其他任务的比例超过了解感兴趣的事件或信息。在线学习超出了以闲聊、游戏、音乐为主的娱乐倾向的互联网使用，极大地改变了家长以及全社会对于青少年上网消极方面的理解与看法。

此外，这次寒假因突如其来的疫情防控阻击战而延长，多数青少年通过在线课堂进行学习并取得了良好的效果，各大互联网平台也相继推出“停课不停学”网络学习资源。多家媒体报道称，疫情下的在线学习是一场大考——教育系统内的各个主体，如何利用这个特殊的寒假交出令人满意的答卷，不仅关乎当下，也会对未来的教育产生持久的影响。笔者认为，疫情特殊时期大力推广在线学习，不仅使学校教师和家长在教育理念、教育方式上

有所收获，也会培养青少年在线学习的意识和习惯，使其在学习能力上有所进步。

（四）家庭环境在培育青少年数字素养方面日益重要

在先后的两次调查中，家庭都以绝对优势毫无争议地成为青少年上网最为主要的环境。因此，家长在家庭环境中营造良好的网络使用氛围，在青少年“数字抚育”过程中设定必要且有效的管束，对于青少年健康上网具有非常重大的意义。此外，调查结果显示，目前青少年的数字素养水平整体尚可，但数字素养的各具体维度发展并不均衡，具体表现为具有一定的技术素养和安全素养，但创意表达素养仍有提高和发展的空间，家长应积极参与到青少年互联网使用的辅导之中，激发青少年的创意表达素养，提升其创造力。

目前，城镇青少年对于常见的网络风险与问题，普遍具有一定的认知，当遇到网络沉迷、隐私泄露、网络欺凌等风险时，通常半数以上的青少年都会首选求助于家长。因此，应对青少年网络风险等问题时，应将家庭监护的作用放在首位，这需要父母自觉提升自身的网络知识和技能，与孩子建立和谐友好的亲子关系，让孩子体会到父母在网络使用方面的指导意义。反观学校，青少年上网的频率低得出奇，当其遇到各种网络风险或问题时，只有很少一部分青少年选择向老师或学校求助。因此，学校的数字教育工作亟待加强。

三　促进青少年数字化成长的对策和建议

（一）政府：法律政策

1. 立法应以保障未成年人的数字权利为前提

互联网已经成为当下青少年生活和成长必不可少的一部分。未成年人网络保护的立法理念也要顺应数字时代的发展趋势，注重建立未成年人数字权利的保障体系。因此，首先应从立法角度对未成年人数字权利予以明确。比如《儿童权利公约》中提到了几十种儿童权利，其中与数字环境最紧密相关的基本权利有受保护权、发展权和参与权。应当在此基础上，把建设有利于未成年人数字权利发展的数字环境作为立法的根本目的，并相应地转变立法理念——从单纯防止未成年人遭受网络侵害转向促进未成年人基于互联网的自我保护和发展，从限制和防范转向监管和赋能并行。

2. 全面建立分场景的未成年人网络防沉迷机制

建立有效的网络防沉迷机制，是未成年人网络防沉迷的关键。政府应做好顶层设计，从政策法规的角度细化网络防沉迷的规定。一方面，网络防沉迷应当全面覆盖受青少年欢迎的网络活动和产品，防止出现监管的空白地带，将网络社交、网络文学等领域一并纳入防沉迷监管体系。另一方面，针对不同网络应用场景，建立与之相适应的监管机制，拒绝“一刀切”，比如对网络游戏施行强实名认证和防沉迷系统，对网络音视频、网络文学等内容产品进行内容过滤和时间限制，对网络社交进行综合性的防沉迷监管等。

目前，我国在网络游戏、网络视频领域均施行了防沉迷举措。然而，受到未成年人欢迎的网络社交、网络文学等领域，却缺少相应的防沉迷管制，需要引起立法者高度的关注和重视，并施行相应的防沉迷监管手段。以网络社交为例，QQ 和微信是青少年使用比例和使用时间最多的网络产品。而该类社交平台往往具有很强的综合性，除了提供即时通信的功能外（如网上社交、班级群组布置作业等），还提供了大量内容和娱乐性质的功能，这也给未成年人带来了更复杂的网络沉迷和网络风险问题。比如，微信小程序中提供的游戏，并未对未成年人明示设限，容易导致沉迷；QQ 提供的看点、扩列等内容板块并未进行内容过滤，可能存在有害和不良信息；陌生人交友还会带来网络色情、网络骚扰、网络欺凌和言论失范等问题。对此，可通过限制注册用户年龄、内容过滤、入口和功能限制、设置未成年人模式等手段，进行网络社交防沉迷监管。

3. 构建多元共治的未成年人网络保护体系

未成年人的数字成长和发展是一个动态的、长期的、多主体参与的过程，因而未成年人网络保护治理也需要多方主体介入。从治理理念上，我国应该构建起政府、家庭、学校、网络平台、行业自律组织在内的“五位一体”的未成年人网络保护的全社会综合防范体系。例如，政府应做好顶层设计，通过科学完善的政策法规和有效运行的监管治理机制，落实对未成年人数字权利的保障；学校应强化数字素养教育，我国可通过政策法规的形式将数字素养教育纳入国家教育体系；强化监护人对未成年人网络防沉迷的监护义务，注重家庭场景下的数字陪伴和教导；网络平台履行主体责任，严格打击损害未成年人权益的内容和行为，有效落实防沉迷相关举措；互联网自律组织应该大力倡导和建立统一的行业标准。

（二）学校：数字教育

学校教育是实施数字教育的主要途径，也是其中最为基础和重要的环节。在很多西方国家，数字信息素养教育被纳入学校教育体系，学校是这些国家青少年数字素养教育的重要主体。从调研结果可见，学校环境在青少年上网行为引导和规范方面的影响还有非常大的提升空间。一方面，需大力推动学校数字素养教育体系的建立。通过国家法律政策，推动数字素养教育进入学校教育体系，并针对从幼儿园到大学不同数字成长阶段的特点，相应地建立正规化、体系化、渐进化的数字素养教育课程，可由学校、研究机构、社会组织等主体共同参与到课程的研究与编制中。另一方面，积极推动数字教育技术在学校场景下的发展和应用。学校应以更加开放的态度对待互联网，并将学校的主要教学功能与青少年网络保护与防沉迷引导结合起来，帮助学生更加积极健康地受惠于数字福利。网络平台也可以助力学校开发相应的数字产品与服务。

（三）家庭：数字抚育

从调研中可见，家庭环境是青少年上网最为主要的环境，而且当上网遇到相应问题时，绝大部分青少年首先选择的是向自己的父母求助。因此，在未成年人的网络保护体系中，家庭监护的作用应放在重要位置甚至是首位，重视父母对子女的数字抚育和陪伴。

对于很多家长而言，提高自身的数字素养是当务之急。为此，可充分借助家校联动、居委会和村委会等基层自治组织、网络平台的渠道，开展家庭数字素养教育活动，帮助家长提升数字素养。一方面，家长需要主动关注数字一代的行为习惯和文化生活，并充分了解自己孩子的网络生活现状，包括孩子的身心健康、社交关系、网络爱好等，而不是单纯把学业成绩变化作为发现孩子网络沉迷的信号。另一方面，家长要学会有效的沟通和引导方式（例如通过亲子共用数字媒介等），教导孩子辨别网络风险和正确的应对方法，引导孩子更加主动地利用数字媒介来实现权利保护和自我发展，并承担相应的数字义务。

（四）企业：平台责任

首先，互联网平台应做好自律和自查，积极治理网络生态，有效落实网络防沉迷的相关举措，为未成年人构建安全健康的网络环境。例如，受到青少年喜爱的网络社交、网络文学等平台，也应加强内容治理，严厉打击侵害未成年人权益的内容和行为，并主动落实防沉迷机制。其次，互联网平台应充分发挥对未成年人数字成长的赋能作用，让数字技术真正助力下一代发展、为年轻人所用。不同的网络平台应充分发挥各自的特点和优势，提供能够满足未成年人成长发展需求的产品与服务。比如，推广网络直播等技术、助力数字扶贫和教育扶贫、保障贫困和留守儿童等群体的数字权利。

参考文献

季为民、沈杰、杨斌艳：《我国未成年人互联网运用和阅读实践现状、问题及其对策》，载季为民、沈杰主编《青少年蓝皮书：中国未成年人互联网运用和阅读实践报告（2017～2018）》，社会科学文献出版社，2018。

〔美〕马克·鲍尔莱恩：《最愚蠢的一代》，杨蕾译，天津社会科学院出版社，2011。

吴娟、石琬若、梁越、杨东芳：《青少年网络娱乐行为与人际交往的关系研究——

以对晋冀鲁部分地区中小学生的调查为例》，《中国电化教育》2018 年第 8 期。

共青团中央维护青少年权益部、中国互联网络信息中心（CNNIC）：《〈2018 年全国未成年人互联网使用情况研究报告〉在京发布》，http：//www. 12355. org. cn/gzdt/201903/t20190327_ 11908596. htm，2019 年 3 月 27 日。

澎湃号：《全文“粉丝文化”与青少年网络言论失范问题研究报告》，https：//www. thepaper. cn/newsDetail_ forward_ 5292496，2019 年 12 月 19 日。

Young K. S. , *Caught in the Net*：*How to Recognize the Signs of Internet Addiction and a Winning Strategy for Recovery*，New York：J. Wiley and Sons，1998.

B.10

青少年网络流行文化现状、热点及问题

杨斌艳　罗豆豆*

摘　要：　文章结合2020年“第十次中国未成年人互联网运用状况调查”数据，梳理和解读青少年群体的TOP10网络流行文化，并根据2019～2020年度在青少年群体中形成较大影响的网络文化形态和热点案例事件，进行深度剖析。研究发现，青少年群体对网络流行文化较为敏感，追新逐潮；网络流行文化在一定程度上影响青少年的言语和行为；青少年群体在网络流行文化热点事件中的参与度高。文章建议，应该从更宏大的视野认知青少年网络流行文化的意义，高度关注网络流行文化对于青少年价值观的影响，呼吁青少年摒弃和远离不健康的网络流行文化，警惕网络流行文化背后资本市场等运作造成青少年与其家庭的矛盾和损失。

关键词：　同辈文化　网络文化　青少年社会化　青少年价值观

一　前言

“青少年流行文化”是在青少年中存在的、具有特定群体特征的流行文化现象。一般而言，通过以下几点来界定“青少年网络流行文化”，即发端

---

* 杨斌艳，中国社会科学院新闻与传播研究所副研究员，主要研究方向为舆情与国家治理、新媒体与社会、青少年与互联网；罗豆豆，中国社会科学院大学硕士研究生，主要研究方向为新媒体与社会、网络舆情。

于网络空间，在青少年群体中具有特别的吸引力，青少年群体喜欢它们、消费它们、享受它们，并赋予其特殊的意义和价值的文化。青少年网络流行文化具有流行文化、亚文化等多方面的基本特征，但是更具有青少年群体社会心理发展的特殊性，而且在全球化和互联网传播背景下，青少年网络流行文化更具有全球性、多样性、跨文化性、技术性的特征。

而文化不仅仅是生活经验和成长体验，还会形成一系列内化了的用以指导行为的共同价值与规范。所以，"青少年网络流行文化"不仅是青少年的同辈交往和自我认同，更是对青少年价值观的再构。另外，必须以更宏观的视角来认识青少年文化，青少年不是一个孤立的群体，他们与成年人互动交流并相互分享经验，青少年和成人共同创造并享有更宏大文化的一部分，青少年网络流行文化对于这更宏大文化的形成与发展也产生了重要的影响。

随着互联网的普及与发展，逐渐形成了以互联网为基础的网络文化。青少年是互联网运用的重要群体，基于其自身独特气质形成了青少年网络流行文化景观。互联网已经深度嵌入当代青少年的生活与学习，成为青少年社会化的次级影响因素。青少年的网络技能学习能力强、网络使用方式多样，喜欢追逐新潮，勇于尝试新事物，这为青少年网络流行文化的发展增加了更多的活力，网络流行文化已经成为影响青少年思维、语言、行为、价值观的重要因素之一。

同时，青少年网络流行文化不可能脱离互联网流行文化的大趋势，成年人的流行文化对于青少年群体的渗透是一个方面；另一个方面，发端于青少年群体的网络流行文化也可能在成年人中流行，尤其是在亲子互动中。由于网络空间存在广泛参与互动，以及自由发挥创造和信息快速传播的便捷性，网络流行文化在传播和发展的过程中极易产生变异，同一名称和指代下的网络文化很可能呈现完全不同的赋意理解和小圈子玩法，而这也造成了对于网络流行文化认知和评价的分化和差异。

网络流行文化中资本和市场的力量亦不容忽视。网络流行文化的商业价值被资本和市场利用，使得网络流行文化的发展呈现消费主义、商业主义的很多特征。资本在互联网社会中的运作，尽管对于推动互联网的发展不可或缺，也给社会带来了巨大的红利，但是资本的过度逐利性也给网络流行文化带来了很多挑战。青少年群体由于年龄较小、涉世不深，一般对于这些不敏感、无察觉，往往容易陷入被控制和被强制的价值植入，以及被利用、被迷惑的不良消费。

本文基于2020年中国未成年人互联网运用状况调查数据，分析未成年人接触网络流行文化的现状，通过观察和梳理近几年在青少年群体中广泛流行的网络文化，反思和窥视网络流行文化对于青少年的影响，剖析当前青少年网络流行文化发展中存在的问题及潜在风险，并给出相应的对策建议。

二　相关调查结果

1. 网络流行影响未成年人的言语和行为

调查显示，累计超过五成未成年人使用网络流行语（经常使用 + 较多使用 + 有时使用，62.2%），仅有9.8%的未成年人"从不使用"网络流行语，使用网络流行语的未成年人占大部分（见图1）。如果按照量表进行加权计算，未成年人生活中使用网络语言的整体得分为40.5分（百分制），也就是说，生活中未成年人大约有四成会使用网络语言。而另一项数据表明，只有三成（33.2%）未成年人从不模仿网上的行为，五成未成年人学唱网上流行歌曲，近两成（19.5%）未成年人会模仿网络说话的方式。而对网上流行的娱乐活动、网上流行的东西、网络游戏中的人物、网上流行的新玩法等，部分未成年人会模仿或购买（见图2）。调查显示，网络流行文化对未成年人的日常语言和行为产生了不小的影响。

2. 熟悉很多网络流行语

调查显示，超过半数（55.0%）的未成年人表示熟悉一些网络用语[①]。

---

① 调查题目为多选题，具体表述为"您熟悉以下哪些词语？（多选，有几个选几个）"。后面报告的数据结果，是根据该多选题目进行的统计分析。

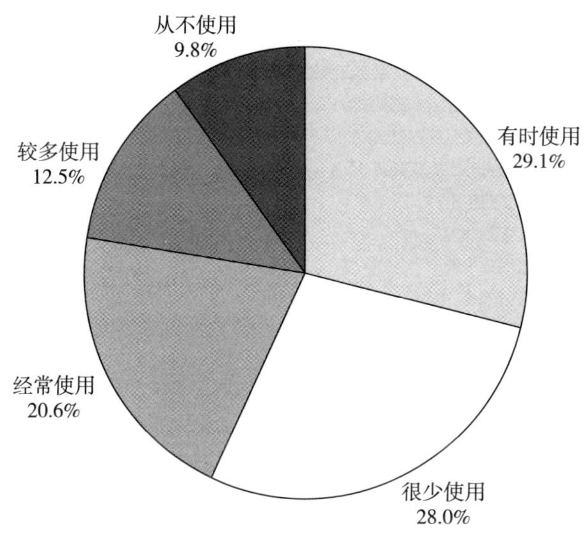

图1　生活中使用网络用语的频率（2020）

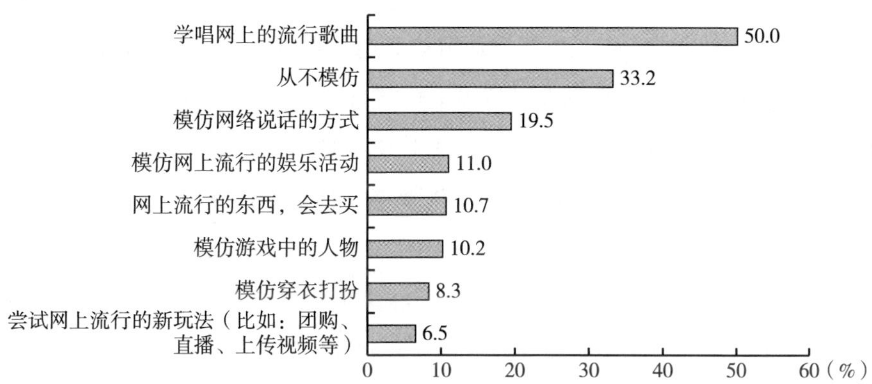

图2　生活中模仿网上行为的种类（2020）

在众多网络用语中，未成年人熟悉程度较高的为娱乐综艺方面用语，如“cp”（36.5%）、“skr”（22.4%）；其次为社交方面用语，如“养火花”（17.8%）、“扩列”（17.5%），此外，15.8%的未成年人熟悉源自漫画《七龙珠》的词语“战五渣”（见图3）。

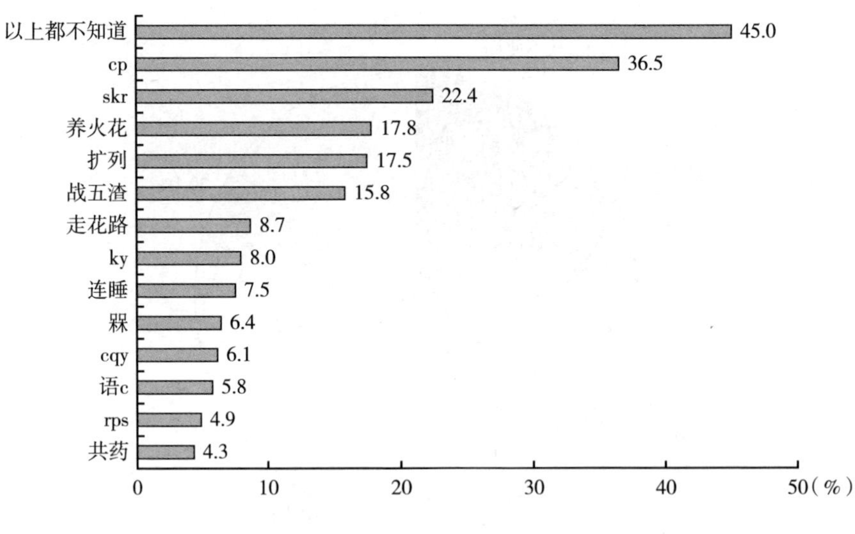

图 3　网络用语熟悉情况（2020）

3. 喜欢明星和游戏高手等网红，以后更希望成为艺术家、明星

调查显示，在未成年人喜爱的“网红”①中排名前20位的可大致分为四类：一是娱乐明星类；二是网络游戏解说和电竞选手；三是短视频创作红人；四是带货主播。另约有两成人（17.6%）与自己的偶像或明星在网上有过交流。此外，调查显示，在未成年人对未来的职业期待这一问题上，明星（18.0%）、游戏玩家（17.2%）高于科学家（14.6%）、医生（13.3%）、企业家（12.0%）等，网红（9.4%）高于作家（9.0%）、工程师（5.9%），艺术家（18.4%）高于企业家（12.0%）、高级干部（11.2%）。这在一定程度上表明了未成年人对娱乐明星、游戏玩家及网红等职业的认可（见图5）。

三　2019~2020年青少年网络流行文化 TOP10

流行文化是被普遍喜欢、消费和热烈追随的文化，具有大众性、商业

① 调查题目为开放填答题目，具体表述为“您最喜欢的网红是谁？写下他们的名字（最多写三个）”。后面报告的数据结果，是根据该开放题目进行的统计分析。

图4　未成年人喜爱的网红词云（2020）

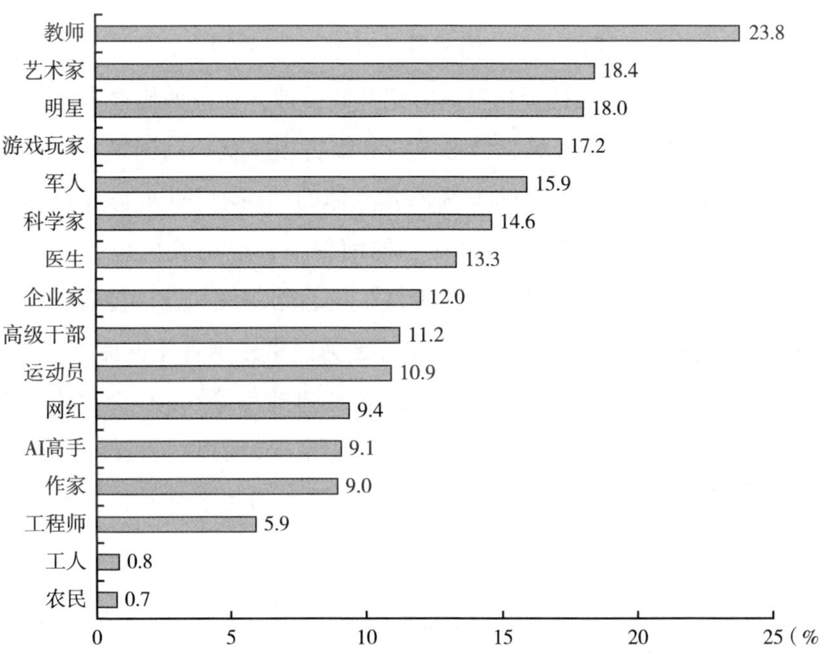

图5　未来想要从事职业的情况（2020）

性、消费性和享受性的特征。可以简单地用一句话将其界定为：许多人实践和追随的一种普遍的生活方式。[①] 随着媒体技术的发展，流行文化的载体也在不断丰富和演变，同时，新的技术也赋予了流行文化新的活力与表现方式，并呈现新的符号象征与时尚赋意。网络技术对于流行文化而言无疑是十分重要的载体。青少年群体因其生理和心理特质，有该群体特定的网络流行文化，下面梳理的 TOP10 青少年网络流行文化，是近几年尤其是 2019～2020 年，在青少年群体中广为流行，并影响较大的网络文化。

1. “小粉红”：网络空间的爱国表达

“小粉红”是对网络空间青年爱国群体的昵称，他们会为维护祖国尊严和利益，为表达爱国情怀，在网络空间通过言语表达有组织地开展维护国家的集体行动。该用语现在也常常被泛指网络空间爱国的青年群体。

“小粉红”最初起源于晋江文学城论坛虚拟社区，2008 年前后，该论坛逐渐发展出一批由爱国留学生、海外华人华侨等组成的表达爱国主义倾向的群体。“小粉红”一词在社会化媒体时代开始扩散，在微博传播中遭到“污名化”解读；从 2016 年开始，针对国内外损害国家统一及国家利益的行为（“台独”“港独”），以 Facebook 为承载主体的“帝吧”[②] 群体在声明坚持“爱国、文明、理性、求真”价值观念的前提下，运用表情包、反讽等方式，自发维护国家利益。“帝吧出征事件”的自组织性和群体传播强效果得到主流媒体关注点赞，“小粉红”由此正名为网络爱国青年群体。[③] 这一群体使用与以往中国民族主义运动所不同的表达方式与符号，改变过往由历史原导致的以“愤怒、仇恨”等情绪为主的基调，转而以“戏谑、反讽、恶搞”的表达方式，通过表情包、改编短语等图片和文字符号，表达自己的

① 夏建中：《当代流行文化研究：概念、历史与理论》，《中国社会科学》2000 年第 5 期，第 91～99 页。

② 此处所指“帝吧”与百度贴吧“李毅吧”有所不同，2016 年周子瑜事件后，Facebook、微博等平台上的“帝吧”与“李毅吧”彻底分割。

③ 李云云：《网络民族主义视域中的小粉红群体研究》，辽宁大学硕士学位论文，2018。

爱国情怀，以期维护祖国尊严和利益。① 但是公众对于“小粉红”的评价也呈现完全不同的态度，一方面是高度赞扬年轻一代网络爱国结合网络文化的创新和创举，另一方面也质疑这些青年群体在爱国表达中是否存在过激情况而走向民族主义。

2019 年，由于中美贸易摩擦持续，香港修例风波愈演愈烈，以“帝吧”为首的群体，联合“饭圈女孩”② 再次出征，期望通过自身力量帮助国家在海外舆论阵地中占据有利地位，打破西方媒体营造的不利于中国的舆论环境。他们不仅延续了以往的表达风格，更在话语中增加了诸如“保护未成年人”的软表达符号，以期获得更好的国际传播效果。2019 年是新中国成立 70 周年，“我和我的祖国”的歌曲快闪活动响彻祖国大地，青少年群体也成为“表白祖国、歌唱祖国”行动的重要组成部分，网络上从幼儿园小朋友、中小学生到大学生，掀起了多种创意性的爱国表达行动。2020 年新冠肺炎疫情背景下，西方多国对于中国的抹黑和“甩锅”，一定程度上也激发了青少年群体在网络上的爱国表达，这些在网络上也被泛称为“小粉红”。

2. 同人文化：通过集体创作筑起的圈子

“同人”一词的出现最早可追溯到《易经·同人》。《辞海》将“同人”二字解释为“志趣相同或共事的人”。学界通常认为，互联网语境下的“同人”起源于日本动漫文化的“同人志”。“同人志”是一种非商业性质的刊物，主要刊载受众自主创作的、对原创动漫人物或原作进行延展的作品，并在动漫粉丝群体中进行传阅交流。伴随着互联网的发展壮大，“同人”一词的涵盖范围也日益扩大。发展到今天，“同人”主要指创作者对原创作品所进行的二次创作活动，以及由此活动产生的作品。这些活动包括对动漫、影视剧、小说等故事的延展，对原型人物的再创作，其性质多为非商业性质。同人文化不仅包括创作，也包括由此形成的消费活动。同人文化群体通过形

① 刘海龙：《像爱护爱豆一样爱国：新媒体与“粉丝民族主义的诞生”》，《现代传播》2017 年第 4 期，第 27~36 页。

② 泛指网络上的粉丝群体，这一群体的成员以女性为主，因而统称为“饭圈女孩”。

成独有的语言体系，如创造出“cp”（Coupling，配对）、“大大”（具有一定话语权的粉丝）、“ky”（不合气氛的言辞）等文字符号，制造与外界不同的风格，将自己与外界相区隔，以区分“圈内人”与“圈外人”，并体现自我认同及集体认同。此外，他们通过创造与主流文化不同的内容，实现对主流话语的抵抗。

与此同时，资本为迎合市场而将同人文化商业化的行为，使这一亚文化现象有了被收编的趋势。2020 年中国未成年人互联网运用状况调查数据显示，近四成（36.5%）未成年人熟悉“cp”这一词语，知晓率位于给出的 13 种网络流行词的首位，同时“ky”一词也有一定的知晓度，这表明同人文化在未成年人群体中已经有一定的传播量。2020 年，“肖战粉丝举报 AO3 事件”让同人文化现象出现在公众讨论空间，甚至成为网络舆情热点事件，引发了网络空间对于创作自由、举报机制等公共话题的思考。2020 年 5 月，网络爆料称肖战粉丝为声援肖战，利用教师这一职业之便，组织学生录制视频支持肖战，并有老师利用上课时间宣传肖战，以及要求学生撰写《陈情令》相关同人作文等，再次引爆舆论，引起全社会对青少年网络流行文化的关注。[①]

3. 饭圈文化：粉丝文化的新体现

2005 年选秀节目的大热让“粉丝”这一词出现在了大众视野中。技术的演变也带来了青少年群体“偶像”的多样化，以往“粉丝”一词多伴随着歌星、影视明星，而现在影视动漫人物、游戏中的虚拟人物等，都可能成为青少年的偶像。比如：日本音乐虚拟偶像“初音未来”就是一个全息投影下的数字虚拟人物。但是，她会唱歌、跳舞，有众多的粉丝，甚至这个虚拟人物也举办了很多场线下的大型演唱会。网络追星给粉丝们提供了更加便利和自由的表达空间，粉丝们通过各种互动可以直接跟偶像进行交流沟通，一些偶像频繁在网络上与粉丝们进行互动，这都是与传统的追星大不一样的地方。著名学者菲斯克早就指出：粉丝是一批流行文化资本积极的生产者和使用者。

---

① 说明：《陈情令》是同人文化影视剧代表作，也是肖战影视剧代表作。

而“饭圈文化”是粉丝文化的最新代名词。“饭圈文化”包含了粉丝很多的线上消费活动，比如打赏、礼物、红包等等。除了粉丝线上直接针对偶像的消费活动以外，还包括打榜、反黑、控评等行为，粉丝在一定程度上成为资本的免费劳动力。如，粉丝在“爱豆”[①] 新的影视剧、数字唱片播出或发行时，有组织地进行打榜，甚至为了“爱豆”拿到榜单第一，而不惜重金助力其作品的播放或购买，并有组织地在“爱豆”相关报道下进行“夸奖式”控评[②]；对于诋毁“爱豆”的言论，粉丝还组织专门的“反黑站”，针对相关言论进行反驳。同时，饭圈在交流中还发明了许多“饭圈用语”，如字母缩写，“本命”“墙头”“死忠”等词语。这些行为与表达符号使得粉丝们更加具有组织性和群体性，尽管粉丝们或因偶像颜值高，或因其能力强，或是因为他们的努力而喜欢他们，粉丝群体却有共同的行为特征，即对自己偶像的维护，而这种维护行为在当下环境中则带有“统一策划，共同行动”的特点。然而，有评价认为，饭圈文化中对偶像的极端维护不仅会对其爱豆本身产生负面影响，也易使粉丝出现辱骂、造谣等过激行为。

4. 国风文化：传统文化的新潮搭

“国风文化”可以统指以中国传统文化元素为主，结合网络文化而衍生的一系列传统文化的新流行风向、新表现形式、新文化体验。在“国风文化”下，可大致分为中国风、古风、国风三个子类。其中，中国风将传统元素配以现代方式呈现，比如：流行歌曲《青花瓷》《菊花台》《断桥残雪》《半城烟沙》等；古风强调格调与氛围上的“中国味道”，力求在作品里创设与古代相同的意境，比如：古风游戏《逆水寒》，动漫作品《秦时明月》，音乐作品《君住长江尾》等；国风则更强调“中国特有元素”，相比之下也更为大气磅礴，比如诗词格律、古代建筑、传统绘画、传统音乐等。

中国风在以歌曲《东风破》等为代表的作品流行以来，因其既包含中国元素，又融入了现代流行元素而一直广受欢迎。近年来，又出现了古风音乐、

---

① 源于英文单词 idol，词义为偶像，“爱豆”为音译。

② 通过一定的技术和人为等手段，进行跟帖、评论等控制。

古风小说、古风漫画等古风文化作品，吸引了大批青少年的关注，在古风仙侠类影视剧、游戏的带动下，还掀起“汉服热”的浪潮。古风文化起源于网络，盛行于青少年群体中，这些古风音乐、小说、绘画、服饰等所包含的元素以中国传统文化元素为主，如古风音乐中，歌词多带有古典诗词感，编曲则多采用中国乐器；一些古风游戏在画面设计中尽力还原古代场景，游戏中的人物设定、游戏方式都尽量接近古代传统。这些作品、游戏等以网络平台为载体，吸引了一批热爱传统文化的群体。不同于传统的“复古文化”，如今的网络古风文化更多的是基于现代人们的审美和思考产生的文化怀旧现象。①

与此同时，在习近平强调坚持文化自信的背景下，央视推出了《中国诗词大会》《国家宝藏》等一系列与中国传统文化相关的文化类节目。故宫博物院在推出文化类节目《上新了，故宫》之外，还推出一系列“萌化”的文化类产品，以期更符合年轻人口味。这些节目及产品以更有活力的方式，赢得了许多青少年的喜爱，并吸引了更多年轻人关注传统文化。小众群体与主流声音共同带动了中国传统文化的再流行。2019 年李子柒乡村田园文化直播带来的中国文化海外传播效应和丰厚经济效益，更是让人刮目相看，似乎让我们看到了一个新的国风系列：中国式田园理想 + 中国特色美食 + 中国美丽农村，国风不仅是网络潮玩，也可以是中国文化海外传播的新范。

5. 土味文化：猎奇、审丑还是包容

“土味文化”是近些年随着抖音、快手等网络视频直播及短视频流行起来的，一开始这些视频的内容和创作者多以县城、乡镇青年为主，具有浓厚的乡土气息，因此被冠以“土味”。随着流行和发展，土味文化衍生出众多表现形式。歌手杨坤在 2020 年 4 月抖音直播中对喊麦歌曲《惊雷》的批评再次引发了公众对于土味文化的讨论。

土味文化是伴随着网络直播兴起的一种网络文化，乡土气息是其最早被归为一类的典型特征。2011 年快手上，一群带有浓厚口音、衣着搭配乡土且怪异的城镇青年基于夸张的嘶吼与出位的戏剧化表演制作的短视频迅速流

① 杜孟琳：《当代网络古风文化的利与弊》，《汉字文化》2018 年第 17 期，第 13 ~ 14 页。

行。“土味文化”主要包括社会摇、喊麦、土味情景短剧等，除了土味视频之外，还包括土味情话、土味表情包、土味情歌等内容。2016 年以“Papi 酱”为代表的土味文化网红的风靡，更是助推了网络“土味文化”的流行。2019 年，“朝阳冬泳怪鸽”令人捧腹的表情令“奥力给”一词在网络上迅速蹿红，促进了“土味文化”的繁荣。根据 2020 年中国未成年人互联网运用状况调查数据，在未成年人喜欢的“网红”中，不乏老八、浪胃仙、可乐大人、韩美娟这类土味视频创作者。

注意力经济时代，奇特现象更容易引人注目，与大众审美背道而驰的“丑”必然会吸引大量注意力。以土味视频为例，这些作品通常缺少专业拍摄技巧，内容更加“原生态”，但表演夸张，“金句”频出，多以哗众取宠的方式吸引眼球。此外，许多土味视频故事依托农村、工地等地方为背景，将城市生活中不易为人了解的景观展现在公众面前，更容易激发观看者的好奇心。这种审丑与猎奇心态，促进了土味文化的不断发展。

但是 2019 ~ 2020 年，土味文化从开始的猎奇、媚俗、娱乐搞笑到变得被更多的网民接受和包容；网民从“不屑一视”到“赏脸看看”，再到被吸引，甚至沉迷其中、笑声连连。土味文化自身也从乡镇青年的网络表演转到网络流量变现，打造知名网红；网络平台也开始将土味文化从娱乐搞笑，移植到助力乡村振兴、网络扶贫的土味直播带货，这些新的变化让人们重新开始认识“土味文化”。

6. 二次元文化：永不落幕的异托邦

2019 年 7 月，《哪吒之魔童降世》的上映引发了人们的观影热潮，也引起了关于中国二次元文化的大量讨论。二次元文化在中国又被称为 ACG① 文化，起源于日本，它包括二次元作品生产、二次创造和演绎及对作品和衍生产品进行的一系列消费行为。国内二次元文化这一概念由一批日本动画、漫画、游戏爱好者带入大众视野。随着国内动漫和游戏产业的发展，二次元

① ACG 为 animation（动画），comics（漫画）与 games（游戏）的缩写，但这一词为中国台湾地区创造，日本不使用这一缩写。

文化生态链也日趋成熟，以 Bilibili 为首的二次元网站也逐渐发展起来。

在二次元世界中，其作品里精美的画面、成熟的故事和炫酷的效果往往是三维现实作品难以实现的，同时，动漫中的主人公或游戏里的游戏玩家可以实现现实世界中不能实现的目标。福柯认为，异托邦具有双重性，它既是神话又是现实，从传统乌托邦视角看，它是现实的；从现实看，它又是想象的神话。[①] 二次元世界并不是完全架空的，二次元作品中包含现实世界的某些场所，同时又突破现实世界的种种限制，它为青少年群体建构起了属于他们的“异托邦”。二次元文化在青少年群体中可谓持久火热、拥趸庞大、久盛不衰，以动画、漫画、游戏为基础，衍生出了众多线下行为和潮流，比如大街上经常能够看到的 Cosplay[②] 等。

7. 弹幕文化：相同语境下的情感共鸣

弹幕是一种舶来文化，最先起源于日本，指的是提供即时评论功能的视频网站上，那些横向飘过视频画框或者悬停在视频画框上的文字评论。在中国，最早的弹幕网是 Acfun（下文简称 A 站）、Bilibili（下文简称 B 站）等。这些网站均为 ACG 文化的大本营，但发展到今天，弹幕文化已经不仅存在于 ACG 视频中，随着弹幕文化进入大众视野，优酷、爱奇艺、芒果 TV 等视频网站也设置了弹幕功能，但其弹幕氛围相较 A 站与 B 站而言，并不成熟。弹幕作为一种即时评论的文字，可以让观众在不同场景、不同时间、不同设备上观看某一视频时，阅读他人观看同一帧视频时（相同内容出现的时刻）的想法与感受。更为重要的是，以 B 站为例，其用户主要为青少年群体，相比其他视频网站而言，用户年龄更集中，并拥有共同建构起来的话语体系，相互间更能理解彼此所表达的含义。如央视动画《西游记》上架 B 站后，用户发送了大量弹幕，该动画的视频弹幕中夹杂着情怀与流行于 B 站中的各个“梗”，如“泪目”“猴哥童年”“开花”[③] 等，在观看不同情节

---

① 汪行福：《空间哲学与空间政治——福柯异托邦理论的阐释与批判》，《天津社会科学》2009 年第 3 期，第 11 ~ 16 页。

② Cosplay 比较狭义的解释是模仿、装扮虚拟世界的角色，也被称为角色扮演。

③ “开花”一词源自六小龄童所说的“文体两开花”，曾被大量 B 站用户调侃。

时还不断创造“新梗”。在 B 站这样以兴趣为聚集力的平台中，青少年无疑能够在共同的语境下获得情感上的共鸣。

8. 鬼畜文化：青年的“狂欢”

鬼畜源于日本弹幕视频网站 NICONICO 动画，最早的名称为音 MAD，传入中国后，随着在 A 站及 B 站的发展，逐渐扩展为包括音 MAD[①]、鬼畜调教[②]、人力 VOCALOID[③] 在内的鬼畜文化。三类作品尽管各有不同，但拥有一个共同点，即可将任何作品进行解构，再进行重组，形成新的作品。同时，这类视频以弹幕平台为载体，观众在观看作品的同时能够找到自己所喜欢的情感表达。例如，2018 年春晚前后，B 站鬼畜视频《赵本山：我就是念诗之王!》将赵本山小品进行再剪辑，改编成娱乐性较强的歌曲，以此纪念有赵本山小品的春晚；2019 年，随着中美贸易摩擦不断加剧，B 站人力 VOCALOID 分区中出现大量关于美国总统特朗普的人力 VOCALOID 视频，网友通过这种方式表达对特朗普的调侃之意。而这些视频中的弹幕，含有大量重复内容，如“春风”“泪目”等，尽管无意义，但几乎形成“众口一词”的局面。一方面，创作者通过视频再创作的方式，抒发自己的情感；另一方面，观众通过发表和观看弹幕形成参与和互动，与不同时空的人在同一视频中进行集体狂欢。

9. 锦鲤热：幸运符号转发热潮

现代社会中，“锦鲤”原本复杂之意在世俗化的日常俗信中被简化，更多表现为单纯的吉祥与好运的象征。[④]“锦鲤热”源于选秀节目《创造 101》中的选手杨超越。由于杨超越本人被认为实力、跳舞与唱歌都并非第一，却因“运气”最终以第三名的成绩出道，于是，网友纷纷用杨超越制作表情包，并转发祈祷自己能够好运加身，认为她可以像锦鲤一样带来好运。继

---

① 使用素材音频进行一定的二次创作，以此达到还原原曲的作品。

② 使用素材在音频、画面上做一定处理，达到与 BGM 一定的同步感。

③ 将人物或角色的无伴奏素材进行人工调音，使其就像 VOCALOID 一样唱歌。

④ 蒋鑫宇、智星：《“锦鲤”热的冷思考——关于支付宝“中国锦鲤”营销的传播符号学分析》，《北方传媒研究》2018 年第 6 期，第 62 ~ 64 页。

"杨超越"转发热之后，众多营销号纷纷发出"锦鲤"图片，并配字"转发这条锦鲤，好运就会来到"，支付宝推出转发微博就抽取一位用户获得"中国锦鲤全球免单大礼包"活动，获奖者"信小呆"成为新的网络"锦鲤"，将转发活动带向高潮。然而，对幸运符号的转发活动并未就此停止，微博中仍有营销号定期发送某一幸运者的自我叙述截图，或是某种图片，并配文字"真的很灵，转发就会心想事成"，以获得高转发量。有调查发现，涉及此话题的人群年龄分化明显，12～34 岁用户达 85% 以上，① 而学生转发的期待更多的是"逢考必过"。除了从众心理外，幸运符号的不断变化和一成不变的祈祷词更多地体现了青少年群体对自身压力的抒发和对未来的美好期待。

10. 佛系成长：接纳自己，悦纳生活，自嘲自慰

"佛系成长"可以分为两个方向的发展，比较积极的方向是指顺其自然不强求的生活理念，接纳自己、淡定直面挑战、平和、不追名求利的心态和行为；比较消极的方向是"丧"，多以颓废、麻木、不求上进、无欲无求为主要的表现，"只求躺，不求赢"。可以将"佛系"和"丧"同时视为佛系成长在青少年中的流行。"佛系"和"丧"是否起源于青少年群体值得商榷，但是这种自嘲自慰、"自己给自己宽心"、舒适自然不强求的网络文化近几年在青少年中也比较流行。"丧"早于"佛系"开始流行，以自嘲、颓废、麻木的生活方式为主要文化表征，参与者以自我调侃的方式表达对流行的"鸡汤""励志"类的文字、图片和视频等的不屑和不满，正话反说，以此发泄现实生活中的压力，如将"世上无难事，只要肯攀登"改编成"世上无难事，只要肯放弃"。与正能量中的积极态度不同，丧文化中更多流露出消极处事的态度，因而出现了诸如"废柴""葛优躺"的表情包及"佛系"等符号的流行。而"佛系"较之"丧"更为平和，更体现出顺其自然和悦纳的态度，因此"佛系"开始成为更流行的文化形态。比如："佛系生活"指无欲无求、一切随缘；"佛系少女""佛系穿搭"指穿搭随意、生活

① 李静：《"锦鲤"热背后的冷思考——网络热点的传播路径与引导》，《中国报业》2019 年第 20 期，第 58～59 页。

随心、不争不抢不急的女生；“佛系妈妈”不强迫孩子上辅导班、考高分。

随着“佛系”这一词语的广泛流行，其意义和内涵也不断扩充，发展到今天，其中既继承了丧文化中所包含的对于窘迫生活不满的某种叛逆和反抗，也包含了自然舒适、接纳自己、不过分追名求利的平和悦纳，表现出参与者与自身和现实的一种和解。“佛系”在文字和言语中虽然表现得无欲无求、自然随缘，但是，参与者未必会真正放弃积极的生活态度，更多的只是大家面对现实生活压力和窘迫无力处境的一种自我解嘲和自我调侃，正是有了这种调侃自慰和自嘲式抗议，现实中的焦虑不安、无力无能等不良情绪才得以舒缓，甚至在“佛系文化”的集体狂欢下，人们得到了自我认同和群体安慰。

四　2019 ~2020年度热点案例分析

2020 年 2 月，公众视线集中和聚焦于新冠肺炎疫情的各类报道，但是青少年网络流行文化中还引发了几起备受关注的舆情事件，可见网络流行文化不仅在青少年中有一定的影响力，也已经开始成为全社会的关注焦点。2020 年 2 月“肖战粉丝举报 AO3”事件吸引了大量关注，而该事件的后续影响一直持续到 2020 年 5 月仍未结束。从《陈情令》大火，到“肖战粉丝举报 AO3”事件，再到引发一系列社会问题（下文将整个事件过程简称为“227 事件”），不仅凸显了关于同人文化的探讨，更凸显了饭圈文化与公众话语的一次碰撞。本部分通过网络大数据对以“肖战”为主线的舆情热点事件进行梳理，并厘清事件所反映的社会多面问题。

1. 青少年网络流行文化成为年度舆情热点

2019 年 6 月，由耽美小说[①]改编而成的电视剧《陈情令》登录各播放平台，播放期间最高日播放量达 1.9 亿[②]。《陈情令》的大热让两位主演肖战、王一博成为热度极高的新星，而与“博君一肖”[③] cp 相关的各类同人作品

---

① 耽美小说，指男性同性小说。

② 数据来源：猫眼电影专业版 App。

③ 博君一肖，为王一博、肖战的 cp 名。

层出不穷。2020 年 2 月 23 日，微博用户“迪迪出逃记”发布了于 AO3 平台[①]连载的王一博、肖战同人文《下坠》的更新链接，肖战“唯粉”[②] 认为将肖战设置为有性别认知障碍这一行为不妥，2 月 26 日，微博用户“巴南区小兔赞比”等发布微博对《下坠》及其作者进行谴责，同时号召肖战粉丝向相关部门举报包括 AO3、LOFTER、B 站在内的多个网站及与肖战相关的同人作品。2 月 27 日，大量同人作品被封锁，创作者宣布停止更新，2 月 29 日，中国大陆用户无法正常登录 AO3 网站。这一系列情况引起整个同人圈发起抵制肖战的活动，并抵制肖战的商业代言。3 月 1 日晚肖战工作室微博发布道歉声明，3 月 2 日事件发展走向第一次高潮。

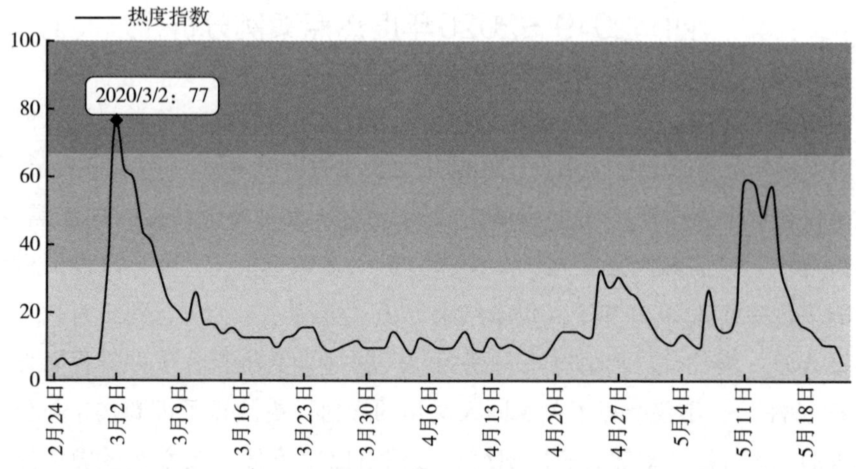

图 6　“227 事件”传播趋势热力图示（2020 年 2 月 24 ~ 5 月 18 日）[③]

4 月 25 日，肖战发布新歌《光点》，随后有报道指出，粉丝为帮助其新歌获得销量第 1，强制要求每人必须购买一定数量，并有新闻报道指出，一未成年人因为肖战新歌“打榜”而被骗 600 元。4 月 27 日，肖战粉丝再次进行举报，微博出现肖战反对者“集体炸号”的情况。进入 5 月，有报道指出肖战

① 国外建立的同人作品聚集平台。

② “唯粉”为粉圈用语，指只喜欢某一个明星，反对一切自己认为对他不利事情的粉丝。

③ 数据来源：云润舆情大数据决策支撑分析平台。

粉丝利用教师职务之便，组织小学生为肖战应援，事件再次进入高潮。5 月 15 日，网友爆料称福建厦门一中学教师在三月的网课中推荐肖战。随后，涉事教师均被停职。全网监测数据显示，2 月 24 日 ~5 月 28 日，“227 事件”（包括 AO3 与肖战代言被抵制）相关事件传播量超百万（总计 1086013 次），其中相关新闻报道共计 36514 篇。5 月 10 ~28 日，教师组织学生声援肖战相关事件传播量超 31 万（总计 31824 次），其中相关新闻报道共计 2679 篇。[①]

2.“227事件”引主流媒体发声和社会大讨论

“227 事件”由小众圈子的集体行动，演变成热门话题，并引发对一系列社会问题的讨论，这期间包括《检察日报》《朝花周刊》《光明日报》《人民日报》《经济日报》《新华日报》《工人日报》《解放军报》等在内的主流媒体纷纷就事件反映的社会问题进行点评，并引起粉丝与反对者的再次讨论，使这一事件不仅是一次同人文化群体的“自我保卫战”，也是饭圈文化的一次具体体现。

该事件在微博上引起了高达 90 多万的讨论量。2 月 24 日 ~5 月 28 日，277（包括 AO3 与肖战代言被抵制）相关事件在微博参与量最高，相关内容共计 968360 条；论坛相关网帖达 52342 条；另检测到相关微信文章 3236 篇、相关博文 92 篇（见图 7）。5 月 10 ~28 日，教师组织学生声援肖战相关事件在微博参与量高达 2. 8 万（28108 条），微信相关文章共计 212 篇；另检测到相关论坛网帖 143 条、相关博文 12 篇（见图 8）。[②]

2. 1. 从粉丝和同人文化到资本与教育的社会性

资本、粉丝群体与社会力量在整个事件中展开角力，使事件呈现复杂性，事件也从粉丝、同人文化群体间的争论演变成全民对于资本控制、教师言行、教育问题等的全民大讨论。“227 事件”最初引起公众讨论的，是创作自由及举报机制的问题，同人文化群体认为，AO3 本身设置有标签提醒，标注《下坠》一文不适合未成年人阅读，并指出艺术创作中涉及边缘群体

① 数据提供：云润舆情大数据决策支撑分析平台。

② 数据提供：云润舆情大数据决策支撑分析平台。

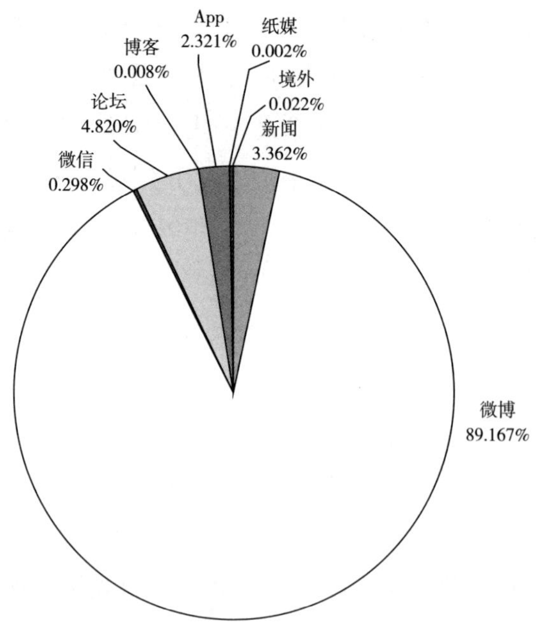

图7　“227 事件”各平台传播分布情况（2 月 24 日 ~5 月 28 日）

是正常的，同时质疑肖战粉丝在疫情期间滥用国家举报机制这一行为的合理性。这些观点引起了同人群体的集体回应。随着事态逐渐扩大，肖战遭遇“代言危机”，其所代言品牌纷纷替换代言人，影视公司担心受到牵连而与其割席，应援教师被停课。

事件相关数据显示①，从 2 月 24 日起，到 5 月 22 日止，与“227 事件”相关的热门信息包括了娱乐、经济、教育等各方面报道。从事件热度最高的 TOP20 新闻事件来看，3 月，为事件第一阶段，公众视线主要集中在事件发生原因、肖战代言受影响上（见表 1 中的 TOP2/3/5/6/9，TOP15 ~ 18）；4 月，为事件第二阶段，公众视线主要集中在对“饭圈文化”及“粉丝经济”的反思上（TOP1/19）；5 月，为事件第三阶段，公众视线主要集中在粉丝利用教师职务之便宣传肖战等一系列事件上（TOP4/7/8，TOP10 ~ 12，TOP14/20）。

① 数据来源：云润舆情大数据决策支撑分析平台。

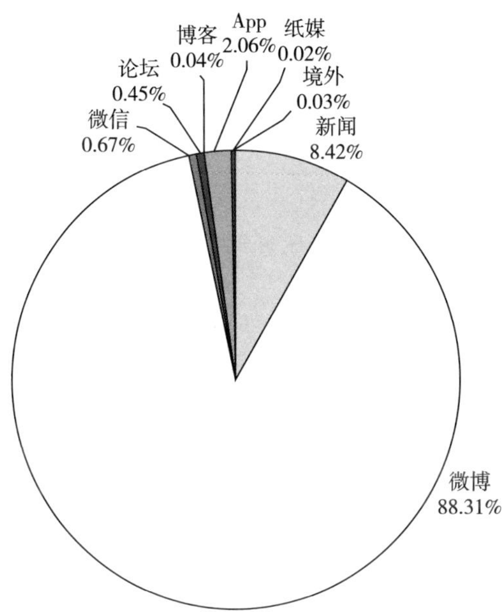

图 8　教师为肖战应援事件各平台传播分布情况（5 月 10～28 日）

表 1　“227 事件”热门新闻 TOP20

排序	新闻标题	首发媒体(时间)	转载量
1	饭圈文化的哲学省思	《光明日报》4 月 27 日	213
2	被骂了一天的“肖战粉丝”,到底是个什么骚操作?	今日关注 3 月 1 日	191
3	追星是为追求美好,而非囿于“饭圈”越活越逼仄	《解放日报》3 月 12 日	154
4	肖战深夜发怒！粉丝应援超越底线,肖战严正声明:我不需要应援!	腾讯新闻 5 月 11 日	146
5	培育正向的粉圈文化	《新华日报》3 月 26 日	144
6	粉丝坑偶像,肖战迎来了出道以来最大的危机！商业价值恐一夜归零	腾讯新闻 3 月 2 日	138
7	小学老师组织全班学生给某流量明星应援？当地教育局:停职停课!	《人民日报》5 月 12 日	128
8	老师领学生跳舞支持肖战,越界应援“应”没了职业底线	《新京报》5 月 12 日	118
9	肖战事件:没有胜利者的战争	《检察日报》3 月 11 日	109

续表

排序	新闻标题	首发媒体(时间)	转载量
10	小学老师组织学生应援肖战！宿迁教育部门:当事教师已被停职停课	扬子晚报网5月11日	102
11	为明星应援,小学生成了谁的“木偶”	《工人日报》5月13日	97
12	肖战全球后援会就粉丝争议发公告 道歉并将整改	网易娱乐5月15日	97
13	肖战事件殃及幕后影视公司？新丽传媒:“我们和肖战没关系”	《北京商报》3月5日	84
14	网传厦门一老师网课宣传肖战？思明区教育局回应	厦门网5月15日	75
15	从顶级流量跌落至人人喊打,肖战错在哪儿?	每日经济新闻3月2日	61
16	冰点周刊谈肖战粉丝事件:他们到底在保卫什么	《中国青年》3月8日	60
17	肖战代言遇集体抵制,品牌选流量是在“走钢丝”?	界面新闻3月2日	54
18	对赌压力系数增大 新丽传媒难逃一“战”	《华夏时报》3月4日	51
19	“粉丝经济”其实都是发的战争财	《经济日报》4月30日	44
20	“完美婴儿 + 完美受害者”,剖析疯狂粉丝眼中的TA	南方PLUS5月3日	40

2.2. 网络世界与现实生活边界模糊

“227事件”不断发酵的后期，包括“功勋战机被涂流量明星名字”“老师宣传肖战”“老师应援肖战”等在内的话题不断登上微博热搜。当偶像在网上遭到反对时，粉丝群体不再限于在网上以“打榜”“控评”“反黑”等方式帮助偶像改变线上评价环境，更选择利用自己职业的特殊性，组织学生进行“应援”，或利用上课时间宣传偶像。这一事件表明，网络世界与现实生活的边界逐渐模糊，成长、成熟于互联网中的一代对网络中身份与现实身份之间似乎缺少区分。尽管在社交媒体不断发展的今天，互联网与现实生活的融合已是必然，然而少年儿童是国家的未来，其价值观的培育关乎民族希望，教师应对网络行为保持警惕，承担起传道授业解惑的责任，而非让未成年人沦为实现自身目的的工具。

2.3. 意见态度情绪化，粉丝直接控评央媒

与反对方对事件持批判态度不同，肖战粉丝群体在面对“227 事件”中对偶像的恶评时，由一开始“唯粉”与“cp 粉”存在隔阂的局面，变到后期空前的团结，针对各类报道及媒体点评进行“控评”，极力维护偶像。在这一事件的讨论场域中，各类报道、点评、艺人、粉丝行为等，都成为证明自身观点的工具，双方话语都呈现情绪化、立场先行、目的单一等特点。如事件初期《检察日报》发文针对创作自由、同人作品所涉及法律问题进行讨论后，肖战粉丝强烈不满，并在微博下控评指责《检察日报》不懂法。后期《人民日报》《解放军报》等媒体针对“教师问题”“涂画功勋战机”问题进行评论，一方面引来粉丝控评，另一方面被部分反对者看作“官方释放出了反对肖战的信号”。

2.4. “软化”的“控评”方式

近年来，粉圈“控评”行为引发了大量讨论，网民对粉丝简单直接的夸奖式控评表达出不满情绪，促使粉圈反思以往过度夸张、华而不实的吹捧式“控评”行为，在策划“控评”时调整文案，试图消除“路人”[①] 的不满。这一事件中，通过梳理相关报道下的评论可发现，粉丝评论出现了与以往不同的叙述方式：“家长式”叙述，即“作为孩子的家长……我支持肖战”；“路人式”叙述，即不表明粉丝属性，直接发表“教师应有职业道德，但其行为属于个人行为”的观点，一方面与主流媒体观点达成一致，另一方面将偶像与事件撇清关系；“专业人士”式叙述，即“我是学法的，同人作品涉及……的法律问题”。这些“软化”的评论，通过隐藏评论者的“粉丝”身份，对相关问题作生活化的评价叙述，试图营造出就事论事、客观公正的评论氛围，将事件与肖战及其粉丝之间的关联度降到最低，从侧面佐证肖战及其粉丝行为的无错性，但究其本质，仍是出于维护偶像而进行的有目的控评。“软化”的“控评”方式说明了饭圈随着媒介环境的变化，不断演进话语表达方法，但仍不能改变观点被情绪支配的现实。

---

① 路人，是粉圈对不追这一明星的人的称呼。

五　反思及建议

1. 从更宏大的视角认知青少年网络流行文化，多从正面积极价值角度予以指导。

对于青少年网络流行文化的认知应该突破亚文化、边缘文化、同辈文化等的传统框架，从一个更宏大的视角来阐释和理解青少年网络流行文化，这不仅是青少年网络流行文化自身发展体现出来的特殊性的要求，也是更能够凸显和认识青少年参与网络流行文化的意义和内涵的内在需求。

一是网络传播的互动性、参与性，给青少年带来前所未有的表达空间和沉浸式体验，线上的网络流行文化参与、分享、互动、冲突，不能被简单地理解为“因为是线上的所以是虚拟的”。青少年在网络空间的表达和行为已经是他们生活和成长的一部分，通过网络流行文化中的交流互动，他们建立了同伴关系，同时进行着社会化。网络流行文化对于青少年的价值观、行为认知以及身心成长产生着重要的影响。

二是青少年是社会的一部分，他们与成年人共同使用和创作着网络流行文化，青少年跟成年人使用的是同一个互联网，网络文化面对不同年龄群体时是开放和平等的，网络流行文化有更强的流动性，可以更自由地在各群体间、不同地域间、不同本土文化间进行流动和传播。虽然，青少年群体因为其兴趣爱好、身心特征有自己群体追捧的网络流行文化，但是青少年和成年人之间在网络文化上不是完全隔离的。青少年与成年人共同创造和塑造着网络文化。

因此，只有从更宏大的整个流行文化、全球文化、互联网文化的角度来认知和理解青少年网络流行文化，才能够体悟到网络流行文化可能对青少年群体产生的影响，而不是简单地贴上负面消极或者青春期叛逆的标签。青少年在网络流行文化中展现的同辈友谊、跨文化交往、社会参与、兴趣分享、创造创新、集体协同等积极有益的方面也应该被关注、被研究，更应该指导青少年正面积极地参与网络流行文化。

2. 关注网络流行文化对青少年价值观的影响，关注青少年网络流行文化下的冲突，呼吁青少年远离不健康的网络流行文化，保护青少年在网络流行文化中免受伤害。

青少年文化不仅仅影响青少年个体成长体验和经验，不仅会成为储存于个体大脑中的用以指导行为的东西，而且具有公共性、集体性与行动属性。参考美国学者威廉对于儿童同辈文化的界定："由儿童在与其同辈互动过程中创造并共享的一系列相对稳定的活动或常规、产品、价值与利益关切"，[①] 青少年网络流行文化至少包括以下核心意义：①成长经验和影响行为的价值体系；②在同辈群体中的交往、分享与友谊；③群体性表达和社会参与；④集体协同与创新；⑤一个世代的身份认同。

互联网流行文化体现出了明显的全球化和跨文化的特征，比如：二次元、同人文化、弹幕文化、粉丝文化等都具有明显的全球性，而且大家的交流互动很多也是通过互联网跨越实际的国家地理边界，"227 事件"中 AO3 平台就是典型。因此，网络流行文化必然价值多元、表现多样，这些对于青少年拓宽视野、认知世界、包容多元大有裨益，但是也要意识到多元文化和价值观下的冲突，这种冲突既包括青少年同辈间不同文化和价值的冲击，也包括青少年与成年人之间价值文化的可能冲突，还包括不同国家、民族之间的文化冲突。

网络流行文化在成人和青少年中的流动比较容易，所以很难界定网络流行文化参与群体的年龄，比如：土味文化、佛系文化等就是在成人中先流行起来的，或者说其参与主体远不仅是青少年群体，各年龄段的网民都有可能。所以，应呼吁青少年主动远离不健康的网络文化，并且通过整体网络环境的优化来保护青少年不受网络流行文化中色情、暴力、低俗等内容的影响，另外需要通过一定的法规来保护青少年在网络流行文化中不受商业控制和引诱，令其保持理性消费，防范网友见面约会等可能遇到的身心伤害。

---

① 〔美〕威廉·A. 科萨罗（William A. Corsaro）：《童年社会学》，程福财等译，上海社会科学院出版社，2014，第 112 页。

B.11 未成年人手机陪伴基本现状、特征及问题

季为民　颜钰杰*

摘　要： 本文对我国未成年人手机陪伴的现状、特征及问题进行分析，通过对未成年人群体手机陪伴与亲情陪伴、使用教育、使用行为、使用效果等的现状分析发现，手机已成为未成年人独立使用的主要上网终端；营销信息和广告成为未成年人上网时的主要干扰等。建议以亲情陪伴引导手机陪伴，对未成年人开展网络素养教育，加强网络信息安全治理，为未成年人营造安全健康的手机陪伴环境。

关键词： 未成年人　手机陪伴　上网行为

所谓“手机陪伴”，即手机用户在日常生活中基于网络运用等目的长时间频繁使用手机的行为和表现。随着互联网的广泛普及，未成年人首次接触网络的年龄日益提前，上网活动愈加频繁。手机目前成为大部分未成年人上网的主要终端，未成年人在长期使用手机过程中形成的“手机陪伴”习惯，对其学习和生活产生多方面影响。如何正确认识未成年人的手机使用状况，合理引导未成年人手机陪伴行为，日益成为需要高度重视的问题。

在未成年人的成长过程中，监护人在未成年人手机使用管理方面发

* 季为民，中国社会科学院新闻与传播研究所副所长、研究员，中国社会科学院大学博士生导师，主要研究方向为马克思主义新闻学、新闻伦理、青少年；颜钰杰，中国社会科学院大学媒体学院2018级学生。

挥着启蒙、教育和引导的作用。足够的亲情陪伴和手机使用指导，能够帮助未成年人形成理性良好的手机陪伴习惯，进而表现出积极正面的使用行为；否则会形成不正常的手机陪伴习惯，容易导致手机依赖、手机成瘾等不良问题。本文根据2020年“中国未成年人互联网运用状况调查”（以下简称调查）的相关数据，综述了未成年人群体手机陪伴与亲情陪伴、使用教育、使用行为、使用效果等方面的状况，分析了未成年人手机陪伴的行为及特征，并根据存在的问题提出相关对策及建议。

一 未成年人手机陪伴状况

（一）手机成为未成年人独立使用的主要上网终端

手机作为移动上网终端，具有轻巧、便携等特征。为了保持未成年人与父母家人之间的联系，满足未成年人的学习生活需求，多数未成年人配有独立使用的上网终端。调查显示，在与父母相处时使用电子终端的比例远高于其他场景，而且在受调查的五种主要生活场景当中，手机的使用量都远高于电脑及其他电子终端。同时，手机在未成年人独立使用的上网终端中占比达81%（见图1）。据此，手机已成为未成年人上网的主要载体。未成年人长期不正常使用手机引发了手机陪伴现象和问题。

（二）乡镇未成年人独立使用手机上网的比例高于城市未成年人

调查显示，乡镇未成年人主要使用手机进行上网的比例达78.6%，高于城市未成年人主要使用手机上网的比例（71.7%）。而就未成年人独立使用手机作为上网终端而言，乡镇未成年人的选择比例达49.4%，城市未成年人的选择比例为41.5%（见图2）。这说明，乡镇未成年人通过手机进行上网的比例总体高于城市未成年人，在手机成为未成年人主要上网设备的大背景下，乡镇地区的表现较城市地区更为明显。城乡未成年人独立使用的终

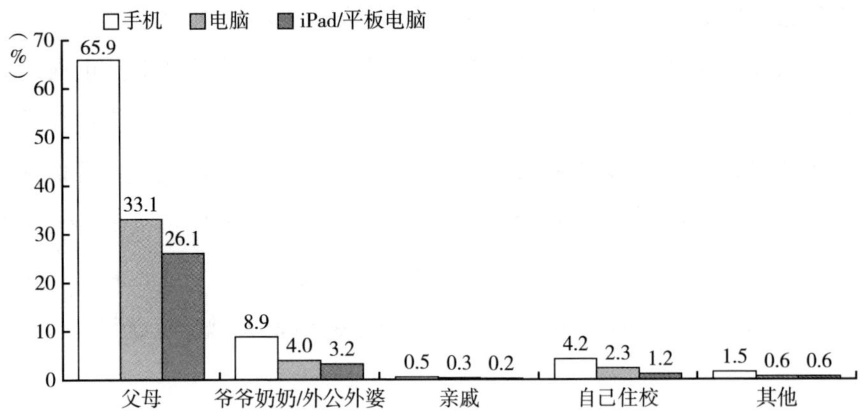

图1 未成年人在不同陪伴场景下独立使用电子终端的选择占比情况

端设备存在一定的差异：乡镇未成年人独立使用手机和电脑上网更多，而城市未成年人独立使用平板电脑、智能机器人和智能手表等智能终端上网的机会更多。手机陪伴现象更多存在于乡镇未成年人中。

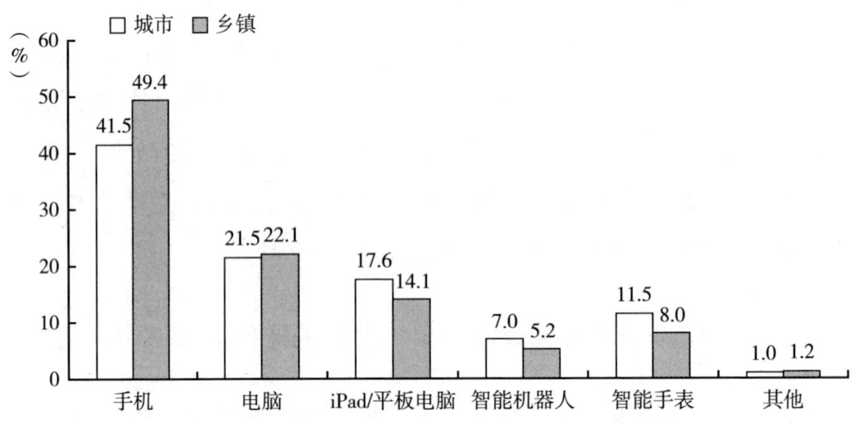

图2 城市与乡镇未成年人独立使用上网终端的比例对比

（三）未成年人用网时长的时段差异显示手机陪伴问题更多集中在周末

总体来看，未成年人上网时长以一小时以内为主，上网时间越长的比例越低，相较于周一至周五的上课时间，周六、周日成为未成年人上网的主要时间段。调查显示，73.2%的未成年人在周一到周五的上网时长在半个小时以内甚至不上网；在周末这一比例为30.0%，而且周末上网时间在一个小时及以上的比例均远高于平时，尤其是两小时以上的上网情况基本发生在周末（见图3）。这说明，长时间的手机陪伴现象更多出现在周末。

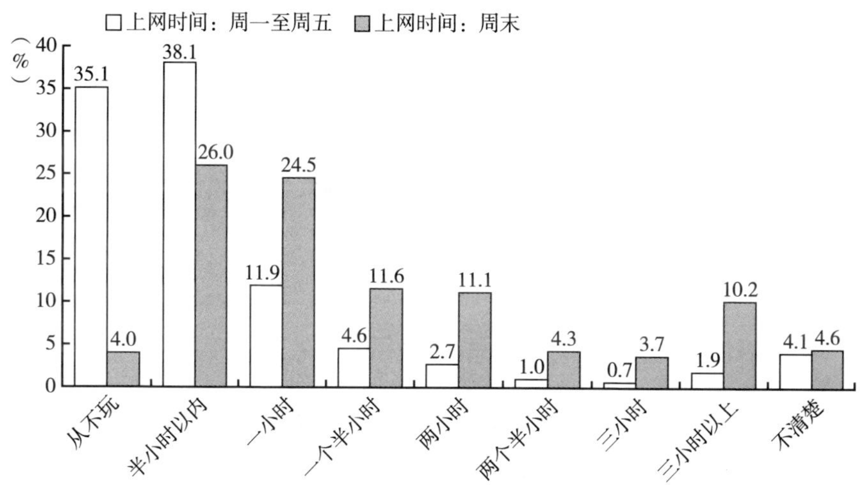

图3　未成年人不同时段上网时长的比例分布对比

（四）缺乏父母陪伴的未成年人周末上网频率高于其他未成年人

本次的调查对象主要是7～18岁的未成年人群体，这一群体多为在校生，周末闲暇时间更多，周末是上网活动的高频期。调查显示，在周末，大部分未成年人的上网频率在一天3次及以下（含从不玩），而一天上网4次及以上的未成年人群体中，有父母陪伴的占18.7%，缺乏父母陪伴的占25.8%（见图4）。这说明，父母陪伴对未成年人周末上网频率构成一定影响，缺乏父母陪伴的未成年人上网频率更高，手机陪伴现象更多。

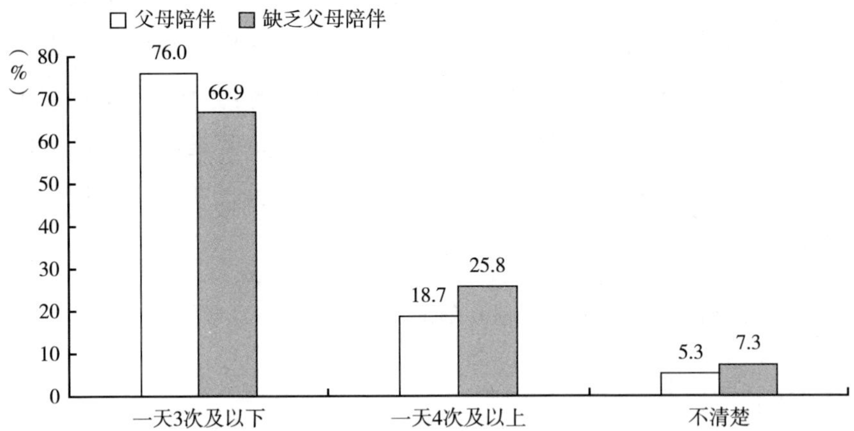

图4　父母陪伴程度不同的未成年人周末上网频次比较

（五）未成年人上网行为动机以休闲娱乐居多，网络学习趋势上升，手机陪伴的目的主要是休闲娱乐和网络学习

未成年人的上网活动总体包括休闲娱乐、社会交往和知识信息获取三个主要方面。调查显示，未成年人的上网行为更多集中在听音乐和玩游戏等休闲娱乐活动上（见图5）。同时，休闲娱乐活动还涉及了视频、网络文学、直播等，呈现上网行为多元化的特点。微信、QQ以及微博等社交产品的使用少于休闲娱乐活动，可见，未成年人网络社交仍处于发展中。

第45次《中国互联网络发展状况统计报告》显示，截至2020年3月，我国在线教育用户规模达4.23亿，较2018年底增长2.22亿，占网民整体数量的46.8%。其中，运用手机在线教育的用户规模达4.20亿，占手机网民的46.9%。[①] 整体而言，互联网在线教育日益呈现上升趋势，手机在线教育规模也逐渐扩大。调查显示，在每周参与网课时间的各段分布中，以手机

① 中国互联网络信息中心（CNNIC）：第45次《中国互联网络发展状况统计报告》，2020年4月，第45页。

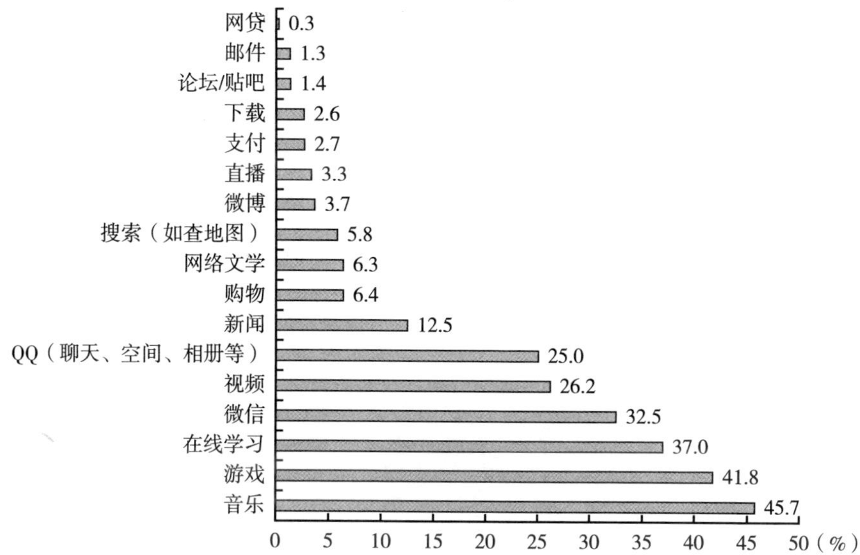

图 5　未成年人互联网运用功能选择分布比例

为主要上网终端的未成年人所占比例都较高（见图 6），一定意义上体现了手机对于网络学习方面的推广和普及作用。

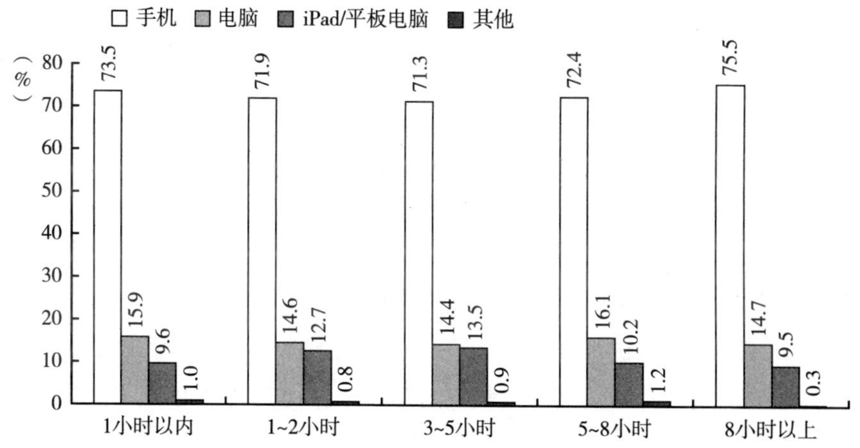

图 6　未成年人使用不同上网终端参与网课的时间分布情况

调查显示，城市未成年人参加网课的比例达90%，学习课程以英语、数学和语文为主，兼有艺术、科技等网络课程（见图7）。乡镇地区未成年人的网课普及率达到92%，参与在线教育课程分布情况与城市未成年人呈现一定的相似性（见图8）。在调查对象中，43.6%的未成年人对参加网课持“比较喜欢”和“非常喜欢”态度；14.6%的未成年人对参加网课持“不太喜欢”和“很不喜欢”态度；但66.9%的未成年人认为参加网课提高了自己的学习成绩。

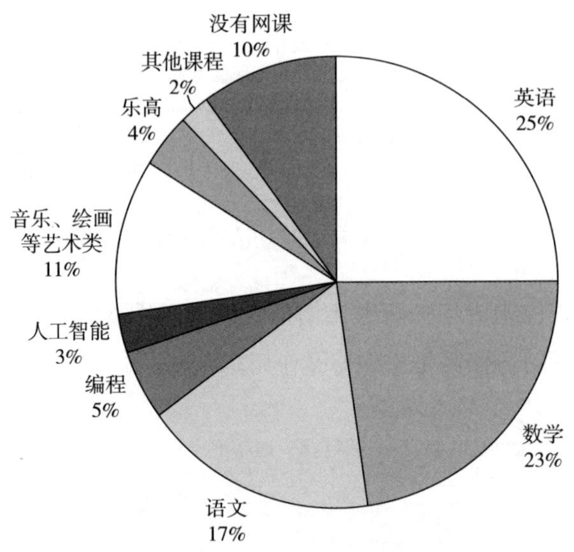

图7　城市未成年人参加网课内容分布

在《2019年政府工作报告》中，国家明确提出“互联网+教育”，以促进优质教育资源共享。[①] 网络的发达和手机移动端的普及为乡镇未成年人参与网络在线学习提供了技术支持，让处于偏远地区的未成年人也能够参与网课，享受优质教育，提高在线教育的覆盖率，提升教育水平。

① 《2019年政府工作报告》，http：//www.gov.cn/guowuyuan/2019zfgzbg.htm，最后检索时间：2019年12月2日。

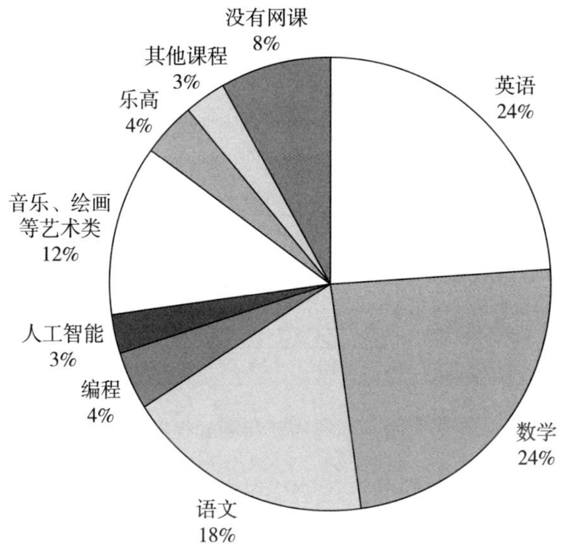

图8　乡镇未成年人参加网课内容分布

（六）未成年人网络活动视频化特征明显，短视频类 App 成为热门应用，加大了手机陪伴的程度

调查显示，在未成年人经常使用的图文视频 App 中，以爱奇艺、腾讯视频为代表的长视频软件，以抖音、快手为代表的短视频软件以及以 A 站、B 站为代表的二次元软件居于前 3 位，其中长视频、短视频又跟其他软件拉开了较大差距。以文字作为主要载体的网络文学、网络论坛使用比例较低（见图 9）。

在新媒体时代，用户的网络信息获取方式越来越趋于视觉化。作为“网络原住民”的未成年人群体同样受此影响，应用视频类软件要远远多于应用文字类软件。各类图文视频 App 的登录终端中，手机更是以绝对优势牢牢占据首位。在未成年人网络活动视频化的背景下，手机成为未成年人不可或缺的媒体工具，加大了未成年人手机陪伴的程度，容易导致更多的问题。

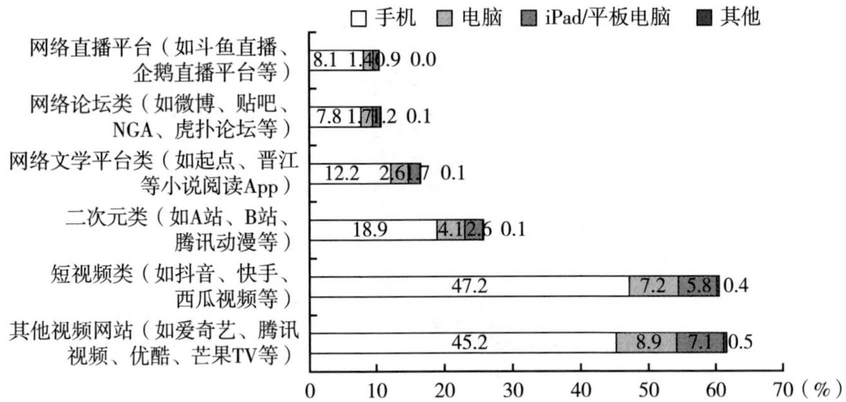

图 9　未成年人在不同终端使用图文视频 App 比例分布

（七）学习教育和网络社交软件广泛推广，手机成为未成年人学习和交往的重要媒介，是便捷的陪伴工具

快速发展的网络学习平台为网课学习提供了丰富的优质课程资源，同时，社交媒体平台和手机通信软件的普及为社交联络提供了便捷高效的渠道，这也使手机成为未成年人学习和社交的重要媒介和工具。调查显示，未成年人大多有网课学习体验，包括艺术类、科技类等丰富的网课内容进入了未成年人的学习课堂，拓展了未成年人的学习视野。在网络使用带来的积极影响当中，“获得知识变得容易了”“与人交往变得方便了”成为未成年人的主要评价（见图 10）。手机使未成年人的学习交往更为便捷和独立，搜索引擎、习题讲解软件、网上授课平台等丰富的学习资源使未成年人能够更加自主、便捷地学习。

手机陪伴辅助使得未成年人可以方便地获取知识和独立解决问题，便捷独立地与他人进行交往。一方面，手机辅助提高了未成年人学习和交往的便捷性。在访谈调查中，有未成年人表示会在手机上安装作业帮、学霸君或小猿搜题等学习软件，通过软件搜题查看讲解，解决疑难问题。另一方面，手机辅助也对未成年人的学习交往有不利影响。在访谈调查中，受访未成年人

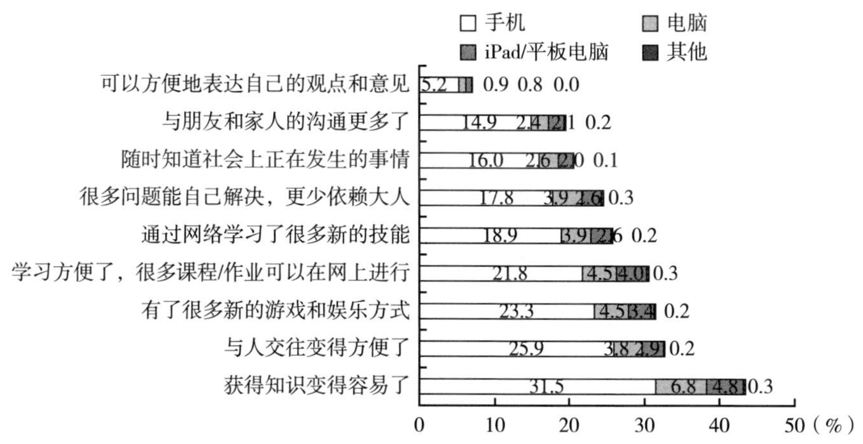

图 10　未成年人认为不同终端上网带来的积极影响比例分布

表示自己曾在一段时间内过度依赖于搜题软件，不愿意进行深入思考，也不愿意和老师同学交流，造成了学习退步，经过及时调整才回到积极的学习状态。整体而言，合理、正向使用手机，为未成年人独立学习交流提供了便利，但也存在手机陪伴过度的问题。

（八）不良手机陪伴习惯及上网活动占用过多时间，影响了未成年人的健康锻炼和正常学习

合理地使用手机上网能够帮助未成年人进行知识学习和日常交往，不良的手机上网习惯会对身体健康和学习活动造成消极影响。调查显示，不健康的手机陪伴和上网行为使得未成年人群体形成了长时间待在家里的习惯，手机陪伴和其他上网活动挤占了健康锻炼的时间，减少了运动量，造成身体素质下降（见图 11）。同时，手机陪伴及上网等方面的不良习惯易对正处于生长发育期的未成年人造成视力损害。这些不良习惯包括手机使用时间过长、使用频率过高等，会对未成年人的身心健康产生各种负面影响。

不良的手机使用习惯和上网行为主要表现为上网时间过多又过于随意，影响了学习计划和生活作息。未成年人手机用户一般存在自制力和时间管理能力低下的问题，一旦缺少监护人的及时引导，用于学习和其

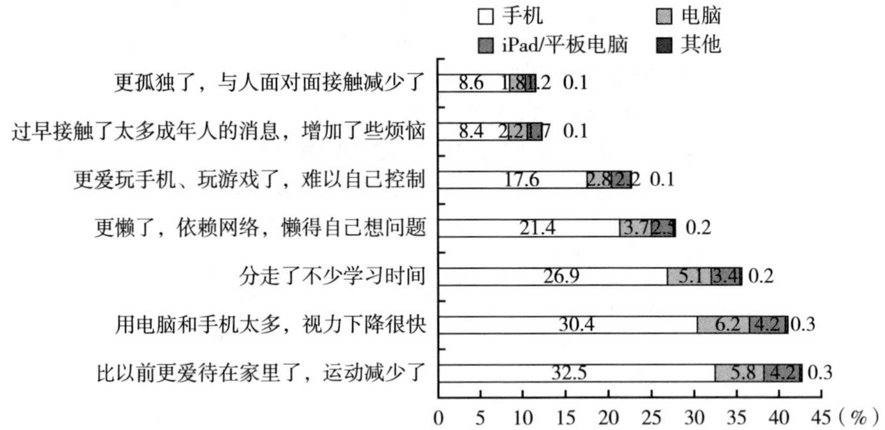

图 11　未成年人认为不同终端上网带来的不良消极影响比例分布

他活动的时间很容易被手机上网过多占用，容易导致“手机成瘾”或“网络成瘾”等问题，进而因为有效学习时间减少造成学习退步、成绩下降。访谈中发现，部分受访未成年人经常使用自己独立持有的或父母的手机看抖音等短视频内容，常常因看视频过于投入而挤占了学习时间，长时间看屏幕导致视觉疲劳，造成视力下降。

（九）未成年人在手机上网过程中经常受到不良内容和营销广告的干扰，易造成心理不适，产生心理问题

未成年人自我保护和网络安全意识不强，因此在上网过程中容易受到不良信息的干扰。调查显示，38.7%的未成年人没有遭遇过网络不良信息，其他人遭遇的主要问题是经常收到无关信息（如营销信息）、收到网络虚假信息/链接，被人盗号、遇到骗子等（见图 12）。被辱骂以及收到黄色暴力信息等也是未成年人手机上网的常见问题。

当前，未成年人使用手机与学习上网主要是靠自己摸索，网络素养有待提高。访谈发现，部分未成年人在社交平台中遭遇不良广告、信息，在游戏中遭遇恶意辱骂等问题时，自我保护意识不强，不能正确处理相关问题，易造成心理不适。

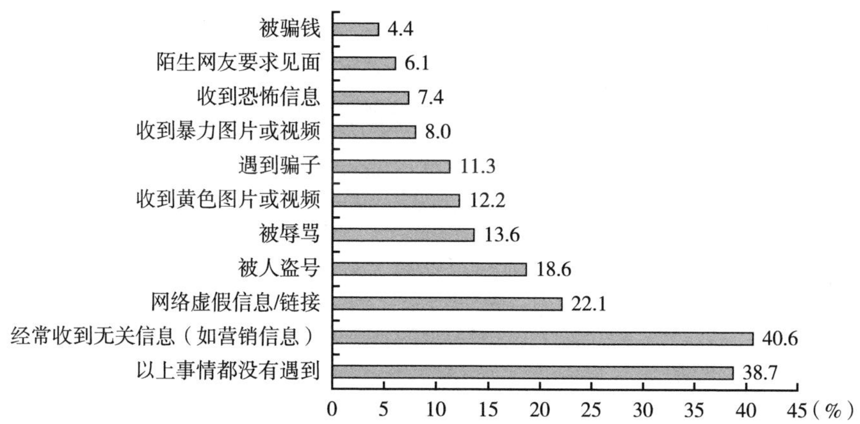

图12　未成年人上网过程中遭遇的不良行为比例分布

二　手机陪伴特征及存在的问题

（一）手机陪伴过度导致成瘾行为，易对未成年人身心健康产生负面影响

理性、适当的手机陪伴对未成年人的学习和生活是有益的，而过度的手机陪伴则容易导致手机成瘾，对未成年人的身心健康产生负面影响。调查显示，约78%的未成年人首次上网年龄在10岁以前，而且首次触网年龄有不断提前的趋势，8.4%的小学生和25.7%的中学生周末上网时间在3个小时及以上。另据调查，15～19岁网民群体人均手机App数量最多，达84个。[①] 低龄未成年人的心智尚不成熟，手机使用的自控力差。同时，进入青春期的未成年人对新事物好奇心强，容易被手机网游、手机猎奇信息等吸引。长时间使用手机上网娱乐容易导致成瘾问题，应该引起关注。

① 中国互联网络信息中心（CNNIC）：第45次《中国互联网络发展状况统计报告》，2020年4月，第30页。

过度的手机陪伴在未成年人成长发育过程中可能导致手机成瘾的现象。在身体健康方面，长时间注视屏幕会对未成年人的视力发育造成损害；手机成瘾后每天处理过量网络信息，造成未成年人大脑的信息过载和日常作息的紊乱，影响未成年人的脑部及其他身体机能发育。在心理健康方面，过度手机陪伴导致未成年人日益沉浸于网络空间，逐渐脱离现实世界的沟通交流，长此以往会造成未成年人的孤独与不适感。同时，心智发育尚未完成的未成年人长期接触网络信息而缺乏科学引导，对其世界观、人生观和价值观的形成会产生不利影响。

手机陪伴过度及成瘾现象危害未成年人的身体健康。据 2019 年 9 月公开新闻报道，浙江台州一名 13 岁少年，长期跟爷爷奶奶一起生活。因为老人的溺爱，小赵经常玩手机到半夜。突然有一天，小赵开始拿头撞墙，不停抽搐。送医后情况继续恶化，小赵开始不会说话、不会走路。根据医生的诊断，小赵因过度玩手机导致作息不规律，身体免疫系统出现混乱，最终导致免疫性脑炎，并同时出现瘫痪、智力衰退以及精神异常的症状。[①] 这个案例说明，长期不健康的手机使用行为，易危害身体健康。同时，不正确的手机使用姿势，增加未成年人患上颈椎病的可能性；对手机屏幕长时间的注视，增加了未成年人近视和散光的可能性。每天来自智能手机的大量信息进入大脑，超出记忆中枢的处理能力，导致“大脑过度疲劳”、信息处理能力下降。研究发现，每天都用智能手机上网的少儿脑部“灰白质”和“白质”容积没有增加，导致少儿脑部不发达、学习能力下降。[②] 手机过度陪伴对未成年人身体发育造成的影响是多方面的，长期不健康的使用习惯不利于未成年人的身体健康成长。

未成年人对于手机陪伴的依赖对其心理健康也具有危害。未成年人使用手机媒介与他人进行在线沟通和交流，以满足自己的社会交往需求。手机使用过度却容易使其疏远现实生活中的家庭和朋友，进而引发孤独、抑郁和焦

---

① 网易新闻：《13 岁少年疯狂玩手机，竟因此瘫痪坐上轮椅，智力下降到两三岁》，https://c.m.163.com/news/a/ELHQKCOU0514TTKN.html? spss = newsapp，2019 年 8 月 2 日。

② 曹磊：《研究认为智能手机影响少儿脑部发育》，《参考消息》2019 年 8 月 30 日，第 7 版。

虑等一系列心理不适。[①] 未成年人正处在心智成长的阶段，对网络信息和网络问题的认识和理解并不完全理性和清晰。长期手机陪伴给未成年人带来大量的信息，如果不能正确认识和理解，不仅不利于未成年人世界观、人生观和价值观的形成，而且易导致未成年人扭曲对世界的认知和心理不健康。

（二）足够的亲情陪伴和恰当的上网教育对正面引导手机陪伴具有促进作用

未成年人的父母及其他监护人，在未成年人成长过程中发挥着极为重要的教育和引导作用。父母长辈的行为言语不仅会对未成年人产生影响，而且可能引起未成年人学习、模仿。父母及其他监护人手机沉迷和监管教育缺失，可能影响儿童的手机使用方式。日常生活中增加有效的亲情陪伴和上网教育，对未成年人形成健康的手机陪伴习惯会产生正面影响。

亲情陪伴的增加，能够预防未成年人过度的手机陪伴。根据调查，孩子与父母的感情状况对于未成年人的上网频率有一定影响，孩子与父母感情不好的往往上网频率更高，与父母的感情很不好的孩子上网频率是最高的，他们一天多次上网的占比高达35.7%，明显高于与父母关系很好的孩子（11.3%）。[②] 亲情陪伴是家长与孩子增进感情的有效方式。首先，亲情陪伴中保持通畅、平等的交流，能够让未成年人保持心理健康，不轻易陷入手机成瘾问题；给孩子提供网络使用的帮助和指导，能够有效避免未成年人遭遇手机使用和网络活动中的危险。调查显示，上网时遇到感觉不安全的事情，选择“比较会/完全会”及时报告给家长的未成年人占71.6%；在网上被人威胁或收到不良图片或视频时，选择“比较会/完全会”跟父母说的未成年人占68.7%。只有亲情陪伴与沟通畅达才更有可能及时避免未成年人

---

① 贺金波、陈昌润、鲍远纯、雷玉菊：《青少年手机依赖的测量、危害和发生机制》，《中国临床心理学杂志》2012年第6期。

② 杨斌艳、吕静：《未成年人互联网运用状况》，载季为民等主编《中国未成年人互联网运用和阅读实践报告（2017～2018）》，社会科学文献出版社，2018，第40页。

面临危险。其次，家长在亲情陪伴中对未成年人具有示范和监管作用。截至2020年3月，年龄在30~49岁的网民占总体规模的38.4%。[①] 其中未成年人家长同样可能出现过度手机陪伴甚至手机成瘾的情况。父母自身的手机沉迷对未成年人形成的不良示范，将引起未成年人的模仿，进而导致其养成同样不健康的手机使用习惯。

法律规定，作为未成年人的监护人，家长有义务对未成年人的思想、行为进行正确的教育、引导和管理，预防和制止未成年人的不良行为。积极主动的上网教育是预防儿童养成过度手机陪伴习惯的有效方式。调查显示，53%的家长会对未成年人的上网内容和时间进行规定；35.8%的家长会对未成年人上网的内容或时间的其中一项进行规定。同时，64%的家长有时/经常教授未成年人一些上网的知识或技能。数据表明，大部分家长会给子女进行相关上网教育并对子女的上网活动进行管理和引导。同时，调查数据也显示74.7%的未成年人很少或没有因上网问题与父母发生过争执。

随着手机的普及和未成年人首次触网年龄的提前，手机使用的引导教育成为监护人需要重视的问题。未成年人思想尚未完全成熟，自制力和辨别力仍不够强，健康合理的手机陪伴有赖于父母等家长积极的亲情陪伴和主动的上网教育。

（三）网络信息安全治理及网络素养教育仍需进一步推进

未成年人在使用手机软件的过程中，对不良信息和危险内容的辨别和判定能力不足，往往难以对网络信息的安全性和个人信息的私密性进行保障。调查显示，营销信息和广告已成为未成年人上网时的主要干扰因素；儿童接触网络信息后因盲目模仿而发生事故的现象仍然存在。基于此，国家互联网信息办公室大力推进网络安全治理，保障未成年人的上网安全。行业内，手

---

① 中国互联网络信息中心（CNNIC）：第45次《中国互联网络发展状况统计报告》，2020年4月，第25页。

机软件开发者、网络运营商及手机厂商等多方开发了如“青少年保护模式”等设置对未成年人进行保护。教育层面，互联网使用知识相关课程的开设为提高未成年人网络信息辨别力提供保障。

网络不良信息和危险信息对未成年人造成的危害日益显现。2019 年 8 月，山东枣庄两名女孩模仿手机短视频内容，用易拉罐制作爆米花，因不慎点燃了高浓度酒精引起爆炸和着火，导致其中一名 14 岁女孩全身大面积烧伤，最终抢救无效不幸离世。女孩父亲查看相关短视频平台，发现视频并没有风险提醒，最终导致悲剧发生。[①] 类似的案例还有很多，近年来，随着手机短视频的兴起，大量以冒险惊奇为噱头的信息出现在视频中。因为缺乏规范的制作标准，这些视频在传播过程中引起了缺乏安全意识的未成年人效仿，导致一系列事故发生。

信息纷繁复杂的网络空间，对未成年人的网络素养提出了更高的要求。学校开展的网络素养教育应当为未成年人学习健康上网提供帮助。调查显示，受访的未成年人回答学校开设有互联网使用课程的达 57.9%；而上过网络素养课程的未成年人仅占 28.9%。2018 年 7 月，《青少年网络素养教育读本》在京发布，[②] 为家长、学校以及社会开展青少年的网络素养教育提供了新思路。当前，出于教学的模式、条件和课程安排等原因，我国的网络素养教育仍未全面普及和深入开展，青少年儿童的网络使用能力参差不齐。基于此，从家长、社会方面开展的网络素养教育活动和学校日常开展的网络素养培训，成为当前需要进一步改进完善的工作。

网络信息安全治理和网络素养教育对未成年人绿色上网和健康成长具有重要意义。当前部分网络不良信息频发、制作内容质量不一、网络素养教育难以推广等问题，需要网络信息安全治理和网络素养教育帮助进一步解决。

---

① 《山东一女孩模仿易拉罐爆米花被烧重伤，今日不幸离世》，https：//www. thepaper. cn/newsDetail_ forward_ 4343805，2019 年 9 月 5 日。

② 《〈青少年网络素养教育读本〉在京发布》，http：//www. cssn. cn/xwcbx/xwcbx_ pdsf/201807/t20180731_ 4514516. shtml? COLLCC = 654799375&，2018 年 7 月 31 日。

三　对策建议

（一）倡导亲情陪伴，引导手机陪伴，帮助未成年人预防手机成瘾

家长是未成年人在成长时期亲近的陪伴者和引导者，保障未成年人群体的健康成长，需要从家长做起。亲情陪伴和上网监督相辅相成，家长应从亲情和规则两方面培养未成年人健康理性的手机陪伴和上网习惯。

促进亲情陪伴，加强家长对青少年儿童的陪伴和关怀，以生活和心理上的接近，保障未成年人的身体健康和心理健康。父母作为成熟的网络用户，应当具备科学、正确的上网知识，对未成年人的上网时间、上网环境和上网姿势等容易影响身体健康的因素予以指导，帮助未成年人形成正确的上网习惯。家长与孩子之间具有亲近的情感关联，引导青少年儿童的心理健康同样需要家长的努力。作为家长，父母应当维护好亲子关系和营造良好的家庭氛围，保持平等畅达的沟通交流渠道，及时舒缓未成年人在上网过程中出现的情绪异常情况以及协助未成年人解决在网络中面临的危险。亲情陪伴，也体现在家长避免长期使用手机和手机沉迷，将更多时间用于对孩子的陪伴，形成良好的示范作用。

未成年人正处在身体和心理的成长阶段，自制力和辨别力仍然不够强。调查发现，大部分家长会教育未成年人上网知识和技能；会对未成年人的上网时间和上网内容进行规定，促进其健康上网。与此同时，仍然有部分家长对子女的上网活动不曾予以指导和规定，导致手机成瘾的情况时有发生。家长作为监护人，应当加强对未成年人的手机陪伴和上网活动监管，防止过度手机陪伴造成成瘾现象。

（二）扎实推进网络素养教育，引导未成年人养成良好的手机使用习惯，自觉健康上网

随着社会各方对未成年人健康上网问题的日益关注，网络素养教育也在

全面持续的推进过程中。网络素养教育的落实，需要青少年儿童家长、教育行业以及其他社会各界的合力，多角度多措施并举，构建成熟的网络素养教育体系。

家长是孩子网络素养教育最及时、最直接的来源。未成年人首次触网使用的电子终端多为父母的手机等电子产品。要让孩子获得网络素养教育，要求家长自身具备一定的上网技能和知识。推进网络素养教育，首先，需要增强家长的网络素养提升意识，提高家长用网的能力和水平。家长在网络素养提升的基础上，才能够科学、有效地指导未成年人合理使用手机和电脑等电子终端，提高未成年人的网络素养。

在学校方面，首先应当主动将未成年人的网络素养教育纳入课程体系中，根据不同年龄段学生的认识水平和上网需求，开设与其年龄特征相符的网络素养课程，丰富未成年人的上网知识。以课程教学推进网络素养教育，让网络素养教育得到全面普及和发展。其次，学校应在日常教学中积极开展如知识竞赛、宣传讲座等网络素养教育活动，提高未成年人健康上网的意识和能力。

网络素养教育的推进，需要社会各界的助力。当前，未成年人的手机使用和上网行为问题日益得到关注。同时，未成年人网络素养教育的相关研究尚未完全深入，社会层面的未成年人网络教育尚未形成完整体系。因此，社会各界专家学者应当进一步研究，根据新时代下未成年人的新现象、新特点，形成有效可行的网络素养教育体系。调查数据显示，城市和乡镇的网络素养教育课程的推进程度仍然存在差距。城市和乡镇未成年人的普遍特征和差异性、乡镇未成年人群体的网络使用习惯和网络素养教育现状等问题，应该被更多社会相关人士探讨和推进问题解决。

（三）增强身份识别、信息内容分级过滤机制与儿童绿色手机的深度研发

当前部分手机软件已实行的未成年人实名制认证，对于控制青少年手机软件使用时间、加强手机使用规范引导取得了一定的成效。为了进一步促进

未成年人形成健康的手机陪伴习惯，需要从政策和技术上进一步加强身份识别机制。通过身份识别机制对未成年人的软件使用方式和时长进行合理控制，避免未成年人形成不良的手机陪伴习惯。

信息内容分级技术和过滤机制的研发，给未成年人健康手机陪伴提供信息保障。网络信息管理相关部门，应当推动网络信息内容分级标准的制定；技术部门通过技术研发，保障信息分级技术落到实处，在完善身份识别和实名认证的基础上实现信息分级，构建绿色健康的网络信息环境。

未成年人绿色手机的深度研发，顺应当前未成年人独立使用手机规模增长的趋势，对于培养未成年人形成健康的手机陪伴习惯具有积极作用。当前，儿童手机产品的研发仍处于发展阶段，功能较为简单，能够满足未成年人的基本需求，但缺乏更多符合未成年人成长学习需要的功能设置。基于此，建议对未成年人绿色手机和信息保护机制进行深度研发，为青少年健康使用独立网络终端提供硬件和技术支持。

（四）加强网络信息安全治理，营造未成年人手机上网的安全环境

保障未成年人绿色健康上网，需要政府和网络平台加强信息安全治理，为青少年提供健康安全的上网环境。当前，低俗恶俗、营销诈骗等不良网络信息的治理显现成效，但网络信息治理需要进行长期、及时的跟进和推动。

营造未成年人安全网络环境，需要国家的治理行动持续推进和相关制度建立颁布。2019 年，国家互联网信息办公室先后开展了“12 类有害信息”和“护苗 2019”等专项治理行动，推进网络生态治理。中央网信办等部门应当继续加强对互联网平台、网络信息的监管，保障有害信息及时治理，及时处理存在的问题。同时，网络信息治理部门应对未成年人使用频率高的手机软件和网络平台进行重点关注和监测，营造健康的网络环境。2019 年 8 月，中央网信办正式发布《儿童个人信息网络保护规定》，确立了对未成年人个人信息的保护。2020 年 3 月，《网络信息内容生态治理规定》正式施行，进一步加强对未成年人的网络保护。我国应当坚持明确职责，根据相关条例对违规行为进行监管和惩处。同时，持续推进《未成年人网络保护条

例》等法规的落地实施，构建起完整严密的未成年人网络保护法制体系。

升级信息技术手段、提高行业道德自律是网络平台运营商加强网络信息安全治理的重要举措。首先，未成年人作为网络平台的使用者，向平台提供了个人信息内容，网络平台应当做好信息数据的保护工作，确保未成年人个人信息安全。其次，手机软件和网络平台的实名认证、儿童模式及青少年模式等措施应当不断跟进升级，发挥技术控制未成年人不合理上网行为的作用。技术手段，要将不良信息阻隔在未成年人之外。互联网平台应当明确与未成年人相符的信息筛选标准，利用技术手段将不适宜未成年人接触的不良信息进行过滤。网络平台对于信息安全的治理不能仅停留于对未成年人的保护，更要利用图像识别比对、文字信息识别等技术，将违法犯罪信息、危险行为内容进行审核与删除，打造有序安全的网络信息空间。

参考文献

中国互联网络信息中心（CNNIC）：第45次《中国互联网络发展状况统计报告》，2020年4月28日，来自http：//www. cac. gov. cn/2020-04/27/c_ 1589535470378587. htm。

季为民、沈杰主编《中国未成年人互联网运用和阅读实践报告（2017~2018）》，社会科学文献出版社，2018。

符明秋、校嘉柠：《未成年人手机成瘾的原因、危害与预防研究》，《成都理工大学学报》（社会科学版）2014年第2期。

刘德良、郑宁、赵丽、赵思聪：《内容分级处理保障未成年人网络空间安全》，《法制日报》2020年3月12日，第4版。

王艺玮：《日本未成年人网络环境安全的法律保护探析——以不良信息的管制为视角》，上海外国语大学硕士学位论文，2019。

李忠诚：《移动互联网中针对未成年人的保护策略分析》，《电信技术》2010年第2期。

B.12
未成年人网络文化消费现状、趋势及问题

曾 昕*

摘 要： 网络文化对未成年人的价值观念、思维模式、行为规范、政治倾向、个性心理等诸多方面有着不可忽视的作用。未成年人是网络文化消费的重要组成力量，其网络文化消费的内容与发展趋势不仅形塑着自身的文化观念，也给新媒体文娱行业注入了新的理念与活力。本文参照部分数据库（如腾讯研究院、知网等）资料，以问卷调查为基础，结合参与观察、深入访谈等辅助方法，对未成年人的网络文化消费进行梳理和总结。主要涉及内容包括：未成年人使用网络进行文化消费的时长、内容、特征；并对其网络消费中的文化心理、代际交往和身份认同等问题进行分析，在此基础上提出未成年人网络文化消费中存在的问题和指导建议。

关键词： 网络文化　文化消费　未成年人　文化现象　消费引导

一　前言

数字转型是新世纪最深刻的变化之一。对未成年人而言，社交媒体已经

* 曾昕，中国社会科学院新闻与传播研究所助理研究员，主要研究方向为青少年与新媒体、网络文化、媒介素养。

成为数字原住民的主导生活形态。数字化社交应用作为数字社会的重要表征，对价值观正在形成中的青少年群体文化的形塑作用不容小觑。网络文化消费，指为文化产业在网络上进行的消费活动，包括购买在线图书、下载音乐、观看线上电影、玩网络游戏等。网络文化不仅是一种新技术，也是一种新经济，渗透到未成年人的日常学习、文化生活和休闲娱乐的方方面面。当代未成年人出生于千禧年之后，成长在有史以来最开放包容的社会环境中，他们有多元文化环境滋养，能够在最大限度上发挥自己的个性特征和兴趣偏好，去选择自己喜欢的网络文化消费内容。这种多元性在网络文化消费中，主要体现为文化消费形式多元、方法多元和内容多元。

媒介文化研究的基本方法，在传统意义上主要是文本分析、话语分析和民族志；近年来，加入了混合研究法、生命史研究法。研究者多以问题意识为主导进行跨学科研究，采用资料收集等方法，通过青少年与新媒体的互动，探究其如何利用媒体进行生活实践和意义建构。由于网络文化消费在当代未成年人的自我身份认同、代际交往、文化心理等方面都与之前世代的青少年不同，不能简单地用传统的青少年研究模式和理论框架来界定以“00后”为主体的青少年网络消费文化。伴随未成年人网络文化消费能力的提升，网络文化产业顺应此潮流做出了对产品内容的诸多调整。未成年人具备与之前世代青少年不同的消费偏好，新媒体文化产业的调整是否符合其偏好、新的内容产品对未成年人是否有正向的影响、带来了何种新的机遇和问题以及该如何应对，是本研究将要探讨的问题。

二　网络文化消费概况

1. 未成年人网络文化消费的主要平台

新媒体的多样化发展使未成年人自幼便熟悉多样化的平台使用。网络文化消费形式方面，被访者通常拥有多个移动网络设备，手机、ipad、笔记本电脑、网络电视、台式电脑等终端，在不同的时间地点通过各种形式的设备进行网络文化消费。未成年人能够根据不同的硬件终端随时连接网络文化消费内容。第十次中国未成年人互联网运用调查统计中，2019 年最近半年上过网的青少年占统计总量的 99.3%；主要上网地点在家中，遥遥领先于其他地点，占比 88.1%。其次是学校（占比 5.8%）和随时随地上网（3.3%）。其中，通过手机上网的人数最多，占 71.3%，其次是电脑（14.4%）和平板（10.4%）。[①]

根据《中国青年报》统计数据，我国中小学生智能手机拥有率接近七成，超过日美等国，[②] 打电话、浏览网页、听音乐、打游戏、社交是他们手机的主要用途。智能手机移动互联网成为他们上网的主要形式。智能手机是青少年网络文化消费最主要的载体，由于学生身份使然，青少年网络文化消费具有明显的时段性，学校和家长对青少年网络文化消费具有一定的影响力和控制力，但并非绝对管制、反对和禁止。对于低龄儿童而言，有时用父母的手机或平板电脑下载游戏，尚不清楚手机上网消费费用或数据流量，这部分费用大多由他们的父母支付。[③]

社交媒体平台是未成年人网络文化的主要阵地。平台选择中，在社交媒体使用频率方面，据中国未成年人互联网运用调查统计，QQ 和微信是使用率最高的社交平台，分别为 31.5% 和 52.9%。随后是微博和个人空间。腾讯研究院数据显示，腾讯 QQ 平台上，月活跃度超 5.6 亿，35 岁以下用户超 80%，每天有超过 4000 万条说说在分享生活，每天在 QQ 空间产生的互动评论超 2 亿。在笔者个人访谈中，部分未成年人还列举了 Bilibili、小红书、豆瓣等文化时尚消费平台。

青少年网络文化消费的多元化特征更加明显。几乎所有网络上能够提供的文化消费内容，青少年群体都会积极尝试使用和体验。包括层出不穷的游戏软件、视听阅读新闻娱乐平台、图文视频编辑创作、各类生活服务系统、

① “中国未成年人互联网运用状况调查”（第十次），2019。

② 《中小学生拥有率超美日：别让智能手机在未成年人中失控》，搜狐网，https://www.sohu.com/a/272848653_99898874，最后检索时间：2020 年 3 月 20 日。

③ 陈爱梅、宋可柠：《新媒体环境下中国青少年群体文化消费动向研究——以 16~24 周岁年轻群体为参照对象》，《东南传播》2017 年第 12 期，第 55~57 页。

移动购物和支付、网络学习辅助软件等无所不包。中国未成年人互联网运用调查统计显示（其调查样本有效总量为11693份），未成年人使用网络有获取新闻和在线学习等功能，但更多用于娱乐。其中最受欢迎的是视频网站；紧随其后的是短视频类产品，占比接近60%。另有二次元类直播平台如腾讯动漫等，还有网络文学平台类等（见表1）。

表1　未成年人网络消费平台与内容分布（2020年）

未成年人网络文化消费平台	人次
二次元类(如A站、B站、腾讯动漫等)	2986
网络直播平台(如斗鱼直播、企鹅直播平台等)	1246
短视频类(如抖音、快手、西瓜视频等)	6952
网络论坛类(如微博、贴吧、NGA、虎扑论坛等)	1216
网络文学平台类(如起点、晋江等小说阅读App)	1902
其他视频网站(如爱奇艺、腾讯视频、优酷、芒果TV等)	7090

就文化消费口味偏好而言，腾讯研究院调查显示，当代未成年人对文化的偏好取向多元，在传统文化、潮流文化、主导文化和个性文化中都有涉及。得益于网络载体和平台的丰富，网络文化消费资源的时间序列被打破，“00后”青少年一代可以便捷地获得各个时间序列中产生的文化产品，拥有极为丰富的文化消费内容，从而形成多元化的文化消费品位；同时，其文化消费内容受到老师、家长、同学的多方影响也可见端倪。他们既喜欢主旋律的影视作品如《战狼》《红海行动》，也喜欢《摔跤吧！爸爸》等外来作品，对国内优秀商业和娱乐影视作品也有较高评价。①

2. 网络文化消费的主要现象

伴随着网络文化消费的兴起，尤其是移动互联网的广泛应用，“00后”青少年的网络文化消费力已经引起各方关注，他们在文化消费、文化表达、文化诉求等方面的特征是未来青少年网络文化消费生产、传播、再生产领域

① 《数字新青年，是这样打开传统文化的》，腾讯网，https://new.qq.com/omn/20191112/20191112A0HVLS00.html，最后检索时间：2020年3月20日。

的重要指征。作为青少年网络流行文化流通和发布的基础平台，社交网络成为青少年获取休闲娱乐资讯、新闻信息、知识储备的重要渠道，成为青少年进行社会交往、人际关系维系、态度表达、情绪宣泄的重要场所，并已经形成一系列象征性的文化符号。

社交媒体使用方式上，当代的未成年人体现出明显的时尚文化特征，反映了“00 后”青少年特有的文化心理诉求。腾讯研究院在《数字新青年研究报告》[①] 中提出，当下的青年群体媒介使用具有如下特征：首先是兴趣驱动。兴趣是“00 后”未成年人认知、了解新事物的首要驱动力。其次，在认知态度方面，年轻群体更加多元开放。最后，在文化、娱乐等诸多消费领域，跨界营销成为热点并受到追捧。[②] 总体而言，社交潮文化是网络消费文化的重要承载。由于字数限制，本文仅通过具有代表性的消费现象，来论述未成年人的网络文化特点。

潮化网络表达

新鲜有趣的脑洞是未成年人极力追捧的网络文化。网络的高度社交特征给网络文化的广泛传播提供了条件。与前时代青少年不同，未成年人在身份认同和表达方面有更加个性化的自我表达。根据腾讯研究院研究和笔者个人访谈结果，“00 后”未成年人在社交媒体中更偏好用卡通头像或明星照片代替个人真实照片作为头像。关系较好的朋友之间偏好以相似的照片来表达亲密关系，还有“情头”系列，作为 couple 头像，暗示两人的感情。微信圈发布的个人照片中，偏好使用多种美颜软件修饰照片，少数受访者表示会付费购买好的 P 图软件。不仅“美颜”自己的容貌，也加入各种装扮元素，如猫耳朵、鹿头等。多数受访者不喜欢传统的拍摄角度，喜欢尝试多角度拍摄，喜欢背影、斜角等新鲜角度。“有趣”“好玩”是他们判断好照片的首

① 《数字新青年研究报告》由腾讯社会研究中心、上海大学与中国国际电视台合作发布，从传统文化与数字时代年轻人的关系角度切入，剖析了数字新青年的特征和数字化生活方式。

② 《2019 腾云峰会发布〈数字新青年研究报告〉：近九成年轻人对传统文化感兴趣》，搜狐网，http：//m. sohu. com/a/352859739_ 100106801？scm = 1002. 500047. 0. 0 – 0，最后检索时间：2020 年 3 月 19 日。

选标准。

在文化内容的消费与分享方面，未成年人的网络文化消费内容和文化价值观折射了他们对主流文化、时尚审美、休闲娱乐、社会观念的基本态度。“00后”青少年几乎不会在自己的朋友圈转载各种知识类、评论类、新闻类、鸡汤类、视频类链接，最经常分享的是自己喜欢和能表达当时心情的歌曲。未成年人在微信朋友圈的互动并不刻意追求特立独行，但会有很多让人费解的“梗”，需要转个弯才能理解。有些是抒发心情和情绪的内容，如“我希望每个女孩都可以嫁给爱情，而我嫁给费启鸣蔡徐坤陈立农”，“我又要上天了，又要和太阳肩并肩”。

网络潮品消费

潮文化是当代未成年人网络文化消费不可忽视的内容。根据中国未成年人互联网运用状况调查（第十次），大部分未成年人在生活中会对网络中的诸多行为进行模仿。其中最多的是模仿流行歌曲唱法（占比超过50%），其次是模仿语言方式（占比约20%）。①

此外，未成年人在网络中进行的生活消费与文化消费、符号消费紧密连接。受访未成年人表示，他们钟爱运动品牌（以男生为主），特别是由体育明星代言的运动鞋。据《财经》报道，2019年8月25日，“炒鞋”一词在新浪实时热搜占据第7名的位置。“70后炒房，80后炒股，90后炒币，00后炒鞋”一度在网上成为热门语。淘宝、闲鱼、“毒”App等都是青少年通过网络炒鞋买鞋的重要消费平台。在笔者访谈中，比起品牌和价格，未成年人更看重其承载的符号价值——对于运动激情、拼搏人设和鲜活的体育文化；而不是一味地追求样式或拼比价格。与炒鞋相似的物质文化消费还体现在青少年的网购文化T恤衫上。比起欧美式的亚文化叛逆风格，未成年人表示更加喜爱一些正面的调侃，如“全村的希望”“名门正派”等slogan；以及一些具有当代“潮文化”标语的服饰，比如萌文化、丧文化、土味文化等；或对于现实生活真实而调侃的表达，比如“生活不止眼前的歌声，

① “中国未成年人互联网运用状况调查”（第十次），2019。

还有考试和远方”。

ACG 与 ACGN 文化

ACG 文化是指动画、漫画和游戏（animation、comic、game），是近年来未成年人在网络空间流行的二次元文化的主要消费内容。而数字化空间中，在二次元动漫游戏之外，网络小说也是未成年人重要的文化聚集地。由此，未成年人的网络文化中，ACGN（animation、comic、game、novel）都是聚集领域。ACGN 既包含专业集团进行的内容生产（如日本许多 ACGN 团队通过文本作家、职业插画师、配音等多项配合而输出的专业性、成熟型二次元内容），也包括未成年粉丝主动参与创作的各种文化生态。其中最火爆的自创发布内容包括：宅舞、唱见、配音和鬼畜视频。[①]

在 2019 年二次元 IP 改编的游戏中，排名第 1 位的是日本的《一拳超人：最强之男》，第 2 位的是我国的《驭灵师》。[②] 伴随国内动漫市场的发展，未成年人消费国内动漫与日本二次元产品的差距在不断缩小。2017 年，喜好国产二次元的玩家占比 19.4%，2018 年为 24.5%，2019 年为 25.2%；三年中偏好日本动漫的玩家占比分别为 50.5%、47.7% 和 46.4%。[③]

网红文化

2019 年，网红的影响力不输粉丝明星，从商业到文艺，在未成年人中的影响力不容小觑。这些网络红人的特征和“功能”各不相同；2019 年，现象级的网红包括李佳琦、李子柒、王家晨、冯提莫、Papi 酱等。新华网称 2019 年是网红的“出圈”年；这一年，大量未成年人关注的网红都是“人格圈粉”，侧重通过展现一定的才华或提供信息价值取得成功，而不像早年网红（如芙蓉姐姐等）完全依靠博取眼球而走红。在这一年，类似李子柒、华农兄弟等网红，侧重质朴生活的展示，但不同于以搞笑、卖土走红的土味

① 《了解“00 后”网络文化的正确姿势!》，搜狐网：https://www.sohu.com/a/343355435_160257，最后检索时间：2020 年 3 月 19 日。

② 《了解“00 后”网络文化的正确姿势!》，搜狐网：https://www.sohu.com/a/343355435_160257，最后检索时间：2020 年 3 月 20 日。

③ 《2019 年二次元游戏用户行为分析报告》，https://baijiahao.baidu.com/s?id=1632205400887369942&wfr=spider&for=pc，最后检索时间：2020 年 3 月 19 日。

文化，而是注重对日常生活的呈现。

未成年人对网红的追捧和打赏并非新的现象。他们在网络文化消费中包容性强，追逐新鲜事物，文化消费能力强，对于网红的喜爱不是“流量明星”能简单概括的。2019 年被称为网红 3.0 时代①，主要变化为注重网红自身价值和消费者的价值观相结合，以及满足资本的期望值。

三　青少年网络文化消费趋势

1. 个性表达与社交链接

未成年人有自我表现和个性化表达的时代需求，乐于向外界进行观点表达、才艺展示以及获得支持，网络消费更趋于平台化。在此类内容型社交平台中，未成年人的“新部落文化”得到集中体现，主要以趣味结缘，特点为小众化、多元化，注重内部交流，部分圈内人有独特的群体认同、身份特征和语言，以此区别于圈外。

平台内容加速更迭，未成年人网络文化周期缩短。首先，网络文化生产的技术壁垒瓦解，文化消费的市场竞争更加激烈。同时，网络中更加便捷的、廉价的消费和高速畅通的渠道使得网络文化迅速爆发。从之前的 cosplay、粉丝文化到后来的丧文化、萌文化、潮文化，新词层出不穷，青少年的选择空间、趣味范围不断扩张。其次，价值取向的流动性和混杂性增加，从早年的媒体文化引领潮流，到粉丝的话语权和生产力不断上涨、媒体文化迎合低龄受众，未成年人的媒介文化地位发生了显著改变。由此，网络文化开始关注青少年消费市场的热点，研究其消费偏好、征用其文化符号成为打开市场的关键钥匙。

2. 奇观消费与精品打造

城市未成年人在相对优越的物质生活中长大，有充足的信息输入和娱乐

① 《2019，网红进化的 3.0 时代》，https：//baijiahao. baidu. com/s？ id = 1655208980982165610&wfr = spider&for = pc，最后检索时间：2020 年 3 月 18 日。

条件，相对自信，对话语权的要求更高。未成年人偏好消费新鲜事物，消费偏好高度分众化，在彰显个性与群体聚合的双重行为动机作用之下，他们是“互联网+”时代大众文化的重要参与者。他们通过各类社交平台和移动终端消费网络文化产品甚至直接参与生产；求知、娱乐和社交都是其实用新媒体的重要需求。[①] 在诸多热忱消费中，分众化的垂直社交内容消费特征明显。由于消费主义的倾向和新媒介使用偏好，未成年人的网络消费中出现了网红粉丝消费、二次元消费等“奇观”现象。

未成年人是新式文化产品的爱好者和追随者，在不上学的日子里，依托互联网实现足不出户的网络生活。网络小说、游戏、动漫都是他们常见的网络消费内容。部分未成年人偏好跟随偶像消费，印证了强大的网络带货消费能力。伴随电竞业、手游等 IP 衍生内容的丰富，线上线下联动的饭圈文化，网络文化产业正在逐步探索年轻消费者的产业链，力图形成人才、产品、制作、周边等联合构成的运营。同时，当代未成年人是新技术的需求者。智能手表、VR 眼镜、智慧校园等多种形式的网络应用，在文化产业领域层出不穷。因此，文化企业也将目光聚焦于未成年人的互联网需求，不断根据其审美兴趣和价值取向改进。比如酷狗音乐，就推出“精细化”和“精品化”理念，提供种类丰富、形式创新的深耕作品，从音乐的直播领域切入，融入青少年互联网文化体系。

3. 潮流与经典并行

当下的未成年人在虚拟空间已经不限于日常生活中提供的社会群体概念，而是可以从网络场景中，通过发起相应活动，影响网络文化的组织和传播模式。比如当下的 ACG 音乐、汉语年度热词、VBLOG 等，都是有大量未成年人参与的网络文化景观。因此，想要融入未成年的网络消费文化体系，对于传统文化企业并非易事。为了满足他们对于科技应用、产品创新和文化创意等的诉求，互联网公司开始不断通过大数据搜索、人工智能等技术，推

---

① 《人民网：2019 年移动互联网蓝皮书》，http：//www.199it.com/archives/901716.html，最后检索时间：2020 年 3 月 18 日。

动产品升级，以求更好地突围未成年人这一“圈层”。

当代未成年人成长于数字技术蓬勃发展的时代，但与此同时，也是国家大力推进中华文化传承、重建传统文化的时代。在网络文化消费中，除了追求技术和潮流文化外，年轻群体也对传统文化表现出极大的兴趣。据腾讯研究发现，超过 80% 的年轻群体表示，网络已经成为他们了解传统文化的重要渠道。网络对传统文化的传播效果已经超过了学校课堂教育。①

为顺应这一潮流，网络文化产业力求推进数字技术与传统文化的融合。2019 年，网络音乐成为酷狗与年轻人探讨传统文化的语言。音乐社团汐音社上线《五城记》，为广州、成都、南京、西安创作主题曲，融入当地的文化坐标，历史故事和传统曲艺引起年轻人对城市传统文化的共鸣。在迎合年轻一代对于技术的渴望和跨界需求方面，腾讯与故宫博物院合作，开展 next Idea 主题创新大赛，有 10 万人参加，其中包括大量未成年成员。② 可见，2019 年，共创型文化作为未成年人网络消费的一部分，成为与传统对话和“开启数字青年”的有效路径。

四　2019年青少年网络文化消费的主要问题

1. 网络消费中，学习表象化，娱乐实质化

访谈发现，未成年人大量使用网络查找资料、完成作业、在线讨论问题。第十次未成年人互联网调查显示，在接受调查的 10833 份样本中，使用网络在线学习的未成年人达到 4144 人次，仅位于在线听音乐（5125 人次）和在线游戏（4681 人次）两项之后。③ 未成年人付费学习软件，但浅阅读、碎片化信息和对娱乐内容的注意力转移制约了网络的学习功能；表面上手机

① 《文艺科技大咖齐聚腾云峰会　探讨如何在数字世界安然栖居》，https：//tech. gmw. cn/2019 - 11/11/content_ 33309541. htm，最后检索时间：2020 年 3 月 20 日。

② 《CGTN 与腾讯社会研究中心联合主办电视直播论坛》，http：//news. yesky. com/357/715208357. shtml，最后检索时间：2020 年 3 月 18 日。

③ “中国未成年人互联网运用状况调查”（第十次），2019。

学习常态化，但无效学习的比例也在上升。网络成为生活“最舒服的地带”，成为未成年群体假象学习交流、真相逃避学习的方式。相比之下，现实中的交流存在各种分歧和摩擦，而网络消费提供了“想学就学，想聊就聊、想玩就玩”的模式，让孩子陷入舒适区。

娱乐消费使网络价值观大量传播导致正面管教更加困难。学校和家庭的教育还遵循相对传统的模式，而网络内容生产商早已谙熟受众心理，对于青少年喜闻乐见的内容了如指掌，源源不断地提供对未成年人最有吸引力、冲击力的内容。即使是负面信息，如段子手吐槽、毒鸡汤泛滥，微商电商推销，都让青少年颇有大快人心的享受感而乐此不疲。同时，网络在娱乐和搞笑方面不断炒作，让明星卖萌出丑、炒作名气，或泄露隐私，或着装新潮裸露，以低俗的标题和怪诞的内容赚取点击率。青少年在娱乐的同时容易潜移默化地产生对于服饰奇异、言语刻薄、追求物质享乐、取笑他人等偏颇的价值判断。无形中被其价值观支配，更加不愿服从父母和老师的正统管教。

2. 文化消费内容参差，“圈地自萌”式对话

网络文化产品尚未形成完善的消费模式。尽管近年来新媒体发展迅速，但其文化产品还处于探索阶段，网络文化产品和青少年的消费模式感性因素大于理性，有大量的从众消费、观念消费等产生的盲目消费；社会转型期的社会经济问题、价值观问题与青少年青春期的心理不稳定状态碰撞后，问题不仅停留在文化消费层面，也会影响未成年人社会化的进程和效果。未成年人使用大量的时间精力进行在线网络文化消费，但由于部分文化消费产品的层次有限，优质文化产品的数量短缺，文化市场的同质化现象严重，未成年人沉浸于圈内沟通。在这种情况下，未成年人容易被同质性极端言论误导，具有跟随甚至参与网络冲突的潜在危险。

3. 教育者不了解未成年人使用网络消费的正面用途,教育行为简单

多数家长和老师盲目将过度使用网络消费的原因归咎于上瘾，直接没收孩子的手机或限制上网时间，不仅无法达到缓解孩子依赖的目的，反而事与愿违，引起孩子的反感。老师、家长通常把青少年手机使用过长归结于社交

媒体、游戏和视频。事实上，许多青少年把网络成为重要的学习阵地，网络学习常态化，学习类内容也获得高度关注。教育者和家长把问题推向外界，没有正视问题的根源。教育者把过度上网叫作“网瘾综合征”，盲目定论“瘾”是现象层面的争端，而没有找到病因，无助于解决问题，还给孩子增加了心理负担。

在青少年媒介素养教育中，家庭是薄弱环节。家长往往得不到相关的知识，导致干涉行为简单甚至粗暴，并且没有意识到问题的根源。从依恋理论的角度看，未成年人对网络消费的依赖一定程度上是依恋需求的转移和补偿，是青少年常态依恋没有得到满足，比如亲子依恋或同伴依恋的缺失、扭曲或受阻，造成青春期的无价值感；而网络摆脱了现实交往的各种限制，又有匿名性，青少年可以放松地进行交流和自我表达，建立新的人际关系，寻求认同。这是导致网络成瘾的高风险因素之一。

五　青少年网络文化消费的建议和引导策略

针对青少年网络文化现象中的正负面效应，家长和老师需要理性看待，释放青少年的文化创造活力。在网络文化参与和生产方面，数字化平台使得他们创新的观念可以得到传播。如积极利用技术手段，未成年人不仅可以更好地表达自我、跟进时代文化，也可更好地激发学习和融入传统文化的潜质，最终成为信息技术的获益者。根据前文针对未成年群体过度使用网络消费等问题，本研究提出以下引导对策。

首先，为不同年龄阶段未成年人推广差异化媒体使用模式，使用弹出警告。对于低龄青少年，可借鉴英国对于初中以下学生的指导方式，鼓励家长给孩子购买简易手机，满足基本的交流需求，或给孩子在手机上安装定时锁定功能。比如可以借鉴皇家公共卫生协会报告中的措施，号召社交媒体在青少年用户对屏时间过长时弹出警告提醒。针对高中以上的群体，网络的学习、社交功能不能避免，要从未成年人的兴趣和需求出发，利用他们最常接触到的渠道推送“正面”内容，鼓励孩子通过自己喜欢的渠道学习。对于优秀的学习类 App 或优质内容公号，教育部门应该制定奖励机制，并且配

合大力推广。学校和家长需要认可网络文化消费的正面作用和学习功能，引导孩子利用网络中提供的资料“边玩边学”。

其次，为未成年人组织真实社会实践机会，疏解沉溺 ACGN 或网络“圈地自萌”。未成年人在游戏等线上二次元文化消费活动中，通过 cosplay 或游戏等方式进行社交和链接，沉迷网络小群体的共情力，反而可能恶化“圈地自萌”，疏远真实生活中的人际交往。学校应加强课外参观、校际联谊、不同学校间定期交流等。总之，学校要以丰富的课外文化活动，代替“手游”“网红直播”等网络消费。少先队、社团等组织应起到社会责任，如与博物馆联盟建立青少年志愿者团队、共同举办演出竞赛；辅助青少年树立现实的目标，体验真实生活中的成功，避免对虚拟时空的迷恋。

最后，防止网红文化恶性膨胀，政策禁止未成年人担任网红。尽管目前网络文化呈现繁荣发展的态势，但伴随业内竞争加剧，潜在风险提升，如果没有正确的引导和把控，盲目竞争可能导致的无序发展会给未成年人的精神文化建设带来种种恶果。比如针对“八成小学生想当网红”现象，可推广全国青联的建议，禁止未成年人注册网红或担任网络主播。在政策和法律的双重保障下，使文化产业以社会公共利益为根本导向，助力未成人的精神建设。媒体平台可与教育机构或共青团中央合作，联合举办活动，比如酷狗在 2019 年与共青团合作“筑梦青春奋斗无悔”，并举办“我们都是追梦人”等活动，召集青少年以朗诵、歌唱等短视频表达奋斗的价值观和家国情怀。总而言之，教育者在客观面对互联网技术对整个社会环境和青少年成长环境带来巨大影响和变化的同时，要加强网络管理和网络安全工作，做好网络诈骗、网络暴力、网络色情等有害行为的管控和防治工作，警惕商业逐利行为对青少年网络文化消费带来的消极影响。

参考文献

舒晋瑜：《透视中国青年的数字生活》，《中华读书报》2019 年 11 月 27 日，第 17 版。

B.13
青少年网络游戏的媒介呈现及舆情

杨斌艳　李向帅*

摘　要： 网络游戏是青少年网络空间最经常的行为之一，而媒体报道和网络舆论对于家长和公众对青少年网游的态度影响巨大。本文以 2019 年网络空间大数据监测为基础，通过媒体报道和公众讨论两方面的全网监测大数据，梳理和呈现网络空间对于“青少年网络游戏”的媒介呈现和舆情观点。基于舆情大数据，作者详细分析了当前媒体和公众对“青少年网络游戏”的关注焦点和态度，深度剖析当前青少年网络游戏中存在的主要问题以及社会公众对青少年网络游戏的认知偏见，并就如何推动健康有益的“青少年网络游戏”媒介环境和社会共治提出针对性建议。

关键词： 青少年社会化　网络游戏　参与共治

一　前言

网络游戏是青少年网络空间最经常的行为之一。“中国未成年人互联网运用状况调查”十多年的调查显示，“网络游戏”持续排在未成年人最常用

* 杨斌艳，中国社会科学院新闻与传播研究所副研究员，主要研究方向为舆情与国家治理、新媒体社会、青少年与互联网；李向帅，云润科技公司分析师，主要研究方向为网络舆情分析。本文网络舆情监测和数据分析由云润科技公司支持。

网络功能的前3位。“从2006～2017年，调查数据显示，游戏、聊天、音乐这三项一直是未成年人上网最为主要的应用，以明显高于其他应用的比例，排列在第一梯队。”[①] 而青少年网络游戏的话题也经常引发媒体的关注和报道，这些报道进一步引发公众（尤其是家长）的广泛讨论。美国学者李普曼被视为是传播学和舆论学研究的先驱，他在20世纪20年代提出的“拟态环境”的概念是认识媒介与社会关系的重要概念。李普曼认为，在大众传播极为发达的现代社会，传播媒介经过有选择地加工后提示的“象征性现实”（即拟态环境），是人们与“现实”发生密切联系的重要渠道，而拟态环境的“现实”在很大程度上也影响人们意识中的“主观现实”。大众媒介不可能是对客观现实“镜子式”的反映，而是产生了一定的偏移，成为一种“拟态”的现实。

因此，作者认为从网络舆情的角度来观察和研究青少年网络游戏的问题，具有重要的价值。至少包括：①网络舆情能够较为全面地反映媒体和公众（家长）对青少年网络游戏的关注和态度；②通过舆情数据能够感知当前青少年网络游戏中最主要的问题；③媒介建构的拟态环境对青少年群体认知网络游戏有重要导向作用，而这种导向作用不仅就青少年对网络游戏的认知产生作用，也可能影响他们的行为；④媒体报道和网络舆情在很大程度上构建了社会公众对“青少年网络游戏”的认知，可能给相关政府管理机构和生产与提供网络游戏的互联网平台产生一定的舆论压力，从而影响他们的管理制度或者生产传播行为。

如果从青少年社会化的理论视角来看，网络游戏对青少年的影响是一个复杂的问题。然而，绝大部分的家长和公众对青少年网络游戏的认知受媒体报道和网络舆论影响较大。本文的年度大数据舆情分析，将主要呈现网络平台中关于“青少年网络游戏”话题的媒体报道和公众讨论。

---

① 杨斌艳：《十年来未成年人互联网运用变化趋势》，载季为民、沈杰主编《青少年蓝皮书：中国未成年人互联网运用和阅读实践报告（2017～2018）》，社会科学文献出版社，2018，第214页。

二 舆情态势

舆情分析部分的数据主要通过回溯爬取，基于云润大数据舆情监测系统，数据采集时间段为：2019年1月1日至12月31日。数据分析维度主要有两个方面：一是网络新闻（包含新闻网站和新闻客户端两部分），二是原创微博（weibo）。相关数据主要通过关键词组合（青少年｜中学生｜小学生）+（网游｜网络游戏｜手机游戏｜手游）[①] 在云润大数据舆情监测系统[②]下获得。为了增加话题的直接相关性，新闻数据的采集采取了标题检索的方式。同时，人工对全文检索的热门新闻进行了针对性识别，作为补充信息。此外，部分数据通过新浪微博搜索人工整理而成，相关数据部分会有说明。分析报告主要包括青少年网络游戏话题的整体信息传播态势、网站新闻内容分析、微博内容分析三个部分。

1. 年度网络信息态势

系统[③]对网络新闻和微博中的原创微博进行了采集。数据显示，2019年1～12月互联网上与青少年网游相关的信息累计有9678条。其中，网络新闻信息2665条，原创微博7013条。从整体趋势上看，网络新闻与原创微博存在整体上的一致性，四大信息峰值均处于同一月份，分别为2019年的3月、5月、8月、11月；除6～7月信息增减趋势出现分化外，其他时段增减趋势也大体一致。值得注意的是，3月份网络新闻数量超过了原创微博数量。当月正值全国“两会”，网络注意力资源较为集中，代表委员对青少年网游行为的关注，直接推动了相关话题的走高（见图1）。

---

① 数据抓取时的关键词组合相关补充说明：其中｜表示“或”，+表示“且”，该关键词组合意味着，采集的信息必须同时包括两个括号中的任意一个。

② 云润大数据舆情监测系统，覆盖的新闻站点约有1.4万，新闻App站点900余个，新浪微博用户约有1300万。

③ 这里所说的“系统”指云润大数据舆情监测系统。本文下面数据分析中的“系统”同指。

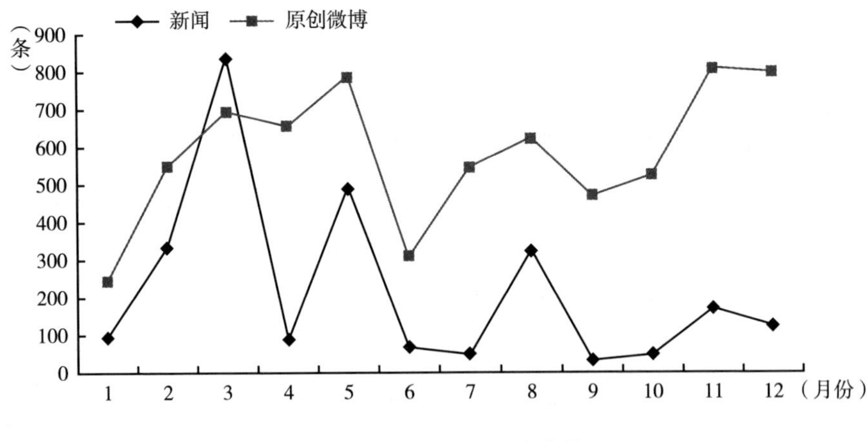

图 1　青少年网游网络信息年度态势（2019）

需要说明的是，这里的微博数据显示的是原创微博数量，和原创数量相比，总微博数量会多不少。根据监测来看，微博总信息量一般相当于原创微博数量的 3 倍左右，但是，有 3 个月微博信息总量高达原创微博数量的 15 倍，其中有 1 个月的微博信息总量相当于原创微博数量的几百倍。

2. 年度网络新闻①内容分析

系统对涉及青少年网游的网络新闻进行了分析。检索到的数据主要有：研究报告及解读、社会建言、媒体聚焦、政府治理、立法治理、网游沉迷个案等六个类别。

从各类别占比来看，研究报告及解读类信息最多，约占所有网站新闻数量的 36%，相关研究报告主要有《中小学生网络游戏的认知、态度、行为研究报告》《青少年近视现状与网游消费体验报告》《中国互联网络发展状况统计报告》等；社会建言类占比为 15%，相关信息主要集中在全国“两会”（3 月）期间，全国人大代表和政协委员的相关提案和建议，最受舆论关注；媒体聚焦类信息占比 13%，主要集中在中小学生假期，《法制日报》、《人民日报》（海外版）等媒体刊文聚焦青少年沉迷网游、安全用网等问题；

① 这里的“网络新闻”数据主要包括两部分：PC 端新闻站点和新闻客户端。

政府治理和立法治理合计占 15%，国家新闻出版广电总局有关负责人就《关于防止未成年人沉迷网络游戏的通知》答记者问、12 部门联合发文重点清查网游等应用、中国拟修改未成年人保护法对玩网游实行时间管理等，较受舆论关注；青少年沉迷网游的个案类信息相对较少，仅占 1%。此外，其他信息大约占 20%（见图 2）。

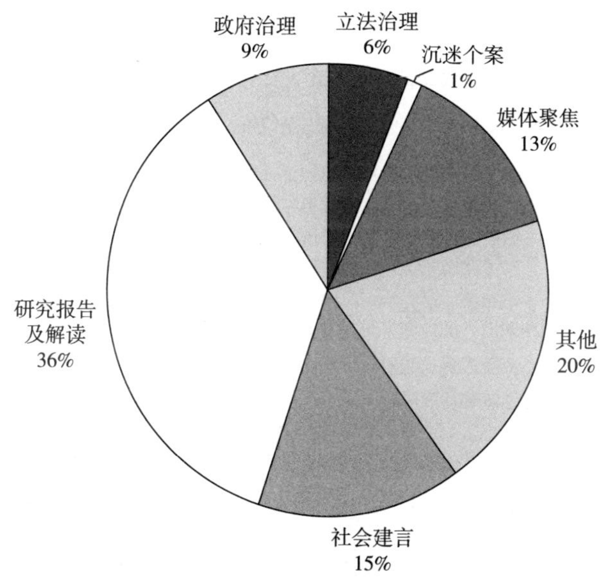

图 2　青少年网游网络新闻话题分布（2019）

3. 年度热门网络新闻

从网络新闻被转载量来看排名前十的热门新闻，“网游沉迷”“网游成瘾”是关注的焦点，TOP10 中有七篇新闻直接是网游沉迷、网游成瘾的内容，而其他三条也涉及网游时间、网游对青少年身心健康、视力等影响。可见，从关注的热门新闻来看，在青少年网络游戏话题下“沉迷”和“成瘾”是焦点问题。整体来看，TOP10 中多数新闻报道关注网络游戏可能给青少年带来的负面影响，两条为呼吁立法和管理。

而从被关注的热门新闻的形态来看，研究报告及解读类信息最为集中，且排序较为靠前。其次是人大代表建言类《青少年网游用户逐年增长，代表建议加强监管并尽快立法》排在第 3 位。媒体聚焦类《网游成瘾、被迫裸聊……青少年假期用网安全值得关注》《游戏成瘾患病率逾 27% "网瘾少年"亟须全社会关爱》分别居第 4 位和第 5 位。政府治理类报道的热度相对靠后（见图 3）。

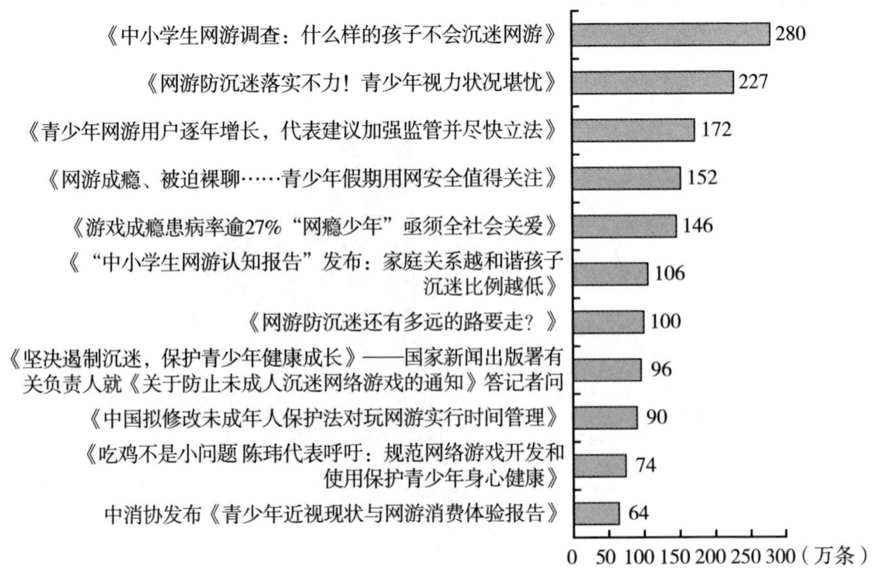

图 3　青少年网游热门网络新闻（转载量）TOP10（2019）

4. 年度微博（weibo）内容分析

微博（weibo）平台上与青少年网游行为相关的信息，整体上呈现出与网站新闻有同频共振的趋势。比如全国"两会"期间代表委员对青少年网游行为的关注（3 月），中消协点名 QQ 飞车、炉石传说等网游（5 月），中宣部出版局局长"正制定防治青少年沉迷网游办法"的言论（8 月），未成年人保护法的修订（10 月）和国家新闻出版广电总局出台的通知（11 月）等。微博以短平快的传播方式，将研究报告、新闻报道等里面具体的观点、事实、事件等提取出来进行再传播。而基于新闻的特性，一般是具有轰动性的、耸人听闻的消息和事实更容易被传播，比如"中消协点名 QQ 飞车、炉石传说等网游""大学生久坐玩游戏患上血栓痔""13 岁男孩沉迷网游 8 天花 10 万”等。因此，整体来看梳理出来的年度微博热点话题的内容有两大部分：一是青少年网游行为的一些极端和突出的事实和案例，都是负面案例；二是国家权威机构关于青少年网游沉迷的治理和规制。

微博平台信息的发酵呈现出自身的特点。一是微博呈现出来的信息点较为具体，能够看到青少年网游话题，引起网民广泛转发和热议的具体的事件、数据或者观点。微博话题比较关注具体的内容和条款，如“未成年人 22 点至次日 8 点禁玩网游”“未满 16 岁网游充值不得超 200 元/月”等。二是微博中呈现了更多的个案信息和典型案例。比如，13 岁男孩沉迷网游 8 天花 10 万元、偷家里 16 万元玩游戏、孩子用父母手机玩游戏充值近 10 万元等。三是参与主体更加多元，除了新闻报道中的政府、研究机构、媒体和社会组织，公安、检察、网信等更多部门的官微也不时参与青少年网游话题的讨论（见图 4）。

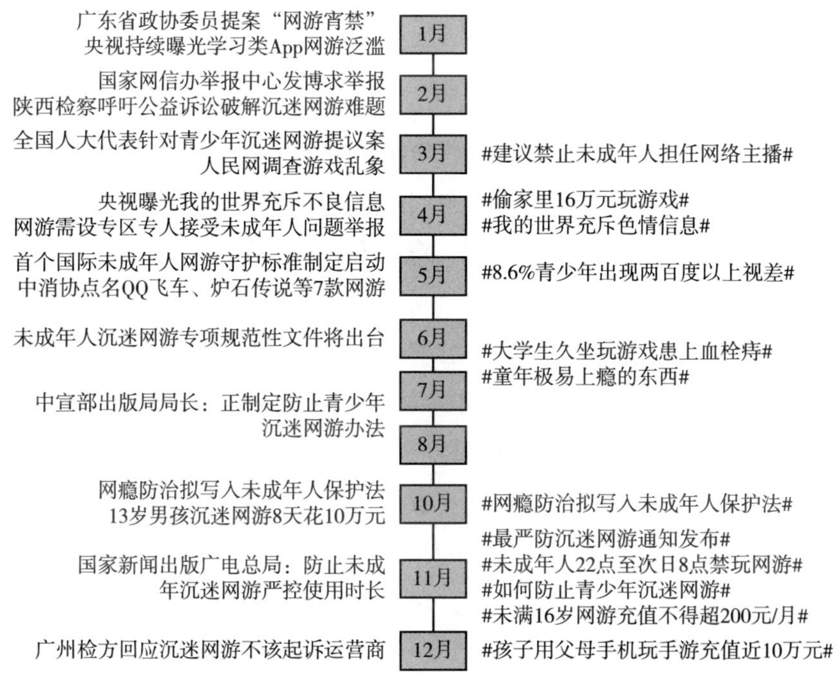

图 4　青少年网游话题热门微博讨论概况（2019）

图中，时间轴左侧为热门微博，右侧为热门话题（讨论量超过 200 万条）。热门微博数据，是通过关键词从新浪微博搜索，直接勾选热门选项，以月为单位，然后再人工编辑整理所得。所谓“热门微博”的“热门”就是微博搜索定义的“热门”，主要依据是转发数。

5. 舆论场的三种主要态度

从舆情大数据监测，尤其是年度热点新闻报道和微博话题等多方面综合来看，2019 年网络舆论场中，人们对青少年网游行为的看法整体上呈现消极态度。主要观点如下。

一是普遍认为网游不利于青少年健康成长。这一态度是舆论场对青少年网游行为的主流态度。也正是基于这一认知，参与舆论讨论的各方提出了各种应对方案。比如，中消协发布的《青少年近视现状与网游消费体验报告》，副标题“网游防沉迷落实不力！青少年视力状况堪忧”转为主标题后，转载量远超原标题。《中小学生网络游戏的认知、态度、行为研究报告》的一些结论也佐证了舆论的基本态度。该报告显示，最支持中小学生玩网络游戏的群体是同学朋友，其次是兄弟姐妹，父母和老师最不支持。①从网络舆论来看，前两者（同学朋友）基本未进入公共讨论，老师和父母群体才是引导该话题的主力人群。而政府部门的各种举措，也均是就成年人（尤其是父母和家长）的担忧而发的。

二是研究机构的看法相对中立，与网络舆论场的负面看法存在差异。中国青少年研究中心 2 月份公开的《中小学生网络游戏的认知、态度、行为研究报告》就持这种态度。有分析文章认为，通过该报告可以看出，“虽然成年人面对网络有些紧张，甚至有的成年人还会谈网色变，但是这一代孩子已经更多认可了网络的正向功能。对于网络带来的负面影响，他们也能有清醒的认识”②。成年人也应该认识到，“无论成年人支持与不支持，青少年对网络游戏的天生亲近感‘就在那里’”③。

三是旁观、调侃的态度。比如：微博话题“网瘾大爷玩游戏被打断气得不吃饭”，阅读数超过 3.4 亿，网友讨论 1.5 万。在这里，网民关注的并

① 《中小学生网络游戏的认知、态度、行为研究报告》，未来网，2019 年 4 月 30 日，http：//edu. news. k618. cn/jyyjy/201904/t20190430_ 17370765. html。

② 《中国青少年研究中心发布蓝皮书　解析中小学生网络游戏行为认知》，2019 年 2 月 25 日，http：//www. techweb. com. cn/internet/2019 - 02 - 25/2725115. shtml。

③ 《中国青少年研究中心发布蓝皮书　解析中小学生网络游戏行为认知》，2019 年 2 月 25 日，http：//www. techweb. com. cn/internet/2019 - 02 - 25/2725115. shtml。

不是事件本身的是非曲直，而是这种事件超出感官经验带来的快感。微博上各种个案话题较多，“偷家里 16 万元玩游戏”“男童玩网游付款近 3 万元”“13 岁男孩沉迷网游 8 天花 10 万元”等，持有旁观、调侃心态的网民不在少数，他们并没有意识到这是一个需要被关注的社会话题，只是觉得相关报道或者个案比较夸张和好玩，只是一个有趣的谈资或者笑料而已。

三 舆情特征

青少年网游是近些年网络舆论场中一个常说常新的话题，不断引发网民围观和争议，但是每年度媒体报道和公众关注的具体话题却存在一定的差异。综观 2019 年，“青少年网游”话题呈现以下特征。

1. 治理成为舆论焦点

无论网站新闻，还是原创微博，相当比例的热门话题均与青少年网游的治理相关（见图 5），整个舆论场充满了问题意识，政府、研究机构以及相关社会组织等成为最重要的参与主体。在网络空间未成年人保护的年度舆论氛围下，青少年网游话题中，政府治理、法律规制等成为媒体和民众关注的焦点。梳理 2019 年与青少年网游治理相关的重要新闻报道，可以看到针对网游沉迷、网游消费、视力保护等，国家层面的关切、倡议、规制等贯穿全年。而这些也同样体现在与年度青少年网游相关新闻报道的 TOP10 新闻中。可以看出，媒体报道和政府治理之间有一种内在的默契和节奏同频。

2. 游戏企业与网游平台发声较少

整体来看，在青少年网络游戏这个话题上，研究报告及解读、政府治理、立法治理和媒体聚焦类信息占到网站报道总量的 64%，15% 的社会建言类信息，也多在参政议政场合提出（见图 2）。可以看出，该话题的新闻报道和公众参与以政府机构、专家学者、研究机构、大众媒体等为主要的发声者。微博上的相关讨论和信息的参与主体相对多元化一些，但是热点微博的相当一部分信息也是与媒体报道相呼应的，只不过是参与主体在表现形式上更加具体丰富而已。而网络游戏的生产者、服务提供者、推广者等产业内

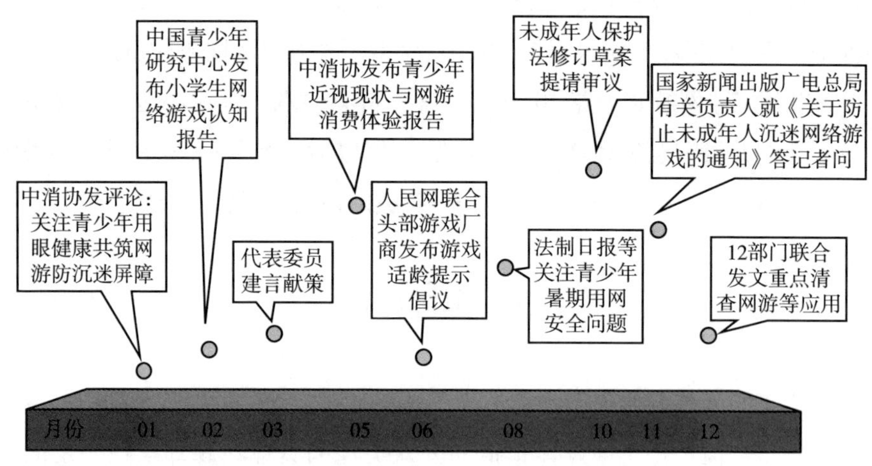

图5　2019年青少年网游治理主要事件

群体的发声较少。公众层面引起较多关注的仅有2019年全国“两会”期间，腾讯董事会主席兼首席执行官马化腾和网易公司董事兼首席执行官丁磊，分别以全国人大代表和政协委员的身份参与到青少年网游议题的讨论。但在这个时间点之外，游戏企业以及网游服务平台方对青少年网游话题的公开发声较弱。

3. 话题整体上“痛感不高”，普通网民的讨论参与度较低

以微博自媒体的数据为例，根据云润大数据舆情监测系统的统计，2019年，包含网络游戏或者手机游戏的相关原创微博数量有900多万条，而其中与青少年相关的仅有7000余条，占比不到1/1000。从本报告监测到的7000多条原创微博信息看，包括个案类信息在内的较为活跃的微博仍以机构类（政务、媒体、研究机构、社会组织）官微的信息为主。从热门信息的网民反馈来看，家长群体关注度高一些，但是以“支持”等表态性的简短评论较为常见，深入说理的较少。还有不少评论带有围观、娱乐性质，以人民日报法人微博发布的“广东省政协委员建议禁止未成年人每日0:00到8:00使用网游服务”为例，“成年人也禁吧，这样我就不熬夜了”“可以！因为我成年了哈哈哈哈哈哈”等评论位居热评前列。

4. 此话题与其他社会话题的融合度较高

从网络讨论来看，“青少年网游”话题是青少年（或未成年人）话题的一个子话题，研究报告的一大部分就来自各种青少年研究中心。但是，青少年网游话题又不仅仅限于“青少年”这一特定主体，而且与多个社会热点难点话题相互交织。其一，该话题与网络治理密切相关，作为一个新事物，直接触及网络治理难点；其二，该话题还涉及消费者权益与企业伦理等问题，中国消费者协会在该话题中出现频次明显较高；其三，从多个年度热点研究报告的内容来看，研究者均认同，对“青少年网游问题”的认知和解决等都需要社会一揽子方案，涉及青少年监护人、家庭环境、学校、行业协会、企业与平台、公权力部门等。此外还有报告指出，网游还触及意识形态管理。所以也可以看到，2019 年宣传主管部门的各种表态和相关规定，成为该话题的一个新的媒体和公众关注点。

四　从舆论关切看存在的问题

从青少年作为积极行动者的视角，网络游戏对青少年的影响和作用，是社会学研究中一个比较复杂的问题。而绝大部分家长（影响青少年社会化的最重要群体）对青少年网游的观点和态度，则更多来自媒体报道和网络空间的集体讨论，即媒体构建的“拟态环境”对于绝大部分家长和社会公众对青少年网游的态度影响巨大。

在媒体报道和公众认知中“青少年网游”是一个独立的话题，与“成年人网游”“网游的价值作用”“网游作为一个产业的发展”等是完全没有关系的。管理“青少年网游”被视为成年人对未成年人监护的一种责任和义务，因此，网游给青少年带来的负面影响和社会问题是媒体报道和传播的重点。可以说，“网游对青少年的危害”作为一种媒体议程设置在媒体报道和网络舆论场中一直是主导的和压倒性的。在“网游危害青少年”和“青少年网络保护”的大主题下，透过舆论场的关切和描述，我们就能够把握当前“青少年网游”的主要问题和焦点问题。从 2019 年网络新闻和原创微博的总体看，

网络舆论场围绕“青少年网游行为”的主要担忧有以下几点。

1. 青少年沉迷网游，影响身心健康

中国青少年心理成长基地主任、北京军区总医院成瘾医学中心主任陶然在接受中国青年报采访时明确指出了网瘾对孩子身心发育的影响：接受其治疗的网瘾少年体型90%都比较精瘦、单薄，普遍体弱多病；极易对视力造成严重伤害；长期静坐面对电脑、手机，体育运动欠缺，贻误了身体发育的最好时机；还会对大脑造成永久性伤害，直接影响到孩子的智力发展、精神状态和社会生活能力。“网瘾少年因为长期沉迷于网络游戏中，心智发育受到严重影响，心理年龄往往比实际年龄要小4到5岁”。根据他的调查，“大约86%的网瘾少年对亲人采取过暴力手段”。不少微博上的热门信息也与青少年的健康密切相关，“沉迷”一词出现频次非常高，网民讨论基本上围绕防范青少年沉迷网游展开（见图4）。

2. 青少年巨额网游支付案例层出不穷，给家长造成经济负担

中消协发布的《青少年近视现状与网游消费体验报告》显示，超三成被访者有网游充值消费经历。在有网游充值经历的被访者中，有超一成的青少年找借口向长辈要钱或盗用父母账号进行网游消费。[①] 2019年2月，《华商报》报道称，汉中市一小学生为玩手游偷刷妈妈信用卡，分77次刷走2万多元。微博几个热门话题也都是网游巨额支付，比如：“偷家里16万元玩游戏”“男童玩网游付款近3万元”“13岁男孩沉迷网游8天花10万元”。不少报道指出，一些游戏设计带有明显的诱导消费性质，“要想打好网络游戏，需要好装备，而这些高级的装备是要花钱的”。近年来，青少年因沉迷网游而进行巨额消费的消息屡现网络报端。

3. 部分商家社会责任意识模糊，虚拟场景设计有悖社会主流价值观

有报道关注，在一些网游营造的虚拟空间中，青少年可以模拟现实社会进行恋爱、结婚，做出一些在现实社会中不可能出现的行为；有的带有或明

---

① 中国消费者协会：《中消协发布〈青少年近视现状与网游消费体验报告〉》，2019年5月15日，http://www.cca.org.cn/zxsd/detail/28862.html。

或暗的色情信息，极端者还可以随意杀人放火。在全国人大代表张汝财看来，“网络游戏的不良内容正在潜移默化地影响着青少年”。网络游戏开发者、经营者只求经济利益最大化，致使不良网络游戏已成为摧残青少年身心健康的公害。这种现象还可能冲撞社会秩序，给社会造成巨大危害。微博上，广州检方回应沉迷网游该不该起诉运营商的话题，舆论诉求对象正是商家。

4. 青少年网瘾治疗再次引发热议

“过去16年，像中国青少年心理成长基地这样的网瘾戒除机构在国内从一家增至二三百家”，与此相应的则是，舆论对治疗网瘾手段的持续质疑。“豫章书院”作为网瘾治疗机构，近几年多次成为舆情焦点，青少年网瘾治疗手段、机构合法性等持续成为舆论关注焦点。2017年10月，南昌豫章书院被曝虐待学员引爆网络。2019年10月5日，知乎大V@温柔发表了一篇名为《因为曝光豫章书院，我朋友被报复到自杀》的文章后，豫章书院再次登上风口浪尖。10月24日，@温柔在微博发文称自己受到了死亡威胁，还收到了一些恐怖图片！之后，还有一些举报过豫章书院的志愿者也称自己收到了威胁电话。[①] 网瘾治疗领域的另一个争议点就是杨永信。杨永信有“中国网瘾治疗第一人”之称，但他的电击治疗方法引发的争议颇大。他在临沂的网络成瘾戒治中心被称为新时代的“集中营”，对沉迷网络者采取一边“痛苦打击”，一边给“光明出路”的方式，被认为“颇似邪教”，是对孩子的二次伤害。[②] 百度搜索指数显示，2019年10

---

① “豫章书院事件”简介：豫章书院全名为“南昌市青山湖区豫章书院修身教育专修学校”，曾以“戒网瘾”出名，2017年被曝出非法拘禁、体罚学生，此后学校停办。一些学生在志愿者帮助下向警方报案。2019年10月，#志愿者称遭豫章书院报复#等微博话题再次激起舆论波澜。曾参与举报“豫章书院”的志愿者陆颖刚、温柔（笔名）等人，在接受澎湃新闻采访时，均称遭到恐吓威胁。参考《“豫章书院”案进展：两名教官涉案，检方退补侦查》，2019年11月14日，https：//baijiahao. baidu. com/s？id = 1650139898716691019&wfr = spider&for = pc。

② 杨永信：临沂市第四人民医院副院长，临沂市网络成瘾戒治中心（简称临沂网戒中心）主任，被称为“全国戒网瘾专家”。代表作品：《让孩子告别网瘾》《戒治网瘾重塑性格》《用心戒网瘾》，https：//baike. baidu. com/item/杨永信/3222816？fr = aladdin。

月末至 11 月初，“杨永信”和“豫章书院”的搜索指数存在明显的正相关关系。即“豫章书院”再次成为年度舆情热点时，唤醒了人们记忆中的“杨永信”，所以与“杨永信”相关的信息也在此时出现了高搜索（见图 6）。

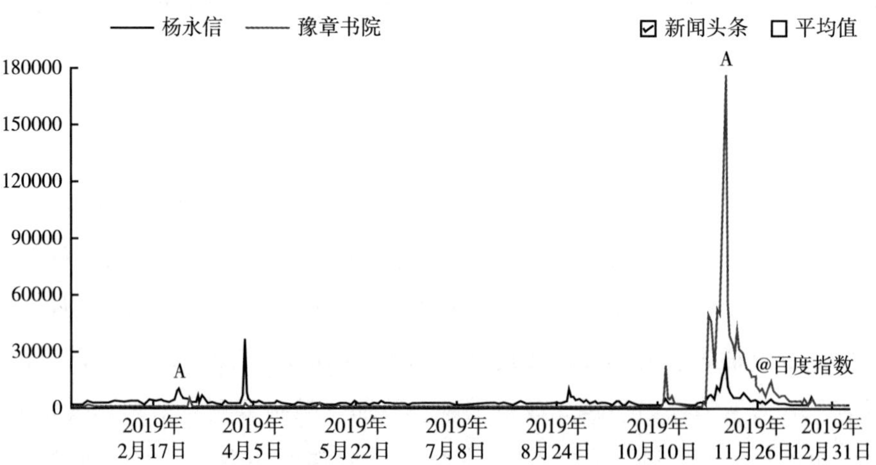

图 6　“豫章书院”和“杨永信”的百度搜索指数

资料来源：百度数据，2019 年 1 ~ 12 月。

五　从舆论中总结的对策建议

基于青少年网游行为存在的诸多问题，多方舆论也积极提供对策建议，典型的对策建议主要有以下几点。

1. 加强立法保护，以法律刚性明确各方责任义务，建立起防范未成年人沉迷网游的基本框架

目前，针对未成年人沉迷网游的情况，我国的未成年人保护法、网络安全法等均有原则性规定，但缺乏具体的实施措施，在实践中落实起来效果不佳。2017 年重新修订的《网络游戏管理暂行办法》也难以起到“震慑和改变”的作用。因此，多个全国人大代表、政协委员以全国“两会”

为平台，建议全国人大常委会尽快出台保护青少年身心健康的网络游戏管理体系、未成年人网络保护法等相关法律法规，从网络分级、网游实名制、网游审批、网游开发等多方面明确政府部门与企业等涉事主体的责任。相关管理部门也一直在推动立法实践，《未成年人保护法（修订草案）》已提请十三届全国人大常委会审议，新增“网络保护”专章，对网络保护的理念、网络环境管理、相关企业责任、网络信息管理、个人网络信息保护、网络沉迷防治等做出全面规范，力图实现对未成年人的线上线下全方位保护。

2. 推动网游分级管理，商家和平台应利用实名制、人脸识别等先进技术，对青少年网游行为进行精细化管理和引导

2019 年 6 月 26 日，人民网联合腾讯、网易、完美世界等 10 家头部游戏公司发起《游戏适龄提示倡议》，把游戏玩家分成 4 个年龄层级（18 +、16 +、12 +、6 +），并提出相应的提示体系，包括游戏内容、类型和运营等方面的标准。对游戏内容中不应出现的问题划分了八个方面：法律及道德、暴力、性暗示、血腥、恐怖、管制物品、不良语句以及历史、文化。2019 年全国“两会”期间，多个全国人大代表、政协委员提出网游分级管理建议，要求落实网游实名制、通过人脸识别应用等推动网游分级精细化落实。

3. 进一步明确监护人的责任，家长应为青少年正确使用网游做好引导、教育和示范

防范青少年沉迷网游，虽然是一个社会问题，但是青少年的监护人无疑是第一序列责任人。在不少引发舆论关注的个案（比如儿子偷家里 16 万元玩游戏）中，类似“上梁不正下梁歪”“家庭教育不到位”等跟帖十分常见。家长监护介入以及强调家庭的作用也是不少专家建议的重要内容，“家庭尤其未成年人的父母们一定要做出表率，在未成年人的日常学习生活中要放下手机，多与未成年人交流与陪伴”。《中小学生网络游戏的认知、态度、行为研究报告》指出，良好的亲子关系有助于孩子合理使用网络游戏，形成良好的网络使用习惯。

4. 学校和社会也应该加大宣传教育力度，为青少年提供更多替代安排，为青少年健康成长创造条件

学校作为青少年最为重要的活动场所，应强化网络教育和安全管理，加大网游沉迷警示教育。同时，结合青少年发育特点提供更多课程和活动安排，分散青少年对网游的关注度。社会层面，除了各种公益性宣传外，还可以为青少年健康成长搭建更多舞台，充分发挥社会组织的作用，积极开展对青少年心理抚慰、推动亲子关系等活动，帮助包括留守儿童在内的青少年积极防范沉迷网游。

六　反思与讨论

当前，社会学研究中，持建构主义研究者认为应该将青少年视为积极、主动的社会行动者，他们不是被动接受社会化，而是积极参与到构建他们的社会世界的过程中。“儿童和成人一样，都积极参与到对童年的社会建构之中，参与到儿童与成人共享的社会的阐释性再构之中。”[①] 青少年的社会化过程中，青少年与社会中的成年人共享社会文化，他们既受成年人的影响，也作为社会结构中一个独立的群体，参与社会文化的建构。因此，从青少年作为积极行动者的视角看，网游对于青少年的影响和作用，是社会学研究中一个比较复杂的问题。

不可否认，网游作为全新的娱乐方式具有很大的优势。至少体现在：①网游已经成为当代青少年休闲娱乐的重要途径，在一定程度上具有方便廉价的优势；②网游中的虚拟体验对于儿童和青少年的社会化具有特殊的意义；③网游中的参与感以及通过网游建立的社交满足了青少年成长的需求，对青少年的发展起到一定的促进作用；④网游中的模拟人生、模拟社会的沉浸式体验，在某种程度上是一种安全模式下的社会实验；⑤网游中的超现实

---

① 〔美〕威廉·A. 科萨罗（William A. Corsaro）：《童年社会学》（第二版），程福财等译，上海社会科学院出版社，2014，第8页。

感体验对于青少年的想象力、创造力是一种培养。

从当前媒体报道和舆论来看，在青少年网游认知层面，大家更多是秉持功能主义的观点，即必须通过成人社会对青少年进行教育和形塑，以使青少年避免因网游沉迷引发社会问题的风险，成人社会必须妥善预防和处置这些风险。然而从网游的设计和制作来说，希望用户多玩、不停地玩，黏住用户、吸引用户本来就是网游产品开发和设计的最为重要的目标之一。成年人也经常出现网络游戏沉迷或成瘾，而对青少年群体来说，就更难以抵挡网络游戏的诱惑，一旦玩上游戏，常常难以控制。但是，青少年群体正处于身心发展和学习知识的关键时期，网游沉迷就成为所有家长最为担忧的问题。而且，现实众多的案例也说明网游沉迷为青少年带来极大的影响，严重危害青少年的健康成长和学习。

1. “青少年网游沉迷治理”如何走出倡导，实现落地?

媒体中关于青少年互联网使用的报道中，“网游”是各类话题中的主导话题和舆论热点话题。而2019年网络上关于青少年网游话题的讨论中，“治理”是最为鲜明的特点。2019年10月，《未成年人保护法（修订草案)》新增“网络保护”专章是年度标志性事件，也是青少年互联网使用方面最重要的法规。

然而，“青少年网游”作为一个持续的媒体话题和老话题，在整体的讨论中热度并不高。以微博年度数据观察，与青少年网游相关的讨论量不及“网游”话题讨论量的千分之一。另一个重要的迹象是，网游产业群体（产品开发者、游戏服务平台、游戏推广者等）在这个话题上基本是被动和缺席。虽然，各大平台在2019年陆续推出了“青少年模式”，然而，其有效性以及被使用率值得质疑。因此，可以体会到，网游作为各大网络平台和互联网公司最重要的营收点时，“青少年网游”夹杂在网游合法性的大环境下，更多的只是成为政府管理者和家长的担忧和呼吁，而这两个群体，如果不能有效联合相关更多力量在网游产业层面形成实际的影响，那么，“青少年网游沉迷”仍然会在相当长的时间里停留在媒体呼吁、家长担忧、专家倡导“全社会参与，家长学校齐努力”的口号

层面。

2. 加强法制建设背景下，能否取得理想效果，仍有待于进一步观察

据统计，2019 年中国游戏市场实际销售收入 2308.8 亿元，同比增长 7.7%。这不仅是可观的经济效益，同时也是“文化创新创造活力”的表现，具有“满足群众精神文化需求”和“大众文化娱乐”的一面。“青少年”作为一个独特的群体，成为网游的“适当”和“理性”使用者，是一个从认知到行动的复杂过程。网游分级已经被讨论了很多年，也有各种不同分级方案的提议，始终未能实施。除了分级标准、制定主体等存在争议外，分级的有效性也是重要的质疑点。

从 2018 年起各个网络平台持续推出“青少年模式”，实际效用如何呢？根据 2020 年“中国未成年人互联网运用状况调查”的数据来看，当问及“在上网和使用各类 App 时，您会主动使用儿童模式或者青少年模式吗?”，11008 个全国学生样本中，有 1/4 的人（25.6%）回答“几乎不”用，而仅有 18.4% 的人表示“总是”会用。整体来看，“较少使用”和“经常使用”的比例是 3∶2。这里还没有讨论，网站提供的“青少年模式”到底能够实现哪些保护，能够有哪些强制网络沉迷的技术措施。其实，网站的“青少年模式”到底能够有多少保护，需要专业的第三方进行监督和评估。

因此，即使对网游进行分级，并且不同级别有明确的年龄要求，假设技术上也能够保障这样的监测和执行，但是，又可能涉及与个人隐私保护相关的复杂的法律和伦理问题。因为，如果严格按照年龄来进行游戏进入的审核，就意味着网络游戏服务商或者网络游戏平台将拥有所有青少年的个人身份信息。这背后又存在巨大的其他社会风险。

3. 替代性的游戏和娱乐能否成为更好的方案?

一方面，在移动化互联网背景下，触网年龄一低再低。另一方面，在各种智能终端和智能设备越来越多的情况下，青少年接触网络游戏的渠道和途径越来越多。一些智能终端设备能够通过语音控制进行游戏，很小的孩子（幼儿园阶段）通过语音也可以对话指挥 AI 机器人替自己打游戏。而且，很明显这些AI设备通过算法和语音诱导不断地鼓励和引诱孩子，继续游戏。“引诱持续”是网游产品的目标，而对于不断出现的各种引诱，青少年能有多少抵抗力呢？

户外运动、其他兴趣爱好能否成为网游的替代，吸引更多的孩子从网游中解放出来，把时间和精力更多地投到锻炼身体、培养兴趣、发展爱好、真实交往中？当这些成为孩子喜欢的娱乐和习惯时，网游才可能被控制在“适度”之下。而这些，首先需要观念的传递、舆论的倡导、专家的指导、家长和老师的共育，更重要的是需要教育系统对学生的评价体系和升学考核体制的改革。

4. 媒体平台应作为行动主体，深度对“青少年网游沉迷”进行持续干预

在互联网深入融入生活、改变世界的时代，“网瘾”已经成为一个备受争议的名词。对于青少年而言，互联网也已经成为他们离不开的助手。网络学习、在线培训、课程辅导、查阅资料等功能越来越成为青少年互联网应用的重要部分。在2020年全球疫情的情况下，网络课程更成为学生群体学习的最为主要的渠道和平台。

因此，家长和公众应该客观和理性地看待青少年网络运用，将其作为信息时代的必备工具和技术，引导青少年更好、更有效地利用互联网促进能力成长，通过互联网促进孩子高效学习，应该成为家长和老师更关注的内容。网游作为新的娱乐和休闲方式，也需要给予一定的正面认知，在认为“孩子玩网络游戏是合理的”理念下，家长跟孩子在网游的问题上才能够更容易沟通，也更有利于孩子接受家长的建议和引导。

从避免青少年因网游沉迷而引发社会问题的角度来看，媒体仅仅报道危险案例进行预警和提醒，可能远远不够。媒体作为社会教育的重要平台，更需要关注如何组织社会多方力量，就“应该用什么样的亲子教育与训练策略来防范青少年网游沉迷”进行有效讨论和策略传播。媒体应该以重要影响方的身份，积极主动地参与该问题的介入式干预，并充分发挥媒体和舆论在素养教育、家庭教育和亲子关系等方面正面引导和策略传播的功能，在青少年网游方面成为科学理念传递平台、问题研究组织平台、策略传播教育平

台、效果监测评估平台和风险预警平台。国家相关机构应该鼓励媒体或相关互联网平台，尤其是那些以青少年为服务对象的专业传播媒体和平台，应该将“青少年网游”问题作为长期和持续观察与研究的对象，并逐步搭建更为多元的、多方参与的、建设性的参与问题解决的行动主体。而在“青少年网游”方面媒体社会功能的充分发挥，也能为一部分青少年专业媒体的转型和发展带来新的思路。

B.14

新冠肺炎疫情期间未成年人互联网运用状况

杨斌艳　陆 风*

摘　要： 本文基于新冠肺炎疫情期间为了解未成年人关注疫情情况、判断媒介信息能力、日常学习生活安排情况、情绪和心态等内容而进行的一次在线问卷调查，通过数据分析发现，疫情期间，未成年人有目的、有意识、有判断地通过互联网等信息渠道关注疫情态势、与外界互动，并在社会各界的助力下系统地安排日常学习生活。

关键词： 新冠肺炎疫情　未成年人　网络使用　情绪心态

2020年初，突如其来的新冠肺炎疫情对每个人都产生了不可低估的影响。中国正处于可持续发展的关键时期，也处于社会治理现代化、社会全面信息化进程的重要节点，民众通过多元信息渠道满足各种需求，协同进行社会行动。信息和社会显现出从未有过的密切联系。

问卷调查执行时间为2020年2月7~8日，此时国内新冠肺炎疫情态势紧张，31个省（自治区、直辖市）和新疆生产建设兵团累计报告确诊病例超30000例，疫情发展形势不明朗。而关于疫情的舆情事件频发，停工停学的相关政策发布，民众只能待在家中，这一时期民众担忧、恐惧、悲伤等负

* 杨斌艳，中国社会科学院新闻与传播研究所副研究员，主要研究方向为舆情与国家治理、新媒体与社会、青少年互联网；陆风，中国社会科学院大学新闻系在读硕士研究生，主要研究方向为新媒体与社会治理。

面情绪弥漫。

而对于处在生命历程中重要发展期的未成年人来说，因为疫情而长期待在家中，和父母相处的时间变长，与父母相处是否和谐融洽成为挑战；开学时间的推迟和网络课堂的引入，尽管是非常时期的特殊办法，除了网络学习本身存在的缺陷外，也在极大地考验未成年人的自律性和耐性；网络教学的环境下学习效率和课堂效果难以保证；疫情下，媒体和网络成为足不出户的绝大多数民众感知外界、与外界互动的最重要渠道，对未成年人也是如此。

本次研究通过网络问卷调查①，在家长陪同、未成年人作答的模式下②获得887份有效问卷③，其中男性415人，占比46.8%，女性472人，占比53.2%，下面针对未成年人关注疫情情况、疫情下的生活学习状态和情绪心态等内容进行汇总分析。

一　疫情信息获取基本情况

1. 未成年人了解疫情信息的渠道分析

从调查结果来看，信息渠道可以按照未成年人选择的比例高低分成三档："传统媒体""市场化新闻媒体""专业媒体的新闻客户端"是未成年人关注疫情信息的最重要途径，这些媒体以提供新闻为主；其次是"亲人朋友或同学的分享讨论"；再次是"短视频类""网络论坛类""视频应用""视频或直播的弹幕"，这些媒介渠道提供的信息种类更丰富，尽管能接触到一些疫情信息，但相比传统媒体和新闻媒体，疫情信息所占的比重更低

① 调查时间为2020年2月7~8日，由中国社会科学院新闻与传播研究所舆情调查实验室实施，爱调研平台负责问卷执行。因为疫情原因，只能通过网络问卷的形式进行调查。

② 这一模式是参照网络调查隐私政策执行的，即"未满18周岁（含）的未成年人，需在征得父母或监护人同意的前提下使用服务或向调查公司提供信息。对于经父母或监护人同意而收集未成年人的信息的情况，只会在受到法律允许、父母或监护人明确同意或者保护未成年人权益所必要的情况下使用或公开披露此信息"。

③ 其中有6个样本年龄处于19~22岁，但他们正在上高中/职高，因此保留。其他样本均在18岁以下。

（见图1）。

此外图1也显示，未成年人使用传统媒体了解疫情信息要比移动端的市场化新闻媒体，以及专业媒体新闻客户端多；“亲人朋友或同学的分享和讨论”属于强连接传播，有40.5%的未成年会从此渠道了解疫情信息。图2显示未成年人和家人/朋友分享和讨论疫情信息的频率较高，可见熟人是未成年人重要的疫情信息获取途径。

考虑到陌生人（非意见领袖）对未成年人可能产生的影响，以及部分主流媒体曾开通与疫情相关的直播间，本次调查中也试着考察“视频或直播的弹幕”，结果显示仅有9.9%的未成年人通过这种方式了解疫情信息。

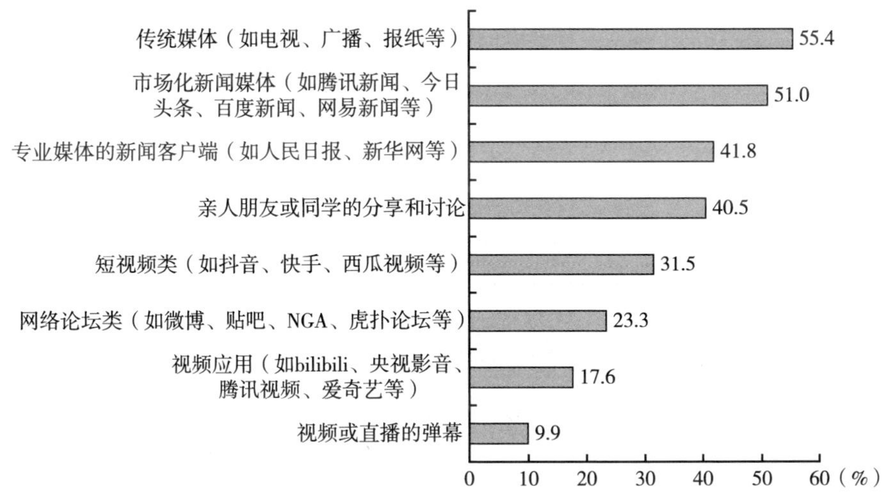

图1　未成年人了解疫情信息的渠道占比

值得注意的是，在图1列举的所有信息渠道中，仅在“短视频类（如抖音、快手、西瓜视频等）”一项，乡镇/村未成年人的选择率要高于城市未成年人，高出16.8%（见表1）；其他媒介渠道乡镇/村未成年人的选择率都要低于城市未成年人（本次调查以“家庭所在地”作为划分未成年人地域属性的依据，调查样本中，城市/县城的样本有810个，占比91.3%，乡镇/村的样本有77个，占比8.7%）。

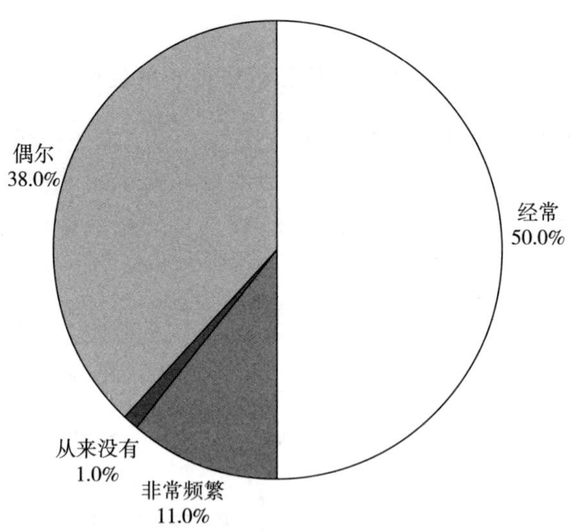

图 2　未成年人和家人/朋友分享和讨论疫情信息的频率

表 1　城乡未成年人使用短视频类应用了解疫情信息的比例比较

城市/县城	乡镇/村
30.0%	46.8%

2. 未成年人关注疫情信息的类型分析

调查显示，疫情期间未成年人对于疫情新闻信息的阅读时间较长，按照比例测算平均时间为0.89 小时（见图 3）。调查选择的 14 种与疫情相关的信息类型，未成年人整体关注度较高（见图 4），仅有“患者或家属通过网络求助”“湖北省的医疗物资和民生情况”“疫情相关国内/国际舆情信息”，未成年人对这三类信息关注程度不高，处于接近“比较关注”的程度。其他信息类型的受关注程度得分均在 67 分以上（百分制），处于“比较关注”和“非常关注”的区间内。

“学生开学考试等相关时间和安排”“学生假期和在家教育安排”最受未成年人关注。可以看出学生对与自己关系最为密切的学习安排最为关心。

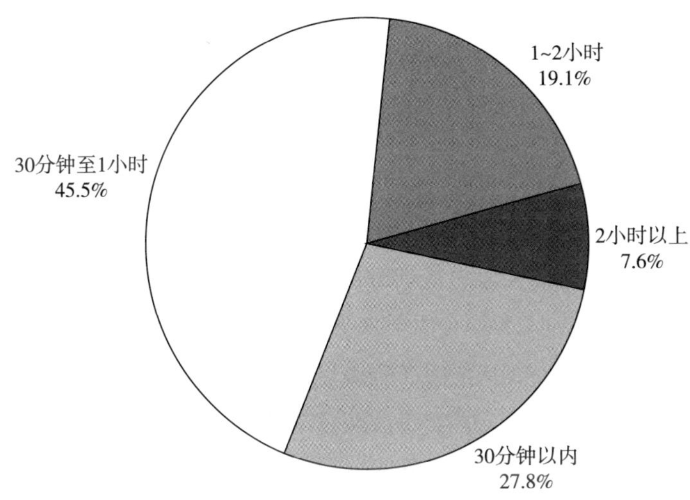

图3　未成年人每天关注疫情相关信息时间

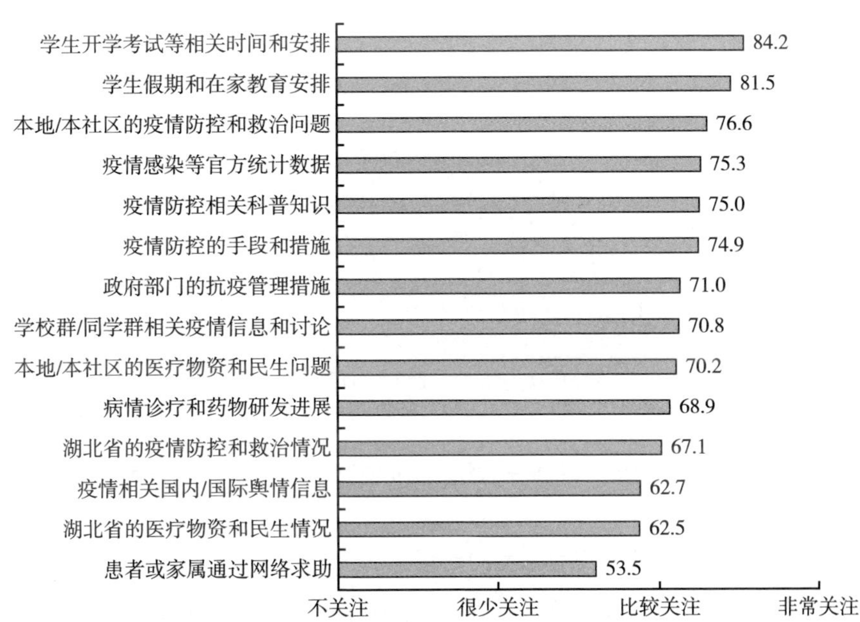

图4　未成年人对不同疫情信息类型的关注程度

注：图中数据为百分制下的得分，分值通过权重计算得出。

疫情下，传播疫情防控知识是媒体的重要职责，媒体也应该在传播方式、表达方式等方面确保传播效果，保证传播对象能理解和掌握疫情防控知识。未成年人同样是媒体传播疫情防控知识的对象，图5和图6分别展示了未成年人对相关疫情和防护知识的宣传理解难易度和对疫情防控知识的掌握程度的评价：相关疫情和防护知识的宣传符合绝大多数未成年人的理解能力，数据表现为63.1%的未成年人认为基本可以理解，35.4%的未成年人认为非常容易理解，仅有1.5%的未成年人认为不太容易理解和很难理解/看不明白；相对于相关疫情和防护知识的宣传理解难易度来说，未成年人对疫情防控知识的掌握程度虽然要弱一些，但也呈现较高的水平，44.0%的未成年人了解较多，7.7%的未成年人非常了解，仅有0.6%的未成年人表示不了解。

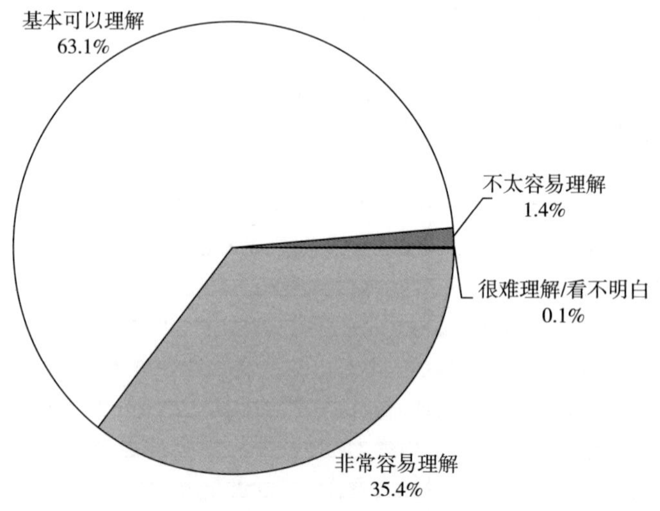

图5　未成年人评价相关疫情和防护知识的宣传理解难易程度

3. 未成年人对媒介信息可信度的判断

应急状态下，谣言多发频发，而且传播范围广、传播速度快。图7显示未成年人感觉网络谣言比较多，56.7%的未成年人认为网络上疫情相关谣言比较多，7.9%的未成年人认为谣言“很多”。

本次调查对于未成年人认为网络谣言的来源进行了调查。从调查数据可

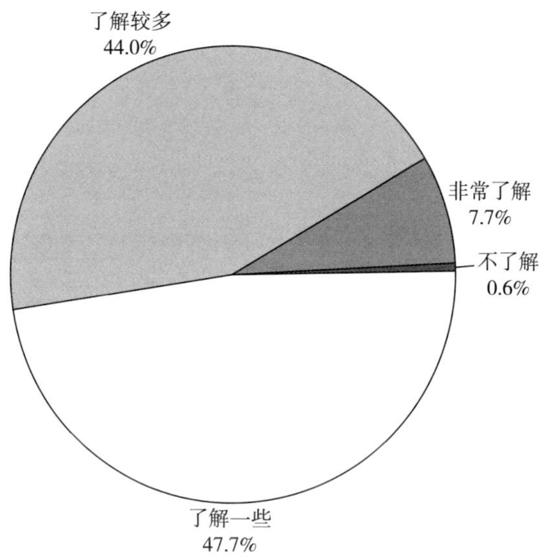

图 6　未成年人对疫情防控知识的掌握程度

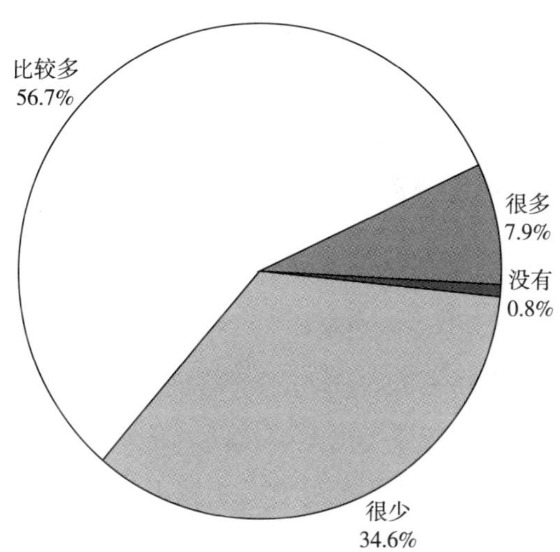

图 7　未成年人认为网上疫情相关谣言的数量

以看出，未成年人认为网上与疫情相关谣言的来源，与“未成年人了解疫情信息的渠道（见图 1）”有逻辑上的一致性：选择“网络论坛类”和“短视频类”是谣言主要来源的未成年人最多，而这两个渠道不是未成年人了解疫情信息的主要渠道；“传统媒体”、“专业媒体的新闻客户端”、“视频应用”和“市场化新闻媒体”在未成年人看来不是谣言的主要来源，未成年人使用这些媒体也比较多（见图8）。

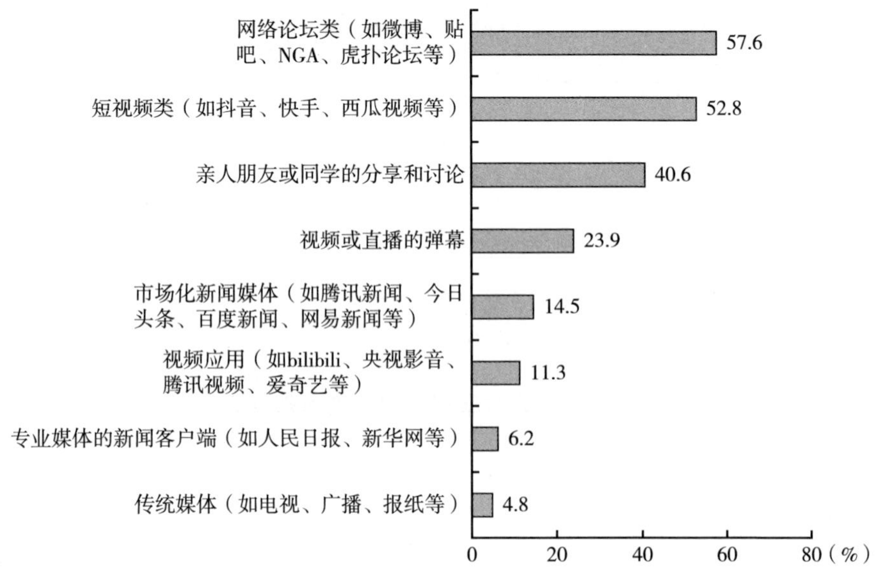

图8　未成年人认为疫情谣言主要来源

“未成年人认为信息最可信的渠道”呈现相似的结果（见图9），即“专业媒体的新闻客户端”“传统媒体”“市场化新闻媒体”最受未成年人信任。各种网络私人账号的转发、评论、弹幕的真实性最受未成年人质疑，自媒体账号和个人短视频直播等也不被信任。此外，数据显示乡镇/村未成年人相信短视频类和传统媒体的程度要高于城市/县城未成年人，对其他媒体的信任度则要低于城市/县城未成年人（见表2）。

疫情期间，政府对社会信息传播加强管控，微博、微信等媒体平台也有对疫情相关信息的删帖、禁评、禁转等行为，未成年人中有五成表示“视情况而定，如是不实信息则支持”，有超过四成认为“非常支持，这是国家维持社会稳定、安抚民心的必要举措”（见表3）。

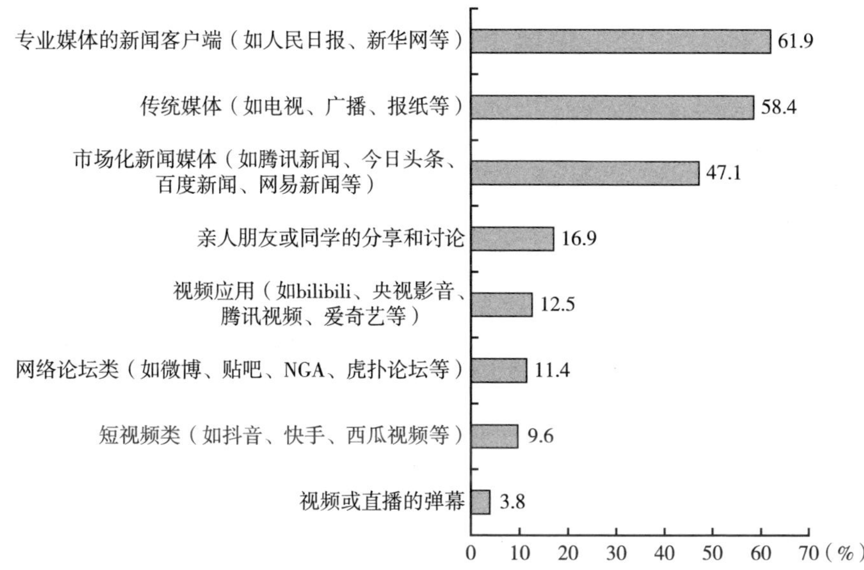

图9　未成年人认为信息最可信的渠道

表2　城市和乡镇未成年人对不同媒介信任程度的比较

单位：%

不同媒介	城市/县城	乡镇/村
短视频类(如抖音、快手、西瓜视频等)	9.5	10.4
传统媒体(如电视、广播、报纸等)	57.5	67.5

表3　未成年人对微博、微信等媒体平台对疫情相关信息的删帖、禁评、禁转等行为的看法

单位：%

看法	占比
非常支持,这是国家维持社会稳定、安抚民心的必要举措	42.6
视情况而定,如是不实信息则支持	50.3
较为反对,无论是何种信息都应该让子弹再飞一会儿	3.4
非常反对,应保留网络言论自由的空间	3.7

二　疫情下的生活学习情况

1. 疫情下未成年人的学习情况

“学习/复习功课（写作业、查资料、上网课、学新知识等）”和“看新闻了解时事”是疫情下未成年人最常做的事情（见表4）。图10展示了未成年人主要学习的网课内容，语数英以及物化生作为主要的学校课程占有较大比例。

表4　未成年人在疫情期间的日常活动

单位：%

日常活动	占比
学习/复习功课(写作业、查资料、上网课、学新知识等)	69.7
看新闻了解时事	66.6
学习做家务或者帮忙做家务(做饭、打扫卫生、洗衣服等)	52.5
上网玩游戏(或与游戏相关的直播、视频等)	48.7
刷微博、贴吧、抖音、快手等	46.9
和朋友同学聊天	46.0
做运动,室内做游戏	38.2
弹琴、画画、书法等兴趣技能练习	16.0

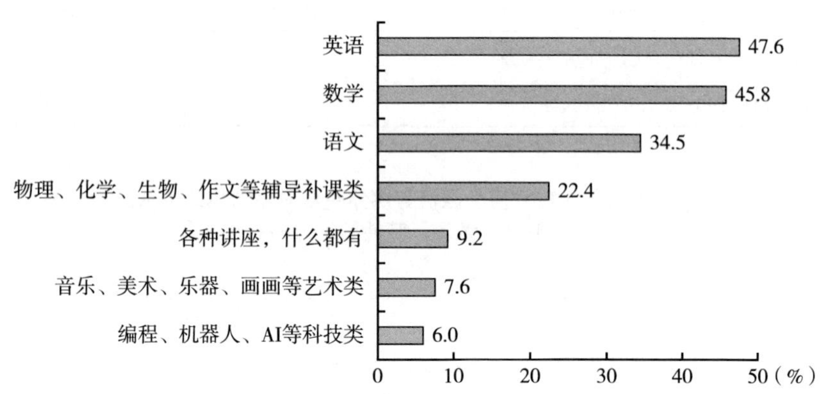

图10　未成年人主要学习的网课内容

进一步分析（见表5），乡镇/村的未成年人“学习”和“做家务”的比例要高于城市/县城的未成年人。在“看新闻了解时事”“上网玩游戏”

“刷微博、贴吧、抖音、快手等”“和朋友同学聊天”“做运动，室内做游戏”“弹琴、画画、书法等兴趣技能练习”都要低于城市/县城未成年人，而这些活动更多地依靠手机等设备，需要一定的经济实力，乡镇/村未成年人在这些方面弱一些。

表5　城乡未成年人日常活动的比较

单位：%

日常活动	城市/县城	乡镇/村
学习/复习功课(写作业、查资料、上网课、学新知识等)	69.1	75.3
学习做家务或者帮忙做家务(做饭、打扫卫生、洗衣服等)	52.1	57.1

2. 对在线课堂效果的满意度

线上课堂的效果，未成年人反映要弱于真实课堂。在数据表现上，有49.5%的未成年人认为线上课堂比真实课堂效果差，38.6%的未成年人认为两个差不多，仅有9.4%的未成年人认为线上课堂比真实课堂效果好（见图11）。

因为疫情的原因，各地学校推迟开学日期，未成年人对此事的感受有明显差异，开心和不开心的比例相近（见图12）。

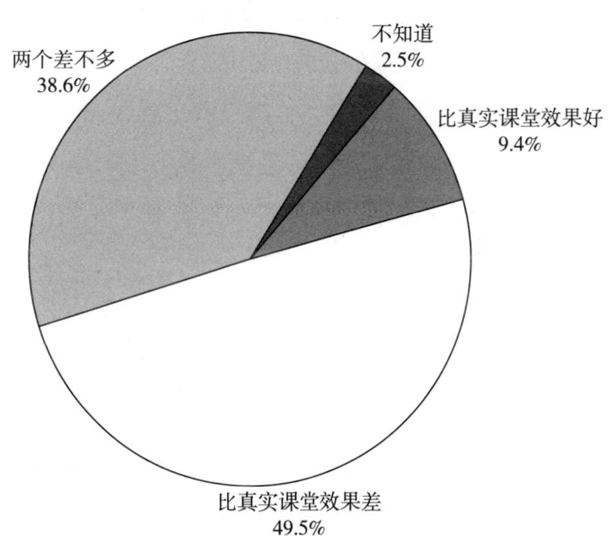

图11　未成年人对线上课堂的效果与真实课堂效果的比较

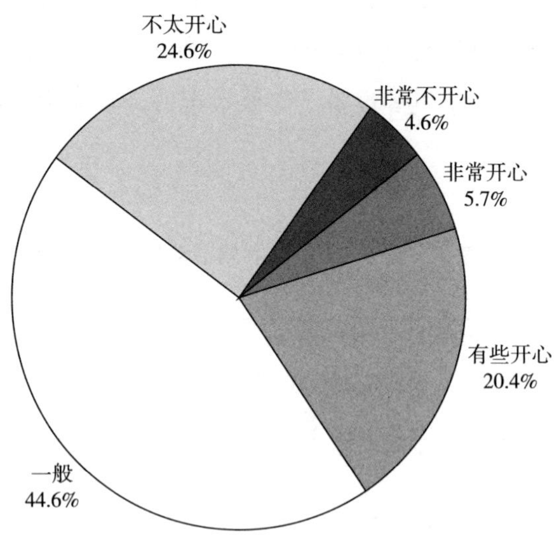

图 12　未成年人对推迟开学日期的感受

3. 疫情下未成年人的情绪

此次疫情暴发快，对生命威胁大，对生活秩序的影响也非常大，未成年人有一定的恐慌/害怕是在所难免的。通过调查数据可以看出（见图 13），疫情暴发以来，超过八成的未成年人对于疫情有一定程度的恐慌和害怕，自始至终都没有恐慌（害怕）心理的仅有 17.4%。

“早期有，现在已经不恐慌”和“早期没有，现在开始有所恐慌”的未成年人比例差不多。而“自始至终没有恐慌”的比例要高于“一直都很恐慌”的比例。可以看出，未成年人在对新冠肺炎有了一定的了解，对于防疫知识已经比较清楚的情况下，有 27.3% 变得不恐慌了。整体上，除了随着疫情态势而“来回波动，一阵一阵的恐慌”的 20.4% 的未成年人以外，“现在不恐慌”的未成年人比例（一直不恐慌 + 现在不恐慌）超过四成。

疫情的暴发，极大地影响了民众的情绪。本次调查将“未成年人自己当前的情绪”和“认为他人当前的情绪”进行对比，图 14 将负面情绪和正面情绪分开进行展示：首先，“担忧”是未成年人认为自己和他人的主要情绪，其次，未成年人认为他人的负面情绪要高于自己的负面情绪（除“无

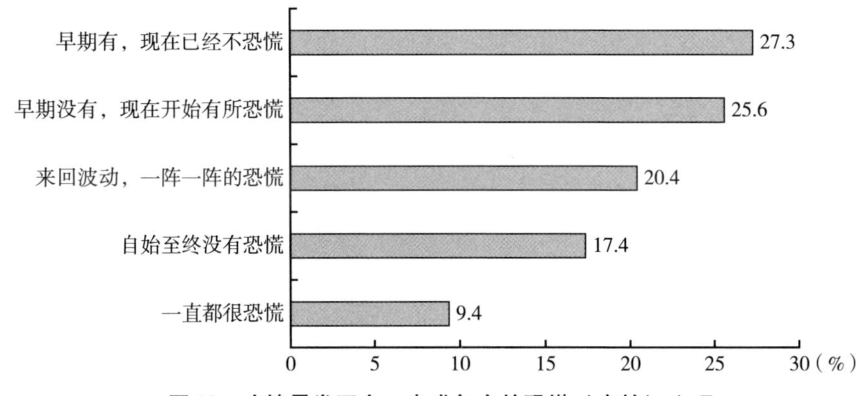

图 13　疫情暴发至今，未成年人的恐慌（害怕）心理

聊”外），他人的正面情绪要低于自己的正面情绪。

这里需要引起重视的是，这里所指的“他人”主要是未成年人的家人，或者是网上的他者，“他人”的负面情绪比未成年人高对未成年人的成长可能会造成不好的影响。

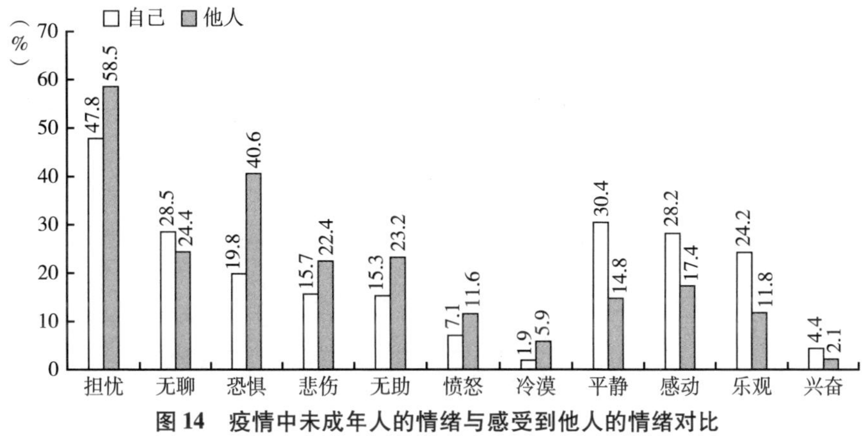

图 14　疫情中未成年人的情绪与感受到他人的情绪对比

4. 疫情下未成年人对从医期待增加

疫情是一次大的危机，但同时也是一次教育机会，对未成年人体会家国情怀、理解社会机理有一定帮助。党中央和政府在危机时期的重要举措，如对地方失职渎职官员的快速严厉处置，对感染者及其家庭的救助与扶持等，可以帮助未成年人认识我国处理重大危机的优势，增强道路、理论、制度和文化上的自信；疫情中有突出贡献的职业、人物，如医生、警察以及志愿者，还有奔赴前线的货车司机、慷慨捐款的普通人，能够加深未成年人对党的核心作用的认知和感受。

此次调查以“医务人员”作为疫情中做出重要贡献的典型职业而考察未成年人的态度，希望反映未成年人的价值观和是非观。调查中列举五种人物，未成年人对“抗击疫情的医务人员”和其他四种人物的评价形成非常大的反差（见表6），79.9%的未成年人认为医务人员非常好，“高价售卖口罩的人”和“隐瞒武汉经历的人”有八成左右的未成年人认为非常不好，对“湖北省的政府官员”和“抢购板蓝根和双黄连的人”的评价倾向于“不好”。

表6　未成年人对此次疫情中有关人物的评价

单位：%

不同人物	非常不好	不好	好	非常好
抗击疫情的医务人员	1.9	2.1	16.0	79.9
湖北省的政府官员	24.4	43.0	27.2	5.5
高价售卖口罩的人	80.5	14.0	3.6	1.9
抢购板蓝根和双黄连的人	26.4	65.1	6.0	2.6
隐瞒武汉经历的人	78.0	17.0	3.2	1.8

如今期待成为医护人员的未成年人超过五成，包括“以前期待从医，如今更期待了”（20.7%）和“以前没有想过从医，如今非常期待”（34.2%），可见经过此次疫情，医护人员在一些未成年人心中的形象有所提升（见图15）。

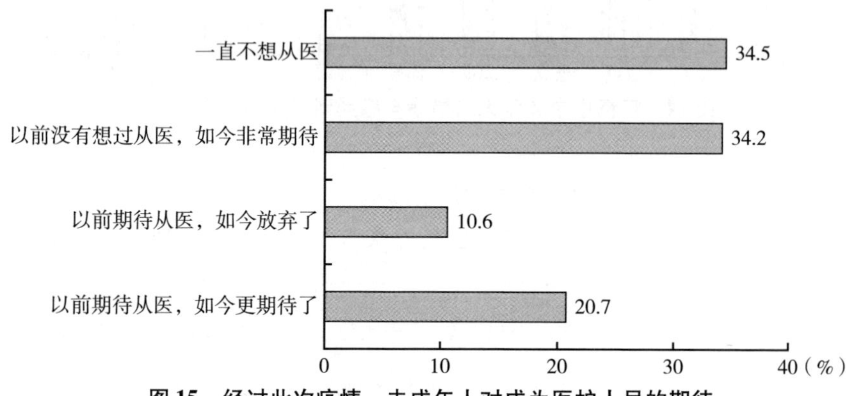

图15　经过此次疫情，未成年人对成为医护人员的期待

三 反思和讨论

1. 保障疫情下未成年人的教育

作为突发公共卫生事件，新冠肺炎疫情对未成年人的生活学习带来了极大挑战，但同时又处于整个国家都面对极大挑战的背景下。2 月 7～8 日（问卷发放的日期，正常情况下学生还未开学），不少学生已经开始了网上直播或录播的学习，教育机构急切地借助于互联网的便利抢占“网络课堂”的高地，学生的假期生活也在“停课不停学”“延期开学”的压力下充斥着各种学习与补习。

仓促开展的网络教育，给学生、家长、老师、管理部门，以及直播平台都带来巨大的挑战：教师需要适应线上教学，还要学习使用直播软件等；学生也需要克服各种障碍和诱惑，集中注意力听课，保证学习的高效率也是一件难事；而不少家长少有与孩子长期相处的经验，也可能因为工作生活被耽误而产生负面情绪和压力，指导孩子学习也是压力来源之一。

疫情下的未成年人教育，需要根据学生的实际情况，由家长、学校共同制定在家学习方案。对于年级低一些的学生，课业压力相对不大，可以安排一些家务的学习，在特殊时期要让孩子学会自我管理、合理作息，保持良好的学习生活节奏，引导孩子直面疫情、心怀感恩、学会独处；对于年级高一些的学生、课业压力较重的毕业班，家长除了做好后勤工作、保障学生作息和饮食外，也要合理沟通纾解压力，做好孩子的心理防护，一定要给予孩子积极关注，避免过度担心孩子的学习进度，此外在孩子出现明显问题时要寻求专业帮助。

2. 合理进行教学安排

网络课堂的效果不能令学生和家长满意，而且加重了疫情下家庭相处的压力和负面情绪。此外调查结果也反映出，网络课堂的内容仍是传统的学校课程，也就是说中小学学生在线教育教学的模式是将文化类课程移植到了网上，过于强调语数英学习，而忽略了其他课程，如兴趣类、素质培养类课程。

学生在疫情期间需要学习的首要内容，同时家庭、学校、教育机关等相关主体需要协同传授的，应该是有关新冠肺炎疫情的知识、自我防护的意识和方法等。可以通过科普读物、电视、官方网站等权威、正规的渠道，反复提醒未成年人做好自我防护；可以引导未成年人规范地戴口罩、正确地勤洗手、正确使用合适的防护药物等，帮助他们认识肺炎病症，了解疫情，增进他们对病毒致病原因、传播途径、感染防治等知识的了解。而日常文化课程，虽然对学生来说也非常重要，但可以在疫情结束后通过调整课时、调整假期等方式弥补，停课不停学，更应重视公共卫生和心理健康教育。

由于过早地开展传统学科网上教学，以及开学时间的推迟，很多问题如包括高考在内的各种考试时间是否推迟，暑假时间是否会缩短或取消等也引起社会的热烈讨论。相关部门需要妥善制定措施，了解各地学生情况，在进行政策制定、信息公布与传播的时候，应该确保做到有理有据，不仅要考虑到本地的实际情况，也要保证与全国形势相契合。学生通过网络可以很方便地了解其他省市的相关政策措施，如果与本地差异过大，而且没有很好地理解各地情况，可能会引起学生的反感与不满。

3. 确保健康的媒介信息环境

尽管未成年人在假期学习方面存在一些问题，但他们在其他方面的表现值得赞扬。从调查结果来看，专业新闻媒体在此次疫情中扮演着非常重要的角色，未成年人在使用倾向、接触程度、信任程度上都偏向于专业新闻媒体，关注疫情的时间也比较多，对于谣言治理、舆情管控等措施也都有着较为清晰的认识，体现出未成年人具有较高的信息素养。

但是媒介信息环境并不乐观，除了谣言外，媒体报道可能会忽略对未成年人的保护，如有报道称疫情期间出现了类似“撇下孩子，夫妻奔波在战疫一线”“孩子刚出生，他却主动申请投入抗疫一线”等与儿童相关的新闻报道。尽管这些报道意在疫情中凸显某些正确的意识形态，或者价值观的宣传，但忽略了应该注意对家中孩童的保护，这种报道可能产生不良影响。新闻传播领域应该加强对于此类忽视未成年人角色新闻报道的筛查和规范，从业者在涉及未成年人的报道中应该注意基本的伦理规范。

疫情期间未成年人在家娱乐也是一种常态，玩游戏看视频等线上娱乐方式不可避免。当下对这些娱乐方式负面影响的讨论主要集中于“未成年人沉迷游戏”“游戏和视频中的色情暴力内容”，以及随着移动支付手段的发展而加重的“未成年人游戏消费”问题。对于家长来说，需要合理地指导未成年人使用智能手机或网络，而且需要了解孩子在网上干什么，具体办法如在未成年人手机中安装和使用不良信息过滤软件，通过监测手机应用的使用时长了解未成年人手机的用途等；监护人也可以和未成年人制定网络使用规范，在未成年人同意的情况下明确使用网络的时间、地点、用途，共同设置必要的付费方式、账户密码等；家长自身也需要为未成年人树立正确用网的典范，不随意在未成年人面前展示游戏、视频文字等内容。

4. 引导未成年人全面认知疫情

如此重大的一次突发公共卫生事件对未成年人群体不只是产生不能外出玩耍、假期延长、网上学习等短期变化，本次疫情也将成为这一代人深刻的群体记忆，并因此可能形成与其他代际群体不同的心理、社会适应、人生观、价值观等内在特征。

疫情期间，未成年人的心态和情绪有着较为积极的表现，比感受到他人的积极正向情绪要高，负面情绪要低，而且能克服恐慌害怕的心理。生命教育和爱国教育非常重要。对于未成年人来说，疫情是教导他们珍惜生命、认识生命的一个契机，他们有必要通过合理有效的方式了解新型冠状病毒感染可能引发哪些病症，借机教育他们要勤洗手、讲卫生、敬畏自然、敬畏生命和珍惜生命，更有动力去学习必备的生存技能以保护生命，更注重养成健康生活方式和积极锻炼习惯以更好地延续生命，与自然和谐相处。

本次疫情影响极大，不仅威胁到人们的生命安全，经济发展、社会稳定、文明生态也都会受到影响。而在党和国家的正确领导下，人与人之间的信任、个人与社会的关系、个人与国家与党的职责，还有中国与世界的关系能健康发展需要各界更多努力和人民共同参与。作为中国未来发展的希望，未成年人应该明确肩上负有助力社会发展、保护国家安全和提升国际形象的

责任，要听从党和国家号召，尽自己所能为疫情防控做贡献，为国家发展做贡献。

在本次新冠肺炎疫情防控工作中，涌现出了无数感人至深的先进人物、先进事迹，有奋战在一线的医护人员，有捐款捐物的“无名英雄”；当然也有扰乱社会秩序和市场经济秩序、危害社会稳定的人员，疫情中好与坏更加凸显，因此要注重教育引导未成年人关心国家、关注社会、关爱他人，培养他们向上向善、心有大爱的优秀思想品德。同时通过这场和每个人切身利益息息相关的公共事件，引导他们增强社会责任感，养成良好的是非观和善恶观。调查结果也显示未成年人对医护人员的敬重，对其他有非法扰乱社会秩序人员的厌恶。

区域报告

Regional Reports

B.15
上海中学生互联网运用现状

林 频 华莉莉*

摘 要： 本文基于实证调查，在分析上海中学生互联网运用的基本状况和行为特征过程中发现：中学生触网年龄呈低龄化；在线学习成为使用网络最重要的目的，网课学习以应试为主；网络社交维系现实交往，为展示自我提供平台；网络参与渐成社会化途径之一；微信成为亲子沟通重要方式；网络素养情况总体良好；网络安全隐患纷繁复杂。为解决上海中学生在用网的时间控制、信息判断、快餐化阅读、亲子关系、网络安全等方面面临的问题和挑战，上海在智慧城市建设过程中应充分考虑青少年的作用与需求，团队组织和教育部门要积极发挥主导作用，为青少年营造安全健康积极的互联网环境。

* 林频，上海市青少年研究中心助理研究员，主要研究方向为媒体传播与儿童；华莉莉，上海市青少年研究中心主任、副教授，主要研究方向为青少年发展与教育、共青团工作。

关键词： 中学生　互联网运用　网络学习　网络社交　网络安全

一　前言

作为打造全球新型智慧城市的上海，其城市信息化整体水平一直保持国内领先。上海教育信息化也蹄疾步稳，正跨入从“量变”到“质变”的关键阶段。“00 后”上海中学生身处本轮信息化浪潮之中，他们对于互联网新媒体有着天生的适应能力，并逐渐将自身与网络环境融为一体。网上的学习生活方式、网络新媒体的资讯便利为他们打开了认知世界的大门，同时也考验着他们选择、判断和思辨的能力。了解中学生对于互联网的使用状况，理解他们对于自身所处媒介环境的评价与期望，分析互联网环境对他们产生的影响，正是全党全社会关心关怀新时代青少年、优化青少年成长环境的前提与基础。

上海市青少年研究中心以上海市初中预备年级①至初三年级、高中一年级至三年级的青少年为调查对象，采取整群分层随机抽样的原则，发放电子问卷 2223 份，有效问卷 2214 份，有效回收率 99.6%。样本的描述性统计情况如表 1 所示。

表 1　样本描述性统计（N = 2214）

类别	选项	频数	比例(%)
性别	男生	986	44.53
	女生	1228	55.47
年级	预备年级	356	16.08
	初一年级	344	15.54
	初二年级	318	14.36
	初三年级	360	16.26
	高一年级	317	14.32

① 预备年级是在初中阶段，介于小学五年级和初一年级之间的年级，相当于六三制中的六年级，上海作为部分五四制的城市，将六年级调换到初中阶段，即小学五年，初中四年。

续表

类别	选项	频数	比例(%)
年级	高二年级	283	12.78
	高三年级	236	10.66
学校区域	中心城区(静安、徐汇)	518	23.40
	副中心城区(浦东、宝山、嘉定)	1189	53.70
	郊区(青浦、金山)	507	22.90
独生子女	是	1806	81.57
	否	408	18.43
单亲家庭	是	238	10.75
	否	1976	89.25
上学方式	寄宿	170	7.68
	走读	2044	92.32

二 上海中学生互联网运用基本状况

（一）触网年龄继续呈低龄化态势，偏爱宅家用网

1. 触网年龄

调查显示，上海中学生的首次触网年龄主要集中在6～10岁，占比在54.16%，5岁以后首次触网开始明显增多。7岁（入学年龄）之前首次触网比例达36.01%，这一数据高于全国调查[①]结果8.11个百分点。10岁之前首次触网比例高达66.77%。从趋势来看，上海中学生首次触网年龄低龄化趋势明显。10岁以后触网在高三学生中的比例占到20.3%，但预备年级学生比例仅为12.9%。从性别来看，男生的触网年龄明显早于女生。触网年龄在6岁及6岁之前的男生占比27.7%，而女生的比例仅为17.6%。

2. 上网设备及场所

随着互联网技术的不断发展，上网设备日趋多样化。调查显示，上海中

① 杨斌艳、吕静：《未成年人互联网运用状况》，载季为民、沈杰主编《中国未成年人互联网运用和阅读实践报告（2017～2018）》，社会科学文献出版社，2018，第36页。

学生选择的主要上网设备为手机（68.53%）、电脑（16.46%）、平板电脑（14.63%），使用智能机器人（小度音箱、天猫精灵、Alpha 蛋等）、智能手表的学生超过 10%。从性别来看，手机的使用率女生（71.2%）明显高于男生（59.5%），而电脑的使用率男生（19.6%）高于女生（12.9%）。首选手机上网的比例与年级呈正相关，预备年级占比为 39.3%，从高一开始数量激增，高三年级占比达 85.2%。iPad/平板电脑的使用明显趋于低龄化，与年级呈负相关，高中生的平均使用比例仅为 4.5%（见图 1）。

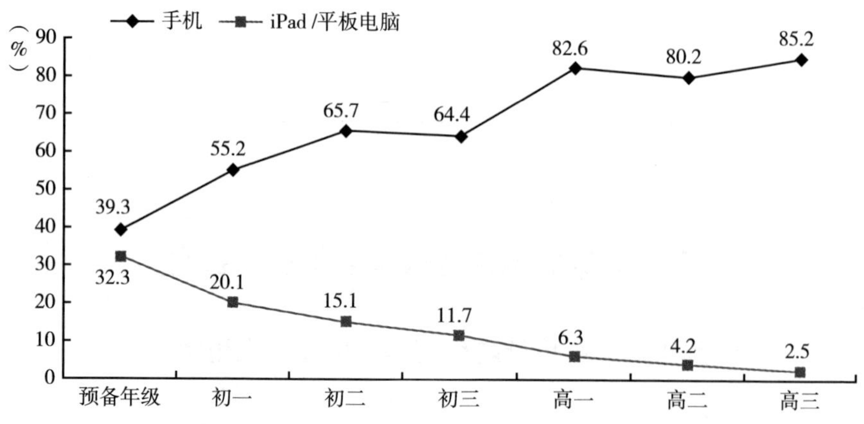

图 1　手机、iPad/平板电脑使用趋势

上海中学生更偏爱宅家用网。他们使用互联网的场所主要是“家里”（94.42%）、“随时随地”（4.41%）以及“学校”（0.94%）。由于上海对于未成年人进入网吧的监管力度极大，网吧已不再是学生上网的场所。

3. 上网频次与时长

调查显示，工作日期间，每天上网的中学生占比 60.46%，其中一天上网 3 次及以上占比 15.66%，每天上网时间 1 小时及以上占比 34.1%。双休日上网的中学生占比 82.98%，上网 3 次及以上占比 44.24%，上网时长 1 小时及以上的多达 76.64%。

从性别来看，女生的上网频次和时长均略多于男生。其中工作日每天上网时长 1 小时及以上的，在女生中占 35.7%，男生中占 29.1%。从成绩来看，成绩与上网频次和时间呈现一定相关性。成绩优秀学生工作日上网一天3次及以上的占比12.9%，工作日每天上网两小时及以上的占比8.2%，成绩较差的学生中这两种情况分别占20.5%和19%。从家庭情况来看，以中学生工作日上网时间为例，非单亲家庭的学生“从不玩”和每天“上网半小时以内”的比例要高于单亲家庭的学生；而其他上网时间中单亲家庭学生的上网时长明显要多于非单亲家庭（见图2）。

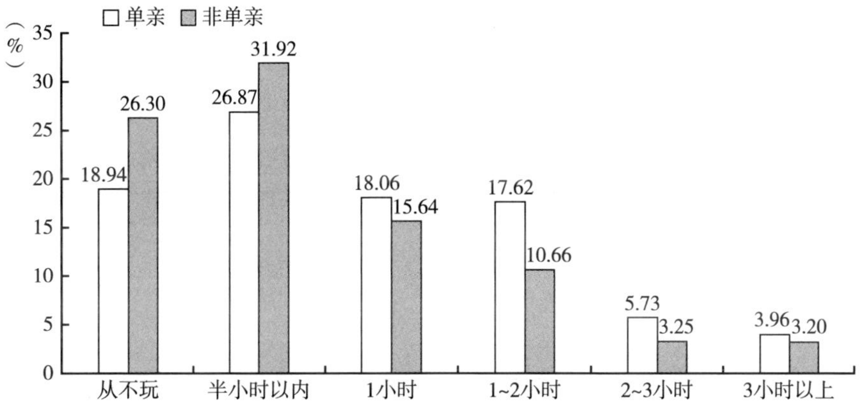

图2　家庭情况对上网时间的影响（工作日）

（二）在线学习已经成为使用网络的最重要目的，学习和健康矛盾并存

1. 上网目的与功能

上海中学生上网的需求主要是学习、放松和交友。调查显示，从上网目的来看，依次为“完成作业、查资料”（49.91%）、“放松休息”（46.58%）、“娱乐游戏”（44.42%）、“交友交流”（40.43%）、“上网课”（33.91%）、“了解时事”（31.05%），其余还包括“扩大知识量”（17.21%）、“表达自我/晒朋友圈”（6.99%）、“参与网上讨论”（2.91%）、“获取各类生活服务”（1.64%）等。从使用功能来看，依次为“在线学习”（56.38%）、“音乐”（50.42%）、“使用QQ”（36.68%）、“游戏”（31.71%）、“视频”

（26.74%）、“微信”（24.62%）、“新闻”（21.01%）。在线学习已经明显成为上海中学生使用网络的最重要目的。

从年级来看，使用网络除放松娱乐外，高年级学生“交友需求”更为强烈，低年级学生则是“上网课”需求更为明显。从成绩来看，互联网行为和中学生的成绩具有一定的相关性。成绩优秀的学生在使用“在线学习”功能方面要高于其他学生，而在“游戏”等娱乐功能使用上明显低于其他学生（见表2）。家庭因素也对网络功能选择产生一定影响。单亲家庭学生在娱乐功能如“音乐”“游戏”的使用上明显多于非单亲家庭学生。

表2　成绩与互联网行为

单位：%

成绩	网络行为占比排名前5				
	第1	第2	第3	第4	第5
优秀	在线学习(61.90)	音乐(44.51)	QQ(33.33)	游戏(26.01)	微信(25.82)
中等	在线学习(53.91)	音乐(49.28)	QQ(35.99)	游戏(29.69)	视频(25.89)
较差	音乐(51.57)	在线学习(43.70)	游戏(43.70)	QQ(35.04)	视频(30.71)

2. 网络认知

学习的便利是上海中学生认同上网的最重要因素。调查显示超六成学生（60.46%）认为，上网给他们带来的最大好处为“获得知识变得容易了”；31.71%的学生认为“学习方便了，很多课程/作业可以在网上进行”；18.71%的学生认为“通过网络学习了很多新的技能”。

但上海中学生在认同互联网提供学习便利的同时，认为上网对身体健康造成一定影响。调查中52.11%的中学生认为，由于上网，自己“比以前更爱待在家里，运动减少了”，41.28%的中学生认为自己“用电脑和手机太多，视力下降很快”。值得注意的是，此次调研中有69.61%的中学生眼睛近视。

（三）网课学习内容以应试教育主课为主，网络学习效果认同度不高

1. 网课学习内容与时间

依托互联网开展学习成为现代教育的趋势和方向，尤其是2020年发生

疫情以来，网课正式成为主要教学方式。调查显示，多达94.65%的上海中学生参加了各种内容的网课，没上网课的中学生仅占到5.35%。从网课内容来看，主要是语文、数学、英语三门主课，占比分别为72.98%、86.59%、82.88%。其他网课内容还包括音乐绘画艺术类、编程、人工智能及乐高等。网课占据了上海中学生相当一部分时间。每周网课时间在8小时以上的学生占36.82%，5~8小时占20.73%，3~5小时占21.11%，1~2小时占13.65%，1小时以内占7.69%。年级越高每周网课的时间越长，预备年级学生中每周上网课8小时以上的占23.31%，到了高三，这个比例增至55.08%。

2. 网络学习认同与效果

中学生对网课的学习效果认同度不高。仅四成左右的学生表示喜欢网课，其中“非常喜欢”占9.76%、“比较喜欢”占33.21%，其余则表示“一般”（41.09%）、“不太喜欢”（8.82%）、“很不喜欢”（4.36%）和“不清楚”（2.76%）。认为通过网课自己的学习成绩有“明显提高”的学生仅占到3.94%，约一半认为“有所提高”（51.88%），认为“没有作用”和“不清楚”的分别占11.63%和32.55%。从年级来看，对网课效果的认同度与年级呈负相关。认为网课对自己学习成绩没有作用的，在预备年级占7.3%，这个数字到高三增加至19.5%（见表3）。此外，成绩优秀的学生认同网课效果的比例高于其他学生。

表3　网课学习对提高学习成绩的效果评价

单位：%

效果评价	预备年级	初一	初二	初三	高一	高二	高三
明显提高	4.8	5.5	5.3	4.7	1.6	1.1	2.5
有所提高	57.6	60.8	48.4	50.6	47.3	42.8	36.0
没有作用	7.3	6.4	11.6	8.3	13.9	15.2	19.5
不清楚	23.3	22.4	33.0	32.5	35.6	37.8	39.0

（四）互联网文化全方位渗透中学生生活，视频新生代标签明显

1. 图文视频 App 使用习惯

上海中学生偏爱视频类 App，从经常浏览的图文视频类 App 来看，有视频网站（如爱奇艺、腾讯视频、优酷、芒果 TV 等）（51.74%）、二次元类（如 A 站、B 站、腾讯动漫等）（46.62%）、短视频类（如抖音、快手、西瓜视频等）（34.85%）、网络论坛类（如微博、贴吧、NGA、虎扑论坛等）（23.5%）、网络文学平台类（如起点、晋江等小说阅读 App）（21.9%）、网络直播平台（如斗鱼直播、企鹅直播平台等）（10.93%）。从年级来看，二次元类、网络论坛类 App 的使用和年级呈正相关，短视频类、视频网站 App 的使用总体和年级呈负相关（见图 3）。从性别来看，女生偏爱网络论坛类和网络文学平台类 App，男生更青睐网络直播平台类 App。

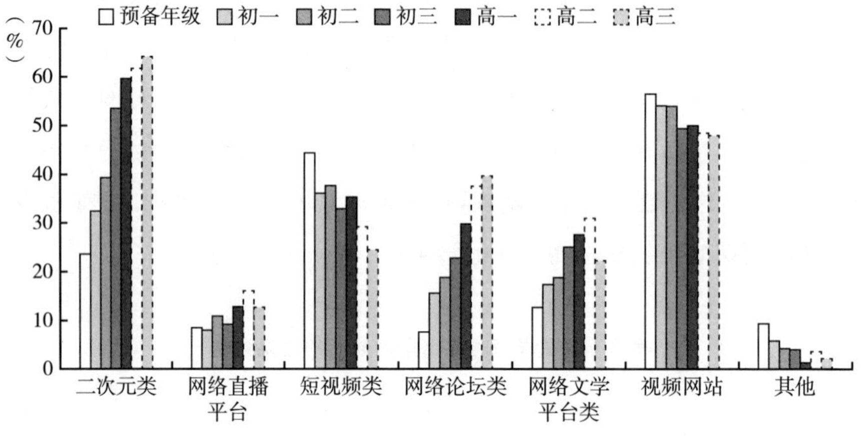

图 3　各年级视频 App 使用习惯

2. 话语体系

超过七成的上海中学生表示会使用网络流行语，其中 16.28% 表示生活中“经常使用网络流行语”，20.83% 表示生活中“较多使用”，35.98% 表

示“有时使用”。“CP”“skr”“扩列”“养火花”“ky”“战五渣”等是学生比较流行的网络词语。

3. 行为模仿

约七成学生会在生活中模仿网络上的各种行为，如“学唱网上的流行歌曲”(45.83%)、“模仿网络上说话的方式”(27.86%)、“会去买网上流行的东西”(11.21%)、“模仿穿衣打扮”(11.07%)、“模仿网上流行的娱乐活动”(9.47%)、“尝试网上流行的新玩法（团购、直播、上传视频等)”(4.36%)。从性别来看，男女生的网络行为模仿差异明显，女生偏爱“学唱网上的流行歌曲”；相比女生，男生偏爱“模仿游戏中的人物”(见图4)。

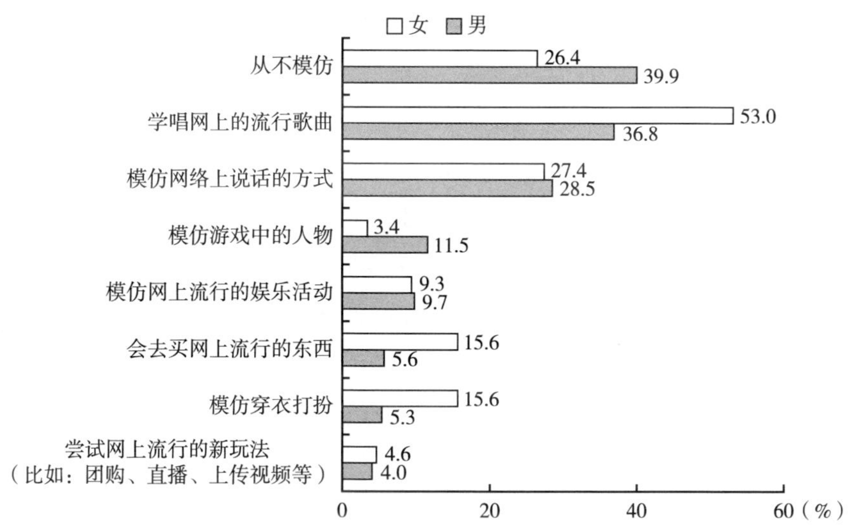

图4　不同性别的网络行为模仿差异

4. 理想职业

网络时代，中学生的理想职业在悄然发生变化，除了教师、艺术家、医生、企业家、工程师等传统职业外，13.27%的上海中学生希望自己成为“游戏玩家”，9.8%期待成为“AI高手”，6.89%希望成为“明星”，3.38%希望成为“网红”。男生选择成为游戏玩家的比例高达20.8%。

（五）网络社交搭建平台维系现实交往，发布兴趣、分享心情是交流展示的主要内容

1. 社交平台选择

互联网社交正日益成为人们最重要的社会交往方式，中学生维系友谊也从校园延伸到了网络平台上。上海中学生最常用的社交软件或平台主要是“QQ”（54.08%）和“微信”（39.35%）。高中生使用QQ的比例明显高于初中生，初中生使用微信的占绝大多数，尤其在低年级中微信的使用率占到72.47%。这是由微信和QQ的迭代发展以及学生使用习惯的延续所造成的，主要社交平台渐由QQ向微信转变，但QQ在学生人群中仍占据相当的比例。

2. 交流展示情况

社交平台是展示自我的舞台，47.65%的学生会在社交平台上发布“自己的兴趣爱好”，39.4%的学生会发布“即时的心情感想”，其他发布的信息还有“自己的学习情况”（18.76%）、“自己的独特个性”（17.12%）、“自己和朋友的交往情况”（15.9%）、“自拍照”（10.27%），以及“自己遇到的感情麻烦”（7.04%）等。不同性别在社交平台展示自我的内容有所差异，晒“即时的心情感想”的女生占比（47.4%）要明显高于男生（29.2%）（见图5）。单亲家庭学生通过社交平台发布自拍、心情感想、自我个性的比例高于非单亲家庭学生。

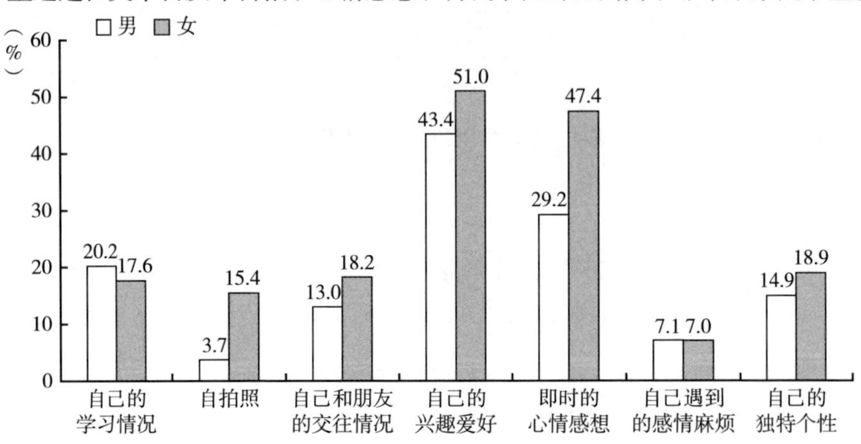

图5　性别对社交平台展示的影响

在社交平台发布更新动态的频率方面，42.31%的中学生表示，自己在社交平台上“几天更新一次动态”，4.41%和3.94%的调查对象分别表示“每天更新一次自己的动态”和“每天都发很多动态”，另有40.48%的中学生表示自己“只关注别人，一般不发自己的动态”。

3. 网上的好友圈

上海中学生在网络上的社交圈和他们在现实中的交友圈很大程度上重叠。多数中学生能够以理性的态度进行以熟人为主要对象的网络社会交往。82.83%的中学生在网上交流的好友“大多是现实生活中认识的人”，但也有3.89%表示网上好友“大多是通过网络认识的人”，另有13.28%表示网络好友中“前述两类人基本上一样多”。

认识网上新朋友的途径多种多样，调查显示主要有“一起聊天”（41.09%）、“朋友的朋友”（39.21%）、“一起玩游戏”（33.54%）。其他认识的途径还有通过“网上互动（评论、送礼物、投票等）”、“对方主动要求加好友”、“自己搜索感兴趣的人”和“网络自动推荐”等。六成中学生表示这些网上认识的新朋友与他们在现实中没有交往，“只在网上交流”（60.27%）。但也有8.63%学生表示和新网友“在现实中见过几次面”，7.97%表示“在现实中经常见面”。表示和网上新朋友“肯定会”长期交往下去的中学生仅占4.03%。

在网络上进行倾诉是中学生疏解心理压力的重要方式。将近四成的中学生表示，如果在现实生活中遇到烦恼的事，会习惯通过网络来与人交流，23.64%的被访者选择“在网络中向好朋友诉说”，2.58%会“在网络中向陌生人诉说”，还有11.12%会“在网上发帖子/心情”。单亲家庭学生遇到烦恼时，“在网络中向好朋友诉说”（29.1%）的比例高于非单亲家庭（23.0%）（见图6）。

4. 网络社交利弊认知

上海中学生对网络社交认知相对冷静客观。关于网络社交的好处，36.59%的被访者认为是“能与好友保持联系”，互联网生活本身就是现实生活的延伸，它拓展了现实生活的时空。其余中学生认同的网络社交好处依次还有：“方便发表自己的观点”（11.26%）、“能更快了解新闻”（10.88%）、

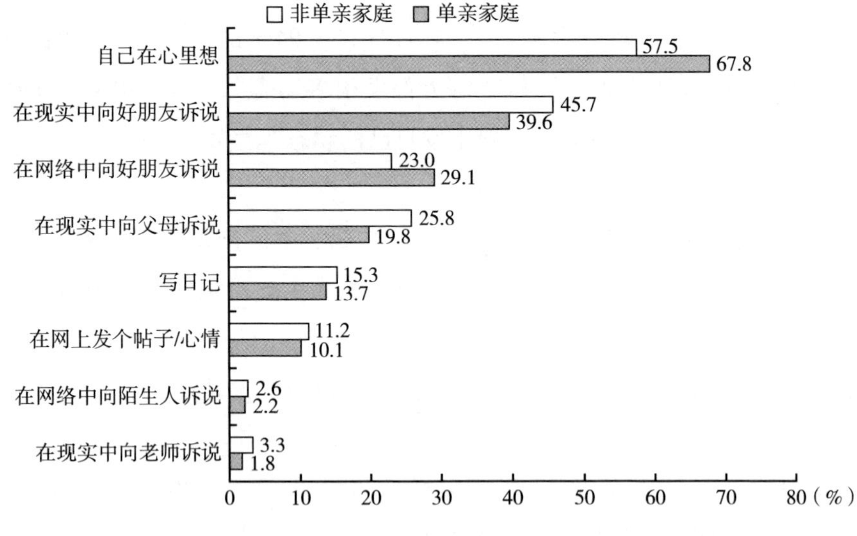

图6　家庭情况对倾诉方式的影响

“能方便参与感兴趣的话题讨论”（10.6%）、“能及时了解好友动态”（10.18%）、“有朋友互动，游戏更好玩”（9.8%）、“能随时结交新朋友”（8.21%）。

中学生也能客观思考网络交往带来的弊端。超过1/4的学生认为网络社交“太耗时间，耽误学习”（26.13%）。22.84%的学生表示会造成“个人信息泄露”，其中包括自己的姓名、性别、年龄、学校班级、照片、QQ/微信号、电子邮箱、手机号等各种真实信息。被访者选择的网络交往消极作用还有“整体宅着，运动变少”“不良信息太多”“容易受骗上当”“现实交往减少，性格变孤僻”。

（六）网络参与渐成中学生社会化的途径之一，多数中学生对网络行为参与仍持谨慎态度

1. 网络参与方式

互联网给青少年搭建了充分表达自己的平台，青少年的社会参与从现实世界延伸至虚拟的网络世界。当被问到“对网络上大家都关注的社会热点

事件，你通常会怎么做”时，55.58%的中学生表示自己会“浏览大家的评论”，37.76%会“在现实生活中与人讨论”，14.45%会“对事件的报道进行转发分享”，当然也有40.71%表示“只是随便看看相关消息”，仅8.58%表示“从不关心”。在网络中，中学生也扮演着“传播者”的角色，他们会就网络热点话题进行探讨，以不同传播参与方式表达自己的观点，在网络舆论世界里发表自己的意见。通过网络参与，中学生中也会出现“意见领袖”。除了主动表达意见，“潜水或旁观”其实同样也会影响中学生的思想世界。

随着年龄的增长，中学生对热点事件的关注程度逐渐升高，对事件进行“转发”“跟帖讨论”“浏览评论”“在现实中讨论”的学生占比均随着年级增长而增多，而“随便看看”和“从不关心”的在低年级中占比较多。成绩优秀学生对于热点事件的积极关注高于其他学生（见表4）。

表4　各年级对热点事件关注行为

单位：%

关注行为	预备年级	初一	初二	初三	高一	高二	高三
对事件的报道进行转发分享	8.8	12.2	16.0	18.2	17.3	13.9	14.8
进行跟帖讨论	4.2	7.6	7.7	9.8	9.6	8.4	10.0
浏览大家的评论	36.3	47.7	55.6	57.5	66.7	64.6	65.9
在现实生活中与人讨论	33.8	36.7	36.4	38.2	35.3	39.4	47.6
只是随便看看相关消息	45.6	43.4	40.3	41.0	37.8	36.5	38.9
从不关心	17.8	9.8	8.9	7.8	4.8	4.4	4.4

2. 网络参与行为与态度

多数中学生对于网络行为的配合参与程度不高，浅度参与成为主要倾向。被问到“如果有人在网上组织帖子转发、集体讨论或顶帖，你会配合参加吗?”，表示“可能会”和“肯定会”参加的中学生分别占20.54%和1.88%，表示“可能不会”和“肯定不会”的占28.85%和39.45%。配合参加网上组织的集体声讨、快闪活动、人肉搜索的中学生比例更低，表示“可能会”和“肯定会”的占比分别为5.3%和1.08%，而明确表示“肯定

不会”的占71.76%。可见对于互联网上各种传播参与行为，上海中学生普遍呈谨慎的态度。

（七）微信成为亲子沟通重要方式，孩子和家长互相学习网络技能

1. 新型亲子关系

网络时代的亲子关系同样从线下延伸至线上，微信渐成为亲子沟通方式。超过八成上海中学生和自己的父母会在微信中互动，“经常”和“总是”互动的占到25.47%和7.88%，“有时”互动的占29.97%，“较少”发生微信互动的占21.86%。不少父母会在微信朋友圈“晒娃”，表示父母“经常”和“总是”在朋友圈发孩子照片的约占6%，“有时”会发的占24.53%。独生子女家庭亲子微信互动略多于非独生子女家庭。8.0%的独生子女表示与父母“总是”在微信互动，非独生子女中比例为5.6%（见图7）。

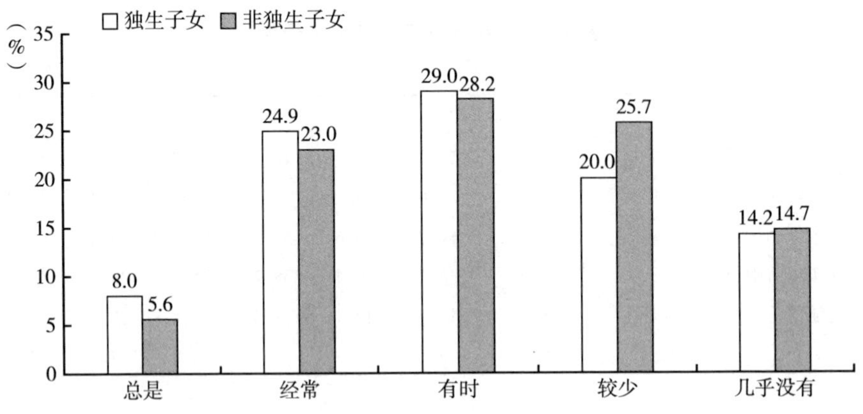

图7　与父母微信互动的情况

2. 互相帮助学习

家长在对孩子进行互联网使用指导的同时，中学生也在反哺家长，实现互相学习，互相影响。家长“有时”和“经常”教孩子上网知识和技能占55.72%和12.48%。而家长上网不会操作时，“有时”和“经常”向孩子请教的情况分别占57.32%和24.39%。中学生向父母传授上网知识与技能的

情况逐渐增多。在上网帮助上，以 10 分满分“帮助很大”给家长打分，初中生给自己家长平均打分为 6. 37 分，高中生为 5. 47 分，高中生给家长打“9 ~ 10 分”的人数比例明显低于初中生（见图 8）。

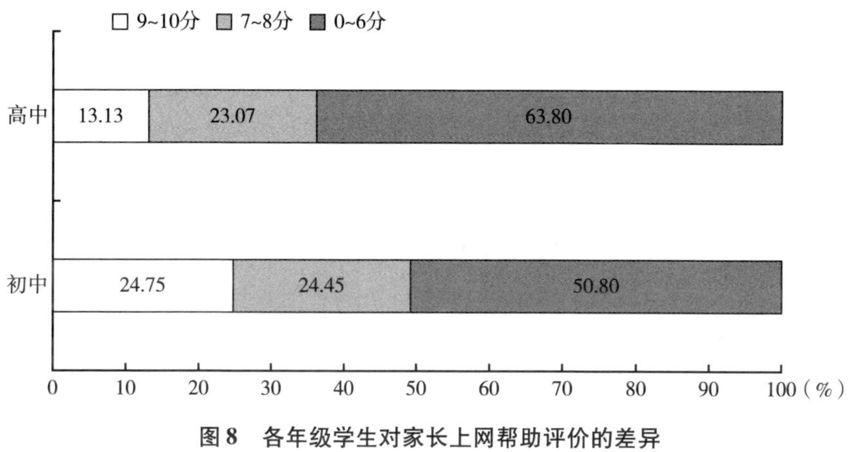

图 8　各年级学生对家长上网帮助评价的差异

七成以上家长对孩子上网有不同程度的约束。31. 89% 的家长“规定上网时间”，6. 19% 的家长“规定上网内容”，37. 29% 的家长“既规定时间，也规定内容”。非单亲家庭的上网行为约束要优于单亲家庭。在被问到因为上网的问题，与父母发生过争执的情况，5. 58% 的学生表示“经常”发生，17. 35% 和 17. 96% 的学生表示“有时”和“偶尔”会发生，26. 64% 的学生表示“很少”发生，32. 47% 的学生表示“没有”发生过类似争执。

（八）网络素养情况总体良好，网络素养教育普及度依然不高

1. 网络素养

网络素养是指使用网络的知识和技能，包括对网络信息进行理解、分析和评价的辩证思维能力，以及在网络沟通交往中的法理与伦理道德修养。调查发现上海中学生网络素养情况总体良好。他们的互联网使用技巧熟练，37. 24% 的上海中学生会使用音频、视频等进行网上创作或发布消息。将近九成中学生会利用网络搜索解决现实中的问题。在上网和使用各

类 App 时，主动使用青少年模式的约占六成，其中“经常”和“总是”使用的为 10.46% 和 8.86%。

上海中学生较大程度上能够约束自己的网上言行。当被问到“是否在网上做过明知不应该做的事情”时，回答“没有”的中学生占近 3/4 (74.91%)。仅 15.53% 学生表示自己和日常生活相比“在网络上发表的言论更随意”，29.27% 的中学生表示“自己网络上发言更谨慎”。八成中学生表示自己在网上发布信息或观点时，会考虑它对别人产生的影响，34.71% 的中学生“总是”会这样考虑。6.29% 和 5.96% 的中学生表示自己“较少”或“几乎没有”考虑自己网上言论会对他人产生影响。74.72% 的中学生“几乎没有”在网上主动骂其他人。对于“一个人需要对自己的网络言行负责”这种观点，绝大多数受访者表示认同，“完全同意”和“基本同意”的分别占 81.66% 和 13.18%。

“没有”在网上浏览过新奇刺激内容的中学生比例为 63.27%，近四成的中学生表示曾经浏览过。没有浏览过新奇刺激内容的人数占比随着年级增长而减少。从性别上看，网上行为自控能力方面，女生要优于男生。“几乎不”在网上做明知不该做的事情的女生占比 77.2%，男生为 65.8%。“几乎不”在网上浏览新奇刺激内容的女生为 65.6%，男生为 55.2%。

2. 网络素养教育

尽管网络素养教育提出至今已经很长时间，网络教育重技术轻素养的情况依然明显。49.58% 和 32.83% 的中学生表示学校里“现在”和“以前有过”专门教互联网使用知识的课程。但在被问到“是否上过专门的网络素养课程”时，60.13% 的中学生告知“没有上过”。

（九）网络安全隐患纷繁复杂，安全保护现状不容乐观

1. 网络安全隐患

网络安全隐患纷繁复杂，上海中学生在上网的时候，经常遇到各种令人困扰的情况。调查结果依次包括“经常收到无关信息”（49.95%）、“收到网络虚假信息/链接”（29.64%）、“被人盗号”（20.83%）、“收到黄色图

片/视频”（14.54%）、“被辱骂”（14.26%）、“被骗钱”（9.62%）、“收到暴力图片/视频”（6.24%）、“陌生网友要求见面”（6.1%）、“收到恐怖信息”（4.17%）。网络安全问题并不随着学生年级的上升而降低，从某些方面来看，网络使用行为令安全问题随年级增长而增加。比如72.2%的预备年级学生“几乎不”浏览网上新奇刺激内容，这个数字到了高三，降低至40.7%。

2. 网络安全保护意识和方法

大部分上海中学生有一定的网络自我保护意识，但还是有少数学生自我保护意识薄弱。隐私保护是最重要的网络安全问题之一，在被问到“上网或安装App遇到要填写个人信息时，是否考虑过保护个人隐私问题”，表示自己“每次都会想到”的占43.53%，“经常想到”的为28%，20.54%的中学生“偶尔会想到”，有4.46%的中学生“从来没想过”。“网上和不太熟悉的人聊天，如果涉及个人或家庭信息”，76.74%的中学生表示自己“肯定不会”透露，14.92%的中学生表示“比较不会”说，但还有少部分学生会向陌生人不同程度地透露这些隐私信息。设置网络密码时，39.82%的中学生“总是”设置安全级别较高的密码，23.69%的中学生“经常”这样做，但也有超过百分之十的中学生表示自己“较少”或“几乎不”设置安全级别较高的密码。

调查发现，遇到“网上被人威胁或收到不良图片/视频”的时候，“完全会”尽快跟父母说的中学生为48.26%，约1/5的中学生表示“较少”或“从不会”告诉家长。“上网遇到感觉不安全的事情”时，同样是差不多一半（49.11%）的中学生“完全会”及时报告家长，有8.68%的中学生“较少会”和7.18%的中学生“从不会”报告家长。家庭情况对学生的网络保护影响较大，47.7%的非单亲家庭学生会在遇到网络安全威胁时第一时间寻求家长帮助，这个数字在非单亲家庭中仅为36.1%（见图9）。

上海中学生对于网络安全保护方法的掌握还是不够。关于“计算机网络安全基本知识”，19%的中学生表示“很了解”，44.45%的中学生表示“了解一些”，23.26%的中学生“一般了解”，9.19%和1.17%的中学生

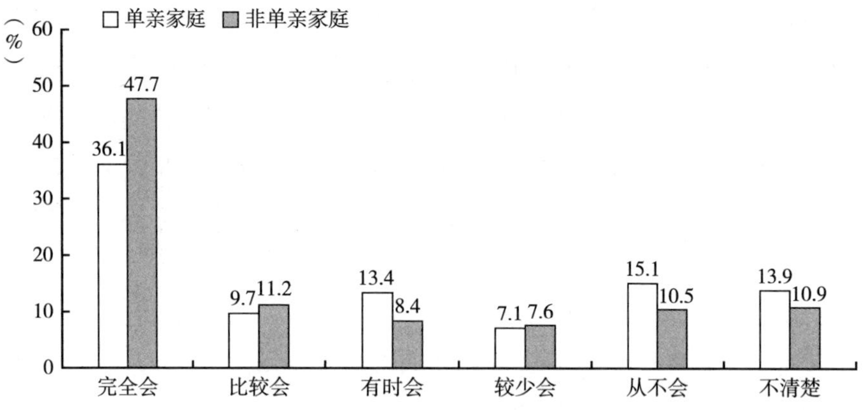

图 9　上海中学生受到网络威胁向家庭寻求帮助的情况

“不太了解”和“不了解”。选择“较少”和“从不会”使用安全软件来防御不良信息侵害的中学生约占 1/4。“经常”和“总是”使用杀毒软件的中学生约占一半，7.97% 的中学生“几乎不”用杀毒软件，12.2% 的中学生表示“较少”用。

三　上海中学生互联网运用的主要问题

（一）青少年网络沉迷情况及健康问题更复杂严峻

年龄在 12～18 岁的上海中学生，被称为“网络原住民”，不管长辈对他们使用网络如何担忧和诘问，互联网已经融入他们生活学习的方方面面。中学生处在人生成长的特定阶段，一方面，他们开始逐步形成独立判断和自我控制的能力，另一方面，他们涉世不深，容易受到外界干扰和诱惑。在上网问题上，部分自控能力较差的学生在时间控制方面的能力明显不足，甚至造成网瘾而不能自拔。手机和各种智能设备及技术不断更新迭代，基本做到随时随地可连接网络，给学生提供了各种便利的上网机会；各类游戏和娱乐等互联网产品不断更替迭代，基于大数据用户行为进行精准推送，网瘾的表现形式越来越多样复杂。另外，此次调查显示，虽然多数上海中学生对工作日上网次数和时长均有一定的控制力，但双休日上网次数和时间明显大幅增加，上网时间在两小时以上的学生不在少数。一般认为，除却在校时间与课余作业时间，每天上网时间 2 ~ 3 个小时及以上，在一定程度上会影响青少年的学习和身心健康，值得引起关注和重视。

（二）互联网学习对青少年学习的主动性和创造性造成冲击

近几年是互联网教育产业飞速发展的时期，尤其 2020 年为抗击新冠肺炎病毒疫情采取的全面停课措施，更是让线上教育得到了全面的普及和运用。互联网学习同样是一把“双刃剑”。网络带来学习方式改变，带来了突破时空的各种便利，但是中学生对线上的学习效果评价并不如期待。一方面，网课学习在满足学生需求的个性化及互动方面存在缺陷，中学生在进行网课学习时，经常会面临一种“信息迷失”的状态，无法从大量的网络教学信息中获取自己需要掌握和理解的内容，浪费了大量的时间和精力。另一方面，靠互联网搜索寻求帮助的学习方式在很大程度上造成了中学生的思维惰性。中学生能通过各种搜索工具和学习 App 方便地寻找到自己需要的各种学习材料，以至于相当一部分学生在做作业、查资料甚至写作文时，都在很大程度上依赖网络搜索。学习资源获得的便利从某种程度上扼杀了青少年本该得到的思维和想象力训练。

（三）快餐式、碎片化的网络文化造成青少年浅层思考及浮躁情绪

除了学习需要之外，青少年用网时表现出的休闲娱乐需求也十分明显。通过互联网听音乐、看视频、玩游戏、聊天交友能够让青少年在繁重的学业压力之下心情得到释放。互联网上的各种传播内容也越来越顺应受众的特征和需求，网络内容形式由文字到图片，由图片到视频。受众阅读起来更轻松愉快，但对想象力和思考力的调用越来越少。“浅阅读”对未成年人的阅读方式和学习习惯造成巨大影响。如何引导中学生运用互联网时，警惕快餐式、碎片化网络文化传播内容的负面影响，继续保持清醒判断和提高深度思考的能力，是互联网时代的新课题。

（四）网络生活挑战青少年与家长现实亲子关系

2019 年上海市第八次少代会提案中，有这样两个内容受到广泛关注：一是孩子对父母微信朋友圈“晒娃”提出异议，要求父母“晒娃”应征得孩子本人同意；二是呼吁父母放下手机，多点时间面对面与孩子交流沟通。网络新时代，家庭亲子关系也面临着新情况。一方面，从积极的方面来看，互联网为父母和孩子的沟通提供了新途径，拓展了交流的时间和空间。新媒体平台中互为好友的平等沟通方式在一定程度上增进了亲子的亲密程度。互联网新媒体技术不断更新变化，在使用过程中，父母和孩子互相学习，孩子对于新兴事物的掌握往往比家长要快，在很多时候能成为父母的老师。这种互相学习的过程也是亲子关系平等互信的过程。但是另一方面，互联网使用占据了无论是孩子还是父母相当部分的个人时间，压缩了现实中的亲子生活。父母和孩子各自抱着手机玩游戏、聊天、刷视频、看直播，现实中面对面的交流变成一种奢侈。另外，父母对孩子的网络使用约束也好，通过互联网表达对孩子的感情也好，如果不能用一种平等、尊重的态度来进行，一定程度会造成孩子的反感，影响到亲子关系的和谐发展。如何更好地在现实中做好陪伴和指导，更好地利用互联网与孩子平等交流，是新时代父母需要思考学习的问题。

（五）青少年仍面临复杂多变的网络安全问题

青少年上网接触到的安全隐患诸多，除了“上网时间控制”问题之外，还有“垃圾信息”“虚假信息”“非法下载和网络剽窃”“个资外泄”“病毒攻击”“跟踪危险”“暴力内容”“在线交友”“黄毒危害”“网络欺凌”等。上海中学生在接触到这些安全问题后，有些并不及时寻求父母、老师帮助。家庭中，家长对中学生上网的时间和内容限制的程度和方式各有差异，对中学生上网行为进行指导和帮助的能力有限；学校里，开展有关互联网使用的相关课程和活动多为教会了解和使用新媒体知识和技巧，而在网络素养教育，尤其是网络安全教育方面的内容极为缺乏。互联网使用的安全问题关乎青少年的身心健康，严重的甚至会引发青少年犯罪或危及人身安全，必须得到相当的重视。上海作为国际化大都市，相关部门要通过借鉴其他发达国家都市的先进经验，从法律、技术、教育、国际合作等多方面研究落实相关举措，为青少年营造一个安全健康的媒体环境。

四 对策建议

（一）要引导发挥青少年积极参与上海智慧城市建设，进一步优化青少年互联网成长环境

上海提出进一步加快新一轮智慧城市全面建设，不断加大信息化发展力度，提升城市的吸引力、创造力、竞争力。上海青少年也是城市的主人，在打造智慧城市时，首先，要充分激发青少年的高度认同感与积极参与的热情。可通过各种信息渠道向青少年宣传，使他们认识和了解上海智慧城市建设的整体构想和具体规划；搭建适合青少年表达和参与的信息化平台，让青少年充分发表对上海智慧城市建设的意见和建议，贡献自己的智慧和力量；通过设计开展各种高质量的活动，激发青少年对于信息技术的兴趣，发现和培养未来智慧城市建设的优秀人才。

其次，在统筹建设智慧城市的过程中，要切实保障青少年网络空间使用安全。应在智慧城市建设协调领导部门中成立相关联合监管机构，由政府、执法机构和网络行业等多方面工作人员共同参与，对青少年接触的网上信息进行监督并及时发现问题。在监管机构指导监督下，充分发挥互联网企业行业自律，作为企业承担社会责任，实现良性健康可持续发展的重要基础。互联网企业应承诺严格审查其制作、发布、传播的信息；应对青少年不宜的内容加设网络过滤器，在网站明显位置链接隐私权政策和提醒；网络游戏开发商应开发游戏产品身份认证系统，对青少年上网时间加以限制。

（二）要建设好团队组织的互联网融媒体平台，进一步通过输出优质文化产品服务引领青少年

上海共青团和少先队组织，要积极响应共青团和少先队的改革方案，努

力建设好“网上共青团”“网上少先队”，推动有形的组织和无形的工作覆盖相结合。建设好团队互联网新媒体工作平台，是团队组织在新时代团结引领青少年的重要途径。“青春上海 Act +”“萌动上海”等线上平台，聚焦青少年教育、活动、社交、亲子等需求，提供线上线下融合的全方位服务。在建设融媒体平台过程中，互联网新媒体和传统媒体阵地的融合发展是新时代传播领域新课题，要在重视新媒体平台和内容建设的同时，重新审视所谓的“旧媒体”“传统媒体”的持续影响力。通过加强融媒体平台的建设，新媒体与传统媒体实现互动，放大青少年的声音，更好地发挥互联网时代各种媒体在团队工作中的促进作用。无论传播形式如何变化，“内容为王”永远是传播者想要达到传播目的所必须遵循的基本准则。提供先进、优秀、积极向上的网络文化产品，从而吸引青少年、凝聚青少年、引导青少年是团队组织的重要工作内容。团队组织始终应是先进青少年思想文化的引领者，运用互联网新媒体开展工作，要注意把握形式和内容，面对青少年群体做到引导不迎合。要坚持提供优秀的思想资源，引导广大青少年通过在线互动有效学习、健康休闲、安全沟通、积极参与。

（三）要充分利用好上海教育的互联网优势资源，进一步通过媒体素养教育引导青少年全面提升核心素养

2020 年的新冠肺炎疫情期间“停课不停学”的尝试，是在线教育前所未有的一次最大规模的试验。上海教育部门积极响应这次教育试验，积累了丰富珍贵的经验，同时也充分认识到在线教学的很多困难和问题。针对在线教育暴露出的与青少年学习需求不相适应的一系列问题，上海教育部门应进一步研究思考：如何更好地将教育内容和形式相融合，提供更加高质量的在线教育资源，为上海教育进一步均衡优质发展助力；各学校如何根据不同层次、不同特点的学生学习情况，开发提供精准适合的在线指导，最大限度地满足学生需求；教师如何通过在线教育引导学生自主学习的动机，激发独立思考的兴趣，提高创新思维的能力，避免让网络资源成为学生惰性学习的“推手”。这次试验过程，不仅是对教育主管部门和学生的一次考验，也对

教师和家长提出了更多更高的要求。教师在这场试验中，很多可谓还未充分准备就上了“战场”。提高教师信息化技术水平，应成为今后教师教育培训的重要内容。同时，在家校合作中，也要通过开设各类家长学校，教育引导家长积极学习、了解网络，对孩子承担起教育和保护的义务。家长要学习与孩子沟通和交流的技巧，通过双向、平等的交流积极影响孩子；要适时提醒孩子上网的基本规则和注意事项；要加强线下现实亲子沟通，引导青少年在现实社会体验更多健康、有益、丰富的社会交往。

青少年在互联网使用方面存在的问题层出不穷，虽然一再强调互联网媒介素养教育的重要性，但现实中在这方面积极探索实施的学校依然不多。随着信息化的不断推进，加强媒介素养教育已经刻不容缓。学校有责任开展“对于媒介的批判性思考”、“资讯评估”、“使用能力”、“安全能力”、“法律规范”和“网络伦理礼仪”等方面的教育，帮助青少年在使用互联网接触各种传媒信息时能够确保主流价值观并坚持自己的独立思考。

B.16 香港青少年互联网运用现状

赵萌萌*

摘 要： 本文基于香港政府统计处、香港卫生署、香港中文大学、香港浸会大学等多个权威部门的最新统计数据和研究，总结分析了香港青少年的互联网使用情况，发现青少年群体已进入全民上网时代；手机已逐渐取代电脑成为他们最主要的上网工具；青少年初次上网和使用电子屏幕呈低龄化趋势；社交网络活动是青少年上网的主因；社交媒体已逐渐成为青少年获取信息的主要来源。本文亦针对上网过度而衍生的身心健康、人际及亲子关系、信息素养及网络安全问题提出了对策建议。

关键词： 青少年　互联网使用　社交媒体　电子屏幕设备　香港

一　前言

香港自20世纪90年代初开始提供互联网服务，是亚洲最早提供互联网服务的地区之一，这一先发优势也使香港的资讯科技及电信业一直处在全球一流水平。根据香港通讯事务管理局的统计数据（2020），截至2020年2月，香港的互联网服务供应商多达253家；截至2019年11月，香港住户宽

---

* 赵萌萌，博士，香港恒生大学传播学院助理教授，主要研究方向为企业传播、公共关系、企业社会责任及可持续发展。

带的渗透率已达到93.6%。《香港年报2019》显示，截至2019年12月30日，香港的手机普及率高达292%，也就是说，平均每个香港人拥有近3部手机。世界经济论坛（World Economic Forum）发表的《2019年全球竞争力报告》指出，按每百名人口计算，香港的手机用户数量在全球141个经济体中居首位。

资讯科技的高度发达，让原本就被称为"数字原住民"的年轻一代更加如鱼得水。香港密集的电讯网络和相对狭小的生活空间，也令网络活动更加频繁。但另外，香港本地市场相对较小，产业结构较为单一，互联网与实体经济的结合程度不高，因此互联网金融和电子商务发展相对缓慢。要理解当代香港青少年的互联网使用特征，这些城市场景和社会特质也值得留意。

本报告基于香港多个最新的官方统计数据和权威部门的研究，务求从多角度总结和分析香港青少年的互联网使用情况及其影响。数据来源包括香港政府统计处、香港卫生署、香港中文大学以及香港浸会大学。需要说明的是，本文主要关注10~24岁的青少年群体，但年龄组别的划分在不同研究、不同指标中略有差异。

二　青少年互联网的使用情况及主要特征

（一）电脑及互联网的使用情况

香港政府统计处从1999年开始针对各类社会事项进行了一系列主题性住户统计调查，其中关于资讯科技使用情况的调查于2000年开始，至本文截稿时，共发布了19份报告，最新的是于2019年6月发布的《主题性住户统计调查第67号报告书》，统计期为2018年6~9月。

在此期间，统计处调查了资讯科技在10岁及以上的住户中的使用情况和普及程度，包括互联网及个人电脑在住户中的普及程度、住户成员使用互联网的目的及时长，智能手机的普及程度，以及使用互联网进行网上购物

（只适用于15岁及以上）的情况。本报告主要关注10～24岁群体的数据，并将部分结果与其他年龄组别做横向比较。

1. 懂得使用个人电脑的用户年龄及性别比例

10～14岁未成年人懂得使用个人电脑的比例最高，达100%，其次是15～24岁的青少年（99.9%）（见图1），这两组的比例均高于其他年龄组别人士。从性别来看，两组之间没有显著差异。

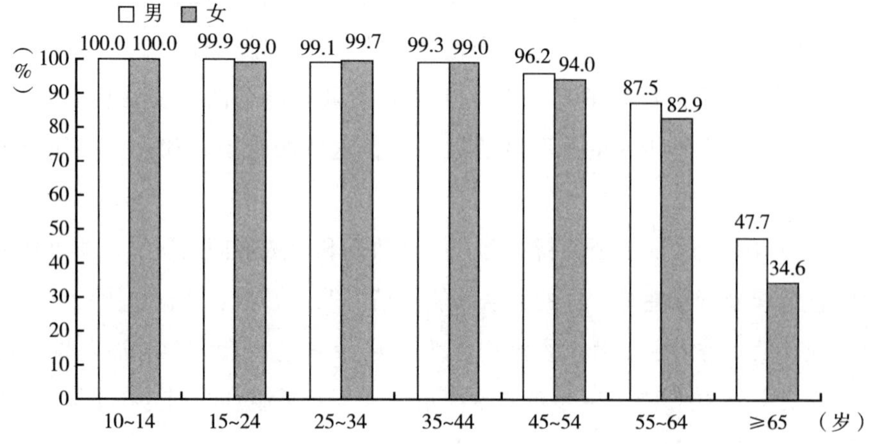

图1 懂得使用个人电脑的用户各年龄段及性别比例

2. 在统计前12个月内曾使用互联网

几乎所有青少年都在过去12个月内上过网，其中10～14岁比例为100%，15～24岁为99.9%（见图2），两组在性别上没有差异。与图1比较后发现，无论哪个年龄组别，在过去一年内曾上过网的人的比例均等于（10～14岁男女及15～24岁男性）或高于（其他组别）懂得使用电脑的人的比例，可推测出人们不只是通过电脑上网，还有一些是通过移动设备（如智能手机和平板）上网。

3. 互联网使用目的

各年龄组别互联网用户的使用目的有较大差异。过去12个月曾使用互联网的青少年（10～24岁）表示，他们上网最主要的目的是“社交网络活动”——包括使用即时通信工具Whatsapp、微信、Line等，以及社交媒体

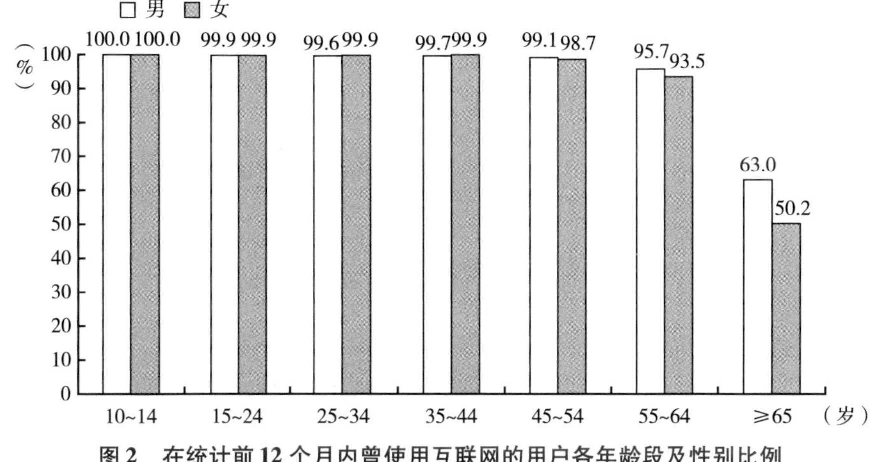

图 2　在统计前 12 个月内曾使用互联网的用户各年龄段及性别比例

Facebook、Instagram，还有博客及网上论坛等（10 ~ 14 岁：91. 1%；15 ~ 24 岁：99. 6%）及“上网听歌/收听电台节目/观看电视节目”（10 ~ 14 岁：91. 0%；15 ~ 24 岁：95. 8%）。排在第 3 位的使用目的（在两组中）有所不同，10 ~ 14 岁的未成年用户是“玩网上游戏、下载游戏”（80. 4%），而这一活动在15 ~ 24岁组别中只排到第 6 位（82. 8%），对后者而言，第三重要的上网活动是“阅读报章/新闻”（89. 2%）。另外，“浏览政府网页或使用政府网上服务”、“处理办公室/学校/个人事务”及“网上购物”也占有一定比例（见图 3）。

4. 每星期使用互联网的时间

在统计前 12 个月内至少每星期上网一次的用户中，15 ~ 24 岁的用户每星期上网的平均时间最长，为 39. 7 小时/周，即平均每天超过 5 小时；其次为 25 ~ 34 岁（38. 4 小时/周）和 35 ~ 44 岁用户（34. 7 小时/周）。10 ~ 14 岁未成年用户平均每星期上网 26 小时。从比例来看，10 ~ 14 岁用户在［10，20）小时/周这一档占比最多，为 21. 4%；其次是［20，30）小时/周（20. 9%）和［30，40）小时/周（19. 8%）。

值得注意的是，在 10 ~ 14 岁及 15 ~ 24 岁组别中，分别有 2. 1% 和 6. 8% 的用户每周上网时长大于等于 70 小时，即平均每天大于等于 10 小时（见图 4）。

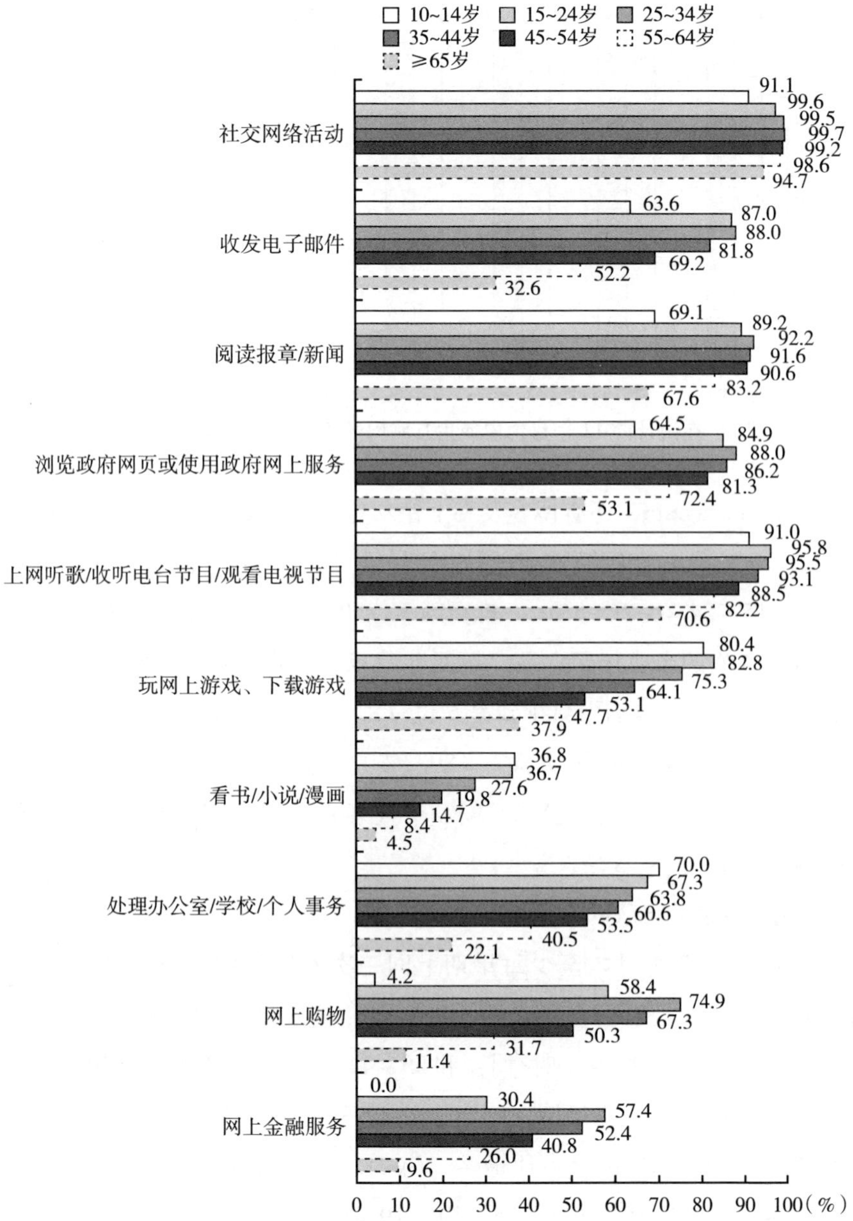

使用目的	10~14岁	15~24岁	25~34岁	35~44岁	45~54岁	55~64岁	≥65岁
社交网络活动	91.1	99.6	99.5	99.7	99.2	98.6	94.7
收发电子邮件	63.6	87.0	88.0	81.8	69.2	52.2	32.6
阅读报章/新闻	69.1	89.2	92.2	91.6	90.6	83.2	67.6
浏览政府网页或使用政府网上服务	64.5	84.9	88.0	86.2	81.3	72.4	53.1
上网听歌/收听电台节目/观看电视节目	91.0	95.8	95.5	93.1	88.5	82.2	70.6
玩网上游戏、下载游戏	80.4	82.8	75.3	64.1	53.1	47.7	37.9
看书/小说/漫画	36.8	36.7	27.6	19.8	14.7	8.4	4.5
处理办公室/学校/个人事务	70.0	67.3	63.8	60.6	53.5	40.5	22.1
网上购物	4.2	58.4	74.9	67.3	50.3	31.7	11.4
网上金融服务	0.0	30.4	57.4	52.4	40.8	26.0	9.6

0 10 20 30 40 50 60 70 80 90 100（%）

图3　各年龄组别互联网用户的使用目的（共十项，可多选）

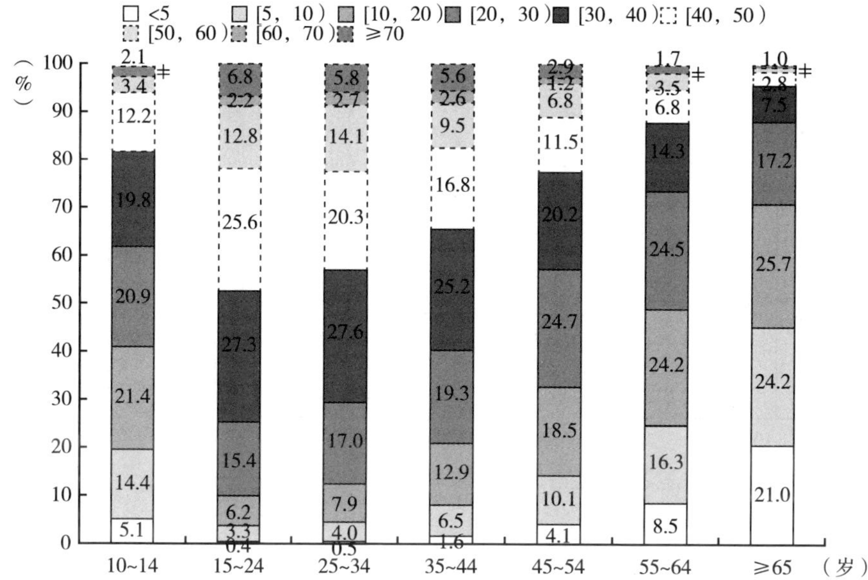

图4　每周上网时长（小时/周）在各年龄组别中的比例

说明：‡表示抽样误差大，数字不予公布。

5. 智能手机的普及程度

2018 年，10 ~ 14 岁未成年人拥有智能手机的比例为 81.1%（男：78.9%；女：83.3%），15 ~ 24 岁年龄组别的智能手机拥有率为 99.4%（男：99.2%；女：99.5%）。10 ~ 44 岁的女性受访者比男性受访者的智能手机拥有率略高（见图 5）。

6. 网上购物的使用情况

在统计前的 12 个月内，已有超过一半青少年曾为个人事务而使用网上购物（52.3%），但他们仍未成为网购的主力，相比 25 ~ 44 岁的青壮年（25 ~ 34 岁：64.3%；35 ~ 44 岁：56.4%），青少年网购的比例偏低（见图 6）。

（二）互联网使用对青少年的影响

互联网对青少年的生活和教育具有深远的作用和价值；与此同时，青少年对互联网及智能设备的使用也衍生出很多社会关注的议题，如网络成瘾、

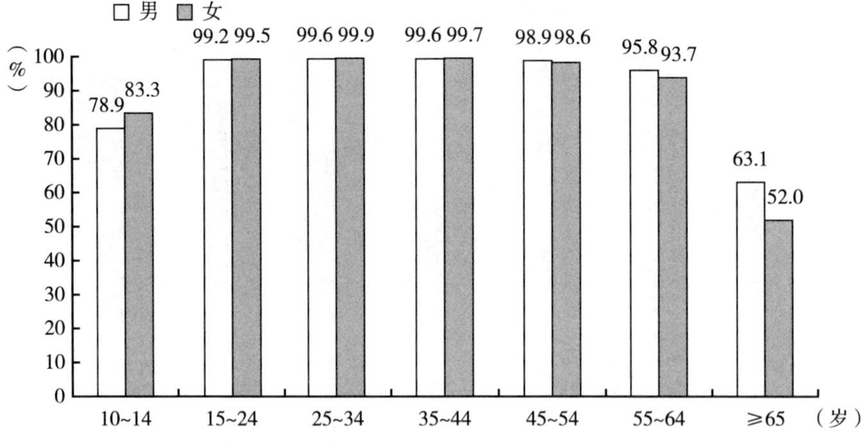

图 5 拥有智能手机的用户各年龄段及性别比例

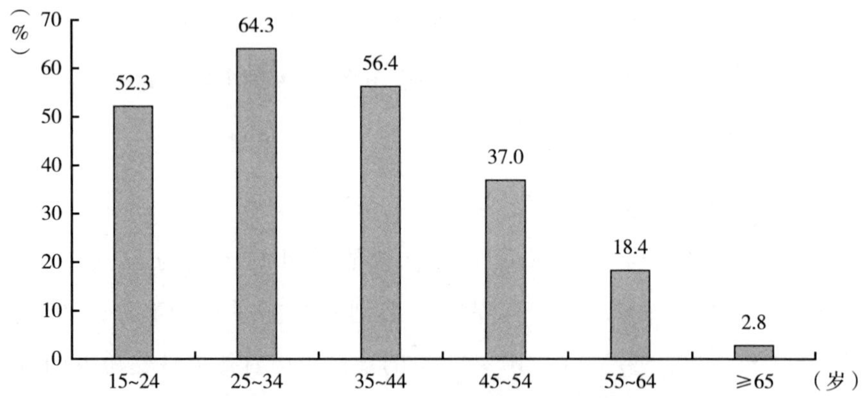

图 6 在统计前 12 个月内曾使用网上购物的各年龄段比例（15 岁以上）

身心健康、人际及亲子关系、生活满意度、信息素养等。本文将通过不同的研究，从多角度分析互联网使用对香港青少年的影响。

1. 香港卫生署《健康使用互联网及电子屏幕产品》调查

香港卫生署近年来一直关注青少年使用互联网所引发的健康问题，定期进行有关学前儿童和中小学生使用互联网及电子屏幕产品的情况调查，并提供建议和指引。虽然学前儿童并非本报告的重点，但调查结果也可对未来的青少年群体做出前瞻性的观察。

香港卫生署（2018）的《健康使用互联网及电子屏幕产品》调查显示，学前儿童的智能手机使用率达到43.7%，平板电脑和电脑的使用率分别为24.9%和10.7%，较前一次研究（2014年）低；而开始使用智能手机的年龄中位数仅为12个月，使用平板电脑的最早年龄中位数为18个月，使用电脑的初始年龄中位数为24个月。至于每日平均观看这些电子屏幕的时间，智能手机为25.6分钟，平板电脑为34.2分钟，电脑为27.8分钟。不过无论电脑、智能手机还是平板电脑，学前儿童使用它们的比例和观看时间仍未超过电视（见表1）。

表1　学前儿童使用各种电子屏幕媒体的情况

电子屏幕媒体种类	使用率(%)		开始使用的年龄中位数(月)		每日平均观看的时间(分钟)	
	2017年	2014年	2017年	2014年	2017年	2014年
电视	73.5	78.4	12	8	38.4	44.2
智能手机	43.7	*	12	*	25.6	*
平板电脑	24.9	38.4	18	16	34.2	31.6
电脑	10.7	33.6	24	24	27.8	31.8

*注：2014年的调查没有问及。

在2017年的研究中，除学前儿童外，卫生署还访问了482名小学生、80名小学生家长和684名中学生及641名中学生家长，以了解中小学生使用互联网和电子屏幕的情况。调查指出，中小学生因使用互联网和电子屏幕产品而衍生的问题有恶化趋势。小学生方面，2017年“曾因上网或使用电子屏幕产品而与父母争执”的选项排名最高，占53.1%，“曾因上网或使用电子屏幕产品而影响学业成绩”的占39.0%，“曾因上网或使用电子屏幕产品而减少睡眠时间”的占35.7%，“曾因上网或使用电子屏幕产品而放弃外出活动”的占32.6%，“曾向家人、朋友或老师隐瞒上网时间”的占16.2%，“怀疑自己沉迷网络”的占12.4%，但是在“怀疑自己沉迷网络的学生中，有寻求协助”的比例仅有10%。此外，2017年“每天平均上网3小时以上”的比例是2014年的4倍多（2017：13.1%；2014：3.2%）（见图7）。

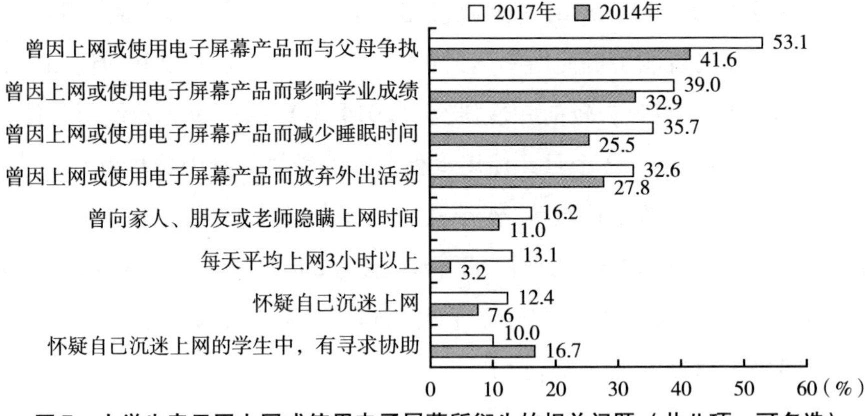

图 7　小学生表示因上网或使用电子屏幕所衍生的相关问题（共八项，可多选）

中学生方面，虽然 2017 年因上网而影响了成绩的比例较 2014 年略有下降（2017 年：43.3%；2014 年：51.6%），但因上网而与父母发生争执（69.3%）、减少睡眠时间（67.0%）及上网超过 3 小时（33.9%）的比例都上升了。“怀疑自己沉迷上网”的比例与 2014 年相若，其中曾寻求协助的仅有 7.7%（见图 8）。

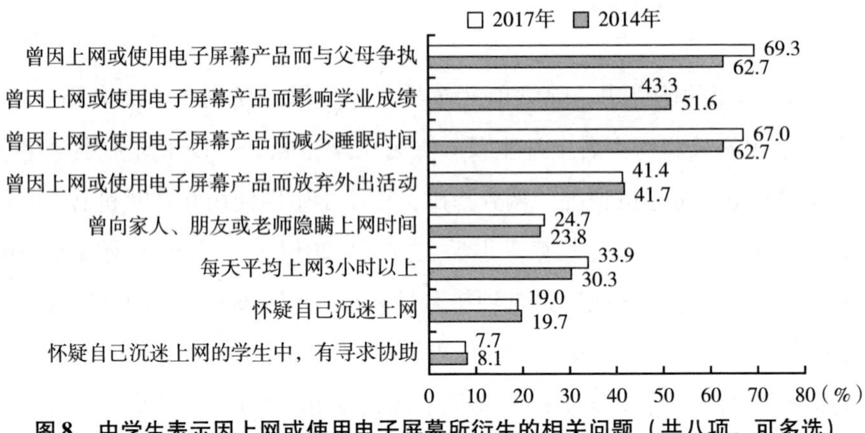

图 8　中学生表示因上网或使用电子屏幕所衍生的相关问题（共八项，可多选）

这八项不良影响在三年来有何变化和进展？结果表明，恶化程度最高的一项是“因上网或使用电子屏幕导致与父母争执”（在小学生中升幅达 11.5 个百分点，中学生升幅则为 6.6 个百分点），其他增幅较明显的项目是“减少睡眠时间”（小学生升幅10.2个百分点；中学生升幅4.3个百分点）、“日均上网3小时以上”（小学生升幅9.9个百分点；中学生升幅3.6个百分点）和“影响学业”（小学生增加6.1个百分点）。虽然小学生有不良影响的升幅比中学生大，但在大部分项目中，中学生比小学生有更高的百分比。

2. 由世界卫生组织发起、香港中文大学主导的《学童身心灵健康评估计划》研究

2018年3~5月，香港中文大学“亚太研究所青年研究中心”与“香港学生能力国际评估中心”联合成立研究小组，邀请香港中小学生参与“学童身心灵健康评估计划”（Health Behaviour in School-aged Children，简称HBSC）。该计划是世界卫生组织欧洲区域办事处统筹的跨国研究，每四年进行一次，目前已有40多个国家和地区参与，其中有九项陈述与互联网使用及社交网络有关。这次研究共收回2711份问卷，其中小学五年级学生695份，初一至初三学生2016份。由于数据结果并未按年龄划分，下文将样本统称为“中小学生”。

调查显示，有近一半的中小学生（49.1%）每天平均上网超过3小时，在九项关于沉迷社交媒体的表现的陈述中，排在前4位的选项依次为：“尝试减少使用社交媒体的时间，却失败”（21.7%）、“经常借使用社交媒体来逃避负面感受”（21.5%）、“经常因为想使用社交媒体而忽略其他活动”（例如嗜好和运动）（20.7%），以及“经常发现自己只想着能再次使用社交媒体的一刻，其他事情都想不到”（19.7%）（见图9）。

上述九项陈述，同意一项得一分，最高9分，最低0分（并无沉迷于社交媒体），研究者把受访学生分为三类，得分6~9分为高度沉迷者，1~5分为中度沉迷者，0分为无沉迷者。进一步的研究发现，中小学生的社交媒体使用直接影响他们的生活满意度和健康状态，越认为自己沉迷社交媒体，生活满意度就越低（见图10），自评的健康状态也越差（见图11）。

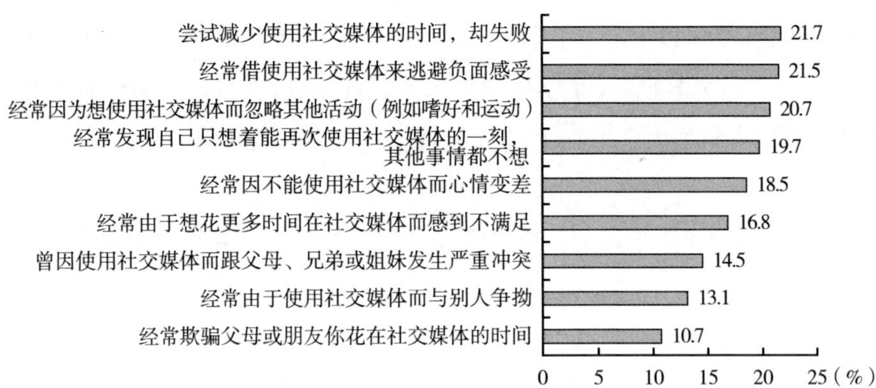

图9　青少年自认为沉迷社交媒体的九项表现占比

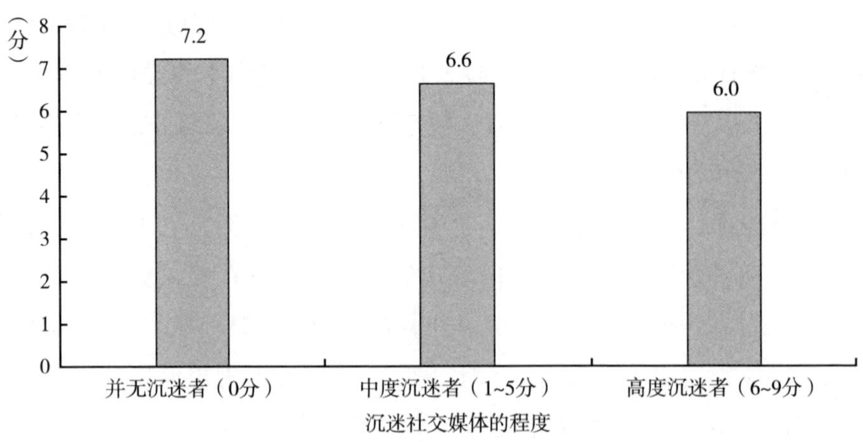

图10　青少年沉迷社交媒体的程度与生活满意度的关系

3. 香港浸会大学《探讨社交媒体作为新闻平台的应用及香港学生的批判新闻素养》研究①

路透社新闻研究院与牛津大学在2016年联合发布的《数字新闻报告》

① 注：该研究项目的原英文名为“Investigating Hong Kong Students' Critical News Literacy in the Age of Social Media”，原中文名为“探讨社交媒体作为新闻平台的应用及香港学生的批判新闻识读能力”，为便于理解，本文将Critical News Literacy译为“批判新闻素养”。

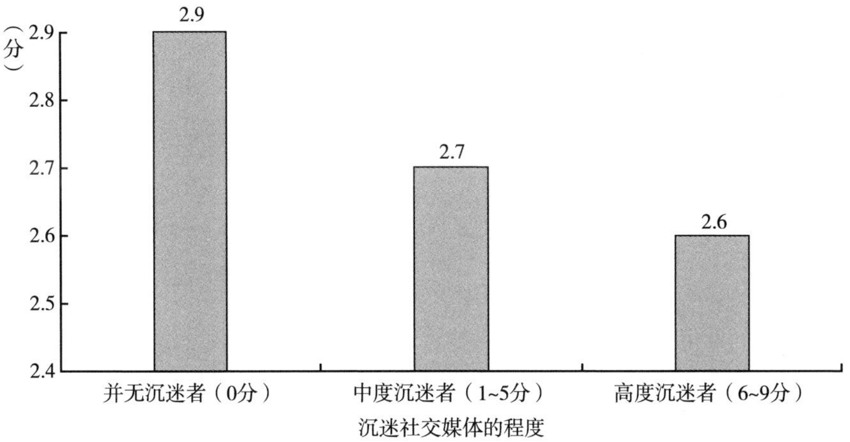

图 11　青少年沉迷社交媒体的程度与自评健康状态的关系

（Digital News Report）指出，有超过半数的人从社交媒体上获取新闻，18～24 岁的青少年首次以社交媒体取代电视和报纸为首选新闻来源。

为了解在社交媒体上追踪新闻对青少年的影响，香港浸会大学教育学系、新闻系和政治及国际关系学系的 Ku Yee Lai、Deng Lisa、Kang Yi 及 Song Yunya 组成了研究团队，在香港政府政策创新与统筹办事处的资助下，于 2017 年底进行了《探讨社交媒体作为新闻平台的应用及香港学生的批判新闻素养》（Investigating Hong Kong Students' Critical News Literacy in the Age of Social Media）的调查，访问了 1505 名 12～18 岁的香港中学生在社交媒体平台上阅读新闻的习惯、关注新闻的原因、对社交媒体平台新闻的信任度，并评估了他们在新闻素养方面的表现。研究结果于 2019 年 7 月公布。

（1）社交媒体新闻使用

关于使用哪类媒体平台阅读新闻（可多选），数据显示，社交媒体是 15～18 岁的学生获取新闻最主要的渠道（33.8%），其次是电视（30.5%）及互联网（24.0%），报纸/杂志等印刷媒体仅占 9.2%；而 12～14 岁的受访者则主要通过电视（33.4%）及社交媒体阅读新闻（32.4%）（见图 12）。两个年龄组别在社交媒体和互联网的选择上有显著差异（社交媒体：$X^2=26.01^{***}$，互联网：$X^2=21.17^{***}$）。

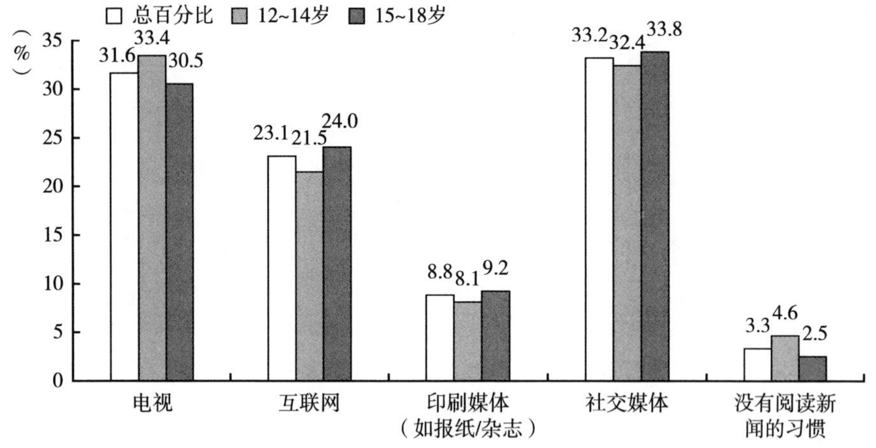

图 12　中学生通过不同媒体平台阅读新闻的比例

关于最常使用哪个社交媒体平台阅读或观看新闻（单选），Facebook 和 YouTube 是中学生们的首选，总百分比分别是 43.6% 和 20.5%。不同的是，在高中生群体中，Facebook 的使用率最高，超过了半数（51.9%），其次为 YouTube（16.4%）；而 YouTube 在初中生群体中的使用率高于 Facebook，二者的占比分别为 31.8% 和 20.5%，可见年轻一代更偏好通过视频获取信息。同时，12～14 岁学生在 WhatsApp、推特、Instagram、Google+、微博及微信的使用率上也比 15～18 岁学生更高，体现出他们在使用不同种类平台上的多元化。有 7.8% 的受访学生没有阅读或观看新闻的习惯（见图 13）。

如果要用社交媒体分享或讨论新闻，无论初中生还是高中生，YouTube 仅排在第 3（总百分比 4.7%），前两位是 Facebook 和 WhatsApp（总百分比分别为 22.6% 和 14.3%），这可能是因为中学生们更常与自己认识的人分享或讨论新闻。初中生比高中生更爱用 Instagram、Google+、微博及微信。值得注意的是，有近一半的中学生从不分享或讨论新闻（总百分比 45.9%），其中12～14 岁有 36.0%，15～18 岁有 49.3%，年龄较长的学生似乎对在社交媒体上表达观点更为谨慎（见图 14）。

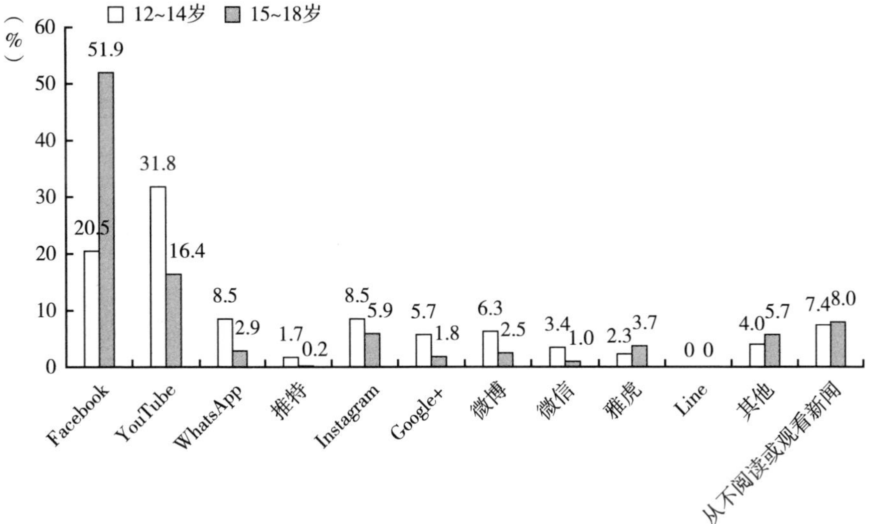

图 13　中学生最常用来阅读或观看新闻的社交媒体平台

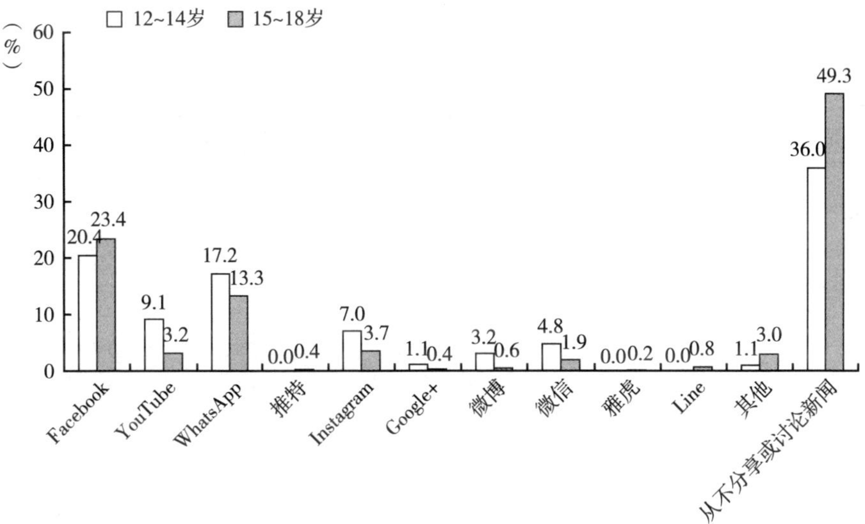

图 14　中学生最常用来分享或讨论新闻的社交媒体平台

另外，有 62.3% 的受访学生表示每天都会通过社交媒体阅读和观看新闻，12～14 岁学生中有 51.0%，15～18 岁的比例略高，有近 2/3（66.3%）（见图 15）。

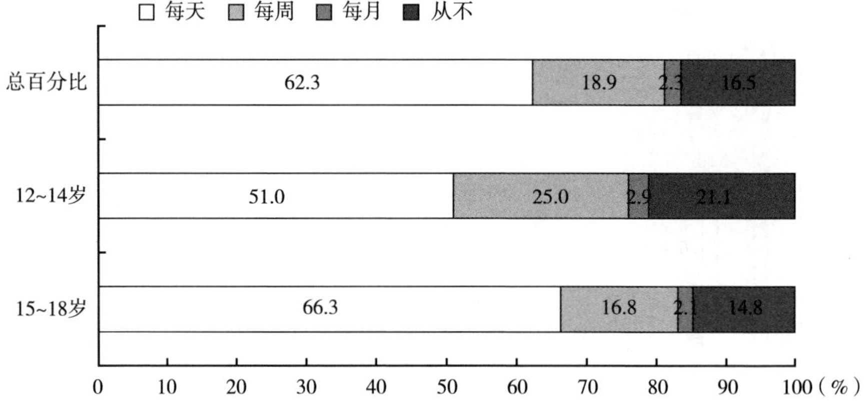

图 15　中学生通过社交媒体阅读或观看新闻的频率

如前所述，中学生在社交媒体的新闻使用方面更多的是以旁观者的身份参与，较少分享或表达意见。仅有 1/5 的受访者会每天在社交媒体上分享或讨论新闻（21.9%），有近一半的受访者表示从不会这样做（48.8%）（见图 16）。

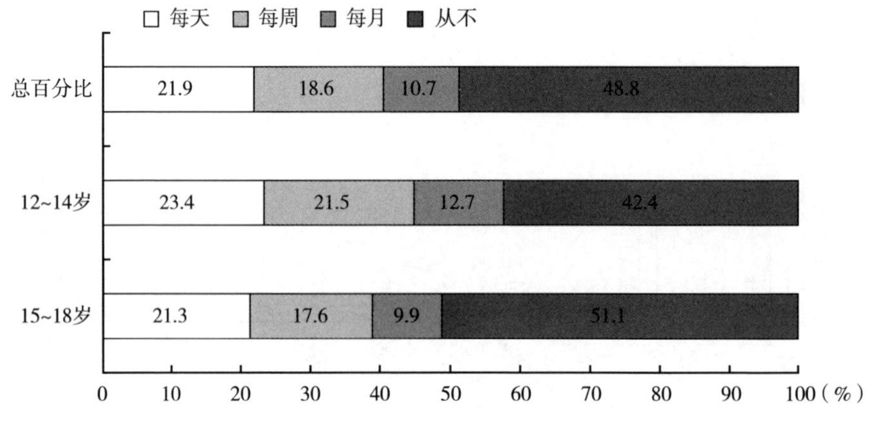

图 16　中学生通过社交媒体分享或讨论新闻的频率

（2）用社交媒体关注新闻的原因

至于使用社交媒体关注新闻的原因（最多选三项），有 30.3% 的回答是为了“追踪突发新闻”，其他原因依次为“社交媒体为我筛选本地要闻”（21.9%）、“接触不同媒体对同一新闻的报道”（19.1%）、“通过朋友的分享了解朋友在关注的时事”（18.3%）、“与人分享和讨论新闻”（10.3%）（见图 17）。

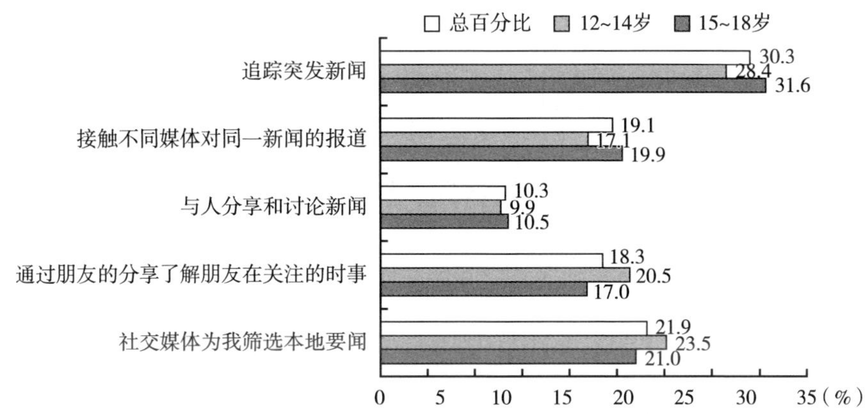

图 17　中学生用社交媒体关注新闻的原因

（3）对社交媒体新闻推荐算法的态度

随着人工智能的广泛应用，算法已渗入新闻生产和分发的各个环节。社交媒体会根据用户的动态（包括发布的内容、喜爱的内容、评论或转发等）生成个性化的新闻推荐。虽然算法在很大程度上提高了效率，也方便了用户的新闻参与，但也重新定义了信息筛选的“把关人”，由此产生的“算法霸权”也成为新闻传播领域的关注热点。数据显示，超过 1/3 的学生不知道社交媒体会用算法分析用户偏好而筛选新闻（37.1%），其中 12 ~ 14 岁受访者占的比例更多，达 44.1%（见图 18）。

问及“如何看待社交媒体会根据用户的习惯和偏好自动筛选新闻”（最多选三项），对算法表示欢迎和支持的理由占比近一半（49.7%），排序依次为“更容易看到我想关注的新闻”（19.3%）、“可以避开我不关心的新闻”（16.1%），以及“能用最短的时间看到对我最有用的新闻”（14.3%）。

不过，对算法筛选新闻表示担忧的选项也有超过三成（32.7%）。无论 12 ~ 14 岁还是 15 ~ 18 岁组别，排名第一的理由均为“担心只能看到单一的观点和角度”，总百分比为 12.2%（在 12 ~ 14 岁组别中，这个比例为

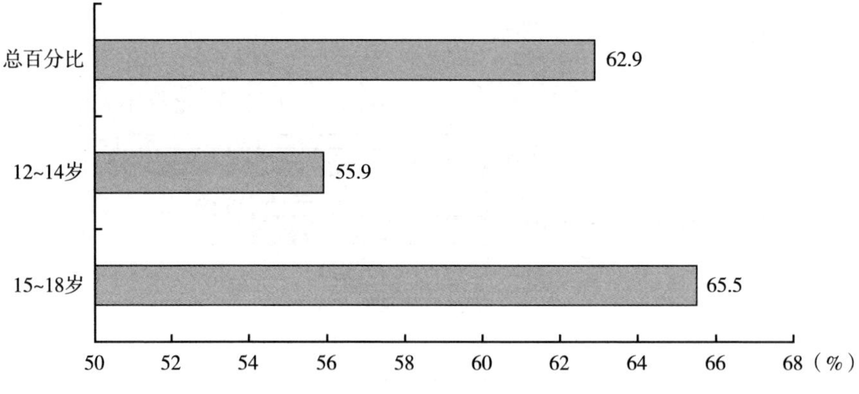

图 18　中学生"知道社交媒体会用算法筛选新闻"的比例

12.8%，15~18 岁更高，为 18.5%），其次是"担心有些新闻会看不到"（13.9%），以及"担心个人习惯或爱好被暴露"（6.6%）。另外有 17.5% 的回应表示"对此没什么看法"（见图 19）。

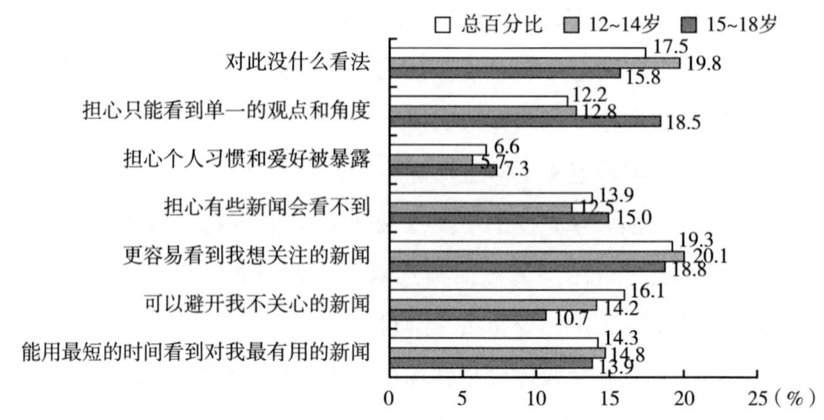

图 19　中学生对社交媒体用算法筛选新闻的态度

值得注意的是，15~18 岁的学生比 12~14 岁的学生更担心算法所导致的风险，在三项表示"担忧"的陈述中的占比均高于后者，同时，他们在三项表示"支持"的描述的占比也都低于后者。卡方检验也进一步表明两个年龄组别有显著差异（$X^2=16.58^{***}$）。

（4）对社交媒体新闻的信任度

研究者询问了中学生是否关注新闻来源和对社交媒体新闻的信任度，15～18岁的学生比12～14岁的学生更留意社交媒体新闻的来源（X^2 = 10.286***），而且他们不太同意只在一个社交媒体上关注新闻就足以让他们了解时事。总体而言，中学生对于社交媒体发布的新闻有一定的信任度（平均分3.1，“非常同意”为5分），但15～18岁学生对社交媒体新闻的信任度略低（见图20）。

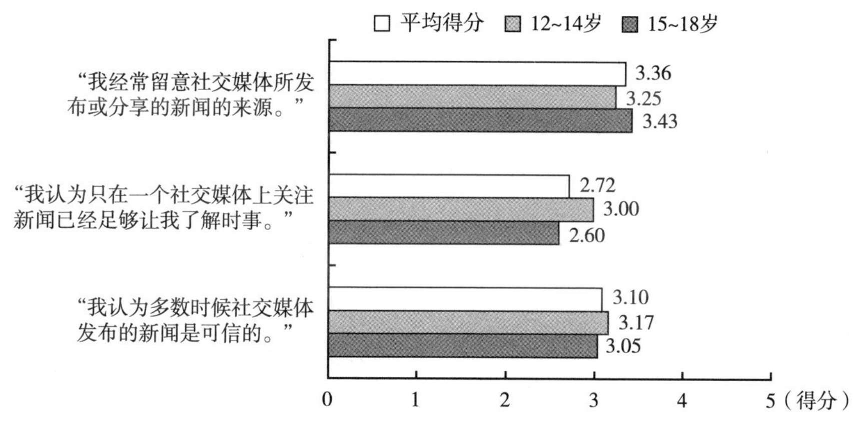

图20　中学生对社交媒体新闻的信任度

（注：1＝非常不同意；2＝不同意；3＝中立；4＝同意；5＝非常同意）

（5）批判新闻素养

研究者以四个维度测试了受访学生的批判新闻素养：“理解新闻内容”、“区分事实与观点”、“辨别立场”及“评估证据”，以百分制计算。结果表明，受访学生得分最高的一项是“区分事实与观点”，平均分62.0分，其次为“辨别立场”（55.0分）和“理解新闻内容”（53.3分），“评估证据”这一项得分最低，只有16.8分。这说明中学生在评判新闻中所示的证据是否可靠方面，能力较弱。15～18岁学生在前三项中的表现都显著优于12～14岁组别，但在“评估证据”这一项，两个年龄组别的差异在统计学上不显著（见表2）。

表 2　中学生的批判新闻素养得分及年龄组别差异

批判新闻素养	平均分	12～14 岁	15～18 岁	T 检验
理解新闻内容	53.3	46.7	60.0	t = -6.33 ***
区分事实与观点	62.0	58.0	64.0	t = -4.54 ***
辨别立场	55.0	50.0	57.5	t = -5.18 ***
评估证据	16.8	15.7	17.9	t = -1.82
总平均分	47.8	44.0	50.3	t = -6.33 ***

然后，研究者根据受访者的新闻获取渠道（如前图 12 所示），将他们分为“社交媒体新闻用户”和“传统媒体新闻用户”，比较两个组别在“自陈的新闻素养”和“批判新闻素养”方面的差异。结果发现，常通过社交媒体追踪新闻的学生，自认为新闻素养更高（t = -5.84 ***），而且他们在批判新闻素养测试中的得分也显著优于习惯使用传统媒体的学生（t = -5.38 ***）（见图 21）。研究指出，这可能是由于偏好社交媒体平台的用户更了解新闻的运作，对影响新闻可信度和偏见的因素有更多认识，区分事实与观点的能力更强，更容易接触到平台上的不同声音，以及更看重多元的证据。

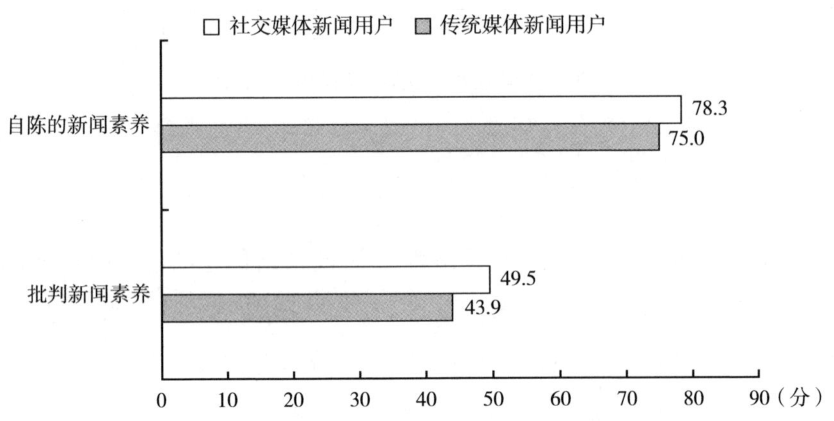

图 21　社交媒体新闻用户与传统媒体新闻用户的新闻素养得分

为进一步了解两个组别为何在批判新闻素养上有不同表现，研究者还比较了他们在新闻来源意识、关注新闻的原因（不论使用什么媒体）、对新闻算法的态度，及对社交媒体平台新闻的信任度这四方面的差异。卡方检验表明，两组学生在新闻来源意识方面有显著差异：在常用社交媒体新闻用户中，近八成有追踪新闻来源的习惯（79.3%），而传统媒体新闻用户中有62.9%会这样做（$X^2=14.26^{***}$）（见图22）。

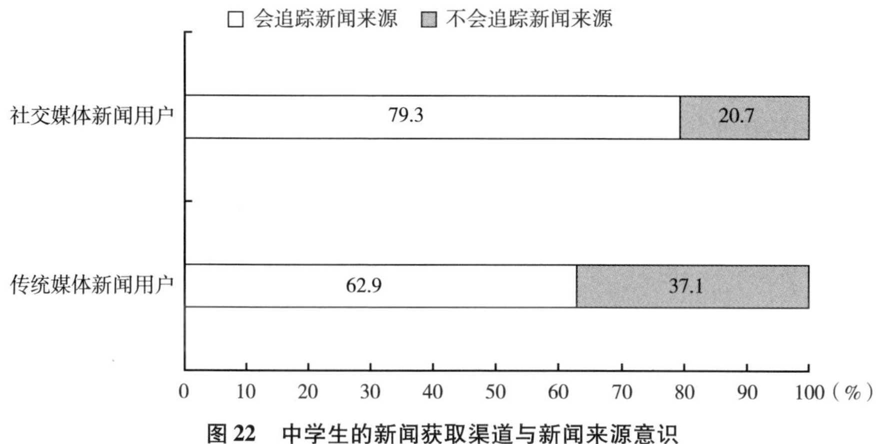

图22　中学生的新闻获取渠道与新闻来源意识

受访者关注新闻的原因被分成两类，外部因素包括“因为被父母或学校要求”“因为想参与朋友和家人对新闻时事的讨论”“因为想知道其他人对新闻时事的看法和评论”；内部因素包括“因为我想知道新闻时事的真相”“因为新闻很有意思”“因为我想知道正在发生什么事”。调查发现，社交媒体用户中被内部因素驱使而关注新闻的比例（49.3%）略高于传统媒体用户中出于内部因素关注新闻的比例（47.1%）（见图23）。

传统媒体用户对新闻推荐算法的态度更为积极，超过六成表示支持（62.4%），而社交媒体用户中有43.8%认为算法在新闻专业性、隐私等方面存在问题，从而表示担忧（见图24）。

关于对社交媒体平台新闻的信任度，两个组别的中学生均有约四成对社交媒体上载的新闻真实性存有怀疑，其中社交媒体用户的占比略高，为41.0%，传统媒体用户则为39.8%（见图25）。

习惯用社交媒体获取新闻的中学生，由于经常暴露在多种信源和庞杂的信息下，反而产生了“抗体”，更重视信息的可信度，更能意识到算法带来的潜在风险，批判性思维更强，在认知方面更具优势。

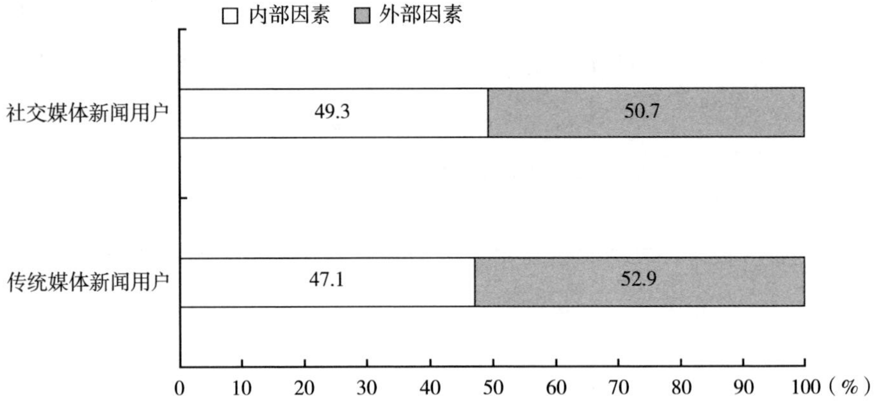

	内部因素	外部因素
社交媒体新闻用户	49.3	50.7
传统媒体新闻用户	47.1	52.9

单位：%

图 23　中学生新闻获取渠道与关注新闻的原因

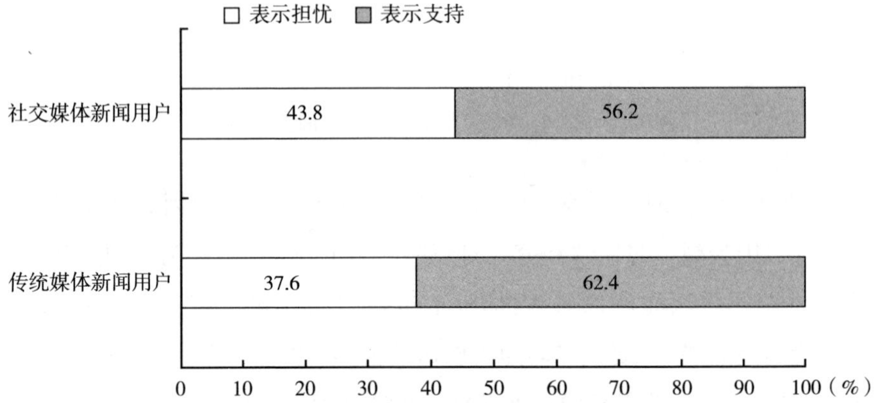

	表示担忧	表示支持
社交媒体新闻用户	43.8	56.2
传统媒体新闻用户	37.6	62.4

单位：%

图 24　中学生新闻获取渠道与对算法的态度

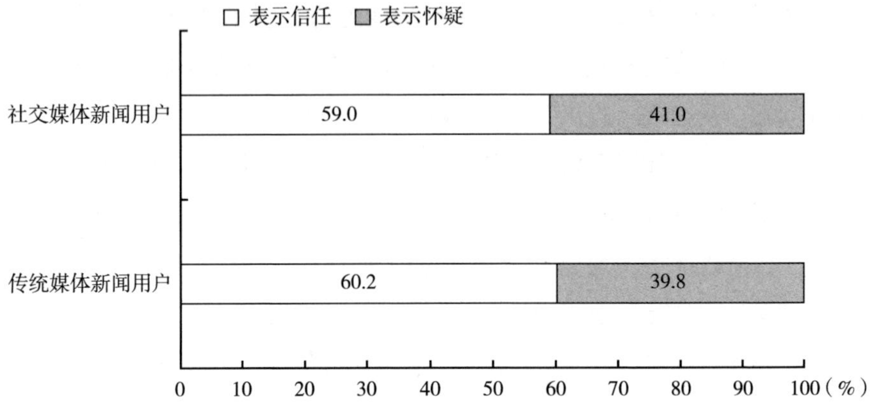

	表示信任	表示怀疑
社交媒体新闻用户	59.0	41.0
传统媒体新闻用户	60.2	39.8

单位：%

图 25　中学生新闻获取渠道与对社交媒体新闻的信任度

三　问题及对策

互联网已成为人们社会交往、获取信息、生活娱乐的重要平台，而对于作为“数字原住民”的青少年来说，他们出生于网络世界，在无处不在的信息技术中成长，对互联网有天然的依赖，互联网也自然成为青少年社会化的新途径。虽然由此衍生出一些不良影响，比如过早接触电子屏幕产品、上网时间过长、沉迷网络，乃至影响了学业、身心健康、亲子关系等问题，但也不必过分担忧和拒斥。当代的很多青少年问题不单是互联网的产物，而是社会性的问题，需要家庭、学校、业界、政府及社会服务机构合力创造一个更健康的社会氛围，加以有效引导。

1. 关注青少年身心健康，合理规划线上时间，丰富线下生活

10～24 岁的香港青少年已成为信息技术的主力用户。10～14 岁群体懂得使用电脑的比例已达 100%，比 15～24 岁及 25～34 岁的人群的占比还略高；他们拥有智能手机的比例已超过 80%，而 15～24 岁群体的智能手机拥有率也近乎 100%。几乎所有的青少年都已成为网民，无论使用电脑还是移动端。

在所有年龄段中，15～24 岁的青少年每周平均上网时间最长，达近 40 小时，日均超过 5 小时；10～14 岁未成年人日均上网 3 个多小时；而在 15～24 岁的网民中，有 6.8% 日均上网超过 7 小时，这个比例在所有年龄段中是最高的。上网时间过长的现象近年来也有低龄化和愈演愈烈的趋势，香港卫生署的调查（2018）指出，超过 1/3 的中学生每天上网 3 小时以上，而每天上网 3 小时以上的小学生比 2014 增加了 3 倍。

不同的研究指出，沉迷网络会导致一系列身心健康问题，生理健康方面包括睡眠不足、户外活动减少、肥胖、视力下降、肌肉过劳、听觉受损等；心理健康则包括成瘾、通过上网逃避负面情绪、与父母争执、生活满意度下降、缺乏自信、过度依赖外界评价、网络暴力等。不过，处理青少年心理问题的焦点，并不完全在网络本身，他们个体内在的欠缺才是症结所在。

对此，家长和教师应与青少年建立良性互动。家长应充分了解目前青少年使用互联网和电子屏幕产品的情况、使用的动机及影响等数据，根据子女的性别和年龄段做出适当的引导。以尊重为前提，了解子女上网的心态和沉迷的原因，以此为基础共同制定使用规则；更重要的是增加线下的高质量陪伴，帮助子女开拓兴趣爱好，令他们的生活更平衡多元；协助他们做好学习时间管理，增强他们对生活的掌控感，由此建立自信；鼓励他们参加线下的社交活动，在人际关系中获得认同感和满足感。教师应着重培养学生的批判性思考能力，除了关注他们的学业成就之外，更应引导他们寻找人生价值、确立生活目标，远离沉溺。教师可以在不同的课堂上引入有关信息技术的话题，共同讨论上网和使用电子屏幕产品的利弊，指导青少年规避有关的风险和陷阱，提高他们的自我保护和风险意识。另外，政府也可设立专门的青少年事务部门，就青少年面临的互联网风险订立相关政策，并有效监督和评估相关政策的落实。

2. 青少年初次上网和使用电子屏幕设备呈低龄化趋势，家长应以身作则

香港卫生署的调查（2018）指出，青少年首次使用电脑的年龄中位数是 2 岁，首次使用平板电脑的年龄中位数是 1 岁半，而首次使用智能手机的年龄中位数只有 1 岁。学前儿童的智能手机使用率高达 43.7%，而电脑的使用率是 10.7%，比 2014 年下降了近 2/3，可以推测出现在的儿童越来越倾向于使用移动端上网。由于这里的使用率不是“拥有率”，所以儿童使用的很可能是其父母或其他长辈的电子设备。家长的言传身教对儿童影响极大，应以身作则，先从自身做起，减少使用电子屏幕产品的时间，并给予子女多一些优质的陪伴。

3. 提早开展信息素养教育，加强产学合作

社交媒体正在迅速取代传统的印刷媒体，成为中学生获取信息的主要来源。而高中生可能由于手机拥有率更高，比初中生更加依赖社交媒体上的信息。虽然这造成一定程度的担忧，但研究表明，与初中生相比，高中生更关注信息可信度，表现出更强的认知需求，也更能意识到新闻推荐算法的潜在风险。初中生虽然在社交媒体的使用种类上比高中生更加多元，但他们获取

信息的动机更多地来自外部，评估信息时也更多依赖父母、教师及同龄人的意见，缺乏独立思考和判断的能力，并且在新闻参与中缺乏基于证据推断的意识，而且有将近五成的初中生不知道算法会帮他们筛选新闻。

香港青年协会（2018）对中学生的调查也发现，有近半数的学生在点赞、转发或分享资讯后，也没有发现该资讯是假的或是抄袭的，还有超过1/3 的学生表示资讯的趣味性比真实性更重要。

这些结果也部分呼应了香港浸会大学新闻与社会研究所发布的《香港媒体数码发展报告 2018》中的发现。黄磊、张引指出，香港市民对新媒体技术的认识有限，最不了解或完全没听过的技术包括算法（78.2%）、区块链技术（77.6%）及扩增实境（67.3%），而且他们最不信任的信息来源是社交媒体上由个人分享或转发的资讯（43.9%）。

随着互联网的迅速发展和近年假新闻泛滥，信息素养教育已受到越来越多西方及亚洲国家的重视，也早已不再局限于新闻传播领域。作为社交媒体的主力用户群，青少年既是主要的网络信息消费者，又是自媒体时代的信息生产者。这就要求他们不仅有能力分析和判断信息的准确性，也应具备新闻伦理和责任感。根据近五年的统计资料，香港平均每年的本地大学升学率为20% 左右，因此，中学生是比大学生更广泛的信息素养教育受众。

香港政府一向重视资讯科技方面的教育。教育局从 1998 年起就制定了一系列资讯科技教育策略，信息素养是其中一个教学目标，分为八个范畴，从小学一年级到高三又分为不同程度，不过尚未成为一个独立的科目。本报告认为，信息素养教育有必要作为基础通识教育，作为一个独立的必修课，至少要从初中阶段开始。及早了解传统的新闻生产过程和新媒体技术的运作机制，意识到算法有可能会操纵观点、导致片面的事实、固化“信息茧房”，才能使青少年乃至全民更有效地关注和参与社会议题。此外，信息素养教育中还应增加关于新闻伦理的内容，使青少年意识到发布和分享可靠的信息是一种社会责任，养成追踪信源、核查事实、基于证据评估信息质量的习惯，从源头上提高互联网信息的可信度。由于香港中学生整体在评估信息方面表现较差，在新闻素养课程中需着重加强这方面的内容，例如何为高质量信息、如何确认论据充分、如何平衡各方论据、信息是否有偏见和遗漏等。另外也应鼓励他们多参与社交媒体上的讨论，加强批判性思考。

此外，香港市民整体对新技术的认知有限，也与产学隔阂和业界采用新技术的程度不同有关。香港应加强产学合作，一方面，可以请新闻从业者在信息素养课程中担任顾问，与教师共同制定教学策略和材料，使青少年掌握关于新闻生产和媒体运作机制的第一手知识；另一方面，业界也应善于利用新技术，使公众有更丰富有趣的信息获取体验，逐渐提升公众的技术认知水平，进而为青少年创造一个更优质的信息技术环境。

4. 提升个人隐私保护和尊重他人隐私的意识，注重网络安全

在15～24岁的青少年中，有超过半数曾经从网上购物，但香港电脑学会的调查发现，有近一半（49.4%）的香港青少年没有定期更改密码的习惯，缺乏保障自己网上隐私和财产安全的意识。香港青年协会的研究数据也表明，有46.0%的青少年有过未经自己同意就被他人在社交媒体上标注的经历，同时也有26.6%的青少年在未经他人同意下，在社交平台标注他人。此外，有21%的青少年在未获他人许可下，截取并分享自己与他人的谈话内容和图片，还有两成的青少年在社交媒体上从没做过隐私方面的设定。可见香港青少年同时缺乏自我保护和尊重他人隐私的意识。

互联网和线下世界一样，也是各类社会活动和不同人士聚集的平台。家长和教师应提醒青少年，网络世界的行为与线下世界的行为同样重要，也应遵守和线下世界同样的规则和伦理，比如注意保护隐私，避免透露太多个人信息、避免背后议论，不传播中伤或致使他人声誉受损的信息、不散播谣言等。家长和教师也可经常与青少年分享和讨论自己的上网经验。香港政府网站“香港政府一站通”提供了详细的资讯保安及社交网络安全指引，香港警务处网站也有针对青少年网上交际的提示，但考虑到青少年不常主动搜寻这类信息，建议加强政府在线下公众场所的宣传之外，家长和教师也可以此为参考，向青少年提供指导，使他们从“数字原住民”成长为具有责任感的“数字公民”。

参考文献

香港特别行政区政府统计处：《主题性住户统计调查第 67 号报告书》，https：//www. statistics. gov. hk/pub/B11302672019XXXXB0100. pdf，最后检索时间：2020 年 3 月 18 日。

香港卫生署：《成长数码化：儿童使用屏幕媒体概况》，https：//www. chp. gov. hk/files/pdf/ncd_ watch_ march_ 2019_ chin. pdf，最后检索时间：2020 年 3 月 10 日。

香港卫生署：《健康使用互联网及电子屏幕产品》，https：//www. studenthealth. gov. hk/tc_ chi/internet/files/healthy_ use_ of_ internet_ ppt_ 8_ feb_ 2018. pdf，最后检索时间：2020 年 3 月 19 日。

香港亚太研究所青年研究中心、香港中文大学教育研究所香港学生能力国际评估中心：《学童身心灵健康评估计划研究结果》，https：//www. cpr. cuhk. edu. hk/tc/press_ detail. php? id = 3067&t = 中大發布學童身心靈健康評估計劃研究結果 - 香港學生健康狀況低於國際水平，最后检索时间：2020 年 3 月 19 日。

香港特别行政区政府：《传媒和通讯》，载《香港年报 2019》，https：//www. yearbook. gov. hk/2018/tc/pdf/C17. pdf，最后检索时间：2020 年 3 月 12 日。

香港特别行政区政府通讯事务管理局办公室：《主要的通讯业统计数字》，https：//www. ofca. gov. hk/tc/data_ statistics/data_ statistics/key_ stat/，最后检索时间：2020 年 3 月 17 日。

香港特别行政区教育局：《香港学生资讯素养》，https：//www. edb. gov. hk/attachment/tc/edu - system/primary - secondary/applicable - to - primary - secondary/it - in - edu/Information - Literacy/IL20180516C. pdf，最后检索时间：2020 年 3 月 20 日。

香港电脑学会：《香港电脑学会公布〈香港青少年上网习惯调查〉结果》，http：//www. hkcs. org. hk/wp - content/uploads/Publication/Press_ Release/Hong - Kong - Youngster - Netsurfing - Behaviour - Survey - Result - Press - Release - Chinese - version_ Final. pdf，最后检索时间：2020 年 3 月 20 日。

香港青年协会：《青协公布调查结果近五成青少年从不察觉网上虚假资讯，另近三成青少年不论真假分享网上资讯》，http：//medialiteracy. hk/research - description/，最后检索时间：2020 年 3 月 21 日。

黄磊、张引：《香港数码媒体用户调查》，载李文、黄煜主编《香港媒体数码发展报告 2018》，中华书局（香港）有限公司，2018。

Ku，Y. L.，Deng，L. P.，Kang，Y.，& Song，Y. Y.（2019）. *Investigating Hong Kong Students' Critical News Literacy in the Age of Social Media*（Project No.：2016. A2. 014. 17A）.

Retrieved from: https: //www. pico. gov. hk/doc/en/research _ report (PDF) /2016. A2. 014. 17 A_ Final% 20Report_ Dr% 20Ku. pdf.

World Economic Forum (2019). *The Global Competitiveness Report 2019*, http: // www3. weforum. org/docs/WEF_ The Global Competitiveness Report 2019. pdf.

B.17
澳门未成年人互联网运用现状

盛绮娜　李　京　李明惠　张荣显*

摘　要： 本文对澳门6~17岁未成年人的上网情况进行了研究与分析，并针对未成年网民的网络资讯获取及假资讯接触状况做进一步探讨，文中数据来自澳门互联网研究学会管理及执行的《澳门互联网研究计划》，该计划过去20年每年均进行大规模的随机抽样电话调查（2001~2020年），访问6~84岁的澳门居民。最新研究显示，大多数未成年网民均会通过互联网获取资讯，但网上资讯真假混杂，假资讯接触已常态化，对未成年人产生负面影响。因此，未成年人应提高自身的科学素养和人文素养，加强辨识资讯真伪的能力，拒绝传播不能辨识真伪的资讯；家庭、学校和社会需提供更全面的网络素养教育，为未成年人的健康成长营造良好的上网氛围；政府宜完善网络管理法规及加强网络媒介素养教育，以遏制网络假资讯的传播，并创建良好有序的网络环境。

关键词： 未成年人　互联网　新闻资讯　假资讯　澳门

---

* 盛绮娜，澳门互联网研究学会理事长，主要研究方向为互联网研究、满意度分析、成效分析；李京，易研网络研究实验室研究员，主要研究方向为满意度分析、媒介使用研究；李明惠，易研网络研究实验室研究员，主要研究方向为满意度分析、媒介使用研究；张荣显，博士，澳门互联网研究学会会长，主要研究方向为大数据挖掘与分析、网络与媒介效果、民意研究。

一　前言

随着科技的进步和互联网的兴旺发展，获取或发布信息变得越来越容易，给人们的工作、学习和生活带来了便利。虽然互联网和社交媒体降低了信息发布门槛，但同时弱化了对信息的把关与审核，导致网络上资讯真假混杂，未经证实的传言、谣言、错误资讯或虚假资讯流传甚广，成为一个严重的社会问题。

对于未成年人而言，未成年人因生活阅历受限，对事物的辨别能力普遍不如成年人，更容易受到假资讯的危害。如今未成年人已普遍上网，不少更拥有自己的智能手机，如何引导未成年人正确获取资讯，建立分辨真假信息的能力，从而避免因假资讯受骗而影响三观塑造，应该成为全社会共同关注的课题。

本文数据来自澳门互联网研究学会管理及执行的《澳门互联网研究计划》，从2001年起，该计划每年均进行大规模随机抽样电话调查（2002、2011年除外），访问6～84岁会说中文的澳门居民，调查结果可以反映澳门居民使用互联网、使用手机及其他新通信科技的状况。本篇将抽取调查中与网络信息获取及假资讯接触相关的问题，以其调查结果为基础，选取当中6～17岁的未成年人样本进行分析，并将其划分为6～11岁及12～17岁两个年龄段，部分结果与18～84岁成年居民的状况作横向比较分析，与此同时，部分结果亦与往年调查结果做纵向比较分析，如无特别指明，本文内的数据均来自2020年最新的调查结果（见表1）。

表1　2009～2020年调查执行情况

调查年份	2009	2010	2012	2013	2014	2015	2016	2017	2018	2019	2020
调查日期	11/19～12/2	11/19～12/3	5/22～5/29	5/6～5/14	5/31～6/15	6/23～6/29	1/10～1/31	1/2～1/14	1/29～2/12	1/21～2/20	2/27～3/13
回应率(%)	38	45	72	58	24	40	45	35	40	35	54
合作率(%)	66	69	73	74	67	79	78	70	86	66	77

续表

调查年份	2009	2010	2012	2013	2014	2015	2016	2017	2018	2019	2020
调查日期	11/19 ~ 12/2	11/19 ~ 12/3	5/22 ~ 5/29	5/6 ~ 5/14	5/31 ~ 6/15	6/23 ~ 6/29	1/10 ~ 1/31	1/2 ~ 1/14	1/29 ~ 2/12	1/21 ~ 2/20	2/27 ~ 3/13
抽样误差(%)	±2.5	±2.4	±2.8	±2.6	±3.2	±3.2	±3.2	±3.2	±3.2	±3.2	±3.2
完成样本(例)	1586	1808	1250	1427	1000	1002	1002	1000	1000	1000	1002
6~11岁未成年人样本数(例)	86	71	68	54	50	40	44	53	64	57	57
12~17岁未成年人样本数(例)	275	327	183	242	142	126	116	131	121	101	93

本次研究的内容包括未成年人的上网概况，包括上网率、手机上网率、网龄、每日上网时长、上网目的；同时，研究关注未成年网民的网络信息获取及假资讯接触状况，包括获取信息的渠道、对信息来源的信任，假资讯的接触、识别与处理。

二 上网概况及网络信息获取

（一）上网概况

移动互联网的快速发展，让澳门未成年人上网及手机上网成为常态，大部分的未成年人已成为网民及手机网民，本节内容包括未成年人的上网概况、网龄、每日上网时间及上网目的。

1. 上网率及手机上网率

12~17岁未成年人的上网率一直较为稳定且较成年人高，6~11岁未成年人的上网率较为波动，而成年人的上网率则保持上升趋势。

2020年，6~11岁的未成年人的上网率为85.5%，12~17岁的未成年人已经全部上网（100%），2009年以来该年龄段的未成年人上网率均保持在接近或达到100%的水平。成年人的上网率在2020年上升至91.1%（见图1）。

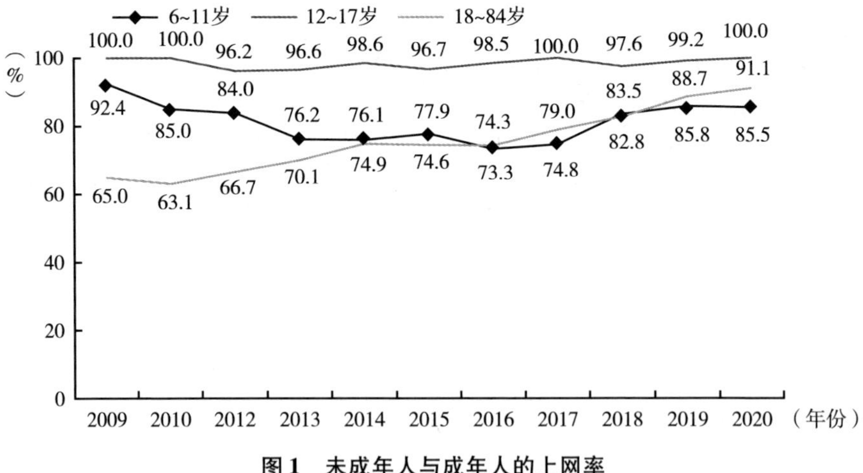

图1　未成年人与成年人的上网率

在手机上网方面，由于手机产品的技术升级与更新迭代，具有上网功能的手机成为主流，各年龄段居民的手机上网率从2010年开始都出现了明显的上升趋势。2020年，12～17岁未成年人的手机上网率为97.8%，近五年，该年龄段的未成年人几乎全部成为手机网民，手机上网率均超过九成半；2020年，成年人的手机上网率为90.5%，突破九成，为历来最高点。6～11岁未成年居民在2020年的手机上网率为62.2%，该年龄段居民的手机上网率有所波动，但历年来整体呈上升趋势（见图2）。

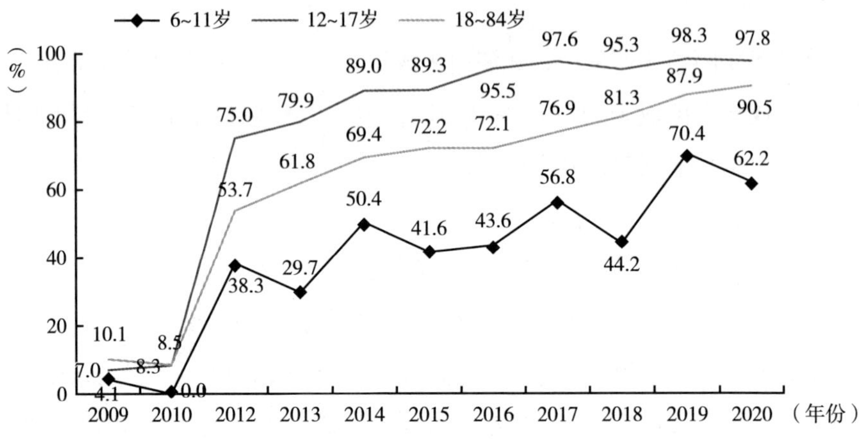

图2　未成年人与成年人的手机上网率

2. 网龄

2020 年，6～11 岁未成年网民平均已经上网 2.7 年，12～17 岁未成年网民已上网 6.8 年，成年网民平均网龄为 13.4 年（见表 2）。6～11 岁未成年网民的网龄主要集中在 5 年以内（57.7%），12～17 岁未成年网民的网龄集中在5～10 年（73.0%），成年网民网龄则最多为 10 年以上（51.9%）（见图 3）。

表 2　未成年网民与成年网民的网龄（2020 年）

单位：年

年龄段	最小值	最大值	平均数	删除两极端观察值之平均数(5%)	标准差	众数	中位数
6～11 岁	0.2	8.0	2.8	2.7	2.01	1.0	2.0
12～17 岁	1.0	15.0	6.9	6.8	2.66	7.0	7.0
18～84 岁	0.1	27.0	13.5	13.4	6.61	20.0	14.0

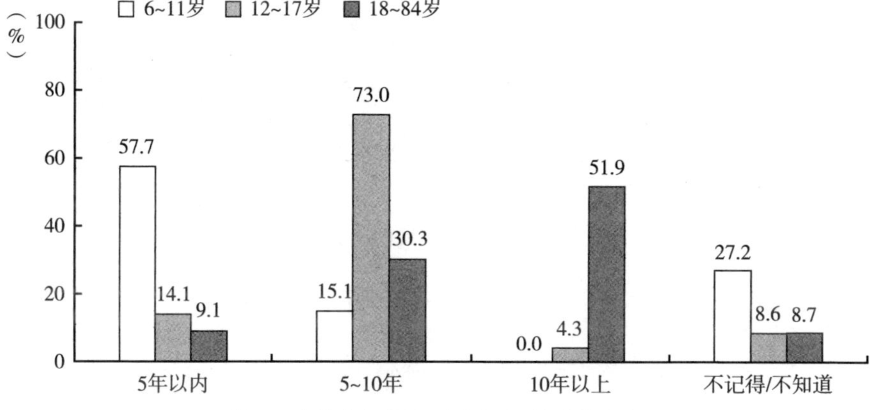

图 3　未成年网民与成年网民的网龄分布

3. 每日上网时间

每日上网时间方面，6～11 岁未成年网民平均每日上网 2.3 小时，12～17 岁未成年网民与成年网民平均每日上网时间一致，均为 4.0 个小时（见表 3）。未成年网民与成年网民每日上网时间均集中在 2～5 小时（6～11 岁：52.6%、12～17 岁：44.4%、18～84 岁：49.8%），6～11 岁未成年网民每日上网2小时以内的比例高于其他网民（33.8%），12～17岁未成年网民每日上网5小时以上的比例高于其他网民（33.0%）（见图4）。

表3 未成年网民与成年网民的每日上网时间

单位：小时

年龄段	最小值	最大值	平均数	删除两极端观察值之平均数(5%)	标准差	众数	中位数
6～11岁	0.1	24.0	2.9	2.3	3.80	2.0	2.0
12～17岁	0.1	16.0	4.3	4.0	3.26	6.0	3.7
18～84岁	0.1	24.0	4.4	4.0	3.66	2.0	4.0

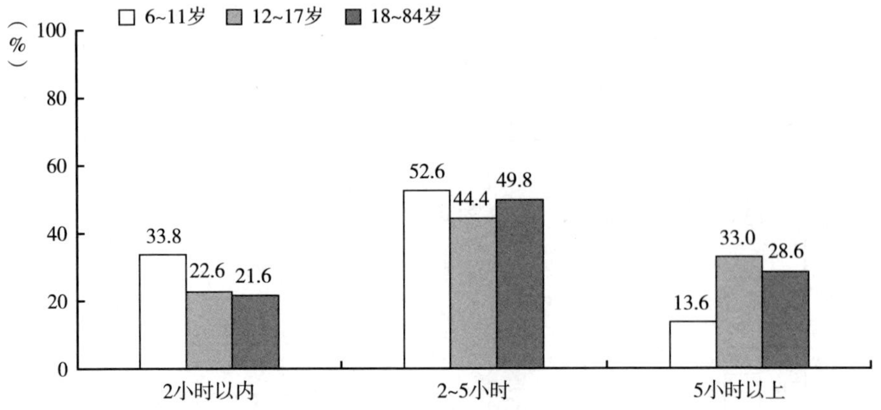

图4 未成年网民与成年网民的每日上网时间分布

4. 上网目的

各年龄段网民最主要上网的目的均为休闲娱乐（6～11岁：73.4%、12～17岁：82.9%、18～84岁：59.4%）。其他上网目的则存在一定差异。与成年人不同的是，未成年网民为教育/学习而上网的比例较高（6～11岁：62.4%、12～17岁：53.8%），而成年人为了与人沟通、获取资讯和浏览网上新闻而上网的比例较高，分别为46.7%、40.1%和36.4%。此外，6～11岁未成年网民无人表示主要为了网上社区/社交网站、浏览网上新闻而上网，而12～17岁未成年网民和成年网民分别有15.0%、20.8%最主要上网的目的为网上社区/社交网站（见图5）。

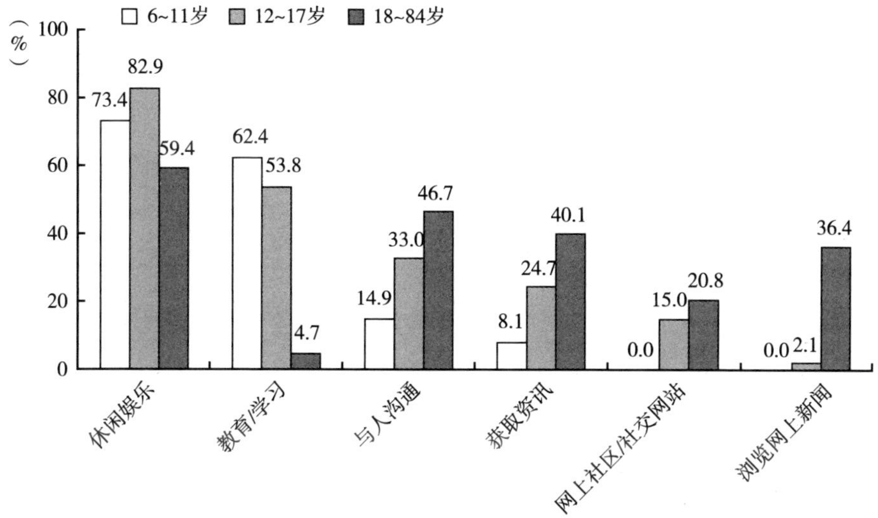

图 5　未成年网民与成年网民的上网目的（前六位）

（二）资讯获取

互联网是未成年网民接受教育、学习以及获取资讯的重要渠道之一，本节内容包括未成年网民在网上获取资讯的情况及对各资讯渠道的信任程度。

1. 浏览新闻/转载新闻/发表评论的情况

网民除了在网上浏览新闻资讯外，亦会进行例如转载、发表评论或留言的二次传播行为。6～11 岁的未成年网民上网浏览新闻/转载新闻或转载评论/在网上发表评论或留言的比例分别为 35.2%、2.6%、28.7%，远低于 12～17 岁的未成年网民（浏览新闻：77.2%、转载新闻或转载评论：42.7%、在网上发表评论或留言：64.6%）及成年网民（浏览新闻：91.2%、转载新闻或转载评论：54.4%、在网上发表评论或留言：51.5%）。12～17 岁的未成年网民在网上发表评论或留言的比例相对最高（64.6%）（见图 6）。

2. 获取新闻资讯的渠道

将各个获取新闻资讯的渠道分为传统媒体（电视、报纸、电台的非网络版等）、新闻网站/资讯网站（新闻网站、搜索引擎等）、社交媒体/论坛/讨论

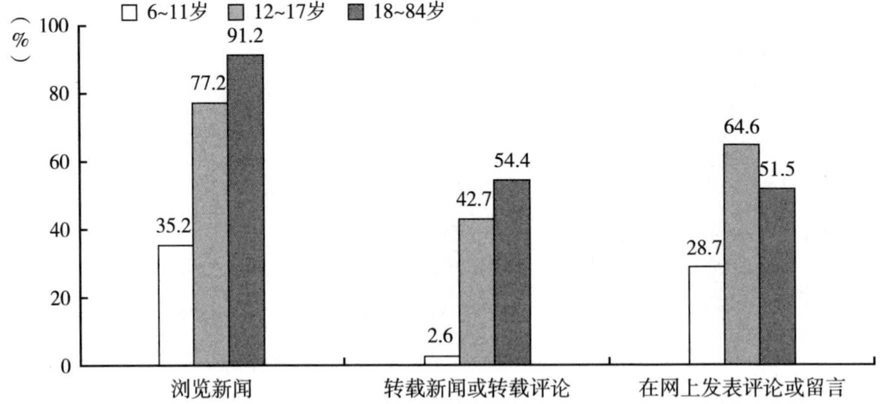

图6 未成年网民与成年网民上网浏览新闻/转载新闻/发表评论的比例

区（WeChat、Facebook、Instagram、论坛、其他社交网站等）三大类，可见，各年龄段网民透过传统媒体获取新闻资讯的比例分别约七成，比例均较高（6~11岁：71.5%、12~17岁：67.9%、18~84岁：72.0%），6~11岁未成年网民透过新闻网站/资讯网站、社交媒体/论坛/讨论区获取新闻资讯的比例较低，分别为2.5%、3.5%；12~17岁未成年网民、成年网民透过新闻网站/资讯网站获取新闻资讯的比例分别为26.7%、49.7%，透过社交媒体/论坛/讨论区获取新闻资讯的比例相若，分别为45.1%、50.4%（见图7）。

3. 对新闻资讯渠道的信任程度

对于以上三个获取新闻资讯的渠道，各年龄段网民信任传统媒体的比例（包括比较信任、非常信任）均最高（6~11岁：60.9%、12~17岁：93.6%、18~84岁：76.7%）（见图8），其次为新闻网站/资讯网站（6~11岁：34.5%、12~17岁：75.2%、18~84岁：55.5%）（见图9），对社交媒体/论坛/讨论区的信任比例相对最低（6~11岁：20.8%、12~17岁：38.6%、18~84岁：20.8%）（见图10），12~17岁未成年网民对各资讯渠道的信任比例相对其他年龄段网民均为最高。

此外，从不同渠道获取新闻资讯的未成年网民对各资讯渠道的信任比例有所差异，显示渠道的使用者比没有使用者更信任所使用的渠道。通过各渠

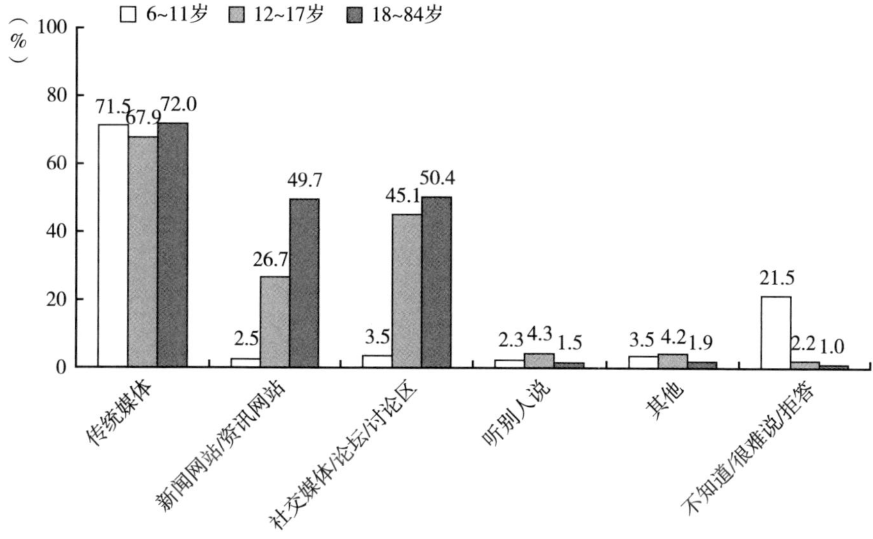

图 7　未成年网民与成年网民获取新闻资讯的渠道分类

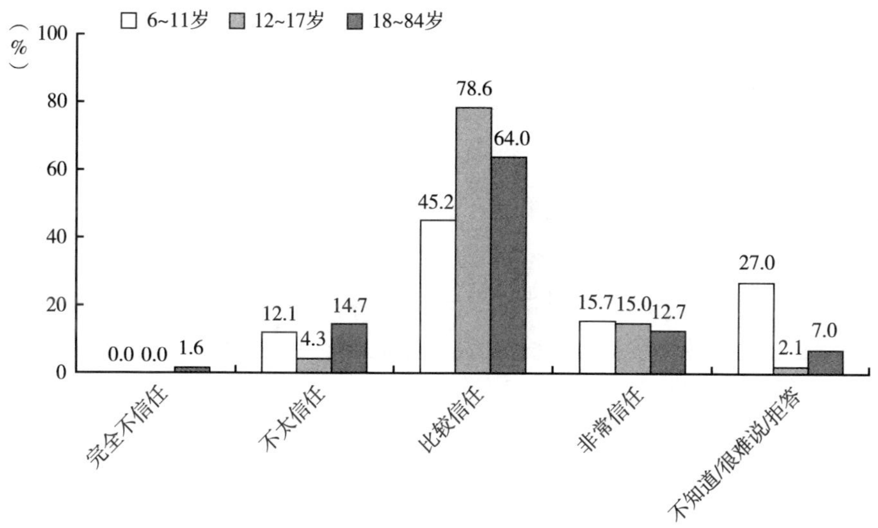

图 8　未成年网民与成年网民对传统媒体的信任程度

道获取新闻资讯的未成年网民对传统媒体（有通过：81.9%、没有通过：70.5%）、新闻网站/资讯网站（有通过：74.0%、没有通过：53.1%）、社

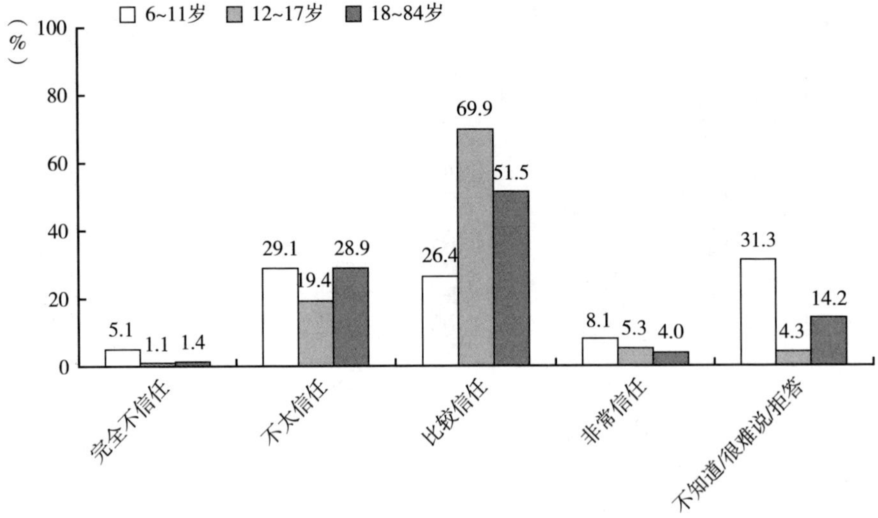

图9　未成年网民与成年网民对新闻网站/资讯网站的信任程度

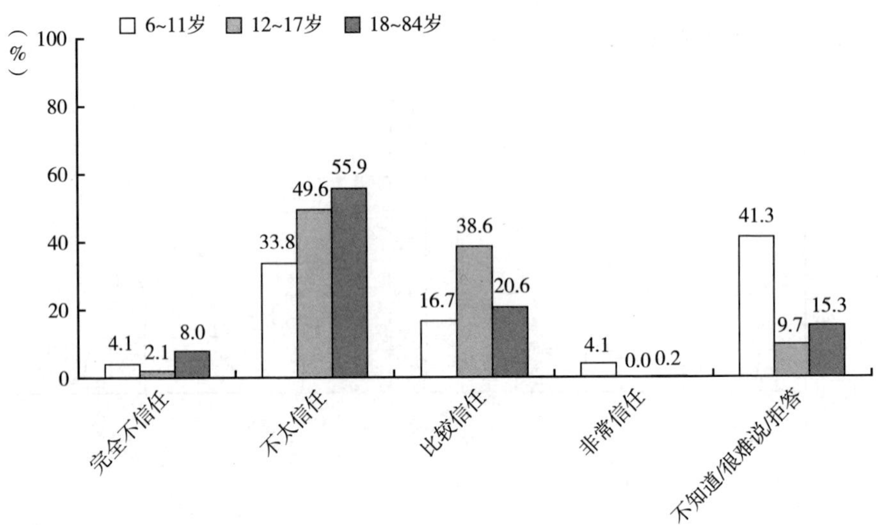

图10　未成年网民与成年网民对社交媒体/论坛/讨论区的信任程度

交媒体/论坛/讨论区（有通过：71.4%、没有通过：27.7%）的信任比例均高于没有通过该渠道获取资讯的未成年网民。社交媒体/论坛/讨论区为有使用与没有使用的未成年网民信任比例差异最大的渠道（见表4）。

表4 从不同渠道获取资讯的未成年网民对资讯渠道的信任程度

单位：%

资讯渠道		完全不信任/不太信任	比较信任/非常信任	不知道/很难说/拒答
传统媒体	通过传统媒体获取	5.9	81.9	12.2
	没有获取	12.7	70.5	16.8
新闻网站/资讯网站	通过新闻网站/资讯网站获取	22.3	74.0	3.7
	没有获取	27.7	53.1	19.2
社交媒体/论坛/讨论区	通过社交媒体/论坛/讨论区获取	26.5	71.4	2.1
	没有获取	42.5	27.7	29.8

（三）假资讯接触、识别与处理

互联网上真假资讯混杂，网民或多或少都会有所接触，本节内容包括未成年网民对网络假资讯的接触、识别与处理情况。

1. 网络假资讯接触

网民自己评定在互联网上接触到假资讯的频率，结果显示，成年网民认为自己曾在网上接触过假资讯的频率较高，6～11岁的未成年网民最多表示从来没有在网上接触过假资讯（48.6%），12～17岁的未成年网民最多认为自己很少（40.9%）、有时（45.2%）接触到假资讯，而成年网民则最多认为有时（42.2%）、经常（27.0%）接触假资讯（见图11）。以每100条新闻或信息中接触过的假信息个数计算接触假资讯的比例，成年网民接触假资讯的比例较高，每100条资讯中，6～11岁未成年网民平均发现21.1条假资讯，12～17岁未成年网民平均发现24.1条假资讯，而成年网民则平均发现35.4条假资讯（见表7）。

按上网的情况将未成年网民细分，网龄越长、每日上网时间越长的未成年网民认为自己曾在网上接触过假资讯的频率越高、比例越高；上网目的不同的未成年网民接触到假资讯的情况亦有不同，为了获取资讯而上网的网民接触到假资讯的比例相对最高（见表5、表8）。

按获取新闻资讯的情况将未成年网民细分，从社交媒体/论坛/讨论区获取新闻资讯的未成年网民认为自己曾在网上接触过假资讯的频率最高（见表6）。

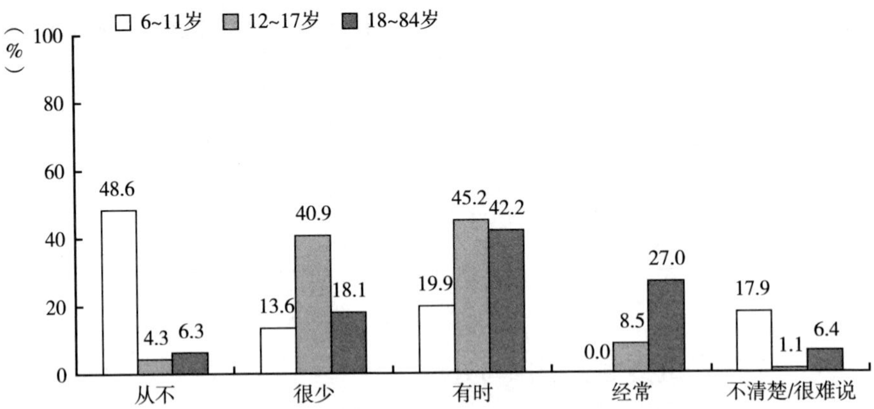

图11　未成年网民与成年网民在网上接触假资讯的情况

表5　不同网龄、每日上网时间、上网目的的未成年网民在网上接触假资讯的情况

单位：%

项目		从不	很少	有时	经常	不清楚/很难说
网龄	5年以内	13.4	22.4	50.7	13.5	0.0
	5~10年	0.9	37.0	49.3	11.0	1.8
	10年以上	0.9	13.7	50.5	31.6	3.3
	不记得/不知道	13.9	42.3	19.9	23.9	0.0
每日上网时间	2小时以内	3.2	21.5	53.3	22.0	0.0
	2~5小时	2.2	20.2	58.6	19.0	0.0
	5小时以上	0.0	17.7	43.2	32.7	6.4
上网目的	休闲娱乐	2.8	23.9	45.5	26.3	1.5
	与人沟通	1.4	24.8	49.7	21.2	2.9
	获取资讯	2.5	9.0	51.3	29.7	7.5
	浏览网上新闻	1.3	21.4	48.7	23.7	4.9
	网上社区/社交网站	0.0	26.6	55.2	18.2	0.0
	教育/学习	6.5	37.8	42.2	13.5	0.0
	其他	1.5	24.5	48.5	25.5	0.0

表6　不同获取新闻资讯渠道、对渠道信任度的未成年网民在网上接触假资讯的情况

单位：%

项目		从不	很少	有时	经常	不清楚/很难说
获取新闻资讯渠道	传统媒体	24.6	29.9	34.9	3.3	7.3
	新闻网站/资讯网站	0.0	44.6	48.3	7.1	0.0
	社交媒体/论坛/讨论区	6.7	35.2	49.2	8.9	0.0
是否信任传统媒体	信任	16.3	31.0	38.4	5.8	8.5
	不信任	29.7	34.8	35.5	0.0	0.0
是否信任新闻网站/资讯网站	信任	12.7	32.8	39.0	7.0	8.5
	不信任	33.7	29.8	32.1	2.2	2.2
是否信任社交媒体/论坛/讨论区	信任	12.4	37.9	41.7	3.6	4.4
	不信任	25.1	30.6	36.7	5.0	2.6

表7　曾在网上接触假资讯的未成年网民与成年网民接触假资讯的比例

单位：%

年龄	最小值	最大值	平均数	删除两极端观察值之平均数(5%)	标准差	众数	中位数
6～11岁	0.0	87.0	23.4	21.1	26.48	3.0	6.0
12～17岁	0.0	90.0	25.9	24.1	22.14	10.0	20.0
18～84岁	2.0	100.0	36.3	35.4	21.70	50.0	30.0

注：“接触假资讯的比例”指每100条网上的新闻或信息中，会发现不完全准确信息或假信息的占比，下同。

表8　不同网龄、每日上网时间、上网目的未成年网民接触假资讯的比例

单位：%

项目		最小值	最大值	平均数	删除两极端观察值之平均数(5%)	标准差	众数	中位数
网龄	5年以内	1.0	87.0	35.5	34.8	23.05	50.0	40.0
	5～10年	0.0	90.0	31.0	29.9	21.66	50.0	30.0
	10年以上	2.0	100.0	37.5	36.6	21.83	50.0	35.0
	不记得/不知道	1.0	80.0	38.5	38.3	21.83	50.0	50.0

续表

项目		最小值	最大值	平均数	删除两极端观察值之平均数(5%)	标准差	众数	中位数
每日上网时间	2 小时以内	0.0	90.0	31.3	30.3	21.30	50.0	30.0
	2～5 小时	1.0	100.0	35.6	34.8	21.45	50.0	30.0
	5 小时以上	2.0	99.0	38.1	37.3	22.55	50.0	30.0
上网目的	休闲娱乐	0.0	100.0	35.4	34.5	22.44	50.0	30.0
	与人沟通	0.0	100.0	35.5	34.4	22.87	50.0	30.0
	获取资讯	2.0	90.0	37.4	36.8	21.74	50.0	40.0
	浏览网上新闻	2.0	99.0	36.4	35.7	21.48	50.0	33.0
	网上社区/社交网站	0.0	100.0	33.1	31.6	22.50	30.0	30.0
	教育/学习	1.0	90.0	27.0	25.9	20.18	10.0	20.0
	其他	2.0	99.0	36.4	35.3	23.18	50.0	30.0

2. 网络假资讯识别

12～17 岁的未成年网民对自己识别网络资讯/新闻真假的信心相对最高（79.7%，有点信心：73.2%、完全有信心：6.5%），成年网民次高（77.3%，有点信心：62.6%、完全有信心：14.7%），6～11 岁未成年网民信心相对最低（64.9%，有点信心：48.4%、完全有信心：16.5%）（见图 12）。

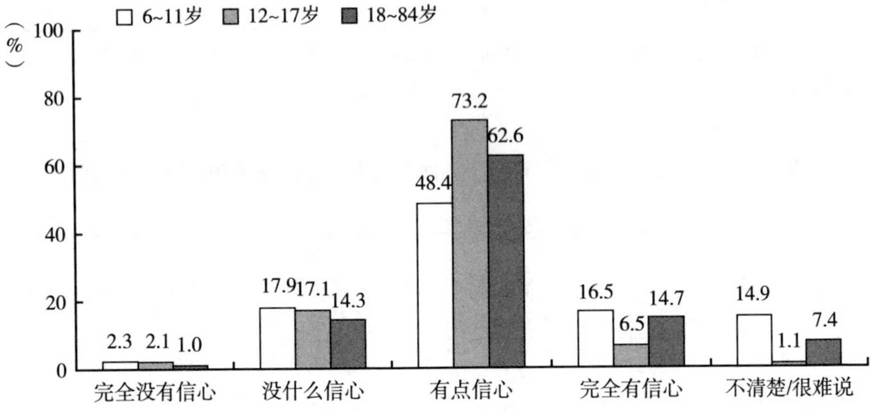

图 12　未成年网民与成年网民对自己识别网络资讯/新闻真假的信心

问及各年龄段网民对现时网络资讯、新闻真假的一些观感问题，12～17岁的未成年网民较其他年龄段网民最认同以下三个说法："在网上转载信息或新闻时，资讯趣味性比真实性更重要"（33.3%，比较同意：32.2%、完全同意：1.1%），"你对于网上的信息真假难辨感到焦虑"（42.1%，比较同意：38.9%、完全同意：3.2%），"网上的信息是'有图有真相'"（40.1%，比较同意：35.7%、完全同意：4.4%）。同时，12～17岁未成年网民表示不认同"在网上转载信息或新闻时，资讯趣味性比真实性更重要"（63.4%，不太同意：44.1%、完全不同意：19.3%）的比例亦为各年龄段网民中最高，而最不认同"你对于网上的信息真假难辨感到焦虑"和"网上的信息是'有图有真相'"两个说法的则为成年网民（见表9）。

表9　未成年网民与成年网民对网络资讯/新闻真假的观感

单位：%

项目		6～11岁	12～17岁	18～84岁
在网上转载信息或新闻时，资讯趣味性比真实性更重要	完全不同意	5.3	19.3	17.5
	不太同意	33.1	44.1	45.8
	比较同意	25.0	32.2	25.8
	完全同意	4.1	1.1	2.1
	不知道/很难说/拒答	32.5	3.3	8.8
你对于网上的信息真假难辨感到焦虑	完全不同意	10.4	11.9	15.6
	不太同意	39.1	42.7	42.7
	比较同意	17.9	38.9	30.8
	完全同意	5.6	3.2	3.3
	不知道/很难说/拒答	27.0	3.3	7.6
网上的信息是"有图有真相"	完全不同意	5.3	6.4	10.7
	不太同意	34.6	53.5	52.6
	比较同意	25.4	35.7	25.1
	完全同意	9.7	4.4	3.0
	不知道/很难说/拒答	25.0	0.0	8.6

对于面对不能确定真假的资讯/新闻时，大部分网民表示会查证（6～11岁：47.0%、12～17岁：62.6%、18～84岁：48.0%）。较多网民通过搜索引擎等网络渠道查证（6～11岁：21.9%、12～17岁：50.6%、18～84岁：39.2%），部分网民通过向周围亲友请教查证（6～11岁：27.6%、12～17岁：29.5%、18～84岁：14.8%），约一成网民通过查阅书籍或报刊查证（6～11岁：10.9%、12～17岁：10.9%、18～84岁：10.6%）。不过，表示不会查证的亦有相当的比例，相比之下，未成年网民（6～11岁：26.2%、12～17岁：31.0%）在转载、分享资讯和新闻前不会查证的比例相对低于成年网民（40.1%）（见图13）。

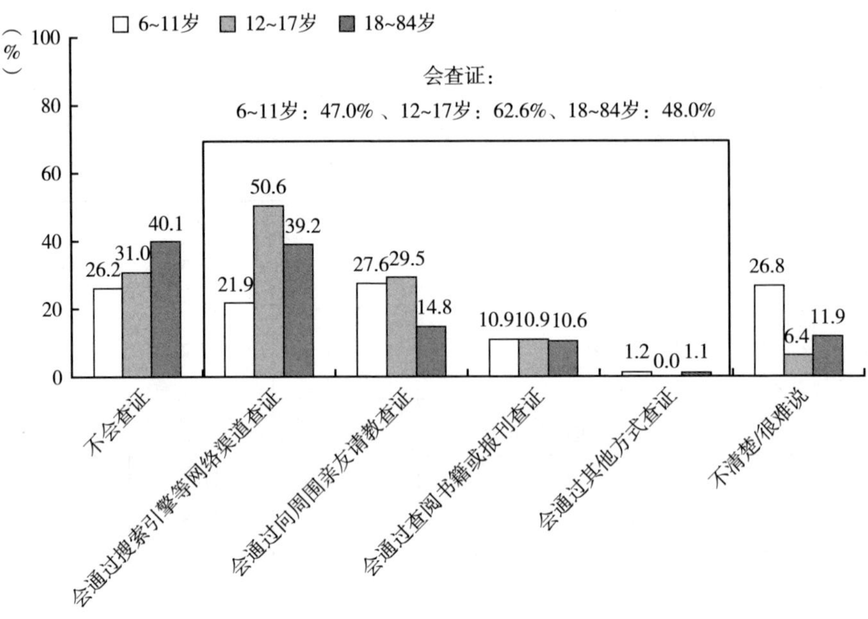

图13　未成年网民与成年网民对不能确定真假的资讯/新闻的查证情况

3. 网络假资讯处理

大部分网民不会转发、分享不确定真假的资讯、新闻（6～11岁：71.6%、12～17岁：87.2%、18～84岁：85.4%）（见图14），且表示没有曾转发假资讯、假新闻的情况（6～11岁：77.0%、12～17岁：80.9%、18～84岁：60.6%）（见图15）。若曾发布、转发、分享的资讯被认证为假资讯会删除发布或转发内容的比例较高（6～11岁：51.1%、12～17岁：80.7%、18～84岁：61.6%），部分网民会发布更正声明（6～11岁：25.8%、12～17岁：43.3%、18～84岁：41.3%），少部分网民表示自己什么都不做（6～11岁：11.4%、12～17岁：8.8%、18～84岁：12.5%）（见图16）。

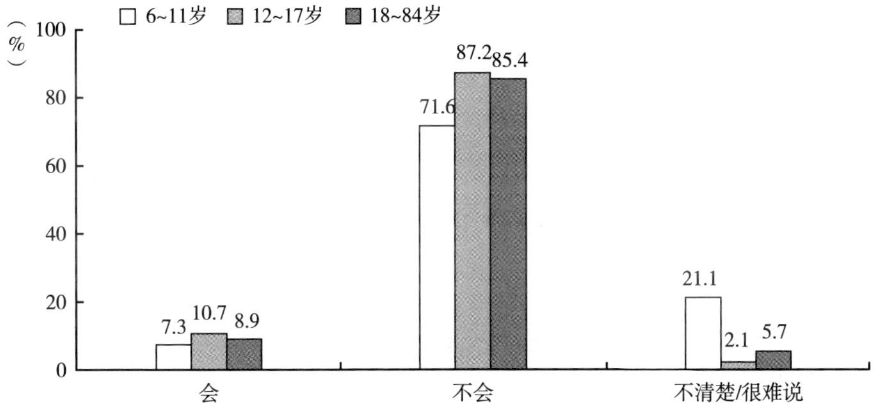

图14　未成年网民与成年网民对不能确定真假的资讯/新闻的转发/分享情况

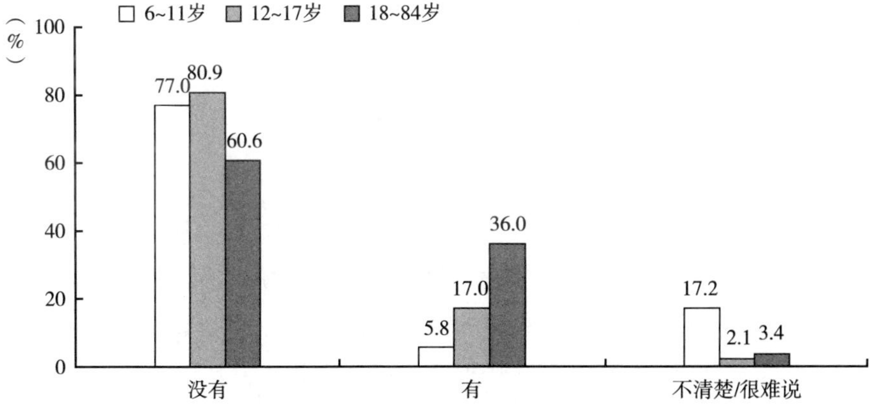

图15　未成年网民与成年网民曾转发假资讯/假新闻的情况

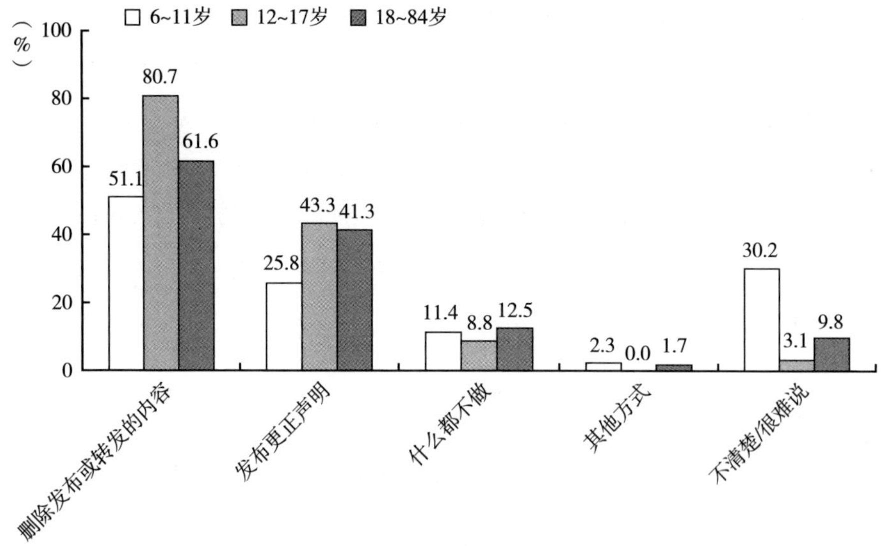

图16　未成年网民与成年网民对发布/转发/分享的假资讯的处理

三　问题及建议

随着移动互联网的发展及智能手机的普及，现时未成年人上网已经非常普遍。2020 年，12～17 岁的未成年人已全员上网（100%），97.8% 通过手机上网，上网率及手机上网率均高于成年人（上网率：91.1%，手机上网率：90.5%）。6～11 岁的未成年人上网率为 85.5%，62.2% 通过手机上网，低于成年人，但上网者亦占大多数。可见，未成年人上网及手机上网已趋普遍。

本研究发现，大多数网民均会通过互联网获取资讯，但网络上资讯真假混杂，大多数 12～17 岁网民都察觉曾接触到虚假新闻、资讯，但 6～11 岁网民的察觉能力较低。在上网普遍的背景下，假资讯不仅损害了媒体的公信力，误导社会舆论，也可能带来严重的负面社会效果，其危害已不可忽视。对于心理仍未完全成熟的未成年人而言，对网络上的新鲜资讯会更好奇，且容易高估自己对假资讯的识别能力，假资讯带来的负面影响或更大。一方面，未成年人自己应养成良好的上网习惯，提高资讯识别能力，拒绝传播假资讯；另一方面，社会各界应合作提高网络素养，共同营造良好的上网氛围，政府亦需要留意网络上的假资讯传播，及时辟谣及打击假资讯。

（一）培养良好的上网习惯，提高资讯识别能力

随着互联网的普及，互联网已成为未成年人获取及传播资讯的重要平台，部分未成年网民会在网上浏览新闻（6～11 岁：35.2%；12～17 岁：77.2%）、转载新闻或转载评论信息（6～11 岁：2.6%；12～17 岁：42.7%）、在网上发表评论或留言（6～11 岁：28.7%；12～17 岁：64.6%）。此外，未成年网民的上网目的主要为休闲娱乐（6～11 岁：73.4%；12～17 岁：82.9%）及教育、学习（6～11 岁：62.4%；12～17 岁：53.8%），与成年网民的上网目的（包括与人沟通：46.7%；获取资讯：40.1%）有所不同。

网上资讯的数量非常庞大，不过真假混杂，网民在获取资讯时，不可避免地受到假资讯的困扰。调查显示，6～11 岁的未成年网民最多认为自己从来没有在网上接触过假资讯（48.6%）及 17.9% 不清楚自己是否曾接触到；大部分 12～17 岁的未成年网民认为自己曾在网上接触过假资讯（94.6%），当中 8.5% 表示经常接触，比例低于成年网民（经常接触：27.0%）；而每 100 条资讯中，6～11 岁的未成年网民认为自己平均发现 21.1 条假资讯、12～17 岁的未成年网民平均发现 24.1 条假资讯、成年网民平均发现 35.4 条假资讯。显示较低龄的 6～11 岁的未成年人或由于年纪尚小的关系并未有相关的判别能力，因而没有察觉或不知道的比例都较高，同时，调查亦显示 6～11 岁的未成年人对“你对于网上的信息真假难辨感到焦虑”（比较同意 + 完全同意：23.5%）说法的同意比例相对最低，反映 6～11 岁的未成年人对辨识信息真假的忧虑较少。而 12～17 岁的未成年网民虽大部分察觉自己曾接触假资讯，但自认为接触的频率则低于成年人。

此外，问及对自己识别网络资讯/新闻真假的信心时，12～17 岁的未成年网民表示有信心的比例（79.7%，有点信心：73.2%、完全有信心：6.5%）较高，对“你对于网上的信息真假难辨感到焦虑”（比较同意 + 完

全同意：42.1%）说法的同意比例亦较高，表示未曾转发假资讯、假新闻的比例（80.9%）亦高于成年网民（60.6%）。显示12～17岁的未成年网民对自己的辨识能力较有信心，但部分仍对辨识信息真假抱有忧虑，且有可能出现高估自己分辨信息真假的能力，而实际上未必能够准确知悉网络资讯真假的情况。

网络上的资讯繁多复杂、真假难辨，因此，对于外界因素而言，学校、社会、家庭需给予未成年人更多指导，加强网络素养教育，培养未成年人正确的价值观；对于自身因素而言，未成年人应培养良好的上网习惯，更多通过公信力较强的网络来源获取资讯，同时，努力学习更多专业知识，提高自身的科学素养和人文素养，提升辨别资讯真伪的意识与能力，以避免受虚假资讯的欺骗。在不能确定资讯的真假时，学会从多方位、多层次、多角度思考，分析问题，并及时向家长、老师等具有一定知识背景、分析能力的长辈请教、交流，以降低虚假资讯的负面影响。

（二）增强自制能力，拒绝传播假资讯

调查显示，12～17岁的未成年网民对新闻网站、资讯网站（比较信任+非常信任：75.2%）及社交媒体、论坛、讨论区（比较信任+非常信任：38.6%）等互联网渠道的资讯信任比例均高于其他年龄段。曾使用过社交媒体/论坛/讨论区的未成年网民对该渠道更为信任（有通过该渠道获取资讯者中的信任比例：71.4%，没有获取：27.7%）。12～17岁的未成年网民对“在网上转载信息或新闻时，资讯趣味性比真实性更重要”（比较同意+非常同意：33.3%）、“网上的信息是‘有图有真相’”（比较同意+完全同意：40.1%）说法的同意比例亦高于其他年龄段，对不能确定真假的资讯、新闻的转发、分享比例相对其他年龄段最高（10.7%），或显示该年龄段的未成年网民对网上资讯信任度相对较高，亦相对较倾向会转发、分享未确定真假的资讯。心理学研究显示，面对未经过滤的资讯时，如果当中有与自己想法相符的部分，人们虽然不能判断其真实性，也会倾向于认同，心理学称之为“证实性偏见”。因此，当部分未成年人认为某资讯很有必要让

别人也知道，即使在真实性仍未证实的情况下，他们也会进行转发和分享，导致一些未经证实但又较具有噱头的错误资讯或虚假资讯蔓延。

网上资讯缺乏把关机制，而资讯发布门槛较低的社交媒体具有资讯快速传播的特点，人们可以毫不费力地将资讯迅速转发、分享给许多人，容易导致错误信息的加剧传播，因此社交媒体往往成为假资讯的重灾区。而随着移动互联网的发展，资讯传递方式更便捷、速度更快、范围更广，人们通过社交媒体转发、分享资讯以获得关注的行为亦更为普遍。12～17岁的未成年人多处于青春期成长阶段，开始形成自己的人生观、价值观及世界观，并渴望其他人聆听自己的声音和观点，可能会更多希望通过社交媒体展现自我以获得满足感、认同感和成就感，因此使用社交媒体较多，亦对其较为信任。另外，本次调查显示，12～17岁的未成年网民在网上发表评论或留言的比例相对最高（64.6%），显示他们在网络上发表自己观点的意愿较强。

对于自己曾发布、转发、分享的假资讯，12～17岁的未成年网民中，80.7%会删除发布或转发的内容，43.3%会发布更正声明，比例均高于其他年龄段，显示12～17岁的未成年网民对假资讯具有较好的事后处理意识。但有研究显示，生活中关于某事件或某人物的错误资讯，即使已经被更正或回收，错误的资讯仍会继续大范围传播，并继续影响人们的行为，而正确资讯反而没有得到足够关注，学者把这种现象称之为错误信息的“持续影响效应”，例如新冠肺炎疫情期间，网上疯传“口罩与卫生纸原料相同”“中国不出口原料”等谣言引发“卫生纸抢购潮”，虽然已辟谣“疫情不影响卫生纸”，但类似的谣言仍持续传播，导致许多国家及地区陆续出现同类的抢购潮。所以对于错误或虚假的资讯，辟谣所起的作用有限，处理假资讯的最好方式是一开始就不传播。

因此，对于12～17岁的未成年人，需要增强自制能力，对不能判断真实性的资讯，不要转发和分享，以免假资讯传播对社会造成危害；对于家长而言，应多与子女进行交流，尊重未成年人表达的意见和观点，并对真实性存疑的资讯与子女进行探讨，及时进行指导，提高他们对假资讯的识别能力，减少假资讯的传播。

（三）各方合作提高网络素养，共同营造良好的上网氛围

未成年人的日常生活与互联网息息相关，平均每天上网时间在 2 小时以上（6～11 岁：2.3 小时；12～17 岁：4 小时）。6～11 岁的未成年网民平均网龄为 2.7 年，最长网龄已达 8 年，12～17 岁的未成年网民平均网龄为 6.8 年，最长网龄达 15 年，可见部分未成年人在年幼时期就已开始接触互联网。对未成年人而言，学习和娱乐为上网最重要的两个目的，未成年人既能通过互联网进行学习教育以增进知识（6～11 岁：62.4%；12～17 岁：53.8%），也能通过休闲娱乐（6～11 岁：73.4%；12～17 岁：82.9%）以放松身心，如果能够合理地使用互联网，这将有助于未成年人的身心发展和成长。

科技和社会发展使现在的未成年人更早接触互联网，也更加需要互联网。网络上的假资讯对未成年人存在负面影响，未成年人对新鲜事物有较大的好奇心和参与性，但受年龄及阅历的限制，缺乏选择和判断能力，假资讯对他们的危害更大。对此，需要家庭、学校与社会共同创造良好的网络环境，以帮助未成年人的健康成长。

家长是未成年人健康成长的监护人及第一责任人，对未成年人上网应该起到一定的监督和引导作用。调查显示，成年网民（48.0%）表示自己在转载、分享资讯和新闻前会查证的比例相对低于 12～17 岁的未成年网民（62.6%）。曾发布、转发、分享的资讯被认证为假资讯时，成年网民表示自己什么都不做的比例亦稍高于 12～17 岁的未成年网民（12～17 岁：8.8%；18～84岁：12.5%），可见成年人自己对辨识网络资讯真假的意识和事后处理行为亦有待改善。家长网络素养的不足将会直接影响未成年人对网络资讯的正确认知和处理，即使想帮助未成年人应对假资讯，也会出现心有余而力不足的情况。因此家长亦需要与未成年人共同学习网络知识，作为陪伴的力量，与孩子共同提升网络素养，引导他们健康上网。

学校是未成年人学习及成长的重要场所，目前部分学校开设的资讯科技或媒体应用课程会教导未成年人使用网络的知识和技能，但对于教导对网络资讯进行理解、分析和评价的辩证思维能力，以及网络沟通中的法

律、道德、修养等方面的教育仍有所不足。因应现时互联网的普及使用，网络素养实际上已经是人们社会行为的一个部分，学校亦需开设专门的网络素养课程，并将这门课程纳入常规教育中，同时需要将提升素养的各个元素分别渗透到不同的学科当中，全面地帮助未成年人养成正确的网络行为习惯。此外，社会上亦可考虑开设相应的网络素养亲子课程，让家长和未成年人一同学习，让家长具备更好的网络素养，保护和引导未成年人健康上网和安全上网。

综上结果可见，为未成年人的健康成长营造良好的网络环境和上网氛围，需要家庭、学校和社会的共同努力，这样才能满足未成年人通过互联网学习、社交及娱乐的需要，让未成年人在健康的网络环境下全面发展。

（四）完善网络管理法规，遏制假资讯传播

资讯传播是互联网最基本的功能之一，互联网的普及令网络资讯对阅读者的影响越来越大，以澳门而言，包括未成年人在内的澳门网民在网上浏览新闻资讯已是普遍行为（6～11 岁：35.2%；12～17 岁：77.2%；18～84 岁：91.2%）。互联网为假资讯创造了生存和扩散的环境，而随着网络技术的创新，网络上的假资讯更加逼真，手段更“高明”，形式亦多样化，这为政府治理假新闻和假资讯带来了新的挑战。

调查显示，各年龄段的澳门网民均或多或少地认为自己曾在网上接触过假资讯，针对网络假资讯传播的现象，政府宜完善对网络资讯传播的管理，加大打击虚假资讯的力度。一方面，政府部门的日常管理工作可以考虑加入对网络假资讯的管理，发现网络的虚假资讯造成严重社会后果时，及时辟谣并对发布者予以相应处罚；另一方面，需对现时的法规不断完善，并加大对假资讯的打击力度，遏制假资讯传播，创建及维护良好有序的网络环境。

此外，网络媒体供应商也需要加强对信息来源及内容的审核，检查网络媒体的内容是否存在错误或假资讯，让其用户能够在可信任的来源中，浏览到所关心的资讯。

参考文献

康佳立：《浅析谣言在澳门的传播》，《人文学科和社会科学研究国际学术会议》2018 年第 4 期。

刘自雄、王朱莹：《被信任的假新闻——虚假信息的受众接受心理探讨》，《现代传播》2011 年第 7 期。

汝绪华：《国外假新闻研究：缘起、进展与评价》，《新闻与传播评论》2019 年第 5 期。

温家林、张增一：《错误信息的产生、传播及识别和控制——错误信息已有研究评述》，《科学与社会》2018 年第 3 期。

徐美苓：《影响新闻可信度与新闻素养效能因素之探讨》，《中华传播学刊》2015 年第 27 期。

周裕琼：《当代中国社会的网络谣言研究》，商务印书馆，2012。

Gupta A. , Kumaraguru P. " *Misinformation in Social Networks*, *Analyzing Twitter During Crisis Events. Encyclopedia of Social Network Analysis and Mining.* " New York: Springer, 2014.

Kumar, " Detecting Misinformation in Online Social Networks Using Cognitive Psychology". *Human-centric Computing and Information Sciences*, 4 (2014).

Loftus, E. "Semantic Integration of Verbal Information into a Visual Memory" . *Journal of Experimental Psychology Human Learning and Memory*, 4 (1978).

Lewandowsky S. , Ecker UK. , Seifert CM. , Schwarz N. , Cook J. . "Misinformation and Its Correction: Continued Influence and Successful Debiasing" . *Psychological Science in the Public Interest: a Journal of the America Psychological Society.*

Yimin Chen, Niall J. Conroy, Victoria L. Rubin. (2015). "Misleading Online Content: Recognizing Clickbait as 'False News'" . *Proceedings of the 2015 ACM On Workshop on Multimodal Deception Detection.* (Seattle: Association for Computing Machinery, 2015)

B.18
台湾青少年互联网运用现状

季为民　刘博睿*

摘　要：　在近乎饱和的网民基础和便捷丰富的网络资源的共同作用下，台湾青少年成为互联网的原生一代。在生活、社交、家庭关系等各方面受到网络深度影响的同时，一系列健康、学习、交往以及社会问题也随之产生。从推动分级到鼓励自律和宣传教育相结合，台湾地区相关部门在青少年互联网运用保护方面做了一系列探索，将对完善青少年网络安全保障体系有所启示。

关键词：　青少年　互联网运用　台湾

自20世纪80年代开始，经过10余年的发展，台湾地区互联网建设进入网络高度普及的全民上网时代，人们日常生活的方方面面都与互联网密不可分。出生于21世纪的台湾青少年成为互联网的“原生世代”，使用网络成为他们“与生俱来”的生活方式和习惯。然而，互联网发展在带来大量便利的同时，在个人健康、家庭关系、社会交往等方面也带来了一些问题，还有一些社会问题也随着互联网的发展而日益凸显和放大，相应地，台湾当局和有关社会团体为应对这些问题采取了一系列保护青少年网络安全的措施。海峡两岸同宗同源，具有相同的文化传统和相近的生活习惯，又都处于

* 季为民，中国社会科学院新闻与传播研究所副所长，研究员，主要研究方向为马克思主义新闻学、新闻伦理、青少年研究；刘博睿，中国社会科学院研究生院新闻学与传播学系2019级博士生。

互联网高速发展的阶段，因此，对台湾地区青少年互联网运用情况及该地区在维护青少年权益和网络安全上采取的措施进行梳理和分析，对加强青少年互联网保护具有一定的参考和借鉴意义。

一　台湾互联网发展的基本情况

台湾地区的互联网发展始于20世纪80年代。1986年，台湾“教育部”电算中心与台湾IBM公司教学合作计划部门共同签署了“教学研究资讯服务”计划，开始通过日本东京理工大学与全世界的BITnet进行信息传输。1991年，台湾与美国普林斯顿大学的JvNCnet链接，正式成为国际互联网Internet的一员。1994年，随着台湾地区资讯基础设施建设政策的推行，台湾进入网络商业化使用阶段[①]。1997年，台湾网络正式推广民营企业参与，大大加速了台湾地区互联网的发展。2002年，台湾当局通过“数位台湾”（e-Taiwan）计划[②]，进一步推动台湾地区互联网在网络规模、用户数量等方面的全面发展。历经10余年的发展，台湾在网民数量和互联网普及率方面已经高度饱和，根据《2019台湾网路报告》，截至2019年11月，台湾地区12岁以上的网民数量达到1898.0万人，上网率超过89%，连续五年保持在80%以上（见图1），全台湾超过90.1%（793万户）的家庭连接互联网，其中，99.2%的家庭使用宽频上网，基本实现了全民上网、全家上网。[③]

① 财团法人台湾网路资讯中心：《台湾网际网路发展史编撰研究计划期末报告》，2005，第90页。

② 吕斌：《台湾的信息化——现状、政策与展望》，《图书情报知识》2005年第4期，第85页。

③ 财团法人台湾网路资讯中心：《2019台湾网路报告》，2019，第38页。《台湾网路报告》是由台湾地区网络域名和IP地址管理机构台湾网路资讯中心为“了解台湾网路发展脉动与趋势”所进行的年度调查报告。2019年11月发布的《2019台湾网路报告》针对全台湾地区年满12岁以上（2006年12月31日前出生）民众进行电话随机抽样调查和线上问卷调查，电话调查总样本2134份，在95%信心水准下，抽样误差在正负2.12%之内；线上调查样本400份，在95%信心水准下，抽样误差在正负4.9%之内。下载地址：https：//report.twnic.tw/2019/。

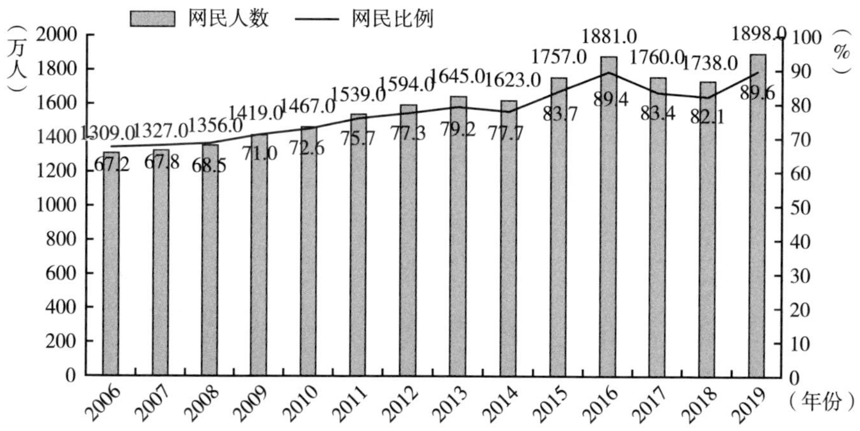

图1　台湾地区网民总数和上网率变化趋势

资料来源：《2019 台湾网路报告》。

随着移动网络通信技术的发展，手机等移动设备日渐成为台湾地区网民的主力设备。2011 年末，台湾地区 3G 用户数为 2086 万户，占全部移动用户数的 72.3%①，而随着 4G 网络建设的推进，台湾手机用户也在进行着快速的设备更新，截至 2019 年第一季度，台湾地区 4G 手机用户数量超过 2919 万户②，达到同期人口总数的 124%③。2018 年底，台湾全面关闭 3G 网络④，4G 网络基本实现了全面覆盖。根据国际互联网测评机构 Open signal 发布的《台湾行动网路体验报告》，截至 2019 年 12 月，台湾五家电信业者的 4G 信号可用率都超过了 90%，台湾大哥大、远传电信和亚太电信三家公

① 王丰、郑力仁：《抓住机遇，开拓移动互联网时代对台传播的新空间——关于台湾青少年手机上网情况的调研报告》《中国广播》2013 年第 1 期，第 50 页。

② 刘惠琴：《全台 4G 用户数创新高纪录！电信三雄各家总用户数据最新出炉》《自由时报》2019 年 7 月 5 日，https：//3c. ltn. com. tw/news/37292，最后检索时间：2020 年 3 月 4 日。

③ 本数据根据台湾地区人口数推算而来，截至 2020 年 1 月，台湾地区人口数为 23604265 人。数据来源：台湾“内政部”：https：//www. moi. gov. tw/chi/chi_ news/news_ detail. aspx? tyep_ code = 01&sn = 17442，最后检索时间：2020 年 3 月 4 日。

④ 刘惠琴：《全台 4G 用户数创新高纪录！电信三雄各家总用户数据最新出炉》《自由时报》2019 年 7 月 5 日，https：//3c. ltn. com. tw/news/37292，最后检索时间：2020 年 3 月 4 日。

司的信号可用率都超过或接近95%。[①] 庞大的用户量和广泛覆盖的网络服务，自然推动了手机网民数量的攀升。2019年，台湾地区通过移动通信信号上网的人数达到1806万人，占12岁以上人口的85.2%（见图2）[②]，手机已经成为台湾网民最主要的上网设备。

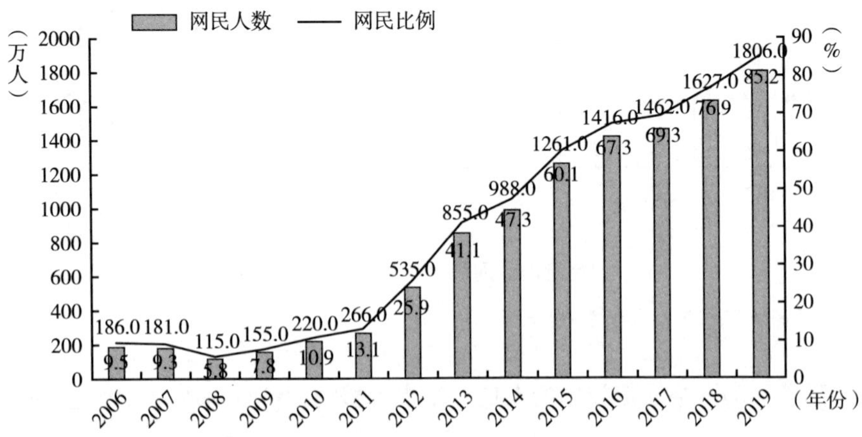

图2 台湾手机网民数量比例变化趋势

资料来源：《2019台湾网路报告》。

台湾的网络设施和资源都非常丰富和完善。在网络设施建设方面，以移动上网数据为例，根据国际网络测速机构Speed test公布的全球移动网速排名数据，台湾地区4G平均网速为43.48Mbps，在140个参评国家和地区中名列第27位，在亚洲名列第6位。此外，在公共场所广泛设立的公用Wi-Fi和遍布各地的网咖为上网提供了便利条件。在网络资源建设方面，根据2019年的调查数据，截至2019年11月，台湾地区IPv4地址

① Opensignal：《台湾行动网路体验报告（2019年12月）》，https：//www.opensignal.com/zh-hant/reports/2019/12/taiwan/mobile-network-experience，最后检索时间：2020年3月4日。《台湾行动网路体验报告（2019年12月）》为国际网络测评机构Opensignal完成，通过统计用户在104011台装置进行257409178次测试上传的数据进行分析，对台湾地区的4G网络可用率、上传和下载速度、影音、语音和延迟等方面的表现进行测评。

② 财团法人台湾网路资讯中心：《2019台湾网路报告》，2019，第185页。

注册量超过3570万个，IPv6域名使用比例43.06%，申请数量名列全球第8位。[①]

二　台湾青少年互联网运用的基本情况

（一）台湾青少年：互联网高普及率下的网络“原生一代”

在如此高的互联网普及率下，出生在21世纪的台湾青少年成为互联网时代的原住民。根据调查，台湾地区12～14岁的未成年人上网比例为100%，15～19岁的青少年群体上网比例也达到98.3%。[②]在12岁以下的少年儿童中，也有超过50.9%（约1222731人）[③]有上网需求。14岁青少年中，82.7%拥有个人手机，而获得第一部手机的年龄仅为10.1岁。[④]根据台湾金车文教基金会多年的调查，台湾超过90%青少年的手机可以上网，在上网流量方面没有限制（台湾地区称之为“吃到饱”）的比例也从2015年的23.6%上升到2019年的36.8%（见图3）。[⑤]拿着手机不停地刷屏浏览信息已经成为台湾青少年群体中的常见景观，因此这些互联网“原生一代”青少年在台湾也被形象地称为“滑世代”。

---

① 财团法人台湾网路资讯中心：《2019台湾网路报告》，2019，第197页。

② 财团法人台湾网路资讯中心：《2019台湾网路报告》，2019，第304页。

③ 财团法人台湾网路资讯中心：《2019台湾网路报告》，2019，第118页。

④ 台湾儿童福利联盟文教基金会：《2019儿少使用社群软体状况调查报告》，https://www.children.org.tw/research/detail/67/1525，最后检索时间：2020年3月4日。
调查概况：由台湾儿童福利联盟文教基金会于2019年5月6～24日依台湾本岛各县市11～14岁人口比例，在43所学校进行抽样调查，发出问卷1991份，有效样本1542份，问卷有效率77.4%。样本分布方面，51.3%为男生，48.7%为女生；57.2%为国小生，42.8%为国中生。

⑤ 金车文教基金会：《〈青少年使用手机现况〉近七成高中生滑手机最怕没电》，https://kingcar.org.tw/survey/500827，最后检索时间：2020年3月4日。

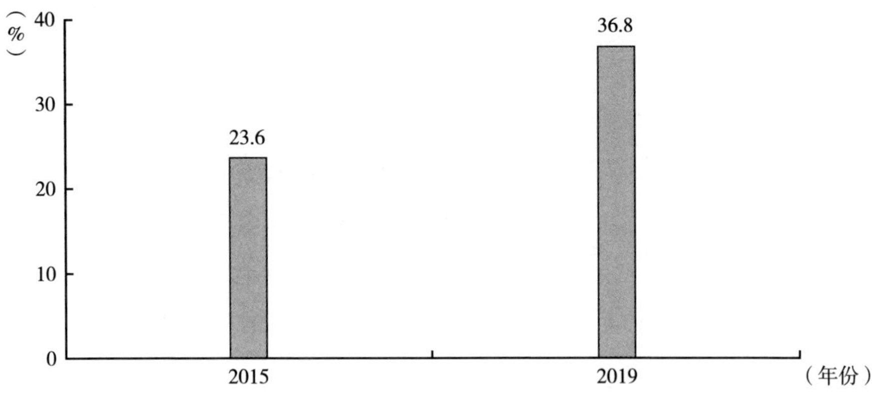

图3　台湾青少年手机流量无限制比例变化

资料来源：《2019 台湾网路报告》。

(二) 台湾青少年网络运用的生活场景

台湾地区有着众多的青少年网民，由于网络登录便利且网络资源丰富，青少年可以便捷地使用互联网，网络走进青少年生活的方方面面，而互联网的使用也让台湾青少年的生活发生了诸多变化。

1. 网络使用习惯

手机和网络已成为台湾青少年最重要的电子设备和信息来源。根据台湾白丝带关怀协会公布的《2019 台湾青少儿个资隐私与上网趋势报告》①，台湾青少年每周使用手机时间为 25.9 小时，上网时间 13.7 小时，收看电视 13.0 小时。在周一到周五，每天使用手机 3.2 小时，使用电脑 2.0 小时，收看电视 1.5 小时，到了周末和节假日，使用手机的时间上升到 4.9 小时，收看电视 2.8 小时，使用电脑时间则稳定在 2.0 小时（见图 4）。在受访台

① 调查概况：2019 年 10 月发布的《2019 台湾青少儿个资隐私与上网趋势报告》针对台湾地区 21 个县市 58 所小学、43 所国中、37 所高中、14 所大学，共计 152 所学校，发出 15000 份问卷，回收 14146 份有效问卷，回收率为 94%。下载地址：http：//www.cyberangel.org.tw/images/Study/201910.pdf。

湾青少年中，有67%每天都会上网①，可见，网络取代电视成为台湾青少年的“第一媒介”。

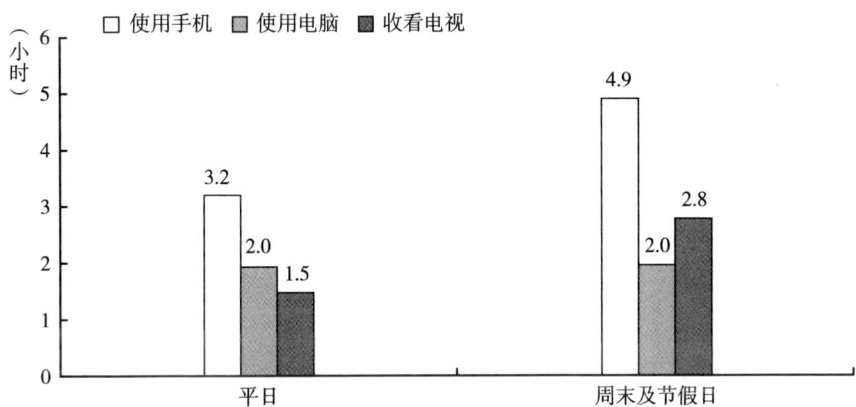

图4　台湾青少年主要电子产品使用时间对比

资料来源：《2019台湾青少儿个资隐私与上网趋势报告》。

2. 上网场所和陪伴

《2019台湾青少儿个资隐私与上网趋势报告》显示，91.6%的青少年在家上网，6.1%在学校上网，网咖、图书馆等公共场所上网比例不足1%〔见图5（a）〕。② 在上网陪伴方面，50.8%的青少年独自上网，27.5%与同学和朋友一起上网，15.2%与兄弟姐妹一起上网，上网期间有父母陪伴或指导的比例仅为4.7%〔见图5（b）〕。③

3. 上网的主要目的

78%的台湾青少年上网的主要目的是看影片和视频，71.5%为了听音乐，参与网络游戏的比例为69.3%，访问社交网站的比例为63%，为了查资料和学习的比例为58.7%，而使用即时通信软件的比例为45%。④ 这

① 白丝带关怀协会：《2019台湾青少儿个资隐私与上网趋势报告》，2019，第4页。
② 白丝带关怀协会：《2019台湾青少儿个资隐私与上网趋势报告》，2019，第5页。
③ 白丝带关怀协会：《2019台湾青少儿个资隐私与上网趋势报告》，2019，第5页。
④ 白丝带关怀协会：《2019台湾青少儿个资隐私与上网趋势报告》，2019，第6页。

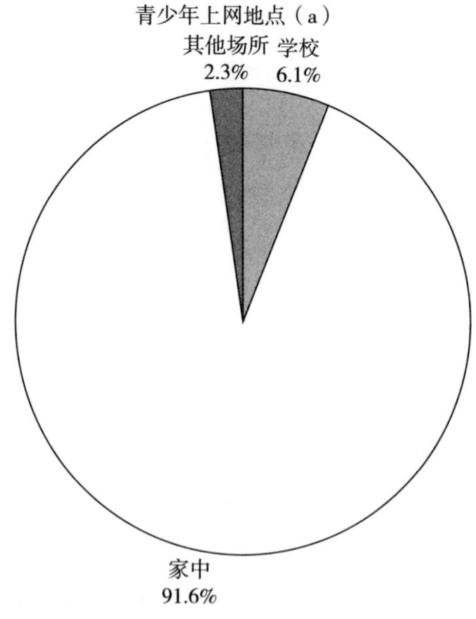

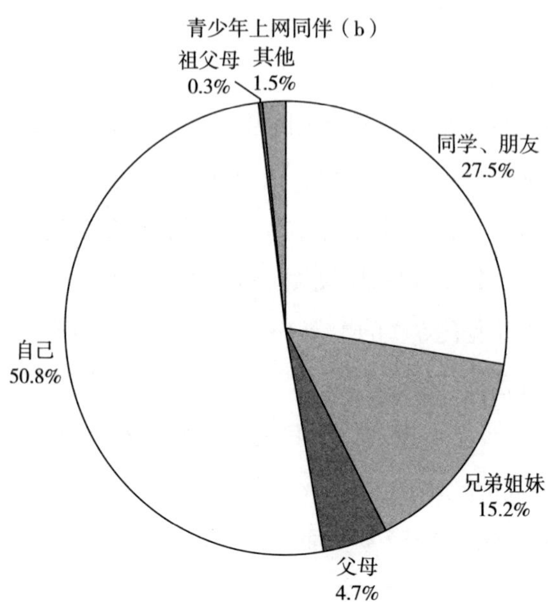

图5　台湾青少年上网地点及同伴

资料来源：《2019台湾青少儿个资隐私与上网趋势报告》。

些上网习惯使得搜索引擎、视频网站和社交网站成为台湾青少年上网最常用的接入网站，具体分别为 Google（41.0%）、YouTube（35.6%）和 Facebook（12.5%）（见图 6）。[①]

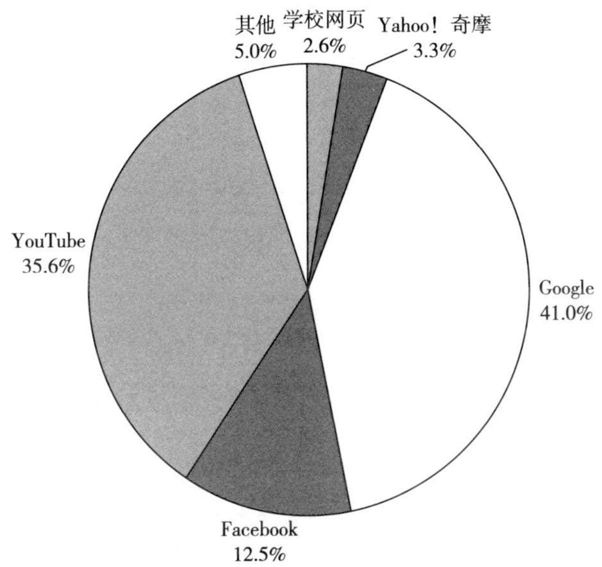

图 6　台湾青少年常用入口网站占比

资料来源：《2019 台湾青少儿个资隐私与上网趋势报告》。

4. 社交媒体运用

近年来，社交媒体的蓬勃发展，也对青少年产生了明显的影响，网络社交正日益成为台湾青少年的重要社交途径。2019 年的有关调查数据显示，台湾青少年中 87% 拥有社交软件账号，平均每人拥有账户 3.8 个。[②] 另据统计，2019 年，在台湾有超过 64% 的青少年参加了各类网络社群。[③] 即时通信软件的普及也为台湾青少年的在线交流提供了新的平台。《2019 台湾网路

① 白丝带关怀协会：《2019 台湾青少儿个资隐私与上网趋势报告》，2019，第 5 页。

② 台湾儿童福利联盟文教基金会：《2019 儿少使用社群软体状况调查报告》，https://www.children.org.tw/research/detail/67/1525，最后检索时间：2020 年 3 月 4 日。

③ 白丝带关怀协会：《2019 台湾青少儿个资隐私与上网趋势报告》，2019，第 6 页。

报告》显示，在台湾地区，12～14 岁的青少年有 81.1% 使用过即时通信软件，而 15～19 岁的年龄群体中，这一比例则高达 97.2%。[①]

（三）互联网对台湾青少年生活方式的影响

从台湾青少年使用互联网的习惯和基本数据可以看出，互联网已经广泛而深入地走进了台湾青少年的日常生活，而围绕着网络，台湾青少年的生活方式也发生了许多的变化。

1. 手机和网络成为台湾青少年生活不可或缺的部分，影响着他们的情绪，改变着他们的休闲方式

手机的广泛使用对台湾青少年的情绪产生了影响。金车文教基金会 2019 年的调查数据显示，64.1% 的台湾青少年会因为没有手机而感觉到无聊，而且学生年级越高，对没有手机的焦虑就越显著（小学生 57.2%，初中生 64.8%，高中生 70.6%）（见图 7），55.9% 的学生会因为手机没电而感到不安。[②] 而网络的广泛使用也让台湾青少年的休闲方式发生了改变。在金车文教基金会 2017～2019 年的青少年暑假休闲方式调查[③]中，“宅在家”始终是首选的休闲活动，玩手机则成为台湾青少年最喜爱的娱乐活动，调查选项比例从 2017 年的 49.9% 飙升到 2019 年的 73.7%。[④] 越来越多的学生把自己的休息时间放在手机和网络之中。

2. 青少年社交方式的变化十分明显，网络社交在台湾青少年社交活动中的比例日益提升

根据台湾白丝带关怀协会的统计数据，2019 年，台湾地区有 63.9% 的

---

① 财团法人台湾网路资讯中心：《2019 台湾网路报告》，2019，第 327 页。

② 金车文教基金会：《〈青少年使用手机现况〉近七成高中生滑手机最怕没电》，https://kingcar.org.tw/survey/500827，最后检索时间：2020 年 3 月 4 日。

③ 两次调查情况：2017 年 6 月初，针对北中南东及离岛之小学四年级至国中三年级学生进行调查，有效问卷 1912 份，有效回收率为 83.1%，信心水平 97%，抽样误差控制在 3% 以内；2019 年 6 月初，对全台湾 14 县市 36 所学校开展问卷调查，有效问卷 3058 份，有效回收率为 84.9%，信心水平在 95% 下，有正负 3% 以下的抽样误差。

④ 金车文教基金会：《青少年休闲问卷——宅假期！八成青少年休闲活动爱宅在家玩手机》，https://kingcar.org.tw/survey/402；《〈青少年暑假休闲〉八成青少年今夏不烦恼？老师家长要警觉！》，https://kingcar.org.tw/survey/500833，最后检索时间：2020 年 3 月 4 日。

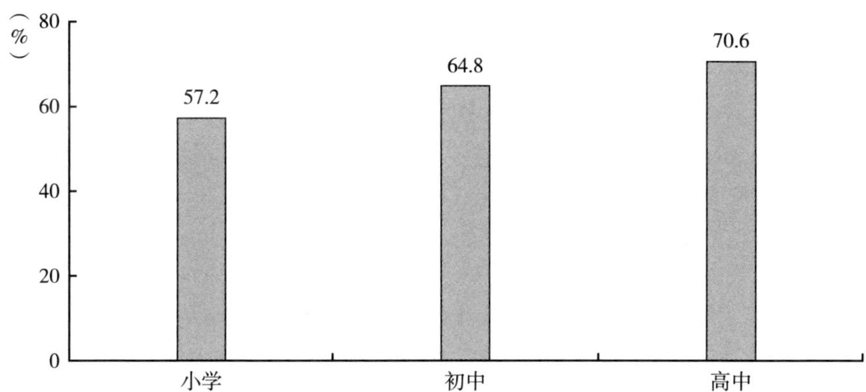

图 7 台湾不同年级对没有手机的焦虑比例

资料来源：金车文教基金会：《2019 青少年使用手机现况调查》。

青少年参加了网络社群，而这一比例从 2011 年开始持续上升，占比从 2011 年的 19.6%，到 2012 年的 24%，再到 2013 年的 43%，而从 2016 年开始，这一比例保持在 60% 左右，且呈现年龄越大参与网络社群比例越高的趋势。① 青少年网络社交互动频繁，其范围也远超出校园生活。有研究数据指出，2019 年台湾青少年每人 Facebook 主页平均拥有好友 273 人，而实际认识的只有 150 人，拥有 Instagram 好友 199 人，实际认识 119 人，Line 好友 76 人，实际认识 54 人。② 可见网络社交和现实交往之间存在较大的区别。

3. 网络对台湾青少年未来职业的选择产生了影响

近年来，随着电子竞技产业的不断发展，越来越多的台湾青少年将自己未来的就业理想转到互联网行业。据金车文教基金会 2019 年的调查，有 26.9% 的青少年希望成为电竞选手（设计师），列台湾青少年职业理想的首

① 白丝带关怀协会：《2019 台湾青少儿个资隐私与上网趋势报告》，2019，第 6 页。

② 金车文教基金会：《〈青少年使用手机现况〉近七成高中生滑手机最怕没电》，https://kingcar.org.tw/survey/500827，最后检索时间：2020 年 3 月 4 日。

位，而直播网红则以 19.2% 列第 3 名（见图 8）。① 从日常生活到职业理想，互联网对台湾青少年的影响由此可见一斑。

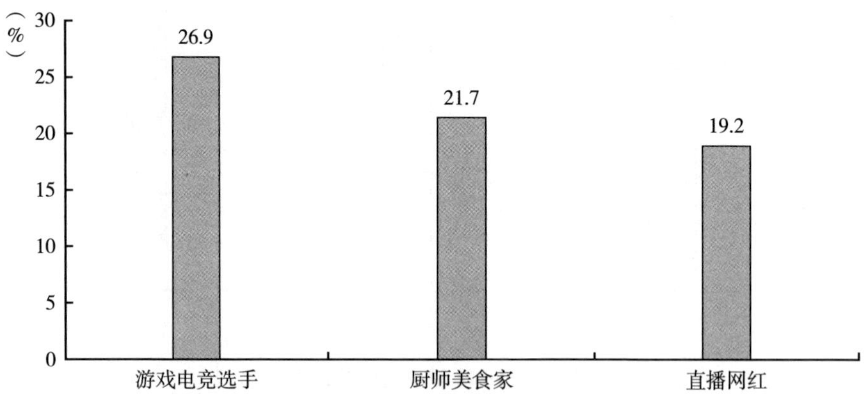

图 8　台湾青少年前三位理想职业选择比例（多选题，选项未完全列出）

资料来源：金车文教基金会：《青少年未来观》未来职业调查。

三　台湾青少年互联网运用的问题和隐忧

互联网既给台湾青少年带来了全新的世界，也给他们的生活提供了极大的便利。然而，互联网的广泛使用也伴生了一系列问题，涉及个人健康、学习习惯、网络素养、数据安全以及社会管理等方面，互联网的不良影响在台湾青少年的生活中日益显现出来。

（一）在个人健康方面，长时间使用电子产品和互联网给台湾青少年健康带来不利影响

台湾青少年平均每周使用手机时间超过 25 小时，上网和看电视均超过

① 金车文教基金会：《〈青少年未来观〉未来职业调查！青少年最想成为职业电竞选手》，https：//kingcar. org. tw/survey/500969，最后检索时间：2020 年 3 月 4 日。
调查概况：《青少年未来观》未来职业调查于 2019 年 11 月针对全台湾小学五年级至高中职三年级青少年进行问卷调查，总共回收有效问卷 8695 份，在信心水平 97% 下，有正负 3% 以下的抽样误差。

13 小时，如此长时间高强度使用电子产品，使得视力问题成为台湾青少年健康的突出问题。根据台湾当局“卫福部”2010 年调查数据，台湾地区 18 岁以下青少年近视率达 85%，[①] 对比 2017 年的数据，近视比例持续上升，其中，小学六年级学生近视率从 2010 年的 62% 上升至 70.6%，初中三年级学生的近视率高达 89.3%。[②] 专家建议，两岁以下儿童要避免看荧幕，两岁以上每日使用时间也不宜超过 1 小时，[③] 但实际上台湾青少年使用电子产品的时间已远超这一建议时长。

此外，过量使用电子产品挤占运动和睡眠时间也成为突出问题。2019 年的调查显示，台湾青少年平均每周运动时间为 11.6 小时，与使用手机、上网和看电视时间均有较大差距，特别是节假日周末期间，使用手机时间几乎成倍增长，而运动时间则从平日的 1.9 小时下降到 1.5 小时。[④] 另有调查显示，2019 年有 61.0% 的台湾少年儿童曾使用 3C 产品（计算机、通信和消费类电子产品）到半夜，[⑤] 影响了睡眠。青少年由于自制力较弱，很容易被网络内容吸引长时间上网，易对健康造成不利影响。

（二）在学习方面，阅读量的减少和阅读能力下降也成为突出问题

根据 2018 年调查，64.3% 的台湾青少年每周课外阅读时间不到 1 小时，只有 17.2% 的青少年每周阅读时间超过 2 小时，却有 50% 以上的青少年认

① 《台湾视力危机　小六学生近 5 成近视》，中时电子报，https://www.chinatimes.com/cn/newspapers/20170203000685-260309?chdtv，最后检索时间：2020 年 3 月 4 日。

② 《近视是疾病！国健署推动“护眼 123”帮孩子从小存视力》，台湾“卫生福利部”国民健康署，https://www.hpa.gov.tw/Pages/Detail.aspx?nodeid=1405&pid=8618，最后检索时间：2020 年 3 月 11 日。

③ 《近视是疾病！国健署推动“护眼 123”帮孩子从小存视力》，台湾“卫生福利部”国民健康署，https://www.hpa.gov.tw/Pages/Detail.aspx?nodeid=1405&pid=8618，最后检索时间：2020 年 3 月 11 日。

④ 白丝带关怀协会：《2019 台湾青少儿个资隐私与上网趋势报告》，2019，第 4 页。

⑤ 台湾儿童福利联盟文教基金会：《2019 儿少使用社群软体状况调查报告》，https://www.children.org.tw/research/detail/67/1525，最后检索时间：2020 年 3 月 4 日。

为自己的阅读时间足够。① 在时间不多的课外阅读中，超过70%的内容来自网络，阅读教师推荐的课外读物只占24.5%（见图9）。②

在阅读量减少的同时，阅读习惯和能力也随着网络使用的增加而发生改变。“滑世代”青少年习惯阅听获取快速、简短、易懂的网络资讯，持续阅读的耐心日渐减少，由于长时间不接触实体书籍和阅读较长文章，阅读能力不断衰退，在阅读过程中不自觉“跳行”，无法完整阅读，导致误解内容③。这些问题都使台湾青少年的阅读和文字理解能力进一步下降。

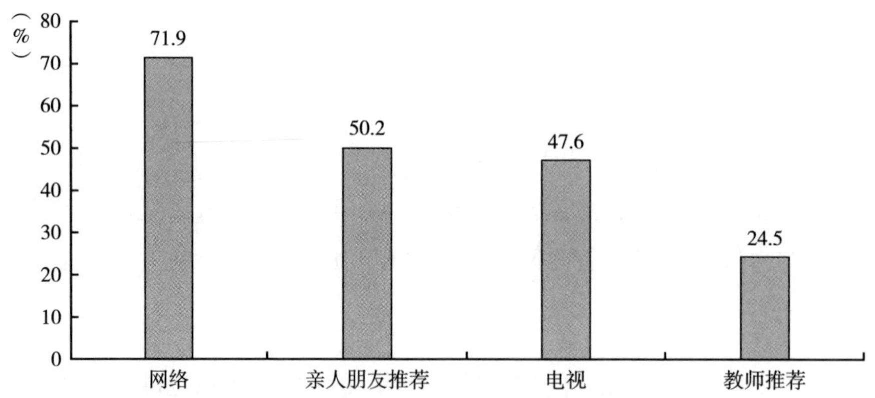

图9　台湾青少年读物来源比例（多选题）

资料来源：金车文教基金会青少年阅读调查。

---

① 金车文教基金会：《六成四青少年一周阅读不到一小时》，https：//kingcar. org. tw/survey/500512，最后检索时间：2020年3月4日。

调查概况：2018年3～4月初针对北中南东12个县市，38所学校小学五、六年级至高中二年级学生进行调查，有效问卷2542份，有效回收率为84.7%，在信心水平97%下，有正负3%以下的抽样误差。

② 金车文教基金会：《六成四青少年一周阅读不到一小时》，https：//kingcar. org. tw/survey/500512，最后检索时间：2020年3月4日。

调查概况：2018年3～4月初针对北中南东12个县市，38所学校小学五、六年级至高中二年级学生进行调查，有效问卷2542份，有效回收率为84.7%，在信心水平97%下，有正负3%以下的抽样误差。

③ 《“滑世代”，你跟上了吗?》，https：//eteacher. edu. tw/Article_ m. aspx? id =2986，最后检索时间：2020年3月4日。

（三）在生活方面，互联网的使用对台湾青少年家庭关系和社交陪伴产生了重要影响

台湾青少年多数为独自上网或与朋友和兄弟姐妹共同上网，上网期间有父母陪伴的仅占的4.7%。① 这一现象使得父母和子女的网络隔阂不断加大，在2019年进行的关于台湾青少年网络知识与能力的调查中，在关于父母使用数码科技产品能否增进同子女互动、是否能增强孩子自信以及网络对父母的重要程度的问题上，受调查青少年的总体评分均低于60分，且与2018年相比有下降趋势（见表1）。② 这说明台湾地区父母和子女间有关网络使用的能力和认识差异不断拉大，网络“代沟”也令父母和子女的关系可能产生新的问题。

表1　台湾父母与子女的网络知识差距

比较2018年与2019年台湾青少儿网路安全知能，青少年与家长对使用数位科技的数位代沟拉大；数位智慧财产权观念出现倒退现象；对陌生网友的分辨知能、上网时间管理也呈现退步		
问题	2018年	2019年
1. 爸妈可正确引导上网行为	72.1	77.4
2. 爸妈会使用数位科技，就可增进自信心	63.6	55.7
3. 爸妈会使用数位科技，就可增进和我互动	65.7	56.5
4. 网路对我的生活非常重要	72.5	68.9
5. 网路对爸妈的生活非常重要	66.2	57.4
6. 网路任何资料可任意复制使用且不注明出处	67.2	60.1
7. 在网路上散布不实谣言是不对的	80.6	84.6
8. 我知道学校对网路使用的规定	70.3	79.0
9. 我在网路上不要给别人自己的个人资料	80.5	89.1
10. 网路聊天室没见过面的陌生网友，常和他描述的身份不同	58.6	50.1
11. 我不喜数和不认识的陌生网友在聊天室聊天	73.7	71.4
12. 我会特别注意在聊天室中的聊天内容	74.3	78.6
13. 我会遵守电脑网路分级规定，依照自己年龄级别上网	71.6	74.3
14. 我会有计划地使用或停止使用网路	70.2	69.9
15. 我会警觉在聊天室中特别想要认识孩童的陌生网友	71.0	71.3

资料来源：白丝带关怀协会：《2019台湾青少儿个资隐私与上网趋势报告》。

① 白丝带关怀协会：《2019台湾青少儿个资隐私与上网趋势报告》，2019，第5页。
② 白丝带关怀协会：《2019台湾青少儿个资隐私与上网趋势报告》，2019，第8页。

（四）在数据安全方面，台湾地区青少年在网络素养和数据安全的自我保护意识方面仍存在不小的隐患

网络已渗透到生活的各个方面，具有良好的网络素养以及隐私和数据安全意识成为社会生存的重要能力，对青少年来说更是如此。在2019年针对台湾青少年媒介素养的调查中，只有28.2%的青少年认为自己具有足够的媒介素养。[①] 另有调查显示，2018年台湾青少年中完全不留意网络资讯真伪的比例达15%。[②] 在数据安全方面，调查显示，2019年尽管有98.1%的台湾网民了解数据安全问题，但12~14岁的网民对此问题的认知程度较低。[③] 当被询问是否愿意付费购买资讯安全服务和产品时，56.2%的网民表示不愿意，其中12~19岁不愿意的比例高于平均水平。[④] 尽管这与青少年暂时没有固定收入存在关系，但也说明台湾青少年对可能存在的网络数据安全问题重视不足。随着手机上网的普及，手机数据安全问题同样不容小觑，据调查，2018年只有38%的台湾青少年在手机中安装了防护软件。[⑤] 即便是确知需要保护自己的个人信息，台湾青少年也存在自我保护措施不足的问题，2019年的另一份调查显示，虽然青少年表示会留意避免在网络上将自己的资料泄露给别人，但对上网或使用手机时所留下的上网记录等数字足迹却毫不设防。[⑥]

---

① 金车文教基金会：《〈青少年媒体素养〉七成多青少年自认媒体素养不足》，https://kingcar.org.tw/survey/500773，最后检索时间：2020年3月4日。
调查概况：《青少年媒体素养》于2019年1月间调查全台湾10县市30所学校，共回收2854份有效问卷，有效回收率为89.2%，在信心水平97%下，抽样误差为正负3%以下。

② 白丝带关怀协会：《2018台湾青少儿资讯分辨与上网安全调查报告》，2018，第1页。
调查概况：《2018台湾青少儿资讯分辨与上网安全调查报告》于2018年针对57所小学、30所国中、57所高中、46所大学，共计190所学校，发出16500份问卷，回收16169份有效问卷。下载地址：http://www.cyberangel.org.tw/file/cap_dvd_guides/13_vr/1_2018TaiwanTeens.pdf。

③ 财团法人台湾网路资讯中心：《2019台湾网路报告》，2019，第107页。

④ 财团法人台湾网路资讯中心：《2019台湾网路报告》，2019，第109页。

⑤ 《iWIN调查近5成儿少曾遇网络危险行为》，https://www.cna.com.tw/news/ahel/201807310177.aspx，最后检索时间：2020年8月18日。

⑥ 白丝带关怀协会：《2019台湾青少儿个资隐私与上网趋势报告》，2019，第7页。

（五）在社会问题方面，互联网引发的新问题和传统的社会问题交织，在互联网时代衍生新的风险

1. 网络成瘾问题在台湾社会受到关注

台湾地区将网络成瘾问题定义为由于使用网络而出现上瘾问题及相关的负面影响，主要包括耐受性、强迫性、戒断性和人际交往、健康、时间管理等方面出现的综合状况。[①] 调查显示，2017 年，台湾地区 12 岁以上民众中有 5%（约 105 万人）存在沉迷网络的风险，其中 12～17 岁和 18～19 岁的青少年沉迷网络风险分别为 5.7% 和 5.9%，高于平均水平。[②] 2018 年世界卫生组织正式将“网络游戏成瘾”纳入精神疾病范畴，台湾地区有关团队也在 2018 年根据新的标准进行调查，将青少年网络玩家成瘾比例修正为 3.1%，尽管这一数据有所下调，但仍大大高于欧美地区 1% 的平均水平，[③] 这说明台湾地区的青少年网瘾问题非常突出，需高度重视和认真应对。

2. 社交媒体广泛使用带来的社会问题同样不容小觑

沉迷网络社交、遭受网络霸凌等问题严重阻碍青少年开展正常社会交往。2019 年的调查显示，在台湾地区使用社交软件的青少年中，72% 认为自己很依赖网络。[④] 社交媒体为青少年提供了超出日常生活范围的交往群体，在扩展视野的同时，青少年对网络社交安全问题较为轻视，为不法分子

---

① 台湾“国家发展委员会”：《106 年网络沉迷研究调查报告》，2017，第 5 页。
调查概况：以台湾地区全部 22 县市中 12 岁以上且有上网经验的民众为研究对象，依人口比例在各县市进行随机电话调查，实际访问 2629 人，完成有效样本 1964 人，访问成功率 74.7%，其中 1508 人使用网络，在 95% 的信心水准下，抽样误差为正负 2.5% 以内。调查使用陈氏网路成瘾量表（CIAS），以 67/68 分为切分点，得出网瘾风险群体比例数据。下载地址：https://ws.ndc.gov.tw/Download.ashx?u=LzAwMS9hZG1pbmlzdHJhdG9yLzEwL2NrZmlsZS83MjVlOTBlOC1iZWVjLTQ0NzgtODA0MC1hNjBlYzEyYjMwNDkucGRm&n=MTA25bm057ay6Lev5rKJ6L%2B3LnBkZg%3D%3D。

② 台湾“国家发展委员会”：《106 年网络沉迷研究调查报告》，2017，第 33 页。

③ 《台“网瘾”青少年玩家比例高于欧美！9 成问题来自现实生活》，https://heho.com.tw/archives/22690，最后检索时间：2020 年 3 月 4 日。

④ 台湾儿童福利联盟文教基金会：《2019 儿少使用社群软体状况调查报告》，https://www.children.org.tw/research/detail/67/1525，最后检索时间：2020 年 3 月 4 日。

提供了可乘之机。调查显示在使用社交软件的台湾青少年中，47%没有进行隐私设定，17%的青少年认为聊过3次就不算是陌生人。[①] 网络社交中的辱骂、暴力和霸凌现象频现，每个青少年都可能遭受伤害。调查显示，有15%的青少年在社交网站遭到网友的骚扰或攻击，另有11%曾遭受恶意批评[②]，这些批评和攻击都可能对青少年的身心健康造成严重创伤，而网络暴力的追溯和追责较为困难，使这一问题难以得到有效规治。

3. 淫秽、色情、暴力等不当信息对青少年的伤害尤为明显

不良信息始终是互联网发展过程中的顽疾，这一问题在台湾门户网站较为严重。据2013年的统计，台湾的主要门户网站首页平均每天出现10次少儿不宜的信息，在点击后会转入色情网站。此外，恐怖灵异画面对儿童造成惊吓的情况也屡有发生。2019年的调查显示，超过70%的台湾被调查少年儿童曾在社交软件中看到恐怖、血腥、暴力、色情等不良内容。[③] 这些不良信息长期存在，极易对青少年的身心健康和日常行为造成不良影响，甚至引发犯罪。以台湾当局公布的性侵案件记录为例，在2018年登记在册的14784起性侵案件中，施暴者为网友的有1002起，6～18岁的施暴人共1963人，网络不良信息对青少年身心和行为的不良影响不容忽视。[④]

四　台湾地区保护青少年安全上网的举措

面对互联网运用的诸多问题，台湾当局和各相关部门也采取了一系列举措为青少年健康合理使用互联网提供保障。十多年来，经过多次尝试和调

① 台湾儿童福利联盟文教基金会：《2019儿少使用社群软体状况调查报告》，https：//www.children.org.tw/research/detail/67/1525，最后检索时间：2020年3月4日。

② 台湾儿童福利联盟文教基金会：《2019儿少使用社群软体状况调查报告》，https：//www.children.org.tw/research/detail/67/1525，最后检索时间：2020年3月4日。

③ 台湾儿童福利联盟文教基金会：《2019儿少使用社群软体状况调查报告》，https：//www.children.org.tw/research/detail/67/1525，最后检索时间：2020年3月4日。

④ 台湾“卫生福利部”保护服务司网站，https：//dep.mohw.gov.tw/DOPS/lp－1303－105－xCat－cat02.html，最后检索时间：2020年3月4日。

整，台湾地区形成了一套以法律为基本依据，以行政引导和行业自律相结合的管理体系。

（一）通过网络内容分级维护未成年人的网络权益

台湾地区在法律层面对互联网内容进行管理始于2003年，当年5月28日，台湾当局公布了《儿童及少年福利法》，其中第27条第一款规定，“出版品、电脑软体、电脑网路应予分级”[①]；第58条第2款规定，违反第30条第12款媒体分级办法规定者，处新台币10万元以上50万元以下罚款，并勒令停业1个月以上1年以下[②]。据此，台当局新闻管理部门于2004年4月制定《电脑网路内容分级办法》，将网络内容分为限制级与非限制级[③]，并捐款成立“台湾网站分级推广基金会”协助网络内容分级业务的开展[④]。然而，由于这一分级制度是比照电视节目和电子游戏的分级制度设立的，与网络媒体自身的特性和传播机制存在较大差异，网络内容分级工作始终面临较大困难和争议，主管部门在很长一段时间里始终未能真正对违反规定的网站进行处罚。[⑤] 2011年，台湾当局将《儿童及少年福利法》修订为《儿童及少年福利与权益保障法》，删除了有关网络内容分级的条文，2012年，《电脑网路内容分级办法》宣告废止，台湾电脑内容分级制度停止施行。

---

① 《儿童及少年福利与权益保障法—沿革》，https：//law. moj. gov. tw/LawClass/LawHistory. aspx? pcode = D0050001，最后检索时间：2020年3月4日。

② 台湾“立法院”议案关系文书，院总第932号“政府”提案第9718号之3：《“国家通讯传播委员会”函，为废止计算机网络内容分级处理办法，请查照案》，2012年6月，http：//lci. ly. gov. tw/LyLCEW/agenda1/02/pdf/08/02/07/LCEWA01_ 080207_ 00239. pdf。

③ 简淑如、吴孟芸：《网路强制分级之隐忧：“我国”网路内容管制政策之探讨与建议》《广播与电视》2008年第6期，第162页。

④ 台湾网站分级推广基金会，https：//zh. wikipedia. org/wiki/% E8% 87% BA% E7% 81% A3% E7% B6% B2% E7% AB% 99% E5% 88% 86% E7% B4% 9A% E6% 8E% A8% E5% BB% A3% E5% 9F% BA% E9% 87% 91% E6% 9C% 83，最后检索时间：2020年3月4日。

⑤ 简淑如、吴孟芸：《网路强制分级之隐忧：“我国”网路内容管制政策之探讨与建议》《广播与电视》2008年第6期，第177页。

（二）通过法律保护青少年的互联网权益

当前，台湾地区针对青少年上网权益保护的主要法律依据是《儿童及少年福利与权益保障法》第 43 条“儿童及少年不得为下列行为”：“三、观看、阅览、收听或使用有害其身心健康之暴力、血腥、色情、猥亵、赌博之出版品、图画、录影节目带、影片、光盘、磁片、电子讯号、游戏软体、网际网路内容或其他物品。”“五、超过合理时间持续使用电子类产品，致有害身体健康。”“父母、监护人或其他实际照顾儿童及少年之人，应禁止儿童及少年为前项各款行为。”该法第 46 条明确规定了“为防止儿童及少年接触有害其身心发展之网际网路内容，由通讯传播主管机关召集各目的事业主管机关委托民间团体成立内容防护机构，并办理下列事项：一、儿童及少年使用因特网行为观察。二、申诉机制之建立及执行。三、内容分级制度之推动及检讨。四、过滤软件之建立及推动。五、儿童及少年上网安全教育倡导。六、推动因特网平台提供者建立自律机制。七、其他防护机制之建立及推动”。该法第 94 条规定了相应的惩处办法。① 这些法律规定为台湾地区青少年的上网权益提供了法律保障。

（三）建立机构机制，加强上网安全教育宣导，积极推广技术手段，强化行业自律机制建设

台湾为保护青少年互联网使用权益采取了一系列具体措施，主要包括设立不当内容管理机构、不良内容过滤与屏蔽、上网安全教育宣导以及行业自律机制建设等。在不当内容申诉和管理上，台湾当局于 2010 年 8 月开设“WIN 网路单 e 窗口”负责处理网络不当内容。2013 年，这一机构转型为网路内容防护机构 iWIN 并委托白丝带关怀协会执行，2017 年，转由台北市电脑工会承接执行，这一机构的工作内容包括青少年上网行为观察、执行申诉

① 《儿童及少年福利与权益保障法》，https://law.moj.gov.tw/LawClass/LawHistory.aspx?pcode=D0050001，最后检索时间：2020 年 3 月 4 日。

机制、推动内容分级、安全宣导以及推动自律机制建立等。[①] 在 iWIN 之外，台湾展翅协会（原台湾终止童妓协会）开设“儿少上网安全守护行动”，分别开设 Web547 网络检举热线、Web885 网络咨询热线，通过接受内容举报和咨询保障青少年上网安全。[②]

在不良内容过滤与屏蔽方面，台湾的主要电信服务商提供收费的不良内容过滤服务，如“中华电信色情守门员”、“台湾固网色情防护服务”和“亚太电信色情守护”等。台湾教育主管部门在台湾学术网路（TANet）中安装“教育部守护天使”程序用于网页过滤。此外，商业机构还推出赛门铁克诺顿家长防护程序（Norton Family）和微软家长监护软件等方便家长对儿童上网情况进行监护。

在网络安全教育方面，台湾当局教育部门委托科研机构设立“中小学网路素养与认知计划案”，针对中小学生、家长和教师设立网络礼仪、网络交友、网络沉迷等九个主题的宣教板块，帮助网络使用者了解互联网知识。台湾展翅协会还通过设立 Smartkid 网路新国民网站，分门别类地对儿童、少年和家长进行网络素养教育与网络知识宣传[③]。针对与青少年网络犯罪相关问题，台湾“刑事警察局”开设了儿童少年宣导活动网，通过短片等形式向青少年介绍上网防护知识。

在自律建设方面，台湾当局与民间网络机构存在较大的差异。在教育部门主管的台湾学术网路（TANet）上，从 2001 年开始就建立了不良内容的防范机制和过滤系统；在民营网络方面，尽管 1999 年就成立“台湾网际网路协会”倡导创造有利的产业环境，但由于自律和管理的高成本及其对市场开发的影响，这一协会在行业内容自律的推动方面始终较为被动。

---

① iWIN 网路内容防护机构，https：//i. win. org. tw/about. php，最后检索时间：2020 年 3 月 4 日。

② 台湾展翅协会，https：//www. ecpat. org. tw/Service. aspx？ ID = 52，最后检索时间：2020 年 3 月 4 日。

③ 台湾展翅协会，https：//www. ecpat. org. tw/Service. aspx？ ID = 52，最后检索时间：2020 年 3 月 4 日。

五　总结

通过梳理台湾青少年互联网运用情况可以看到，接近饱和、全民上网的网民基础和丰富便捷的网络设施与内容资源，为台湾青少年使用互联网创造了极大的便利条件，从网络的“原生一代”到移动互联的“滑世代”，青少年已经成为台湾互联网运用的主要群体。互联网大大改变了台湾青少年的生活、社交、学习和娱乐方式，在丰富见闻、增添乐趣的同时，一系列个人、家庭和社会问题也随之产生。而台湾当局和有关主管部门针对青少年网络安全推出的制度措施也在不断改进，逐渐形成较为完整的青少年互联网权益保护体系。台湾青少年的互联网运用问题具有一定的普遍性，而台湾地区针对保护青少年上网权益所采取的举措及政策调整经验也为保护青少年上网权益、维护青少年网络安全提供了镜鉴。

参考文献

蔡政宏：《国小高年级学童网路沉迷行为探究与因应》，新竹县教育研究发展暨网路中心，2015。

联合行销研究股份有限公司：《“107 年”手机数位机会调查报告》，台湾“国家发展委员会”，2018。

联合行销研究股份有限公司：《“108 年”手机数位机会调查报告》，台湾“国家发展委员会”，2019。

石勇：《台湾青少年上网安全问题述略》，《中国青年研究》2009 年第 4 期。

郑天泽：《2016 年台湾宽频网路使用调查报告》，财团法人台湾网路资讯中心，2016。

国别报告

National Reports

B.19 美国青少年互联网运用变化趋势（2000～2018）

郭正正　杨斌艳*

摘　要： 本文根据美国皮尤研究中心（Pew Research Center）2000～2018年完成的十次美国青少年互联网运用状况调查的数据，分析自2000年以来美国青少年在互联网运用方面发生的一系列变化。主要包括：青少年互联网接触率持续上升，远高于其他年龄段人群；家庭收入和父母受教育水平对青少年触网率的影响大于种族因素；手机成青少年主要上网终端，"持续在线"成为新趋势；在线视频、游戏和社交媒体成为青少年主要网络应用；社交媒体类应用多样化，青少年在使用时具有一定的隐

* 郭正正，中国社会科学院研究生院新闻与传播研究所在读硕士研究生，主要研究方向为新媒体与社会治理。杨斌艳，中国社会科学院新闻与传播研究所副研究员，主要研究方向为舆情与国家治理、新媒体与社会、青少年互联网。

私保护意识；网络欺凌比例逐年升高，欺凌类型因性别而异；父母使用非技术类管控方式更频繁。基于对美国调查数据的梳理和分析，作者对中国青少年互联网使用提出借鉴之策。

关键词： 青少年 互联网运用 皮尤研究中心调查 美国

一 前言

2020 年，全球互联网即将迎来第 51 个生日（1969～2020）。如果说前 25 年的互联网只是默默无闻地参与书写人类文明的话，那么 20 世纪 90 年代则见证了它正式从“幕后”走向“台前”，万维网的诞生和商业化实现了互联网与大众的“亲密接触”。生活在这一时代的青少年以及诞生于该时期之后的孩子们则成为第一批成长和出生于互联网“黄金时代”的人，他们的成长轨迹印刻在互联网所带来的深刻的社会变迁进程中，引发了人们对于青少年与社会发展的一系列思考。作为互联网的诞生地，美国青少年互联网使用状况调查由皮尤研究中心（Pew Research Center）① 与其他多个非营利机构联合发起，名为“皮尤互联网与美国人生活项目”。“皮尤互联网与美国人生活项目”由皮尤慈善信托基金会提供支持，旨在探索互联网对儿童、家庭、社区、工作场所、学校、医疗保健和公民政治生活的影响。② 该项目的第一次电话调查起始于 2000 年 11 月，“调查对象是 754 名 12～17 岁的年轻人和他们的父母”，③ 他们大部分出生于 1983～1988 年。最近一次调查的

① 皮尤研究中心是美国一家非营利性的“事实库”，向公众提供形塑世界的议题、观点和趋势，https：//www. pewresearch. org/，最后检索时间：2020 年 3 月 10 日。

② Amanda Lenhart，Lee Rainie，Oliver Lewis，*Teenage life online*（America：Pew Research Center，2001），p. 2.

③ Amanda Lenhart，Lee Rainie，Oliver Lewis，*Teenage life online*（America：Pew Research Center，2001），p. 2.

执行时间是2018年3月，调查对象为13～17岁的743名青少年及1058位父母。[①] 这些青少年大多出生于2001～2005年，被称为网络时代的原住民。将近二十年的时间里，互联网给人们的生活带来了翻天覆地的变化。原来通过台式计算机进行昂贵的固定线路连接被当今个性化的数字设备所代替，设备上众多的应用程序可以通往多种网络服务；原本在各个地域都具有普遍含义的"青少年""互联网""机遇与风险"等话语如今也受到了被历史、文化和政策制度的跨国差异所标记的全球网络的影响而发生了改变。当下，越来越多的青少年希望"永久在线"，他们的家人和学校也将更多依赖互联网。在下一个充满着智能家居、可穿戴设备、机器人技术、增强和虚拟现实的"物联网"时代，青少年也十分乐意成为尝试的先驱。因此，梳理并考察美国青少年自2000年以来的互联网运用变化，既可以看到置于美国社会制度和特定文化背景之下的青少年网络行为，也可从美国经验中触摸到互联网发展的脉搏，于共通处加强对话，从而可以与中国青少年互联网发展互通互证、互相切磋。

二　美国青少年网络运用的基本情况[②]

（一）互联网使用状况与网络接入环境

1. 青少年互联网接触率持续上升，远高于其他年龄段人群

"互联网在美国青少年的生活中扮演着至关重要的角色"[③]，这是2001年皮尤研究中心第一次发布青少年互联网使用报告正文的首句。事实上，

① Monica Anderson, Aaron Smith, Tom Caiazza, *Teens, Social Media & Technology 2018* (America: Pew Research Center, 2018), p. 11.

② 该部分内容中引用的大部分数据均来自皮尤研究中心（Pew Research Center）自2000年以来发布的18份有关美国青少年互联网使用的报告，文中不作详注，具体报告见参考文献。

③ Amanda Lenhart, Lee Rainie, Oliver Lewis, *Teenage life online* (America: Pew Research Center, 2001), p. 3.

这一现象的出现和当时互联网在美国的发展不无联系。在世纪之交的几年里（1998～2001），在美国，埋在地下的光缆数量就增加了5倍，而在1999年，美国投向网络的资金达1000多亿美元，超过了以往15年的总和，网民数量也实现了百倍级的增长，从1993年的200万增长到了2亿。[①] 皮尤研究中心2001年第一次的调查结果显示，大约有1700万12～17岁的美国青少年使用互联网，2000年触网青少年人数占到了该年龄段总人数的73%（见图1）。21世纪初互联网正式迈入Web2.0时代，网民成为《时代》杂志的年度人物。而在2000年之后的时间里，青少年触网人数也实现了大幅度攀升，在2004年时达到2100万，占到该年龄段的87%，到了2006年这一比例达到了93%。此后，青少年互联网触网比例便在高位保持稳定，2006～2009年青少年触网率稳定在93%；2011～2012年青少年互联网触网率有了小幅度的提升，达到95%；这一数据在2014～2018年保持在98%（见图1）。除了青少年这一年龄层外（12～17岁），皮尤研究中心也对其他4个年龄段人群的触网率进行了调查，这4个年龄段分别为18～29岁、30～49岁、50～64岁和65岁及以上。调查结果显示，除了18～29岁年龄段的人群触网率与青少年的差距较小外，其他年龄段的触网比例都远低于青少年群体。

2. 家庭收入和父母受教育水平对青少年触网率的影响大于种族因素

对于种族、父母受教育程度以及父母家庭收入等人口统计学因素对青少年触网率的影响，皮尤研究中心在2004年和2012年做了专门的调查。种族方面，2004年白人、西班牙裔与非裔青少年的触网率分别为87%、89%和77%，可以看出非裔青少年与其他两者相比触网率较低，差距在11个百分点左右。而到了2012年，这一差距有所减小，非裔青少年触网率达到92%，超过西班牙裔青少年（见表1）。在青少年父母受教育程度方面，父母受教育程度较高的青少年触网率始终高于父母学

① 方兴东、钟祥铭、彭筱军：《全球互联网50年：发展阶段与演进逻辑》，《新闻记者》2019年第7期，第17页。

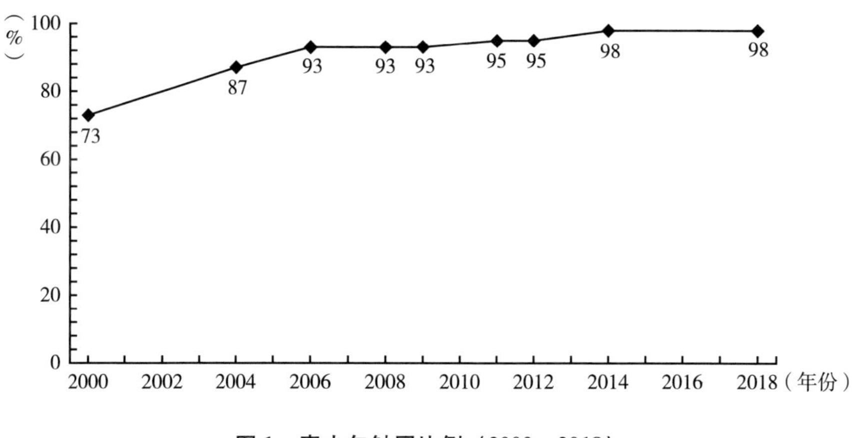

图1　青少年触网比例（2000～2018）

注：触网率是通过当年被调查青少年的上网人数除以当年青少年总样本量而获得的，所得比例的误差幅度在正负4%～5%。其中2000～2014年的调查对象为12～17岁青少年，2014年之后变为13～17岁青少年。

历在高中及以下的青少年，这一差距在2004年为12个百分点，到2006年上升到了16个百分点，之后逐渐缩小，在2012年时下降为8个百分点（见表2）。父母家庭收入也对青少年触网率存在较大的影响，家庭收入状况与青少年触网率呈正相关，随着家庭收入的增加，青少年触网率逐渐升高。其中，家庭年收入在30000美元以下的青少年触网率明显低于其他两个收入段的，在2004年时这一差距最大，达到了17个百分点。这一距离随着时间的推移有所下降，但在2012年时家庭年收入在50000美元及以上的青少年触网率仍比30000美元以下的高出了10个百分点（见表3）。

表1　种族对青少年触网率影响（2004、2012年）

单位：%

种族	2004年	2012年
白人	87	98
西班牙裔	89	88
非裔	77	92

表 2 父母受教育程度对青少年触网率影响（2004、2006、2012 年）

单位：%

父母受教育程度	2004 年	2006 年	2012 年
高中及以下	81	82	91
大学本科及以上	93	98	99

表 3 家族年收入对青少年触网率影响（2004、2012 年）

单位：%

父母家庭年收入	2004 年	2012 年
少于 30000 美元	73	89
30000 ~ 49999 美元	89	94
50000 美元及以上	90	99

如果将影响青少年触网比例的因素以强弱来排序的话，上述影响因素由大到小分别为家庭年收入、父母受教育程度和种族。另外，这一差距也会随着时间的推移而逐渐变小，这与后来手机提供互联网访问从而在一定程度上弥合数字鸿沟不无关系。

3. 网络链接方式多样化，手机成主要上网终端

2000 年时，美国青少年的网络连接方式还是以拨号和宽带为主，第一次调查结果显示，通过这两种方式上网的青少年比例几乎一样，接近 50%。随着 21 世纪初宽带基础设施在美国的大范围建设，使用宽带连接的青少年比例迅速增加，在 2004 年时达到 75%。2004 年初，美国电信运营商 Verizon Wireless 宣布在全国部署商用 3G 网络，采用高通力主的 CDMA 2000 技术标准，这意味着美国主要城市居民可享受第三代数据网络服务。3G 的大面积商用也推动了网络链接方式的变化，手机上网开始崭露头角。皮尤研究中心也在 2004 年首先开始对青少年进行手机调查，当时的调查显示，有 45% 的青少年拥有手机，仅次于用台式电脑的青少年比例，但在这群人中仅有不到 1/3 的用手机上网。当时，拥有诸如 Sidekick、Palm 或 Blackberry 之类的个人数字设备的青少年也很少，仅占 7%。

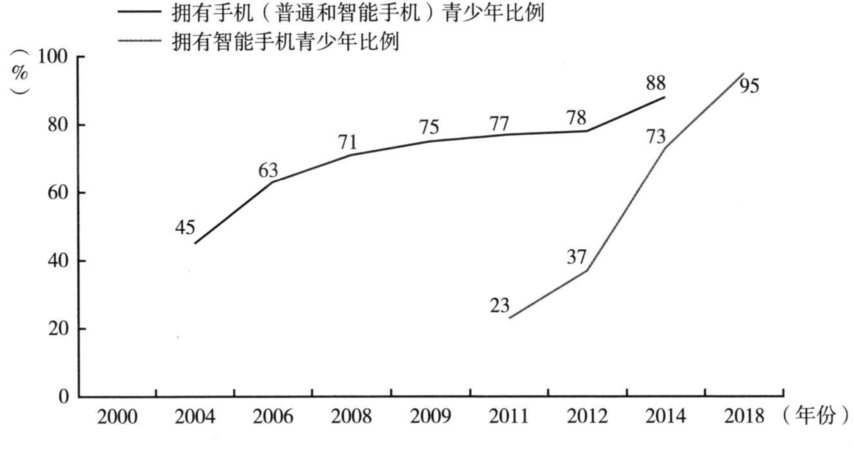

图 2　2000～2018 年相关年份拥有手机的青少年比例

2004 年之后两年中社交媒体的推出再次引发手机用户的急剧上升，在 2006 年时达到了 63%，之后几年保持稳步增长。21 世纪的头 10 年是美国移动互联网发展的黄金 10 年，智能手机在此时开始普及。这一年，皮尤研究中心也对青少年的手机使用情况进行了专项调查。智能手机的出现是一个分水岭，在此之后，非智能手机用户增长缓慢并出现了下降的趋势，而智能手机用户在此之后则保持了高速的增长。2011 年，拥有智能手机的青少年数量实现了跳跃式的增长，从 2011 年 23% 上升到 2014 年 73%，并在 2018 年达到了 95%。在这期间，通过手机上网人数也快速上升，在 2014 年时占拥有手机青少年人数的 91%。不难看出，智能手机在美国青少年中的普及率已经达到了较高水平，并且移动互联网的使用也已经普及，手机将对青少年的日常生活产生重要影响（见图 2）。

（二）上网行为与父母态度

1. “一天多次”上网反超“一天一次”，“持续在线”成为新趋势

随着网络链接方式的多样化和智能手机的普及，美国青少年的上网频率也有所增加。从 2004 年到 2018 年的统计数据来看，青少年“一天一次”的上网频率自 2006 年之后呈下降趋势，与之相反，“一天多次”上网的青少

年比例在2004年之后反超“一天一次”的青少年并逐渐拉开差距，从2004年的24%一路上升到了2014年的56%，2018年也继续保持了之前的比例。值得注意的是，皮尤研究中心从2014年开始统计“始终在线上”的青少年比例，该数值达到24%。如果与图2 2014年拥有智能手机的青少年比例结合起来看的话不难发现，正是智能手机的广泛普及催生了“几乎一直在网上”的青少年，这一比例也在之后的四年里迅速上升，在2018年达到了45%，直逼“一天多次”上网的青少年比例。随着“物联网”时代的到来，未来这一数值还会继续上升，超过“一天多次”上网的青少年比例（见图3）。

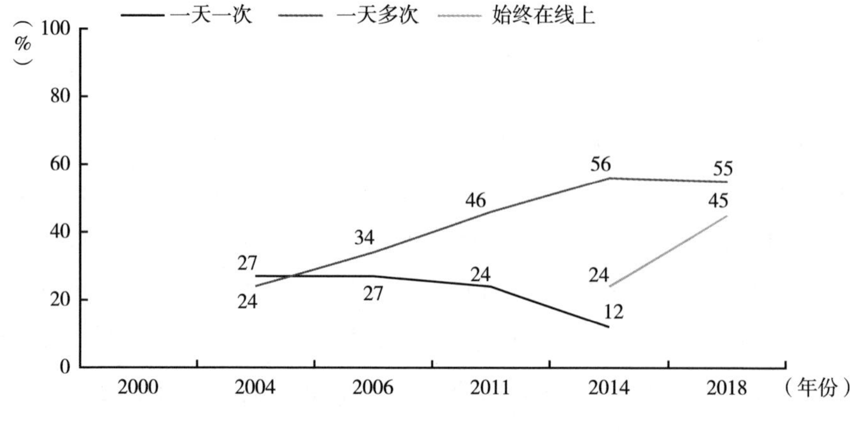

图3　青少年上网频率变化

2. 在线视频、游戏和社交媒体成为青少年主要网络应用

2000～2019年的调查显示，美国青少年上网时的主要应用已经由原来较为单一的发简讯、听音乐、打游戏拓展为更为丰富多样的活动，如看在线视频、内容创作、阅读电子书、网络购物等，这一变化与通信技术的发展密不可分。与皮尤研究中心一样，常识（Common Sense）是美国一个非营利公益组织[①]，它们在2015年和2019年对青少年（13～18岁）屏幕使用

① 常识（Common Sense）旨在为父母、教育者、卫生组织和政策制定者提供有关儿童使用媒体和技术，及其对他们的身体、情感、社会和智力发展产生影响的可靠、独立的数据，https：//www.commonsense.org/，最后检索时间：2020年3月13日。

（screen time）进行了调查（该调查所定义的屏幕时间并不包含聊天时长）。调查显示，在线视频、游戏和社交媒体是当下美国青少年上网的三大应用，[①] 这三类应用占据了他们大部分的上网时间。横向对比来看，与2015年相比，尽管青少年2019年平均每天的上网时间由6小时40分钟增加到了7小时22分钟，[②] 但具体到各类网络应用之间并无大的变化（见表4）。排在第1位的电视/视频主要包括在传统电视机、网络电视和智能终端上看电视节目和网络视频。虽然青少年在各类终端上收看电视节目的时间仍高于其收看网络视频的时间，但随着传统电视产业的没落，5年间青少年收看电视节目的时长大幅度下降，相反，观看在线视频的时间有了明显的提升。2019年的调查显示，You Tube几乎主导了整个在线视频领域，有59%的青少年在其上观看视频，排名在第2和第3位的视频网站分别为Netflix和Amazon Prime Video。[③] 数字游戏一直是青少年中最受欢迎的网络应用之一，它主要包括游戏机游戏、手机游戏和计算机游戏，它们大约占据青少年屏幕使用时间的22%。[④] 性别因素对玩游戏时间的影响较大，相比于女生，调查显示游戏往往在男生中更受欢迎。网络应用中排在第二梯队的分别是浏览网页、视频聊天和内容创作。而邮件、网购等应用则排在最后，青少年使用的比例较低。[⑤]

尽管没有算在“屏幕时间”中，但常识2019年的调查显示，有27%的美国青少年表示他们每天都使用电脑来进行网络学习，这一数据与2015年

① Victoria Rideout, Michael B. Robb, *The Common Sense Census: Media Use by Tweens and Teens* (San Francisco, CA: Common Sense Media, 2019), p. 24.

② Victoria Rideout, Michael B. Robb, *The Common Sense Census: Media Use by Tweens and Teens* (San Francisco, CA: Common Sense Media, 2019), p. 24.

③ Victoria Rideout, Michael B. Robb, *The Common Sense Census: Media Use by Tweens and Teens* (San Francisco, CA: Common Sense Media, 2019), p. 34.

④ Victoria Rideout, Michael B. Robb, *The Common Sense Census: Media Use by Tweens and Teens* (San Francisco, CA: Common Sense Media, 2019), p. 35.

⑤ Victoria Rideout, Michael B. Robb, *The Common Sense Census: Media Use by Tweens and Teens* (San Francisco, CA: Common Sense Media, 2019), p. 24.

表 4　青少年一天中使用各类网络应用时间所占百分比

单位：%

上网应用	2015 年	2019 年
电视/视频	40	39
游戏	20	22
社交媒体	18	16
浏览网页	9	8
视频聊天	3	4
电子阅读	2	2
内容创作	2	3
其他	6	6
总时长	6 小时 40 分钟	7 小时 22 分钟

相比翻了一番。① 除电脑外，使用手机等智能终端进行网络学习的青少年也在增加，他们进行在线学习的形式大多是观看学习视频。一个有趣的发现是，有 47% 的青少年表示他们经常进行“多任务”操作，即在写作业的同时发短信、听音乐或者使用社交媒体。②

3. 父母积极管控孩子的上网行为

父母对青少年上网持有的态度几乎是历年调查都会涉及的，从几次调查结果能看到美国父母就互联网对孩子的影响产生了一定的思想转变。2000 年时的第一次调查结果显示，接近一半的父母（45%）相信互联网可能引导年轻人从事有害或危险的事情。而在 2004 年的调查中，有 67% 的父母认为互联网将会对孩子产生好的影响，这一比例到 2006 年有了小幅度的下降（59%）。尽管如此，认为互联网可以给孩子带来积极影响和对互联网保持中立态度的父母还是占了大多数。这一阶段父母对互联网的态度转变其实可

① Victoria Rideout, Michael B. Robb, *The Common Sense Census: Media Use by Tweens and Teens* (San Francisco, CA: Common Sense Media, 2019), p. 53.

② Victoria Rideout, Michael B. Robb, *The Common Sense Census: Media Use by Tweens and Teens* (San Francisco, CA: Common Sense Media, 2019), p. 54.

以与整个大环境联系起来。正如巴里·威尔曼 Barry Wellman 在《互联网研究的三个阶段》一文里提到的，20 世纪 90 年代的特征是技术乌托邦主义和反乌托邦主义在同等程度上，人们普遍认为互联网是一种“技术奇迹”。[①]然而，对技术变革的道德恐慌也加剧了人们对互联网所带来的“陌生危险”的恐惧，他们将互联网视为洪水猛兽，认为其对易受感染的年轻人来说是不安全的。21 世纪初期，随着互联网逐渐嵌入人们的日常生活以及相关概念和实证研究的增多，加诸其上的神话和恐慌渐渐褪去，人们也逐渐开始注意到互联网给孩子带来的机会，将机会与风险并置。2007 年及 2008 年的调查显示，父母普遍认为互联网将会对孩子产生较积极的影响。在最近的一次调查中，大多数父母就互联网对孩子的影响保持中立的态度。

不仅仅是在态度层面上，美国青少年的父母双方也比较重视对孩子上网行为的管控，他们一直是给予青少年互联网及手机使用建议最重要的主体。皮尤研究中心曾在 2000 年到 2011 年调查过检查青少年浏览网页的父母比例。从图 4 可以看出这一比例一直保持着稳步增长的趋势，特别是在 2004 年之后，这一比例从 2006 年的 65% 快速升至了 2011 年的 77%。在此之后，随着各类数字技术的商用和社交媒体的普及，青少年的父母双方在互联网对青少年影响的宏观层次之上对具体的青少年在线信息安全、网络欺凌和隐私问题提出了更多的担忧，2012 年的调查显示，有 81% 的父母表示担心广告商会记录自己孩子的上网行为。

（三）社交媒体的普及：应用程序的多元化和个人隐私问题的浮现

“社交媒体”这一词最早是在 2004 年由克里斯·夏普利（Chris Sharpley）首先命名的。[②] 同一年，面向大学生开放的 Facebook（最开始名

---

① Sonia Livingstone, Giovanna Mascheroni, Elisabeth Staksrud, “European Research on Children's Internet Use: Assessing the Past and Anticipating the Future,” *New Media & Society* 20 (2018): p. 1105.

② 方兴东、钟祥铭、彭筱军：《全球互联网 50 年：发展阶段与演进逻辑》，《新闻记者》2019 年第 7 期，第 18 页。

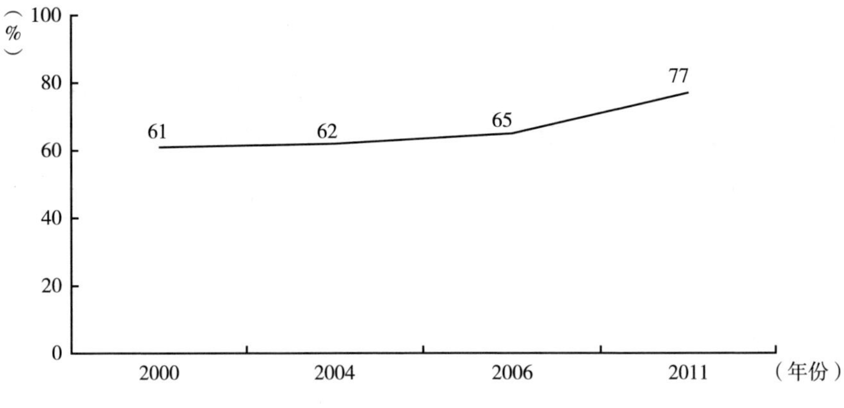

图 4 检查青少年访问网页的父母比例

为 The Facebook）推出；2005 年，在线视频免费分享网站 YouTube 推出；2006 年，推特（Twitter）诞生。这几大社交媒体在美国的崛起标志着过去由门户网站主导的互联网时代已经过去，Web2.0 时代正式到来，互联网信息传播模式首次实现了“零延时”。社交媒体包含了一系列在线工具和娱乐活动，它们的普及可以说给美国青少年的日常学习生活开启了一扇崭新的大门，也给他们的互联网体验带来许多变数。

1. 社交媒体的普及：从一枝独秀到百花齐放

皮尤研究中心是在 2006 年 10 月首次开始对青少年社交媒体使用进行调查。如图 5 所示，使用社交媒体网站的青少年数量始终呈上升的趋势。在 2006 年之前，青少年已经开始用即时消息和其他具有基础社交功能的在线工具来使用和管理其在线身份。2006 年的第一次社交媒体使用调查显示，有 55% 的美国青少年使用社交媒体网站（这里的社交媒体网站不包括 Twitter，因为皮尤研究中心在调查中发现很多青少年不认为 Twitter 是社交媒体网站）。其中，社交媒体在年龄稍长的青少年中（14 ~ 17 岁）比在年纪较小的青少年中（12 ~ 13 岁）更受欢迎。在此之后，使用社交媒体的青少年数量便逐年增加，在 2011 年达到 80% 之后便在高位保持稳定，尽管在 2014 年有小幅度的下滑，但并不影响整体上升的趋势（见图 5）。

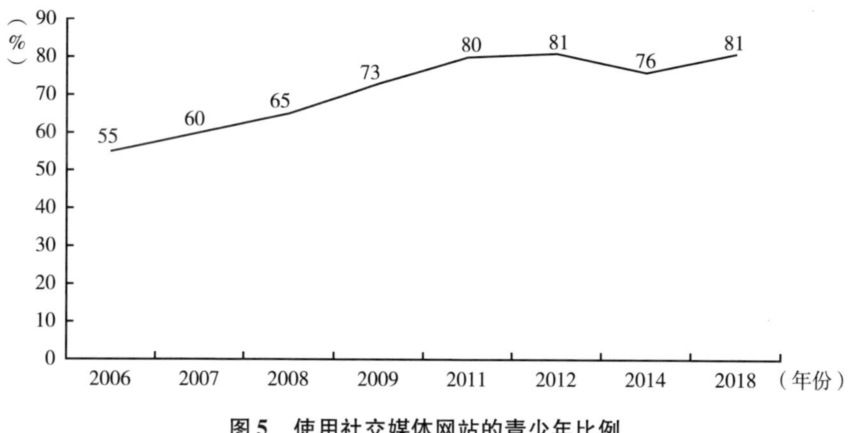

图5　使用社交媒体网站的青少年比例

随着越来越多的青少年使用社交网站，占主导地位的社交媒体在此期间也几经易主，根据其不同时期的特点大致可分为三个阶段。第一阶段是2000～2011年，这一时期，My Space在众多社交网站中占主导地位。2006年的第一次调查显示，有85%的拥有自己在线个人资料的青少年都选择了该网站，而使用Facebook发布信息的青少年在2006年时只有7%。尽管低于My Space的青少年用户量，但使用Facebook的青少年在这一阶段呈逐年增长的趋势，在2009年的焦点小组调查中，参与访谈的青少年都表示My Space和Facebook是他们最常使用的社交网站。

第二阶段是2011～2014年，在这一阶段，Facebook用户量快速增加，取代My Space成为青少年最受欢迎的社交网站。这一时期，随着智能手机的普及，通过手机登录社交网站的人数也在增加。2010年，Facebook活跃用户达到4亿，超过美国人口，这一年，在所有使用社交媒体的青少年中，在Facebook上开设账户的青少年（93%）远远超过了在My Space上的人数（24%）位居第1。在2012年的调查中，已经没有青少年受访者说My Space是他们最常使用的社交账户，这标志着属于My Space的时代已经过去。在皮尤研究中心2014年的调查中，有71%的青少年使用Facebook，Facebook已经成为美国青少年最受欢迎和使用最多的社交媒体平台（见图6）。

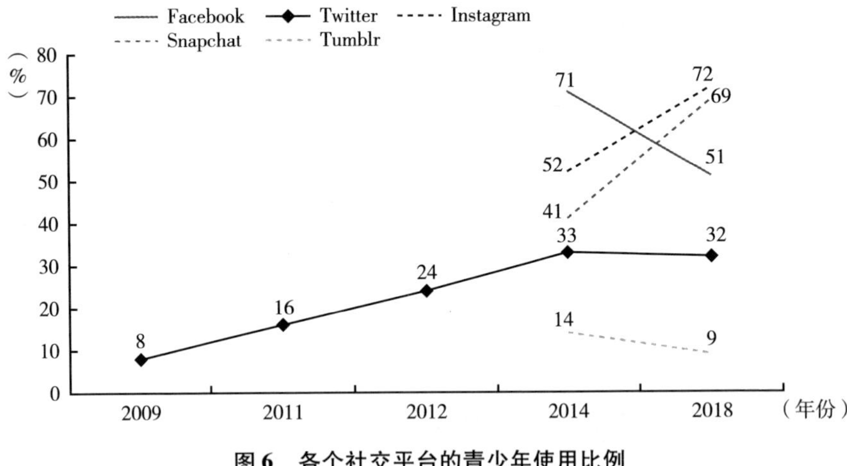

图6　各个社交平台的青少年使用比例

第三阶段是2014～2018年，在这一时期，Facebook拥有的绝对优势逐渐消退，社交媒体行业已经不像过去主要围绕单一平台发展，逐渐呈现多头并进、百花齐放的态势。Instagram和Snapchat分别在2010年和2011年推出，经过几年的发展逐渐积累了一定的用户量。2014年的调查显示，分别有52%和41%的美国青少年使用Instagram和Snapchat，Twitter的青少年用户数量也增加到了33%，应该说这三款社交软件已经在青少年的日常生活中起着举足轻重的作用（见图6）。

2018年是社交媒体发展的又一个转折点。Facebook的青少年用户数量出现了大幅度的下滑，由2014年的71%跌落到了51%。值得注意的是，在2014年的调查中未被列为备选项的YouTube成为这年的一匹黑马，其青少年用户数量占比85%，在最受欢迎的社交平台中排名第1。第2和第3名分别为Instagram（72%）和Snapchat（69%）。Tumblr和Reddit作为后起之秀也有9%和7%的青少年使用（见图6）。

结合焦点小组的访谈内容，可以看到，不断变化的社交媒体偏好是潜在的青少年社会动态的延伸。它一方面由给定平台上进行的社会互动类型以及网站本身的功能所驱动；另一方面，青少年也更倾向于选择那些能给他们不受成年人打扰的自由表达空间的社交平台。而随着Facebook中的成年人越来越多和一些负面社会交往事件的发生，青少年表示会通过在 Facebook 开设多个账户用于不同的目的或者使用其他更开放的平台来克服，这也是 Facebook 在青少年中受欢迎程度下降的原因。

2. 青少年对在线隐私的持续关注

美国在青少年在线隐私保护方面起步较早，早在 1998 年，美国《儿童在线隐私保护法》（COPPA）就要求网站必须发布明确且突出的隐私准则并在收集未满 13 岁儿童的个人信息之前必须获得可验证的父母同意。2012 年，联邦委员会对该法律进行了较大的修改，其中一项较为重要的新要求是某些第三方广告客户和其他“插件”也必须遵守隐私保护法。同时，“个人信息”的定义也拓展为地理位置信息、照片和视频，持久标识符（例如 IP 地址和移动设备 ID）也被包含在 COPPA 规则中。① 对于青少年及其父母对隐私保护的态度和行为，皮尤研究中心做过三次专项调查，分别是在 2006 年、2012 年和 2013 年。2006 年和 2012 年的调查都显示，有 1/3 的青少年会在网上被完全陌生的人联系或收到“明显不适合他们年龄”的在线广告。随着越来越多的青少年使用社交媒体来发送即时短讯、和朋友聊天以及发布与个人相关信息，社交平台的经济价值和广告模式的同时增长引起了家长、隐私倡导者及政策制定者的关注。大多数对此的讨论都聚焦在一个问题上：青少年是否因为互联网为他们提供了很多社交和共享信息的机会而较少关注他们的隐私？

从调查数据来看，青少年对个人隐私的保护意识远没有其他人所担忧得那么低。在青少年愿意在社交网站公开的信息类型上，单从 2006 年的数据来看，大多数使用社交媒体的青少年愿意公布自己的照片（79%），但公布其他信息如学校名字、手机电话等的青少年数量都较少（见表 5）。受访的青少年表示，他们会通过将个人资料设置为私人或故意将年龄变小等方法，从而使社交媒体为其提供更高级别的受限访问。

① Mary Madden et al., *Parents, Teens, and Online Privacy* (America: Pew Research Center, 2012), p. 6.

表 5　青少年在社交媒体上发布各类个人信息的比例

单位：%

个人信息	2006 年	2012 年
自己的照片	79	91
学校名字	49	71
你居住的城市或乡村	61	71
邮件地址	29	53
手机号码	2	20

如果将 2006 年和 2012 年的数据进行横向对比，就会发现美国青少年在社交媒体上共享个人信息的行为变得越来越普遍，然而这并不意味着他们的保护意识降低了。一方面，在 2012 年，社交媒体的领导者已由 My Space 变为 Facebook，而 Facebook 本身就十分鼓励青少年进行信息共享和网络扩展，比如在注册成为 Facebook 用户时必须提供真实姓名等规定。另一方面，随着智能手机在青少年中的普及，共享照片已成为他们塑造自己在线身份并与朋友分享离线体验的无缝方式，这也无怪于有 91% 的青少年愿意分享自己的照片，分享手机号码青少年数量与占比的增长也与此有关。

尽管分享信息的行为更加普遍，但 2012 年的深入调查显示，青少年会通过构建并设置自己的社交网络来保护自己的个人信息，对 Facebook 的设置在这方面就体现得尤为显著。有 60% 的青少年表明会将自己的 Facebook 个人资料设为私人，仅有 14% 的青少年会公开自己的个人资料。另外，“拉入黑名单”和“设置观看权限”等方法也是受到美国青少年欢迎的管理自己隐私的办法，使用这两种办法的青少年比例分别为 74% 和 58% 。还有超过一半的青少年表示他们会通过模糊更新的帖子、分享笑话和其他只有某些朋友才能理解的编码消息来使他们共享的内容更加私密。

美国青少年对个人隐私的行为不仅限于在社交媒体的使用上，还体现在对应用程序的选择上。皮尤研究中心 2013 年调查发现，有 51% 使用应用程序的青少年会出于对隐私的考虑而避免使用特定 App。还有 46% 的青少年应用程序用户因为担心自己的信息泄露而关闭了手机或应用程序中的位置跟踪功能，其中女孩禁用位置跟踪功能的可能性比男孩要高（59% vs 37%）。

总的来说，大多数青少年意识到将信息置于公共和持久环境中的风险。事实上，青少年对此持有的观点是十分多样的，他们主要还是根据具体情境和个人情况来做有关隐私披露的决定。

3. 正在发展的新类型：“过度分享者”、“咆哮者”和“幽灵”

随着社交媒体逐渐嵌入美国青少年的日常生活，使用社交媒体的方式已成为在网上定义不同青少年群体的新标记。2018 年常识调查结果表明，青少年中正在发展某种社交媒体类型。在调查询问的类型中，排在第 1、2、3 位的分别是“过度共享者”（在社交媒体上分享过多个人信息和事务的人）、“艺术型”〔专注于发布自己漂亮的照片（特写、黑白照片）的人〕和“社交家”（总是知道社交活动和去向的人），分别有 75%、70% 和 68% 的青少年表示他们“经常”或“有时”在社交平台上遇到这几种类型的人。[①] 其他的青少年社交媒体类型还有“咆哮者”（经常抱怨的人）、“散布绯闻者”（经常散布他人绯闻的人）、“暴露者”（经常晒自己身体的女生）、“幽灵”（默默潜水，不怎么发言的人）和“肌肉男”（经常晒自己肌肉的男生）。尽管受访者提出了很多自己看到的类型，但大部分青少年表示自己不属于任何一种类型（57%），另外有 19% 和 16% 的人认为自己是“艺术型”和“幽灵”。[②]

（四）网络欺凌：被欺凌比例逐年升高，欺凌类型因性别而异

与互联网相伴而生的网络欺凌问题一直是美国青少年互联网使用领域的热点话题，受到了包括皮尤研究中心（Pew Research Center）、家庭在线安全研究（Family Online Safety Institute）和网络欺凌研究中心（Cyberbullying

① Victoria Rideout, Michael B. Robb, *Social Media*, *Social Life*: *Teens Reveal Their Experiences* (San Francisco, CA: Common Sense Media, 2018), p. 19.

② Victoria Rideout, Michael B. Robb, Social Media, Social Life: Teens Reveal Their Experiences (San Francisco, CA: Common Sense Media, 2018), p. 19.

Research Center)① 等多个美国相关机构和研究所的关注。

根据网络欺凌研究中心官方网站所出的 2019 年最新报告，网络欺凌是指“通过使用计算机，手机和其他电子设备造成的故意和反复伤害”。② 该定义包含了以下几个重要元素：任性，即必须是故意的，不是偶然的；重复，即欺凌反映出一种行为模式，而不仅仅是一个孤立的事件；危害，即目标必须意识到造成了伤害；发生在电脑、手机和其他电子设备上，这是网络欺凌与传统欺凌的区别所在。它主要包括了攻击性的称呼、散播谣言、收到不需要的图片、不断被询问在哪里做什么、人身攻击、未经当事人同意就分享与他们相关的露骨图片等行为。

自 2002 年以来，美国网络欺凌研究中心就一直持续收集来自中学生的数据，他们在 13 个独立的项目中对来自美国各地的 25000 多名初中和高中学生进行了调查。③ 图 7 是自 2007 年以来在一生中某个时候经历过网络欺凌的青少年所占的比例（2009 年的 6 月和 11 月分别在不同地区进行了 3 次调查）。可以看到，经历过网络欺凌的青少年比例整体呈上升趋势。平均而言，参与调查的学生中，约有 28% 的学生表示他们一生中的某些时候是网络欺凌的受害者。④ 研究中心还对行使网络欺凌的青少年情况进行了调查，如图 8 所示，曲线整体趋势并不明显，各年份间差距不大，但在 2010 年到 2011 年达到了峰值，这与该期间智能手机的普及不无关系。从这几年的平均值来看，约有 16% 的青少年承认他们在一生中的某个时刻在网络上欺凌过他人。⑤

---

① 网络欺凌研究中心致力于提供有关青少年网络欺凌的性质、程度、原因和后果的最新信息，https：//cyberbullying. org/about－us，最后检索时间：2020 年 3 月 15 日。

② Sameer Hinduja，Justin W. Patchin，*Cyberbullying*：*Identification*，*Prevention*，& *Response*（America：Cyberbullying Research Center，2019），p. 2.

③ Justin W. Patchin，*Summary of Our Cyberbullying Research*（*2007－2019*）（America：Cyberbullying Research Center，2019）.

④ Justin W. Patchin，*Summary of Our Cyberbullying Research*（*2007－2019*）（America：Cyberbullying Research Center，2019）.

⑤ Justin W. Patchin，*Summary of Our Cyberbullying Research*（*2007－2019*）（America：Cyberbullying Research Center，2019）.

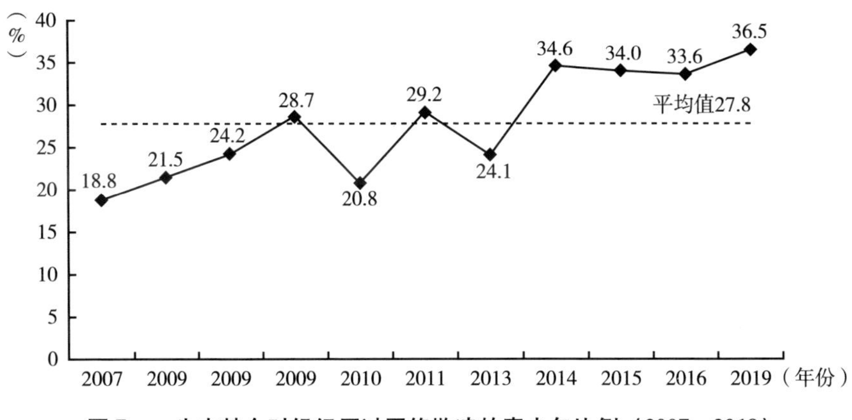

图 7　一生中某个时候经历过网络欺凌的青少年比例（2007～2019）

注：转译自美国网络欺凌研究中心（Cyberbullying Research Center）。

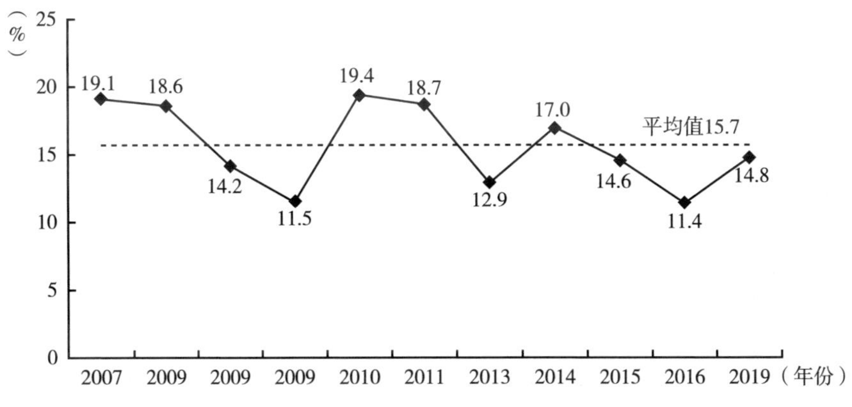

图 8　一生中某个时刻欺凌过他人的青少年比例（2007～2019）

注：转译自美国网络欺凌研究中心（Cyberbullying Research Center）。

相比于网络欺凌研究中心，皮尤研究中心 2018 年的最新调查数据更为大胆，它们认为在所有的美国青少年中，大约有 59% 的人受到过网络欺凌。这一差异主要与其调查的对象及采用的方法有较大关系，但不影响受到网络欺凌的美国青少年数量在这几年整体呈增长的趋势。性别和家庭收入是两家机构在调查中发现的对网络欺凌情况会产生影响的因素。值得注意的是，网络欺凌的不同类型往往因性别和家庭收入情况而异。性别方面，皮尤研究中心在2007年、2011年和2018年三次针对网络欺凌的报告显示，尽管差距越来越小，但女孩相比男孩受到网络欺凌的比例更高，特别是在成为网上谣言传播的受害者或未经许可的露骨信息的目标方面，并且她们受到欺凌的类型往往比男孩要多。根据皮尤研究中心2018年数据，有15%的女孩至少成为四种网络欺凌行为的目标，而男孩只有6%。而网络欺凌研究中心2019年的调查发现，男孩更有可能被某人威胁要在网上伤害他们。家庭收入方面，皮尤研究中心2018年的调查显示，在特定的网络欺凌类型即人身攻击方面，家庭收入较低的青少年（年收入低于＄30000）往往比家庭收入较高的青少年（年收入大于等于＄75000）更有可能成为人身攻击的目标（24% vs 12%）。

（五）智能时代的数字管控：非技术性管控方式比技术性管控方式更普及

如今，青少年广泛采用各种数字技术进行娱乐和学习，数字连接带来的好处不言而喻，但这也给父母的普遍监督带来了挑战。如何在允许青少年独立探索和提供适当的监督之间取得平衡是父母一直在讨论的话题。诚然，这些担忧不仅仅限于父母，政府、立法者和教育机构等也对青少年的在线安全提出了担忧。与技术和互联网应用的发展相伴，父母对青少年互联网的管控已经从过去单纯的对青少年的上网时间和行为进行监控过渡到对其个人隐私的管理和对网络欺凌知识的沟通和交流，管控方式也从过去偏向技术性手段逐渐过渡到非技术性手段上，这也与出现的问题逐渐复杂化有关。

从皮尤研究中心连续几年的报告中可以发现，移动互联网普及前后，即2010年前后是父母对孩子的上网管控方式发生变化的分水岭。如果说2010年之前技术性管控方式更为普遍的话，那么在这之后非技术性管控方式逐渐成为主流。技术性管控方式指的是利用过滤器或者监控软件等技术工具来对孩子的上网行为进行管理，而非技术性管控方式主要包括谈话、订立规则、检查孩子浏览过的内容等方法。皮尤研究中心2001～2007年调查显示，在21世纪互联网普及的最初几年里，父母对青少年的网络管控主要是对其上网内容和时间进行管理，主要采取的方法有将电脑放置在家里的公共空间中、和孩子一起上网、订立上网规则、孩子上网后检查孩子浏览的网页以及给电脑安装过滤器等。技术过滤器是在2000年12月21日美国通过《儿童互联网保护法》（*the Children's Internet Protection Act*）之后得到广泛推广的[①]，尽管其过滤效果仍存在缺陷，但使用由服务商提供过滤器的家长在2000～2007年逐年增加，从2000年的41%增加到2004年的54%，并在2007年保持在53%。此外，相比于对孩子的上网时间进行限制，父母更倾向于对其上网内容进行管控，比如他们会对孩子可以浏览的网页、电视节目和游戏类型进行限制。

2010年开始的10年，是移动互联网的黄金10年，随着智能手机和社交媒体的普及，个人隐私、网络欺凌和数字干扰等问题逐渐受到各方关注。在2011年的调查中，青少年普遍表示父母是他们在上网时遇到棘手问题时首要寻求帮助的对象。相应的，大部分青少年的父母在2012年的调查中表示他们最关心的就是孩子在网上做什么以及他们的行为是否会被监控。针对上述担忧，绝大多数家长表示会依靠个人参与，采用非技术性方案如谈话的方式和孩子交流关于上网的安全和风险问题，比如应该看些什么、如何分享、如何与他人相处，等等。采用这一方式的家长比例在2011年和2015年都保持在了94%，并且这一比例在来自不同人口统计背景的家长之间差别不大。而使用技术性手段及锁定、过滤或监控等方法监管孩子的父母比例从2011年起就逐年下降，在2015年时只有不到40%（见图9）。至于采用技术性手段限制孩子对手机的使用或对孩子所在位置进行追踪和定位的家长就更少了，2015年的调查显示仅有16%的家长会这么做。

家庭在线安全研究所（FOSI）2018年的最新调查显示，为了确保孩子上网安全，有91%的家长给孩子上网订立了规则。最常见规则包括孩

① Amanda Lenhart, Lee Rainie, Oliver Lewis, *Teenage life online* (America: Pew Research Center, 2001), p. 32.

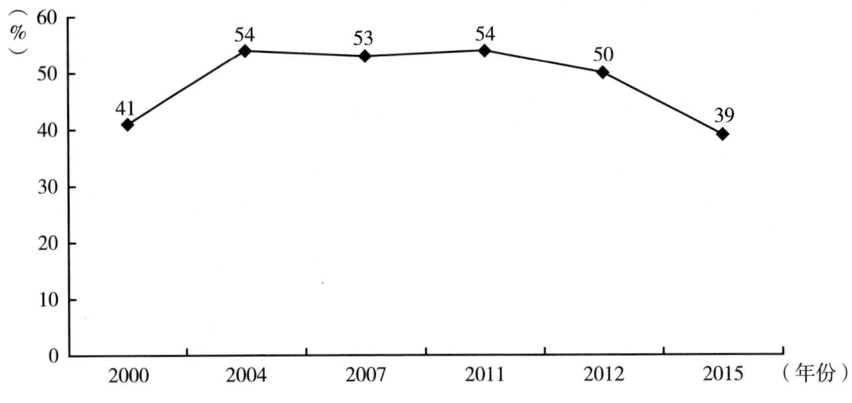

图9　使用技术性手段管控孩子的家长比例

子可以访问哪些网站（81%），每天几点可以使用网络技术（77%），他或她可以拥有哪些在线账户（75%）以及他或她可以花在网络技术上的时间（73%）。[①] 有64%的家庭经常与子女讨论在线安全问题，63%的家庭至少使用多种父母控制工具之一进行举报。[②] 最常用的控制工具包括那些限制孩子可以在移动设备上访问的网站类型的控件（40%），从家用计算机访问的网站类型（37%）、从视频游戏机访问的网站类型（34%）和被批准的应用内购买（35%）。[③] 可以看到，以谈话交流的软性方式为主，而以技术性强制方式为辅是目前美国家长对孩子上网的主要管控形式。

三　调查背景及问题反思

1. 调查方法的演进（2000～2018）

“皮尤互联网与美国人生活项目”作为构成皮尤研究中心的七个子项目之

① Hart Research Associates, *Online Safety*: *Across the Generations* (America: Family Online Safety Institute, 2018), p. 39.

② Hart Research Associates, Online Safety: Across the Generations (America: Family Online Safety Institute, 2018), p. 39.

③ Hart Research Associates, Online Safety: Across the Generations (America: Family Online Safety Institute, 2018), p. 39.

一，在2000年11月开始了第一次电话调查和焦点访谈。采访以英语进行，这次调查主要由其合作伙伴普林斯顿调查研究协会（Princeton Survey Research Associates）和绿地在线（Greenfield Online，Inc.）执行，针对的是美国大陆12~17岁的青少年及其父母。受到当时条件的限制，焦点小组的受访者仅由华盛顿一所学校和线上部分人员组成，并不具有代表性。2004年、2007年和2010年的三次调查在焦点访谈方面有了逐步的改进。2004年第一次对于参与者的家庭收入水平以及种族和种族背景进行了收集并组织了4个焦点小组，主要是根据年纪和城市农村人口进行划分①；2007年在两个城市组织了6个单一性别焦点小组和一个线上混合性别小组，涵盖了初高中各个年级②。该调查发现，白人和说英语的西班牙裔青少年比非裔美国青少年报告上网的可能性更高。2010年共组织了9个焦点小组并尽可能使来自不同种族和种族背景以及社会经济水平的青少年保持平衡，访谈主要由密歇根大学的师生主持。③

如果说前几次的调查因为只用英语而忽略了大部分不说英语的美国人的话，那么从2012年的调查开始，西班牙语开始被使用，青少年和父母可进行自由选择。2012年和2013年的焦点小组调查都是与哈佛大学伯克曼互联网与社会中心合作完成的。2012年是由伯克曼中心的青年与媒体项目主任桑德拉·科尔特西（Sandra Cortesi）领导的团队对来自波士顿、剑桥、布鲁克林和纽约的大约120名学生进行了16次焦点小组深度访谈④；2013年该团队对大波士顿地区、洛杉矶（加利福尼亚）、圣塔芭芭拉（加利福尼亚）和格林斯伯勒（北卡罗来纳州）的156名学生进行了24次焦点小组访谈⑤，

① Amanda Lenhart，Mary Madden，Paul Hitlin，*Teens and Technology*（America：Pew Research Center，2005），p.44.

② Amanda Lenhart，Mary Madden，*Teens*，*Privacy & Online Social Networks*（America：Pew Research Center，2007），p.39.

③ Amanda Lenhart et al.，*Teens and Mobile Phones*（America：Pew Research Center，2010），p.90.

④ Mary Madden et al.，Parents，*Teens*，*and Online Privacy*（America：Pew Research Center，2012），p.5.

⑤ Mary Madden et al.，*Teens*，*Social Media*，*and Privacy*（America：Pew Research Center，2013），p.14.

受访的青年都具有一定的种族、社会经济和区域多样性。应该说这两次访谈的代表性和可信度都有了较大的提升。在2015年和2018年的调查中，“皮尤互联网与美国人生活项目”从调查中退出，整个调查由皮尤研究中心工作人员设计，市场调查机构落地实施，主要针对的调查对象变为13～17岁的青少年及其父母。由于2018年的调查由全国民意调查中心（NORC）实施，并采用了其开发的AmeriSpeak固定样本连续调查方案[①]，因此调查数据基本代表了美国青少年互联网运用情况。

总的来看，作为美国非营利性的“事实库”，皮尤研究中心借用自身发起和组织优势，通过和不同的研究组织和市场调查机构合作进行优势互补，为美国青少年互联网运用情况积累了许多实证的数据，应该说浅描出了美国青少年互联网运用的发展脉络。通过梳理历年调查背景不难发现，调查对象始终包括青少年及其父母，将两方的行为和观点作为调查重点，应该说十分重视原生家庭对青少年互联网运用的影响。另外，调查方法经历了从粗简到精细的过程，样本量也随着抽样方式的变化而更加具有代表性，应该说其推出的报告是越来越有说服力的。

2. 调查背后的互联网发展现实

皮尤研究中心的青少年互联网运用调查起步很早，是在美国互联网商用没多久之后开始的，应该说经历了美国互联网从Web1.0、Web2.0、移动互联时代再到智能物联时代的全过程。从2000年到2018年，作为互联网商业化的策源地，这18年来互联网可以说已经深刻改变了美国乃至全球的政治经济和文化结构。相应的，美国青少年互联网运用状况也随着时代和技术的进步而日新月异，这就要求调查内容必须随势而变。除了在互联网刚刚商用的几年，即最初的两次大调查（2000年和2004年）以基础数据为报告主体外，2006年之后的调查结构都是以基础数据＋当年热点主题的形式呈现。在热点较多的年份，除了对基本行为进行持续观察外，还会进行专题深入调

① Monica Anderson, Aaron Smith, Tom Caiazza, *Teens, Social Media & Technology 2018* (America: Pew Research Center, 2018), p. 11.

查，以独立分报告的形式呈现。从皮尤研究中心十多年来调查的聚焦主题变化，可以大概掌握美国青少年互联网运用各阶段的特点，是青少年互联网运用变化的一种体现。2006年做网络内容过滤和青少年内容创作的专项调查；由于社交网络的出现，2007年首次关注在线社交网络和社交媒体并开始涉足隐私问题；2008年关注电子游戏和民主活动参与的关系；2010年由于智能手机的普及，做了青少年手机使用状况和家长态度的专项调查；2011年重点关注了社交网络上的网络欺凌；2012年关注青少年聊天方式、父母对上网隐私的担忧；2013年持续关注青少年在社交媒体的隐私设置；2015年关注青少年如何使用社交媒体和手机来建立、维持和结束他们的友谊和浪漫关系；2016年持续关注父母对青少年的网络管控；2018年再次关注社交媒体、代际关系、数字干扰和网络欺凌等问题。

除了专题外，具体的调查题目和内容等也根据之前调查的反馈和评估不断地进行更新调整。比如在青少年一天多次上网成为常态之后开始调查持续在线的青少年数量；当绝大部分青少年都拥有普通手机后开始对智能手机的拥有者进行调查；当检查网页不再是父母唯一的监管手段时，开始对其他管控方式进行调查；当社交媒体已经成为必备工具时，开始就社交媒体对亲子乃至代际关系进行考察等。

四　对策建议

1. 质性研究和深度专题与调查的配合

质性调查内容一直是皮尤研究中心历年报告中不可或缺的一部分，特别是在调查网络隐私及欺凌方面，皮尤研究中心就曾同哈佛大学伯克曼互联网与社会中心合作完成了许多焦点访谈并推出多份深度的专题报告。随着互联网应用的复杂化和多元化，与之相伴的网络隐患也变得更为隐秘，与过去可以直接通过数据或选项了解和判断青少年互联网运用的大致情况不同，如今青少年面临的许多社会问题是需要从其具体的社会经历出发去诊断和解决的。比如在面临隐私被窃的隐患之下，青少年是如何想和做的？他们是真的毫不在意还是事实上做的比父母想的还多呢？他们是如何理解网络欺凌的？他们是如何应对的？事实上，报告不仅仅是对社会问题基本情况的浅表展示，同样也可以“以浅为深”，通过质性调查方法的运用来对社会问题进行深描。对于这些问题的观察和解决除了在基础数据层面对情况进行大致掌握外，更重要的是面对面的交流和对话，基于科学方式分组的焦点访谈和跟踪式观察有助于从青少年心理层面寻找引发问题的根源。

2. 关注不同社交平台的用户基础和结构差异

随着社交平台选择的增多，皮尤研究中心的调查显示青少年并不会专注于一个社交媒体的使用，而是会同时使用多个社交媒体并最大限度地利用各个平台最突出的优势，这反过来进一步推动了技术公司进一步优化其突出特征。因此，过去仅仅在标题“社交媒体”下将不同平台混为一谈的讨论模式已经不再合适，不同平台在用户基础和架构上的差异应该得到重视，这一差异将会导致青少年在使用时出现截然不同的态度和行为。首先，皮尤研究中心 2015 年的调查显示不同社交平台的青少年用户存在一定的人口统计学上的差异，如女孩比男孩更喜欢使用 Snapchat 和 Tumblr；年长的青少年比年少的青少年更爱使用 Snapchat 和 Twitter 等。此外，皮尤研究中心在 2012 年和 2013 年深入调查青少年隐私设置问题时就发现青少年对于不同平台的隐私保护态度和行为是有较大区分的，比如相比于 Twitter，青少倾向于在更像大众媒介、具有广泛用户基础且提供了较多复杂设置的 Facebook 上进行各种隐私设置，而对于 Twitter，他们的态度更为宽容。不仅仅是在隐私保护方面，在数字干扰、网络欺凌等领域，不同平台也会产生差异化的影响。关注平台的差异化特征将对家长管控方式的改变和政府相关管理条例的制定提供一定的参考。

参考文献

皮尤研究中心（Pew Research Center）。

常识（Common Sense）。

家庭在线安全研究（Family Online Safety Institute）。

网络欺凌研究中心（Cyberbullying Research Center）。

Alexandra Rankin Macgill, *Parent and Teenager Internet Use* (America: Pew Research Center, 2007).

Amanda Lenhart, *Cyberbullying and Online Teens* (America: Pew Internet and American Life Project, 2007).

Amanda Lenhart et al., *Teens, Kindness and Cruelty on Social Network Sites* (America: Pew Internet and American Life Project, 2011).

Amanda Lenhart, *Teens, Smartphones & Texting* (America: Pew Research Center, 2012).

Amanda Lenhart et al., *Where Teens Seek Online Privacy Advice* (America: Pew Research Center, 2013).

Amanda Lenhart, Dana Page, *Teens, Social Media & Technology Overview 2015* (America: Pew Research Center, 2015).

Girard Kelly, Jeff Graham, Bill Fitzgerald, *2019 State of Edtech Privacy Report* (San Francisco, CA: Common Sense Media, 2018).

Girard Kelly et al., *2019 State of Edtech Privacy Report* (San Francisco, CA: Common Sense Media, 2019).

Monica Anderson, Aaron Smith, Dana Page, *Parents, Teens and Digital Monitoring* (America: Pew Research Center, 2016).

Monica Anderson, Aaron Smith, Haley Nolan, *A Majority of Teens Have Experienced Some Form of Cyberbullying* (America: Pew Research Center, 2018).

Monica Anderson, Aaron Smith, Haley Nolan, *Teens' Social Media Habits and Experience* (America: Pew Research Center, 2018).

Mary Madden et al., *Teens and Technology 2013* (America: Pew Research Center, 2013).

Sydney Jones, Susannah Fox, *Generations Online in 2009* (America: Pew Research Center, 2009).

附　　录

Appendices

B.20

附录1　中国未成年人与互联网发展大事记（截至2019年12月30日）

季　琳　杨军锋　吴　诚*

1969年

1969 年 9 月 2 日，加州大学洛杉矶分校在实验室里完成了两台计算机之间的数据传输试验，即阿帕网（Arpanet），它是国际互联网的雏形。这一天也被视为互联网的诞生日。10 月 29 日，加州大学洛杉矶分校与斯坦福大学研究所实现首次网络连接。

* 季琳，中国少年儿童发展服务中心媒介与教育中心主任；杨军锋，中国青少年宫协会办公室；吴诚，中国青少年宫协会会员服务部。

1983年

1983 年，域名系统（DNS）被提上日程，一年后，. com、. gov 和 . edu 域名被启用。

1987年

1987 年 9 月 14 日，CANET 在北京计算机应用技术研究所内正式建成中国第一个国际互联网电子邮件节点，发出中国第一封电子邮件：“Across the Great Wall，we can reach every corner in the world.”（越过长城，走向世界），揭开了中国人使用互联网的序幕。

1990年

1990 年，蒂姆·伯纳斯－李（Tim Berners-Lee）在欧洲核子研究中心（CERN）开发了远程控制计算机的方法，万维网（WWW）诞生。

1990 年 11 月 28 日，钱天白教授代表中国正式在 SRI-NIC 注册登记了中国的顶级域名 CN，从此中国的网络有了自己的身份标识。

1992年

1992 年 12 月底，清华大学校园网（TUNET）建成并投入使用，是中国第一个采用 TCP/IP 体系结构的校园网。

1994年

1994 年 4 月 20 日，NCFC 工程通过美国连入 Internet 的 64K 国际专线开通，实现了与 Internet 的全功能连接。从此中国被国际上正式承认为真正拥有全功能 Internet 的国家。1994 年被称为“中国互联网元年”。

1994 年 5 月，国家智能计算机研究开发中心开通曙光 BBS 站，这是中国大陆的第一个 BBS 站。

1995年

1995 年 1 月，邮电部电信总局分别在北京、上海设立的通过美国 Sprint 公司接入美国的 64K 专线开通，并且通过电话网、DDN 专线以及 X. 25 网等方式开始向社会提供 Internet 接入服务。

1996年

1996 年 1 月，中国公用计算机互联网（CHINANET）全国骨干网建成并正式开通，全国范围的公用计算机互联网络开始提供服务。

1997年

1997 年 1 月 1 日，《人民日报》主办的人民网开通，这是我国开通的第一家国家重点新闻宣传网站。

1997 年 2 月，瀛海威全国大网开通，3 个月内在北京、上海、广州、福州、深圳、西安、沈阳、哈尔滨 8 个城市开通，成为中国最早也是最大的民营 ISP、ICP。

1997 年 5 月 20 日，国务院颁布了《国务院关于修改〈中华人民共和国计算机信息网络国际联网管理暂行规定〉的决定》，对《中华人民共和国计算机信息网络国际联网管理暂行规定》进行修正。

1997 年 5 月 30 日，国务院信息化工作领导小组办公室发布《中国互联网络域名注册暂行管理办法》，授权中国科学院组建和管理中国互联网络信息中心（CNNIC），授权中国教育和科研计算机网网络中心与CNNIC签约并管理二级域名.edu.cn。

1997年6月3日，中国互联网络信息中心（CNNIC）成立。

1997年10月，中国公用计算机互联网（CHINANET）实现了与中国其他三个互联网络即中国科技网（CSTNET）、中国教育和科研计算机网（CERNET）和中国金桥信息网（CHINAGBN）的互连互通。

1997年11月，中国互联网络信息中心（CNNIC）发布第一次《中国互联网络发展状况统计报告》：截止到1997年10月31日，中国共有上网计算机29.9万台，上网用户62万，CN下注册的域名4066个，WWW站点约1500个。

1997年12月30日，公安部发布了由国务院批准的《计算机信息网络国际联网安全保护管理办法》。

1998年

1998年3月6日，国务院信息化工作领导小组办公室发布《中华人民共和国计算机信息网络国际联网管理暂行规定》。

1998年8月，公安部正式成立公共信息网络安全监察局，负责组织实施维护计算机网络安全，打击网上犯罪，对计算机信息系统安全保护情况进行监督管理。

1999年

1999年1月22日，由中国电信和国家经贸委经济信息中心牵头、联合共青团中央等40多家部委（办、局）的信息主管部门在京共同举办“政府上网工程启动大会”，政府上网工程主站点www.gov.cn开通试运行。

1999年2月，中国国家信息安全测评认证中心（CNISTEC）正式运行。

1999 年 5 月 4 日，由共青团中央主办的共青团组织在互联网上的核心站点“中国共青团”（www. ccyl. org. cn，www. gqt. org. cn）和首个以青少年为服务对象的中国青少年服务网（www. cycnet. com，www. youth. cn，简称中青网）正式开通。

2000年

2000 年 9 月 25 日，国务院发布《中华人民共和国电信条例》，标志着中国电信业的发展步入法制化轨道。同日，国务院公布施行《互联网信息服务管理办法》。

2000 年 11 月 7 日，中国互联网络信息中心（CNNIC）中文域名注册系统全面升级，推出“. CN”“. 中国”“. 公司”“. 网络”为后缀的中文域名服务。

2000 年 12 月 7 日，由文化部、共青团中央、广电总局、全国学联、国家信息化推进办公室、光明日报、中国电信、中国移动等单位共同发起的“网络文明工程”在京正式启动。该工程的主题是：“文明上网、文明建网、文明网络”。

2000 年 12 月 12 日，人民网、新华网、中国网、央视国际网、国际在线网、中国日报网、中青网等率先获得国务院新闻办公室批准进行登载新闻业务。

2001年

2001 年 4 月 3 日，信息产业部、公安部、文化部、国家工商行政管理总局联合发布《互联网上网服务营业场所管理办法》。

2001 年 4 月 13 日，信息产业部、公安部、文化部、国家工商行政管理总局部署开展“网吧”专项清理整顿工作。

2001 年 4 月，中国社科院社会发展研究中心与中国社科院新闻与传播研究所媒介与青少年发展研究中心共同发布了《2001 年中国 5 城市互联网使用及影响报告》的成人版和青少年版。

2001 年 11 月 22 日，共青团中央、教育部、文化部、国务院新闻办公室、全国青联、全国学联、全国少工委、中国青少年网络协会向社会正式推出《全国青少年网络文明公约》，在青少年中倡导文明网络行为道德规范。

2002年

2002 年，《互联网上网服务营业场所管理条例》规定：中学、小学校园周围 200 米范围内和居民住宅楼（院）内不得设立互联网上网服务营业场所。互联网上网服务营业场所经营单位不得接纳未成年人进入营业场所。互联网上网服务营业场所经营单位应当在营业场所入口处的显著位置悬挂未成年人禁入标志。

2002 年 3 月 26 日，中国互联网协会在北京发布《中国互联网行业自律公约》，该公约的推出为建立中国互联网行业自律机制迈出重要一步。

2003年

2003 年 9 月，中国社科院社会发展研究中心、中国社科院新闻与传播研究所与青少年发展研究中心共同发布了《中国 7 城市青少年互联网使用状况及影响调查报告》。报告显示，中国网民占人口比例达到约 25%，北京、上海、广州、成都、长沙、西宁、呼和浩特这 7 个城市青少年的平均上网比例为 63.3%，42.3% 的青少年用户认为互联网使用对学习“几乎没有影响”；青少年选择互联网，比例最高的是“满足交流的需要”（65%）。

2004年

2004 年 6 月 10 日，由中国互联网协会互联网新闻信息服务工作委员会主办的“违法和不良信息举报中心”网站开通，其宗旨是“举报违法信息，维护公共利益”，标志着我国互联网在加强行业自律和公众监督方面又迈出实质性一步。

2004 年 7 月 16 日，全国打击淫秽色情网站专项行动电视电话会议召开。次日，中宣部、公安部、中央外宣办、最高人民法院、最高人民检察院、信息产业部等 14 个部门联合发布《关于依法开展打击淫秽色情网站专项行动有关工作的通知》。

2005年

2005 年 7 月 21 日，中国互联网信息中心（CNNIC）发布“第十六次中国互联网发展状况统计报告”。截至 6 月 30 日，中国网民人数达 1.03 亿，仅次于美国，位居世界第 2。

2005 年 8 月，文化部和信息产业部联合下发《关于网络游戏发展和管理的若干意见》。我国将采取一系列措施对我国的网络文化市场进行大力整顿，提高网络游戏经营准入门槛，实行网络游戏实名制，严格审查游戏内容。

2006年

2006 年 4 月 9 日，北京千龙网等 14 家网站联合向全国互联网界发出文明办网倡议书，积极倡导文明办网、文明上网，净化网络环境，抵制不文明行为，形成健康向上的网络文明新风。

2006 年 5 月 30 日，共青团中央、中央文明办、国务院新闻办、教育部、信息产业部、中国社会科学院等部委共同指导，人民网、新浪网等 20 家网站共同发起，中国青少年社会服务中心承办的“中国未成年人网脉工程”启动，并首次提出未成年人网络空间应与成年人分开的理念。

2006 年 6 月，开通面向未成年人专属上网导航平台——“网脉网”

（www. wm360. cn）。

2006年9月，联合多名专家出版发行了中国第一本面向未成年人及其家长的上网导航书籍——《网脉导图——未成年人上网导航手册》。

2006年10月26日，时任中共中央政治局常委李长春，中共中央政治局委员、中央书记处书记、中宣部部长刘云山，国务委员陈至立等领导同志在参观第四届中国国际网络文化博览会时专门视察了“中国未成年人网脉工程”展区，听取工程负责人有关工作汇报后对“网脉工程”做出了重要指示。

2006年，全球网民数量超过10亿。全国人大常委会12月29日新修订的未成年人保护法规定，“国家采取措施，预防未成年人沉迷网络”。修订后的未成年人保护法规定，国家鼓励研究开发有利于未成年人健康成长的网络产品，推广用于阻止未成年人沉迷网络的新技术。

2007年

2007年6月，中国青少年社会服务中心、中国社科院青年研究中心、中国青年政治学院青少系共同发布《2006中国未成年人互联网应用状况调查报告》。同时，与检察日报社共同推出了《未成年人网络自护手册》。

2008年

2008年4月28日，工业和信息化部委托中国互联网协会设立12321网络不良与垃圾信息举报受理中心，举报方式包括电话、网站、邮件、短信和移动互联网WAP网站共五种方式。

2008年6月20日，胡锦涛总书记考察人民日报社工作时，在人民网强国论坛同网友在线交流。互联网作为信息交流的重要渠道，受到党政部门越来越多的重视。

2008年6月30日，中国网民数量以2.53亿的规模跃居世界第1。7月22

日，CN 域名注册量以 1218.8 万个首次成为全球第一大国家顶级域名。2008 年 12 月 31 日，中国互联网络信息中心（CNNIC）统计数据显示，全球网民数量超过 15 亿，我国网民数达到 2.98 亿，其中中国青少年网民数达到 1.67 亿。

2008 年 10 月 14 日，中国青少年社会服务中心、中国社科院青年研究中心、中国青年政治学院青少系共同发布《2007 中国未成年人互联网运用状况调查报告》。调查主要针对 9～16 岁的未成年人，同时兼顾老师与家长，在北京、上海、重庆、等 10 省市的 26 个市、县进行了实地调查。

2009年

2009 年 1 月 5 日，国务院新闻办公室、工业和信息化部、公安部、文化部、工商行政管理总局、广播电影电视总局、新闻出版总署七部委在北京召开电视电话会议，部署在全国开展整治互联网低俗之风专项行动。

2009 年 1 月 7 日，工业和信息化部为中国移动通信集团、中国电信集团公司和中国联合网络通信有限公司发放 3 张第三代移动通信（3G）牌照，此举标志着我国正式进入 3G 时代。

2009 年 5 月 19 日，工业和信息化部下发了《关于计算机预装绿色上网过滤软件的通知》，要求 7 月 1 日之后，在我国销售的所有个人电脑出厂时预装绿色上网过滤软件“绿坝－花季护航”，并定期报告计算机销售数量和软件安装数量。“绿坝”软件具备拦截色情内容、过滤不良网站、控制上网时间、查看上网记录等功能。

2009 年 6 月 26 日，文化部、商务部联合下发《关于网络游戏虚拟货币交易管理工作》的通知，首次明确了网络游戏虚拟货币的适用范围，规定同一企业不能同时经营虚拟货币的发行。

2010年

2010 年 3 月，中国青少年社会服务中心联合北京邮电大学、中国社会科学院青年研究中心、中国青年政治学院等机构共同发布《2009 中国未成年人互联网运用状况及网络与校园暴力调查报告》。

2010 年 6 月 3 日，文化部公布《网络游戏管理暂行办法》，这是我国第一部针对网络游戏进行管理的部门规章。

2010 年 6 月 8 日，国务院新闻办公室首次发表《中国互联网状况》白皮书，说明了中国政府关于互联网的基本政策："积极利用、科学发展、依法管理、确保安全。"

2010 年 6 月 18 日，中国少先队事业发展中心、中国社会科学院青年中心、社会科学文献出版社联合发布了国内第一本青少年蓝皮书《中国未成年人互联网运用报告（2009～2010)》。

2010 年，网络舆论的社会影响力加深，"王家岭矿难救援""方舟子打假""宜黄强拆自焚""李刚之子醉驾撞人"等一系列事件通过网络曝光后引起社会的广泛关注。

中国互联网络信息中心（CNNIC）统计数据显示，截至 2010 年 12 月 31 日，中国网民规模达 4.57 亿人，其中，手机网民规模达 3.03 亿人。IPv4 地址数达 2.78 亿个，域名总数 866 万个，其中 .CN 域名数为 435 万个，网站数 191 万个，国际出口带宽达 1098957Mbps。

2011年

2011 年 2 月 11 日，工业和信息化部发布《信息安全技术个人信息保护指南》。

2011 年 2 月，中国少先队事业发展中心联合中国社科院青年研究中心、中国社科院新闻与传播研究所、中国青年政治学院等机构发布《2010 中国未成年人互联网及手机运用状况调查报告》。

2011 年 3 月 18 日，文化部修订发布《互联网文化管理暂行规定》。

2011 年 3 月 25 日，新闻出版总署修订发布《出版物市场管理规定》，对通过互联网等信息网络从事出版物发行业务的单位或个人提出明确要求。

2011 年 5 月 4 日，国家互联网信息办公室成立，成为我国首个针对互联网信息内容的主管机构，标志着国家互联网治理进入新阶段。

2011 年 7 月 27 日，工业和信息化部发布《互联网信息服务管理规定（征求意见稿）》。

2011 年 7 月，CNNIC 报告显示，2011 年上半年，我国微博用户数量从 6311 万快速增长到 1.95 亿，半年增幅高达 208.9%。11 月底，微博用户数量超过 3 亿。政务微博发展迅速，截至 2011 年 12 月底，通过新浪微博认证的政府机构官方微博达到近 15000 个，广泛推动微博问政，促进社会管理创新。微公益活动积极开展，促进民间公益活动和网民社会责任整体提升；郭美美微博炫富等热点事件显示微博作为社交网络媒体的巨大舆论监督威力。微博传播的巨大能量在现实生活中日益凸显，对信息传播格局产生影响。

2011 年 10 月 15 日，中国共产党第十七届中央委员会第六次全体会议召开，审议通过《中共中央关于深化文化体制改革、推动社会主义文化大发展大繁荣若干重大问题的决定》（以下简称《决定》）。《决定》对加强网络文化建设和管理做了专门部署，并强调指出“推动优秀传统文化瑰宝和当代文化精品网络传播，制作适合互联网和手机等新兴媒体传播的精品佳作，鼓励网民创作格调健康的网络文化作品”，为加强网络文化建设和管理、更好地探索中国特色文化发展道路指明方向。

2011 年 12 月 7 日，工业和信息化部审议通过《规范互联网信息服务市场秩序若干规定》。

2011 年 11 月，由团中央网络影视中心承办建设的国内首个未成年人专属大型公益网站——未来网（www.k618.cn）开通上线。

2011 年 12 月 21 日，有黑客在网上公开 CSDN 网站 600 万用户资料数据库，自此包括天涯、人人、开心网、多玩等十几个大型网络或信息数据库被曝光，约 1 亿用户个人信息遭到泄露，网络安全与信息安全引起社会广泛关注。12 月 9 日，工业和信息化部发布首部移动互联网网络安全管理规范《移动互联网恶意程序监测与处置机制》。

2011 年 12 月 29 日，工业和信息化部印发了《互联网行业“十二五”

发展规划》，对我国互联网行业多年来的发展进行了全面总结，并对“十二五”期间的发展蓝图做了全面部署。

2012年

2012 年 1 月 18 日，由我国主导制定、大唐电信集团提出的 TD-LTE 被国际电信联盟确定为第四代移动通信国际标准之一。

2012 年 3 月 27 日，国家发改委等七部门研究制定了《关于下一代互联网“十二五”发展建设的意见》，提出“十二五”期间，互联网普及率达到 45% 以上、IPv6 宽带接入用户数超过 2500 万的目标。

2012 年 4 月 26 日，中国少先队事业发展中心联合中国社科院新闻与传播研究中心、中国社科院青年研究中心等发布《2011 中国未成年人互联网/社交网络运用状况调查报告》。报告指出，互联网在 1994 年正式进入中国，距今 18 年，中国未成年人都是网络时代的小小“原住民”。作为小小“原住民”，未成年人互联网使用率达到 91.4%，家庭互联网普及率达 82%。

2012 年 5 月 9 日，国务院总理温家宝主持召开国务院常务会议，研究部署推进信息化发展、保障信息安全工作，会议通过了《国务院关于大力推进信息化发展和切实保障信息安全的若干意见》。

2012 年 7 月 9 日，在国务院印发的《“十二五”国家战略性新兴产业发展规划》中，提出实施宽带中国工程，要求到 2015 年城市和农村家庭分别实现平均 20 兆和 4 兆以上宽带接入能力。

2012 年 8 月 16 日，奇虎 360 综合搜索上线，自此引发了百度和 360 的搜索之争。11 月 1 日，在中国互联网协会组织下，百度、奇虎 360 等 12 家搜索引擎服务企业签署了《互联网搜索引擎服务自律公约》，促进了行业规范。

2012 年 9 月 18 日，科技部公布《中国云科技发展“十二五”专项规划》，以加快推进云计算技术创新和产业发展。

2012 年政务微博发展快速。2012 年 10 月底，新浪微博认证的政务微博数量达60064个，较2011年同期增长231%；11月11日，腾讯微博认证政务微博达70084个。

2012年12月28日，第十一届全国人民代表大会常务委员会第三十次会议通过《关于加强网络信息保护的决定》。决定要求保护个人电子信息、防范垃圾电子信息、确立网络身份管理制度，并赋予了有关主管部门必要的监管权力。

2013年

2013年1月4日，国家广播电影电视总局下发了2013年1号文《广电总局关于促进主流媒体发展网络广播电视台的意见》，要求将网络广播电视台提升到与电台电视台发展同等重要地位，鼓励电台电视台与宽带互联网、移动通信网等新兴媒体结合，发展新形态广播电视播出机构——网络广播电视台，经过3~5年的努力，确立网络广播电视台在新媒体传播格局中的主流地位。

2013年2月1日，我国首个个人信息保护国家标准《信息安全技术公共及商用服务信息系统个人信息保护指南》实施，标志着我国个人信息保护工作进入法制阶段。

2013年2月17日，国务院公布《关于推进物联网有序健康发展的指导意见》，提出到2015年，打造物联网产业链，形成物联网产业体系。按照《意见》要求，国家发展改革委等联合印发了《物联网发展专项行动计划（2013~2015）》，制定了10个物联网发展专项行动计划，对2015年物联网行业将要达到的总体目标做出了规定。

2013年7月22日，中国少先队事业发展中心联合中国社科院新闻与传播研究所、中国社科院青年研究中心发布《第六次未成年人互联网运用状况调查报告（2012）》。本报告是对全国10省（区/市）98所城镇地区中小学校13488名10~17岁中小学生及其家长的新媒体运用状况进行实地调查得到的结果。

2013 年 8 月 1 日，国务院印发《“宽带中国”战略及实施方案》，指出宽带是我国经济社会发展的战略性公共基础设施。方案强调加强战略引导和系统部署，推动我国宽带基础设施快速健康发展，制定了 2015 年和 2020 年两阶段发展目标。

2013 年 9 月 1 日起，为了进一步规范互联网接入服务规范，工业和信息化部制定的《互联网接入服务规范》正式实施，对电信业务经营者向公众用户提供互联网接入服务规定了服务质量指标和通信质量指标。

2013 年 11 月 9 ~ 12 日，中国共产党十八届三中全会在北京召开，全会决定要求加大依法管理网络力度，加快完善互联网管理领导体制，形成从技术到内容、从日常安全到打击犯罪的互联网管理合力，确保国家网络和信息安全，以维护国家安全和社会稳定。

2013 年 12 月 4 日，我国正式发放首批 4G 牌照，中国移动通信集团公司、中国电信集团公司和中国联合网络通信集团有限公司获颁“LTE/第四代数字蜂窝移动通信业务（TD-LTE）”经营许可。

2014年

2014 年 2 月，中央网络安全和信息化领导小组宣告成立，中共中央总书记习近平亲自担任组长，显示出中国最高层保障网络安全、维护国家利益、推动信息化发展的决心。在第一次小组会议上，习近平提出“没有网络安全，就没有国家安全；没有信息化，就没有现代化”“建设网络强国的战略部署要与‘两个一百年’奋斗目标同步推进”等重要论断，深刻阐释了党中央关于加强网络安全和信息化工作的指导思想和方针路线，标志着中国这一网络大国正加速向网络强国挺进。

2014 年 4 月，互联网管理部门相继组织开展“净网 2014”“剑网 2014”“打击新闻敲诈和假新闻”“微信等即时通讯工具治理”等专项行动，全面治理网络乱象。《最高人民法院关于审理利用信息网络侵害人身权益民事纠纷案件适用法律若干问题的规定》出台，网民权益得到法律保护；十八届

四中全会通过《中共中央关于全面推进依法治国若干重大问题的决定》，明确互联网领域立法重点与立法方向，依法规范网络行为，依法治网正成为依法治国的重要基础工程。

2014 年 7 月 14 日，中国少先队事业发展中心联合中国社科院新闻与传播研究中心发布《2013 年第七次中国未成年人互联网运用状况调查报告》。报告显示，六成以上未成年人在 10 岁之前开始接触网络，其中，23.8% 的未成年人在 6 岁前接触网络。报告认为，随着互联网普及率的提高，未成年人触网年龄进一步降低，建议将未成年人新媒体素养提升到国家安全、社会创新管理和国民素质养成的层面。

2014 年 8 月，中央全面深化改革领导小组第四次会议审议通过《关于推动传统媒体和新兴媒体融合发展的指导意见》，从发展战略的高度明确了媒体改革与发展的方向。坚持以先进技术为支撑、内容建设为根本、机制创新为动力、重点项目为抓手、队伍建设为基础，加快推动传统媒体和新兴媒体深度融合，成为传媒界共识。实践中，传统媒体积极布局于微信及新闻客户端，进行“移动化”“碎片化”“矩阵化”传播，取得良好的传播效果，开辟了文化传播新阵地。

2014 年 9 月，阿里巴巴在美国纽约证券交易所上市，成为世界第二大互联网公司，引发全球聚焦。2014 年，新浪微博、聚美优品、京东等企业也先后赴美上市，掀起中国互联网企业海外上市热潮。中国互联网企业在价值创造、经营模式创新、行业格局改善等多个领域取得了长足进步。

2014 年 11 月，中央网信办等部门联合举办首届国家网络安全宣传周活动，引导社会公众提高网络安全风险防范意识，共同维护网络安全。2014 年，信息泄露、木马病毒、网络侵权等安全问题再度给人们敲起了醒钟。“维护网络安全”首次被列入政府工作报告；国务院授权国家互联网信息办公室负责全国互联网信息内容管理工作；工业和信息化部发布了《关于加强电信和互联网行业网络安全工作的指导意见》；有关政府部门围绕网络强国建设的总体目标，坚持多措并举，从行政决策、技术保障及公益宣传等多方面合力推动我国网络和信息安全保障体系建设。

2014 年 12 月，工业与信息化部明确提出“要以智能制造为主攻方向，大力发展新一代信息技术、高端装备制造等新兴产业，全面提升制造业产品、装备、生产、管理和服务的智能化应用水平”，加快研究出台互联网与工业融合创新指导意见，绘制工业互联网发展路线图。国内大型工业企业和互联网企业共同推进中国制造业转型，新技术、新产品、新业态、新商业模式不断涌现，生产的网络化、智能化、绿色化特征日趋明显。中国互联网协会顺应态势，成立工业应用工作委员会、中小企业服务工作委员会、创新创业基地和产业互联网实践园区等，与政府、企业和社会共同推动互联网与工业融合创新发展，助力工业生产的网络化、智能化转变，不断推动产业合作、完善产业环境。

2015年

2015 年 3 月，在十二届全国人大三次会议上，李克强总理在政府工作报告中提出制订“互联网 +”行动计划，推动移动互联网、云计算、大数据、物联网等与现代制造业结合，促进电子商务、工业互联网和互联网金融健康发展，引导互联网企业拓展国际市场。7 月，国务院发布《关于积极推进“互联网 +”行动的指导意见》。12 月，工业和信息化部出台了 2015 ~ 2018 年的具体行动计划。“互联网 +”行动计划的正式提出，标志着我国工业化和信息化的深度融合进入了新阶段。

2015 年 7 月，第十二届全国人大常委会第十五次会议初次审议了《中华人民共和国网络安全法（草案）》，并面向社会公开征求意见。《草案》共七章六十八条，从保障网络产品和服务安全、保障网络运行安全、保障网络数据安全、保障网络信息安全等方面进行了具体的制度设计。《草案》的制定为维护我国网络安全提供了保障和依据，进一步完善了我国的互联网法律体系。此外，第十二届全国人大常委会第十五次会议通过的《中华人民共和国国家安全法》，第十六次会议通过的刑法修正案（九），以及第十八次会议通过的《中华人民共和国反恐怖主义法》，均对保护国家网络与信息安全、网络信息内容监管与责任做出了明确规定。

2015 年 10 月，党的十八届五中全会审议通过的“十三五”规划建议，明确提出实施网络强国战略，实施“互联网 +”行动计划，发展分享经济，实施国家大数据战略。

2015 年 12 月，第二届世界互联网大会在乌镇举行。国家主席习近平出席大会开幕式并做主旨演讲，提出各国应该加强沟通、扩大共识、深化合作，共同构建网络空间命运共同体。习近平主席在讲话中提出了推进全球互联网治理体系变革的“四项原则”，并就共同构建网络空间命运共同体提出“五点主张”。本届大会以“互联互通·共享共治——构建网络空间命运共同体”为主题，与会代表围绕互联网基础设施建设、数字经济发展、网络空间治理、网络安全和文化传播等议题进行了探讨交流。

2016年

2016 年 1 月，中国少先队事业发展中心联合中国社科院新闻与传播研究所等单位发布《第八次中国未成年人互联网运用状况调查报告》。报告显示，中国青少年网民已有 1.7 亿，8 岁以前第一次接触互联网的未成年人超过五成，城市小学一年级至高中未成年人使用互联网的比例高达 92.9%，农村（乡镇）中小学生高达 80.2% 曾经接触过网络，远高于我国网民的总体触网率，上网的未成年人中半数左右使用微信。

2016 年 2 月，网络安全专项基金捐资仪式在京举行。这是国内首个网络安全领域的专项基金，启动资产达 3 亿元。网络安全专项基金 3 亿元的启动资金由全国政协常委郑家纯捐出，专项基金设在中国互联网发展基金会之下。

2016 年 4 月 19 日，习近平总书记主持召开网络安全和信息化工作座谈会，强调按照创新、协调、绿色、开放、共享的发展理念推动我国经济社会发展，是当前和今后一个时期我国发展的总要求和大趋势，推进网络强国建设，推动我国网信事业发展，让互联网更好造福国家和人民。

2016 年 7 月，十二届全国人大常委会第二十四次会议表决通过了《中华人民共和国网络安全法》。这是我国第一部网络安全的专门性综合性立法，提出了应对网络安全挑战这一全球性问题的中国方案，网络安全将有法可依，信息安全行业将由合规性驱动过渡到合规性和强制性驱动并重，具有里程碑式的意义。12 月，经中央网络安全和信息化领导小组批准，国家互联网信息办公室发布了《国家网络空间安全战略》。作为我国首部关于国家网络安全工作的纲领性文件，《战略》阐明了中国关于网络空间发展和安全的重大立场和主张，明确了战略方针和主要任务。

2017年

2017 年 1 月 6 日，国务院法制办公室发布《未成年人网络保护条例（送审稿）》，面向社会公开征求意见。其中对预装未成年人上网保护软件做出了选择性要求。《条例（送审稿）》要求公共上网场所应当安装未成年人上网保护软件，智能终端设备在出厂时或销售前，应当安装未成年人上网保护软件或者为安装未成年人上网保护软件提供便利并进行显著提示。一部未成年网络保护领域基础性的法规及其所展现的基本规制框架即将面世。

2017 年 2 月 14 日，国家发改委公布“互联网 +”和大数据领域国家工程实验室名单，共有 19 个国家工程实验室获批，其中大数据领域 11 个，“互联网 +”领域 8 个。由清华大学牵头承担的“大数据系统软件国家工程实验室”、北京奇虎科技有限公司承担的“大数据协同安全技术国家工程实验室”、中国人民解放军总医院承担的“医疗大数据应用技术国家工程实验室”名列其中。

2017 年 2 月 16 日，腾讯游戏率先推出了针对父母和未成年子女的“一键禁玩”功能。根据腾讯游戏官方微信消息，2017 年 1 月 23 日发布的《中国互联网络发展状况统计报告》数据显示，截至 2016 年 12 月，中国青少年网民即 19 岁以下的网民已经达到了 1.7 亿，约占全体网民的 23.4%。其中未成年人首次触网时间越来越提前。

2017 年 2 月 16 日，为了加大对未成年人使用网络游戏服务的监护力度，腾讯公司在文化部的指导下，正式推出“网络游戏未成年人家长监护工程”之“腾讯游戏成长守护平台”的系列服务（http：//jiazhang. qq. com），协助家长对未成年人子女的游戏账号进行健康行为的监护，这将成为当前国内互联网游戏行业首个面向未成年人健康上网的系统解决方案。

2017 年 5 月，一款名为“蓝鲸”的游戏在全球引发了轩然大波。此款游戏于 2017 年 5 月进入我国境内，在聊天软件上陆续出现“4：20 叫醒我”自杀群，内部聊天不断出现自杀任务等极端信息，对青少年影响危害极大。好在发现及时，相关企业迅速响应，及时阻止了惨剧的发生，未成年人互联网保护问题再次引发关注。

2017 年 6 月 1 日，第十二届全国人大常委会第二十四次会议表决通过《网络安全法》。《网络安全法》作为我国第一部全面约束网络安全管理的基础性法律，迈出了我国网络强国建设坚实步伐，在我国网络空间法制建设中具有里程碑的意义。此部法律内容涉及关键信息基础设施范围的界定、对个人信息保护的加强管理、对攻击和破坏关键信息基础设施的境外组织和个人的惩罚措施，以及惩治网络诈骗等新型网络违法犯罪活动的规定。《网络安全法》正式施行，标志着我国维护网络与信息安全的工作进入一个全新阶段。

2017 年 7 月，腾讯旗下游戏“王者荣耀”因小学生用户沉迷问题引发舆论热议。其中，以《人民日报》《人民网》《新华社》等为代表的央媒频频发声，呼吁从游戏监管、健康娱乐、尊重历史、家庭教育等角度出发采取有效措施。对未成年人网络使用进行保护。

2017 年 8 月发布的第 40 次《中国互联网络发展状况统计报告》，截至 2017 年 6 月，中国网民总数已经达到 7. 51 亿。其中未满 19 岁的未成年人总数已经达到 1. 69 亿，占中国网民的 1/5。

2017 年 9 月 1 日，2017 年西藏网络安全宣传周在拉萨隆重启动，西藏自治区相关领导出席启动仪式。360 企业安全集团相关负责人对“网络安全战车西藏行”活动进行介绍，与会领导和嘉宾还共同参观体验了网络安全战车。2016年以来，网络安全战车走过了河北、河南、山东、天津、江苏、浙江、上海、重庆、湖北、广东、福建、安徽等15个省市，覆盖全国400多所学校，辐射3000多万名师生。目前已有50多位国家级、省级领导参观网络安全战车，并给予高度评价。

2017年9月12日，团中央网络影视中心和360公司主办、中青奇未协办的“未来守护”App正式发布，以帮助家长远程管理孩子手机，防止青少年沉迷网络，确保网络安全。

2017年9月，DCCI未来智库联合中青奇未对外发布《2017年中国青少年移动网络安全蓝皮书》，这份以小学、初中阶段的孩子及其家长为调查对象的蓝皮书，经分析总结出关于孩子移动网络行为和网络安全意识方面的五个要点：青少年最常使用的上网工具是智能手机，占调查人群的82.7%，83.5%的家长为儿童配备了智能手机；超过半数青少年每天上网时长在半小时到2小时；近九成的家长表示孩子存在手机依赖问题；超七成的青少年接触过网络不良信息；青少年接触的不良信息中六成是诈骗或色情内容。由于青少年还处于成长阶段，其自控及分辨事物的能力有限，因此移动网络在青少年中的普及使用不可避免地带来了一定负面影响。为此社会各界正在共同努力，想办法为孩子创造一片绿色、安全的移动网络环境。同时，9月23日青少年日这天，全国各地开展2017国家网络安全宣传周青少年日主题活动。活动主要以主题讲座、线上线下宣传活动、网络安全知识挑战赛等形式，向青少年们宣传网络安全知识，提高广大青少年的网络安全意识，从而培养出具有文明的网络素养、守法的行为习惯、必备的防护技能的青少年网民。

2017年10月27日，中国电信未来信息馆举行了“青少年互联网知识宣教视频上线暨南京市未成年人互联网教育基地揭牌仪式”。由南京市互联网协会、南京市公安局和龙虎网精心制作的动画宣教视频正式上线，并指定中国电信未来信息馆为“南京市未成年人互联网教育基地”。

2017年11月26日，中共中央办公厅、国务院办公厅印发《推进互联网协议第六版（IPv6）规模部署行动计划》（以下简称《行动计划》）。《行

动计划》提出，要用5～10年时间，形成下一代互联网自主技术体系和产业生态，建成全球最大规模的IPv6商业应用网络，实现下一代互联网在经济社会各领域深度融合应用，到2025年末，我国IPv6网络规模、用户规模、流量规模居世界第1位，网络、应用、终端全面支持IPv6，全面完成向下一代互联网的平滑演进升级，形成全球领先的下一代互联网技术产业体系。

2017年12月4日上午，第四届世界互联网大会“守护未来·未成年人网络保护”分论坛在浙江乌镇互联网国际会展中心举行。论坛围绕“未成年人保护”这一主题，邀请中外政府官员、国际组织和青年代表、知名学者以及青少年代表进行研讨，针对当前存在的突出问题，交流相关国际经验和实际做法，进一步推动建设健康、文明、有序的网络环境。

2018年

2018年1月，“儿童邪典视频”通过互联网传播引发关注。此类视频对艾莎公主、蜘蛛侠、小猪佩奇等卡通形象二次加工，充斥大量血腥暴力、恐怖、色情等内容。1月22日，北京文化市场行政执法总队下发紧急通知，要求查禁“儿童邪典视频”，相关内容一律下线。腾讯QQ正式上线“侵犯未成年人权益”专属举报标签，当用户发现有侵犯未成年人权益的QQ群或账号，可以通过专属标签快速举报和反馈。相关资料显示，在2017年，QQ安全团队共封停超过6000个涉嫌侵害未成年权益的违规QQ群组及账号，包括QQ群3000多个，关停QQ账号近3000个，关停兴趣部落11个，删除兴趣部落相关帖子2000多篇。

2018年1月18日，由中国儿童中心、社会科学文献出版社主办的国内首部儿童蓝皮书《中国儿童参与状况报告（2017）》新闻发布会在北京举行。蓝皮书以“儿童参与”为主题，梳理了儿童参与的概念与内涵，研究了当前中国儿童参与的状况，分析了儿童参与的影响因素和意义，旨在为保护儿童权利、促进儿童发展提供理论支撑与实践指导，为党和政府制定与儿童相关的政策提供参考和依据。

2018 年 4 月 20 日，教育部办公厅印发《教育部办公厅关于做好预防中小学生沉迷网络教育引导工作的紧急通知》，通知强调，预防中小学生网络沉迷需要各方面尽心尽责、密切配合、齐抓共管，各地要充分认识预防中小学生沉迷网络的极端重要性和现实紧迫性；同一天，全国网络安全和信息化工作会议在北京召开，习近平总书记出席会议并发表重要讲话。习近平总书记从党和国家事业全局出发，科学分析了信息化变革趋势和肩负的历史使命，系统阐述了网络强国战略思想，深刻回答了事关网信事业发展的一系列重大理论和实践问题，为加快推进网络强国建设指明了前进方向、提供了根本遵循准则。

2018 年 5 月 30 日，全国"扫黄打非"办公室公布"护苗 2018"专项行动中查办的一批典型案件。各地"扫黄打非"部门在中小学春季开学后，集中开展中小学校园周边文化市场环境、涉未成年人网络有害信息两个专项整治，严厉查办涉"邪典"动漫、色情低俗等有害信息案件。同时，各地"扫黄打非"部门加强"护苗"正面宣传教育，组织开展"绿书签 2018"等系列活动，正确引导中小学生健康阅读、上网活动。

2018 年 5 月 31 日，共青团中央维护青少年权益部、中国社会科学院社会学研究所以及腾讯公司联合发布了《中国青少年互联网使用及网络安全情况调研报告》。据悉，本次调研报告是国内第一次专门针对青少年网络安全的全国性社会调查。

2018 年 6 月，最高人民法院公布利用互联网侵害未成年人合法权益 10 起典型案例。

2018 年 7 月 26 日，知名短视频平台抖音宣布启动"向日葵计划"，将在审核、产品、内容等多个层面推出 10 项措施，助力未成年人的健康成长。这是国内短视频平台推出的首个专注于未成年人健康成长的系统保护计划。抖音方面表示，平台杜绝未成年人直播，并建成了实名验证、人脸识别、人工巡查三道防火墙。

2018 年 8 月 24 日，国家广播电视总局起草形成《未成年人节目管理规定（征求意见稿）》，旨在将未成年人节目管理工作纳入法治化轨道，引导、规范节目内容，切实保障未成年人合法权益，提出要防止未成年人节目出现商业化、成人化和过度娱乐化倾向。

2018 年 9 月 6 日，联合国儿童基金会发布《终结校园暴力：每日的必修课》报告。报告显示，在全球 13 ~ 15 岁的学生中，有一半人（约 1.5 亿）表示他们曾在校内外遭受过同伴暴力。

2018 年 9 月 10 日，《青少年蓝皮书：中国未成年人互联网运用和阅读实践报告（2017 ~ 2018）》发布。该书是《青少年蓝皮书：中国未成年人互联网运用报告》的第四本。此次发布会由中国社会科学院新闻与传播研究所、社会科学文献出版社和中国少年儿童发展服务中心、中国青少年宫协会共同举办。该书是基于“中国未成年人互联网运用状况”第九次全国调查数据的研究成果，对青少年网络使用、网络认知、网络技能、网上交往、手机上网、网络热点应用、网络素养、相关政策法规以及网络阅读、阅读实践等焦点问题进行深入分析，对于改进未成年人健康成长的互联网和教育实践活动环境营造，具有特定的理论价值和现实意义。

2018 年 10 月 9 日，新浪微博暂停 14 岁以下未成年人新用户注册。

2018 年 10 月 10 日，杭州师范大学、杭州市余杭区检察院、阿里巴巴集团宣布共建“青少年互联网法治宣传与教育基地”，并在杭州师范大学举行“青少年互联网法治宣传与教育”合作启动仪式，表示将结合各自优势和作用，积极开展新型网络违法犯罪预防及知识产权大讲堂进校园活动。

2018 年 12 月 28 日，中国信息通信研究院互联网法律研究中心发布《互联网法律白皮书（2018）》（以下简称“白皮书”）。结合数字经济发展新趋势，白皮书总结分析了过去一年国内外互联网领域重要立法活动。防沉迷、防过度娱乐化未成年人网络立法保护不断加强，网络社会管理的立法活动，对于保障互联网正常运行至关重要。

2019年

2019 年 1 月 2 日，为营造良好的“互联网 + 教育”育人环境，保障中小学生健康成长，教育部办公厅印发《关于严禁有害 App 进入中小学校园的通知》，要求开展全面排查，建立学习类 App 进校园备案审查制度，坚决防止有害 App 进入中小学校园。

2019 年 3 月 26 日，共青团中央维护青少年权益部、中国互联网络信息中心（CNNIC）发布《2018 年全国未成年人互联网使用情况研究报告》。报告基于对全国 31 个省（自治区、直辖市）的小学、初中、高中和中职院校 31158 名学生抽样调查，从未成年人互联网普及情况、网络接入环境、应用使用情况和利用网络自我保护能力等多个方面，展示了当前未成年人互联网使用现状和行为特点。

2019 年 3 月 27 日，安徽省委网信办、省教育厅、团省委在全省范围内成立“安徽青少年网络素养教育基地”，并明确安徽网、安徽师范大学两家为首批成立的基地。

2019 年 4 月 20 ~ 26 日，为深入开展“护苗 2019”专项行动，全国“扫黄打非”办公室开展“绿书签行动”集中宣传周活动。行动以“护助少年儿童健康成长，拒绝有害出版物及信息”为主题，联合出版单位和互联网，在保护未成年人文化权益、净化网上网下文化环境、提升青少年网络素养、养成良好阅读习惯、树立保护知识产权理念等五个方面，集中开展宣传教育，积极引导青少年绿色阅读、文明上网。

2019 年 4 月 22 日，由北京市互联网违法和不良信息举报中心、北京青少年网络文化发展中心联合指导，优酷、果壳、知乎、快手、Keep、唱吧、梨视频、下厨房、北青网、奇虎 360 以及新浪微博等 11 家属地网站共同承办的“互联护苗 · 2019”系列活动正式启动。“互联护苗 · 2019”充分发挥北京属地网站特色，通过统筹一系列互动竞赛、网络评选、短视频征集、知识讲座、主题参观等丰富多彩的活动，关注青少年安全上网、绿色上网话题，丰富青少年网民精神生活，努力营造向上向善的互联网环境。

2019 年 4 月 30 日起，国家广播电视总局令第 3 号《未成年人节目管理规定》正式施行，对未成年人作为主要参与者或者以未成年人为主要接收对象的广播电视节目和网络视听节目的制作、传播活动进行了明确规定。

2019 年 5 月 31 日，中国社会科学院新闻与传播研究所、中国少年儿童发展服务中心、中国青少年宫协会、社会科学文献出版社联合在京发布了《青少年蓝皮书：中国未成年人互联网运用报告（2019）》。

2019 年 7 月 10 日，全国“扫黄打非”办公室联合腾讯公司举行“护苗·网络安全进课堂”2019 乡村行活动启动仪式。活动聚焦乡村儿童网络安全问题，计划组织网络安全课走进 10 余个省（区、市）的留守儿童重点地区。

2019 年 8 月 2 日，2019 年粤港澳大湾区儿童互联网大会在广州召开，活动旨在联合粤港澳三地少年儿童共同参与好网民工程建设，共建网络清朗空间。大会首次发布了由大人和儿童调研员共同制作的《儿童的网络生活》调研报告。

2019 年 9 月 24 日，以“维护网络安全　助力青少年健康成长”为主题的国家网络安全宣传周“青少年日”论坛在天津举行。

2019 年 10 月 1 日，我国首部《儿童个人信息网络保护规定》正式施行。该《规定》明确，要求制定专门的儿童个人信息保护规则和用户协议，并需要网络运营者指定专人来负责儿童个人信息保护工作；要求网络运营者收集、使用、转移、披露儿童个人信息的，应当以显著、清晰的方式告知儿童监护人，并应当征得儿童监护人的同意。

截至 2019 年 10 月 14 日，国家网信办统筹指导国内 53 家平台上线“青少年模式”，网络防沉迷工作基本覆盖国内主要网络直播和视频平台。

2019 年 10 月 20 日，第六届世界互联网大会“网上未成年人保护与生态治理论坛”在浙江乌镇召开。论坛围绕加快未成年人保护立法、构建健康的网络生态等议题展开了深入研讨。

2019 年 10 月 25 日，国家新闻出版广电总局发布《关于防止未成年人沉迷网络游戏的通知》。从六个方面的举措加强和改进网络游戏管理，切实保护未成年人身心健康，营造风清气朗的网络空间：一是实行网络游戏账号实名注册制度；二是严格控制未成年人使用网络游戏时段时长；三是规范向未成年人提供付费服务；四是切实加强行业监管；五是探索实施适龄提示制度；六是积极引导家长、学校等社会各界力量履行未成年人监护守护责任，帮助未成年人树立正确的网络游戏消费观念和行为习惯。

2019 年 10 月 21 日，未成年人保护法修订草案提请十三届全国人大常委会第十四次会议审议。修订草案新增“网络保护”“政府保护”两章。网络空间作为家庭、学校、社会等现实世界的延展，已经成为未成年人成长的新环境。修订草案增设的“网络保护”专章，对网络保护的理念、网络环境管理、相关企业责任、网络信息管理、个人网络信息保护、网络沉迷防治等做出全面规范，力图实现对未成年人的线上线下全方位保护。

2019 年 12 月 18 日下午，“2019 年中国游戏产业年会未成年人守护论坛暨未成年人守护生态共建大会”在海口举办，腾讯、多益网络、畅游、创梦天地、第七大道、网易、盛趣等 10 家企业共同发表了《中国游戏行业未成年人守护宣言》，以积极响应行业新规，用实际行动肩负起未成年人健康线上生态建设的责任。

2019 年 12 月，《青少年蓝皮书》课题组启动“中国未成年人互联网运用状况”第十次全国调查。本次调查以经济发展水平（人均 GDP）、城市人口规模（常住人口数）、中小学在校学生数量为抽样指标进行分层抽样，将在北京、浙江、广东、内蒙古等 10 个省（自治区、直辖市）抽取 89 所中小学校，就未成年人互联网运用、对互联网的认知和态度、网络社交和表达、网络素养和网络保护等状况进行实地问卷调查。

B.21
附录2 “第十次中国未成年人互联网运用状况调查（2020）”技术报告

本次调查于2019年11月至2020年1月实施。问卷调查对象以全国7~18岁的教育部全日制在校学生为主，涵盖小学生、初中生和高中生。具体如下。

一 调查设计

本次调查是“中国未成年人互联网运用状况调查”的第十次全国抽样调查。基于以往调查基础以及近两年互联网发展变化的实际情况，本次调查进行了较大的修改和调整。主要包括如下几点。

1. 考虑未成年人触网年龄持续走低的趋势，此次调查正式将小学低年级纳入调查对象，而往期调查中涉及小学生的部分是以小学四年级（调查对象约10岁）为起点，此次调查对象的年龄从7岁起（小学一年级）。

2. 抽样变化。此次调查以GDP和人口规模（2017年中小学在校学生数）两个指标作为城市抽样的主要依据。而往期调查以GDP和互联网普及率为城市抽样主要指标。

3. 问卷变化。此次问卷延续了原有问卷的大结构，即基本指标体系、热点应用情况和专题研究问题三大部分。但是在每一部分的具体题目设计上进行了较大的调整。主要是考虑三个方面的原因：一是通过前面九次的调查，很多题目已经形成了持续稳定的结果；二是考虑问卷容量等原因，增加往期调查中涉及较少但当前仍然很突出的问题，比如：网络流行文化、网络素养等；三是鉴于近两年人工智能的应用得到迅速发展，为未成年人互联网使用带来新可能，增加了一些与人口智能项目相关的题目。基于以上在保留一些基本监测题目的情况下，对问卷进行了较多调整。

基本指标体系包括两个部分：一是未成年人上网行为层面；二是其关于互联网运用的态度、价值层面。热点应用方面，本次调查增加了手机 App、人工智能设备运用、网课情况等。专题研究是根据互联网发展的状况，对于有重大变化和新发展趋势的项目进行专题调查。网络素养是本次调查的专题研究问题。

二 调查对象

本次调查的对象主体为年龄在 7 ~ 18 岁的教育部全日制（不含技校、职高等）学校在校学生。

三 调查抽样

第一步：确定被调查省份。按照经济发展水平（2018 年人均 GDP 水平）排序，适当考虑人口规模和分布，从全国 31 个省、自治区、直辖市（不含港、澳、台）随机抽取 10 个省份（见表 1）。

表 1 抽中的被调查省份

序号	省份	2018 年人均 GDP(元)
1	北京市	140208
2	浙江省	98643
3	广东省	86411
4	内蒙古自治区	68296
5	辽宁省	58010
6	湖南省	52948
7	四川省	48883
8	江西省	47432
9	山西省	45331
10	广西壮族自治区	41489

第二步：确定被调查地级市。按照地级市人口规模（2017 年中小学在校学生数），将拟调查省份全部地级城市进行排序，随机抽取 3 个拟调查的地级城市，按照 1∶1 配比随机抽取人口规模相近的 3 个备选城市。

第三步：确定被调查学校。结合当地学校分布实际情况，由地级城市负责调查部门从市区、县城、乡镇分别抽取被调查学校各 1 所，即每个地级城市拟调查 3 所学校。

第四步：确定被调查班级和学生。从每所学校不同年级抽取 3 个班级，以班级为对象进行调查，覆盖班级全部学生。

四　问卷回收情况

根据以上抽样方案执行调查。因为实际协调等各方面原因，一些实在无法执行的省市进行了备选方案的调整和调换。最后落地执行的 10 个省市如表 2 所示。在这些城市中，最后确定了 89 所学校作为调查执行点。

此次调查共发放 89 所学校学生问卷 12829 份。共回收学生问卷 12350 份，回收率 96.3%。经后期数据清洗后，得到有效问卷数据 11210 份，问卷有效率为 87.4%。

表 2　执行调查的 10 个省份有效问卷量

省份	频率（份）	百分比（%）	城市（城区）
北京	1266	11.3	朝阳区
			东城区
			通州区
广东	1137	10.1	广州市
			佛山市
			潮州市
浙江	1199	10.7	金华市
			绍兴市
			杭州市
山西	1233	11.0	大同市
			阳泉市
			长治市
湖南	1086	9.7	长沙市
			永州市
			衡阳市

续表

省份	频率(份)	百分比(%)	
江西	1118	10.0	南昌市
			九江市
			吉安市
广西	1183	10.6	南宁市
			桂林市
			百色市
内蒙古	878	7.8	呼和浩特市
			乌海市
			通辽市
辽宁	947	8.4	沈阳市
			抚顺市
			阜新市
四川	1163	10.4	成都市
			达州市
			自贡市
总计	11210	100.0	

五 被调查未成年人的组成结构

本次调查有效样本的基本概况如表3所示。

性别：男性占49.3%，女性占47.3%，缺失3.4%。

年龄：7~9岁占6.2%，10~12岁占65.6%，13~15岁占22.7%，16~18岁占4.4%，缺失1.0%。

家庭所在地：74.8%的人来自城市（包括县城），11.3%的人来自乡镇，11.6%的人来自村镇，缺失2.3%。

家庭构成：独生子女占总人数的36.2%，非独生子女占总人数的62.9%，缺失0.9%。

年级构成：小学生占68.3%，初中生占23.0%，高中生占7.8%，缺失0.9%。

表 3　接受调查学生整体基本状况（有效问卷）

基本状况	组成结构	百分比(%)
性别	男性	49.3
	女性	47.3
	缺失	3.4
年龄	7~9 岁	6.2
	10~12 岁	65.6
	13~15 岁	22.7
	16~18 岁	4.4
	缺失	1.0
家庭所在地	城市(包括县城)	74.8
	乡镇	11.3
	村镇	11.6
	缺失	2.3
家庭构成	独生子女	36.2
	非独生子女	62.9
	缺失	0.9
学段	小学生	68.3
	初中生	23.0
	高中生	7.8
	缺失	0.9

六　调查实施流程

2019 年 8~9 月确定调查主题和调查方法。中国社会科学院新闻与传播研究所邀请中国少年儿童发展服务中心、中国社会科学院大学等单位多名社会学、传播学、教育学及青少年工作一线实践和网络平台青少年事务等相关方面的专家学者组成课题组，组织召开前期座谈会和研讨会。

2019 年 9~10 月，确定调查问卷和抽样方案。确定并邀请相关专家学者，组建课题团队。经过多次讨论调查问卷和抽样框架设计，征求各方意见并进行问卷试调查，根据试调查情况对问卷和调查方案进行修改和调整。

2019 年 10 月，协调联系被抽中的省市，最后按照抽样方案结合实际确定了抽样省市和学校。确定全国89所学校进行落地调查，同时对参与实施的人员进行培训并发放问卷。

2019年11月下旬，进行实地调查的落地执行和督导、质检，以及各学校的协调答疑等工作。

2020年1月，进行89所中小学校的问卷调查工作督办、问卷回收工作，对回收的问卷逐一进行编号、筛选。并统计回收率、有效率，之后进行数据录入。

2020年1~2月，对录入数据进行清洗、统计和分析等。

2020年2~4月，根据数据的深入分析以及分工进行报告的写作。

本次调查过程，得到了被调查城市、区县、乡镇政府，以及各所中小学校参与调查的老师与学生的大力支持，在此一并致谢！

Abstract

In recent years, internet use in China has witnessed rapid development. With a variety of new apps and services online, the internet has a huge impact on minors' study and life. The continuous monitoring of minors' internet use thus carries both social values and practical meanings. It is expected that more people could be concerned with and participate in the programs of protection and regulation for minors' internet use. Internet Use by Minors in China Project, a sub-project of Engineering Net of Chinese Pupil, was initiated in 2006. By Jan. 2020, the research team has completed the tenth national survey, and the Blue Book is a major part of the project results. Based on the latest data (from the tenth national survey), this book (the sixth Blue Book) reports on new conditions and new issues of minors' internet use, including internet behavior, network cognition, online socialization, cyber lingo, online learning, internet literacy, and so on. It offers topic-specified discussions on hot issues such as cyber culture, AI technology, online courses, gaming and more. In addition, a survey is conducted to see how minors use the internet after the 2019 novel coronavirus outbreak. In particular, internet use by minors in Hong Kong, Macao and Taiwan is reported, presenting a full picture of minors' internet use in the nation for the first time. To diversify the book's perspectives, a sorting and comparative analysis of the use of the internet and new technology by minors in the United States (2000 – 2018) is also included.

The main findings by the research team are: 1. The gap of network access among minors is narrowing, while the difference between urban and rural areas exhibits new features. 2. Minors have diverse uses of the internet, while becoming more reliant on their phone. For minors, intelligent terminals represent personality and self-expression. 3. Online learning is winning popularity, while its effects and assessments are unsatisfactory. 4. Minors are enjoying more diverse user experiences from mobile apps, while their physical and mental health and addiction problem are of great concern. 5. Minors are discreet and inactive in online expression, socializing mainly with their acquaintances. It is difficult to balance online socialization and privacy protection. 6. Minors prefer cultural products online characterized by diversification and marketisation, but are inclined to be chasing new trends and are irrational. 7. Minors have made progress in internet literacy, though insufficient. 8. Minors have struggled with problems such as internet addiction, information cocoons and cultural pluralism.

The research team has a number of recommendations: 1. Minors' internet use should be understood and respected. It is of great value to narrow the gaps of internet use among minors. 2. Parents should learn more about digital nurturing, building positive online/offline interaction. 3. Protection online and correction mechanism should be refined. It is necessary to combine online and offline activities, in order to prevent internet addiction and overuse. 4. A regulatory system for the protection of minors online should be established, creating a well-functioning online ecology. 5. Participation of various agents and long-term intervention should be involved, to confront negative influences on minors, such as internet addiction, harmful information, privacy intrusion, implicit pornography, over-entertainment, etc.

Keywords: Minor; Internet Use; Internet Cognition; Internet Behavior; Online Socialization

Contents

I General Report

Abstract: Minors are an important group of internet users, and the extent of contemporary minors' internet use is increasing. Some new features and problems have emerged that require in-depth observation and consideration. This report gives a comprehensive picture of the basic conditions and ecological environment of minors' internet use, and points out that the current internet use by minors has shown some new features and problems. They include: profound urban-rural divide, unsatisfactory e-learning outcomes, physical and mental health and addiction which must not be ignored. Internet literacy education still needs to be strengthened. It is proposed that, starting from the internet subject status of minors, through the joint efforts of the national government, society, home, school, internet platform and research institutions, all participants work together to bridge differences and improve mechanisms in terms of laws and regulations, social attitudes, educational planning, the concept of childcare and industry norms. We can thus provide minors with suitable online content, build a healthy, civilized and orderly online ecological environment and protect the health and safety of minors.

Keywords: Minors; Internet Use; Online Class

Ⅱ Sub-reports

B. 2 The Current State of Minors' Internet Use

Sun Ping, *Li Jizhao* / 033

Abstract: Based on the 10th Internet Use by Minors in China survey (2020), this paper analyzes the state of internet use by minors in China. According to the survey, the use of internet among minors has become popular, and the age of first-time internet use is lowering. The internet has fully penetrated this demography. Entertainment, socialization and learning are the main activities for them online. At the same time, the use of online classes is growing rapidly, and the difference in internet use between urban and rural areas is gradually shifting from "whether to use" to "how to use". With the continuous development of the information society, the promotion of internet literacy education and the enhancement of inclusive policies in the online classroom can help more minors use the internet in a way that is healthy and smart.

Keywords: Minors; Internet Use; Online Classroom

B. 3 Minors' Perceptions and Attitudes towards the Internet

Du Zhitao, *Luo Xiangying* / 054

Abstract: With the rapid development of internet technology, the internet and the digital way of life have shaped and influenced the cognition and attitudes of minors. The internet has become the main medium through which minors form their cognition and attitudes, and the diversity of expression on the internet has expanded the cognitive field of minors. The internet has also brought about many negative effects on the formation of minors' cognition and attitudes. For example, the internet affects the formation of minors' concentration and cognitive depth, squeezes minors' study time and affects their socialization. To address these problems, a multifaceted and collaborative governance is needed to form an online protection system for minors that includes legal restraint, government supervision, industry self-regulation, corporate responsibility, school guidance, and family protection.

Keywords: Internet; Minors; Cognition; Attitude

B. 4 The General State of WeChat Use by Minors

Dang Shengcui, *Zhao Jinping* / 077

Abstract: Based on data from Internet Use by Minors in China survey (2020), this paper analyzes social media usage among minors. The survey found that: WeChat has become the most used form of social media by minors, and it is mostly used by acquaintances. They are clearly more inclined to use social media as observers rather than contributors in public expression. The digital divide between urban and rural areas in the use of WeChat is obvious. At the same time, the affinity motive and self-expression preferences of minors in the use of WeChat limit the enhancement of their social capital. Lack of media literacy and inadequate social support increases the risk of privacy intrusion. Fragmented use also increases the likelihood of internet addiction. In the future, it will be necessary to foster digital citizenship among minors, further improve the relevant legislation and improve the social support system for minors.

Keywords: Minors; WeChat Use; Media Literacy; Social Support

B. 5 The Impact of the Internet on Minors' Schooling

Cheng Jie / 099

Abstract: Online learning has become an important way for minors to learn, especially during the COVID – 19 pandemic when schools are closed. Online education is an important teaching aid in school. Survey studies have found that the penetration rate of online learning among primary and secondary school students has now reached 80 percent, and that the penetration rate in rural areas is not lower than that in urban areas. Foundation subjects are the main focus of online learning. English and mathematics have high penetration rates, especially in the early years of primary school. The penetration rate is higher among elementary school students. Subjective evaluations of online learning are generally more positive among primary and secondary school students, but there is no significant correlation between online learning and student performance in school. The actual effect of online learning depends mainly on the quality of the course and interest in learning, not on the length or intensity of learning. Online education has advantages such as high efficiency, low cost, convenience and interactivity, which can play a positive role in guiding minors to use the internet. Online education is also a double-edged sword for a balanced development of urban and rural education. The promotion of online education should pay special attention to the digital divide due to the education inequality between urban rural areas.

Keywords: Internet; Online Learning; Minors; Academic Performance; Digital Divide

B. 6 Self-expression in Minors' Online Social Interactions

Li Yongjian, *Yang Suli* / 116

Abstract: Based on the 10th Internet Use by Minors in China survey (2020), this paper analyzes the mode, content and frequency of minors' social interactions and self-expression on the internet. It is found that: WeChat has become the social media app most frequently used by minors; hobbies are the most common information released by minors on social media platforms; and minors mainly socialize online with people they know. Self-expression by minors on the internet is characterized by their being onlookers and their cautious negativity, and tends to be self-digestions of troubles in their daily lives. In order to address self-expression by minors online, we should be vigilant against such undesirable trends as addiction to gaming, privacy leaks, and radical speech, and create a good online environment for minors, which requires multifaceted efforts by the state schools and families.

Keywords: Minors; Internet; Social Interaction; Self-expression

Abstract: Based on data from the 10th Internet Use by Minors in China survey (2020), this paper analyzes internet literacy of minors, the current status and problems of online protection in terms of minors' cyber ethics, awareness of online safety and the role of the family in internet use. The report suggests that minors' internet literacy should be nurtured from their individual internet skills and social skills, and that the government should continue to promote the rule of law and offer technical support for internet platforms to provide better online protection for minors.

Keywords: Minors; Internet Literacy; Internet Protection

Ⅲ Hot Spot Reports

Abstract: Social work has been involved to some extent on the ground in adolescents' internet addition in China. Based on literature review, this report summarizes the current state of manpower, theories, methods, skills and effects achieved. There are still aspects of social work intervention that need to be improved. This report also attempts to find the underlying reasons. This report suggests that in order to further improve the intervention effect, we should focus on the localization of social work, establish and improve the school social work system, lay a solid foundation for grassroots community social work, build up a good team of social workers, and improve the relevant laws and regulations of the internet.

Keywords: Youth "Internet Addiction"; Social Work Interventions; Social Work Practice

B. 9 Youth Digital Dependency and Risk Coping

Abstract: In this paper, two nationwide questionnaire surveys were conducted before and during the COVID - 19 pandemic, and through comparative analysis, an in-depth understanding of urban youth's dependence on internet products and the current state of risk perception is gained, and the main problems are summarized and the reasons are explained. The report recommends that the government should, on the premise of safeguarding the digital rights of minors, establish an anti-addiction mechanism based on different internet application scenarios and build a multifaceted system of online protection for minors. Schools should establish a comprehensive digital literacy education system and actively explore new applications of digital education technology. Families should attach importance to digital upbringing, strengthen their attention to and guidance of minors' digital life, and improve parents' digital literacy. Internet companies should actively govern platforms, effectively implement platform initiatives to prevent internet addiction, and give full play to their role in empowering the digital growth of minors.

Keywords: Digital Growth; Internet Dependence; Internet Addiction; Digital Literacy; Risk Response

B. 10 Minors' Online Pop Culture: Its Current State, Influential Events and Problems

Yang Binyan, Luo Doudou / 188

Abstract: This paper assesses and interprets the 10 most popular internet youth culture using the 10th Internet Use by Minors in China survey (2020) and conducts in-depth analyses on influential events and forms of internet culture among Chinese minors from 2019 to 2020. Based on these analyses, we conclude that (1) Minors are sensitive to internet pop culture and love chasing trends. (2) To a certain extent, internet pop culture affects how they talk and behave in real life. (3) Minors are highly involved in internet trending topics. We would suggest that (1) The significance of minors' internet pop culture should be understood from a broader perspective. (2) The impact of internet pop culture on the values of young people should be a concern. (3) Young people should be urged to stay away from unhealthy internet pop culture. (4) Be wary of the conflicts between young people and their families caused by capital market behind internet pop culture.

Keywords: Peer Culture; Internet Culture; Youth Socialization; Youth Value

B. 11 The General State, Characteristics and Problems of Mobile Phone Companionship for Minors

Ji Weimin, Yan Yujie / 212

Abstract: This paper analyzes the present state, characteristics and problems of mobile phone companionship of minors in China. By analyzing the current state of mobile phone companionship and affectionate companionship, user education, user behavior, and user effect among minors, it is found: Mobile phones have become the main internet terminal used independently by minors. Marketing messages and advertisements have become the main disturbance online. This report recommends that mobile phone companionship should be guided by affectionate companionship. Internet literacy education should be carried out for minors, and online security should be strengthened to create a safe and healthy mobile phone companionship environment for minors.

Keywords: Minors; Mobile Phone Companionship; Online Behavior

Abstract: Cyber culture affects the values, thinking patterns, behavioral norms, political tendencies, personality and psychology of minors. It has a role that cannot be ignored. Minors are an important force in the consumption of online culture. The cultural concept has also injected new ideas and vitality into the new media entertainment industry. This paper is based on questionnaire survey, participant observation, and in-depth analysis of data from Tencent Research Institute and National Knowledge Infrastructure (CNKI). Interviews and other auxiliary methods are used to sort out and summarize the online cultural consumption of minors. The main issues include: the duration, content, and characteristics of minors' use of the internet for cultural consumption. Issues such as cultural psychology, intergenerational communication and identity are analyzed. The report identifies a number of problems in online cultural consumption of minors and offers guidance and recommendations on how to deal with them.

Keywords: Network Culture; Cultural Consumption; Minors; Cultural Phenomenon; Consumption Guide

Abstract: Online gaming is one of the most popular activities of minors in cyberspace. Media reports and online public opinion have a huge influence on parents' and the public's attitudes towards minors' online gaming. Based on big data monitoring in 2019, this article sorts out and presents media presentation and public opinion on minors' online gaming through whole-net monitoring of big data, including both media reports and public discussions. The authors analyzed in detail the current focus and attitude of media and the public towards youths' online gaming and made in-depth analysis of the main problems in their gaming and the public's cognitive prejudice. The authors offer a few recommendations on how to promote a healthy and beneficial media environment and social co-management of minors' online gaming.

Keywords: Adolescent's Socialization; Online Games; Citizen Participation and Co-governance

Abstract: This paper is based on an online questionnaire survey conducted during the COVID −19 pandemic in order to understand minors' attention to the state of the pandemic, their ability to judge media information, their daily learning, daily living arrangements, emotions and mental state. Data analysis reveals that during the pandemic, minors purposefully, consciously and judiciously followed the situation through the internet and other information channels, interacted with the outside world, and systematically arranged their daily learning with the help of all sectors of society.

Keywords: Novel Coronavirus Pneumonia Epidemic; Minors; Internet Use; Emotional Mindset

Ⅳ Regional Reports

Abstract: Based on an empirical investigation, this paper has several findings by analyzing the basic conditions and behavioral characteristics of internet use among middle school students in Shanghai. The age at which middle school students first access the internet is lowering. Online learning has become the most important purpose for using the internet, and it is mainly for exams. Online social networking is used for maintaining offline relationships and provides a platform for self-expression. Internet participation is becoming one of many socialization channels. WeChat has become an important means of parent-child communication. Internet literacy is generally good. Internet security risks are many and complex. In order to solve the problems and challenges faced by middle school students in Shanghai in terms of time control, information loss, fast-food reading, parent-child relationship and online safety, Shanghai should fully consider the role and needs of young people in the construction of smart cities, and organizations and education departments should actively play a leading role to create a safe, healthy and positive internet environment for young people.

Keywords: Secondary School Students; Internet Use; Internet Learning; Internet Social Networking; Internet Safety

Abstract: The study aims to understand the internet use among teenagers and young adults in Hong Kong by analyzing the latest data from the Census and

Statistics Department and research findings from the Department of Health, the Chinese University of Hong Kong and Hong Kong Baptist University. It is shown that almost all teenagers and young adults in Hong Kong have access to the internet; Mobile phones have replaced computers as their main entrance of the internet; The age of first-time use of the internet and electronic screens is lowering. Social networking activities are the main reasons for them to go online; Social media are increasingly used as a major information source. This study also provides suggestions on issues arising from excessive internet use, including physical and mental health, interpersonal and parent-child relationship, information literacy, as well as cyber security and privacy issues.

Keywords: Minors; Internet Use; Social Media; Electronic Screen Devices; Hong Kong

Abstract: This report analyzes internet use by minors aged 6 –17 in Macao, and further discusses minors' internet access and their exposure to false information. Data in this article is from Macao Internet Project, which is managed and implemented by the Macao Association for Internet Research. The project has conducted large-scale randomized telephone surveys every year for the past 20 years (2001 –2020), interviewing Macao residents aged 6 to 84. According to the latest research, most minors use the internet to obtain information, but the mixture of true and false information on the internet and the exposure to false information have become normalized and have a negative impact on minors. Therefore, minors should improve their scientific and humanistic literacy, strengthen their ability to fact-check, and refuse to disseminate information that has not been verified. Families, schools and society need to provide more comprehensive education on internet literacy to create a good online environment for the healthy growth of minors. The government should improve network management regulations and strengthen network media literacy education to curb the spread of false information and to create a good and orderly online environment.

Keywords: Minors; Internet; News; False Information; Macao

Abstract: With an almost fully saturated internet user base and convenient and abundant online resources, Taiwan's youths are the native generation of the internet. While all aspects of life, socialization and family relationships are deeply influenced by the internet, a series of health, learning, communication, and social problems also arise. From promoting content rating to encouraging self-discipline and combining publicity and education, the relevant parties in Taiwan have conducted a series of explorations to protect minors online. This could be a model for improving the protection of minors online elsewhere.

Keywords: Minors; Internet; Taiwan

V National Reports

Abstract: This paper analyzes a series of changes in internet use among American minors since 2000, based on data from ten surveys of internet use among American minors completed by the Pew Research Center from 2000 to 2018. Key findings are: Internet engagement among teens continues to rise, much higher than other age groups. Family income and parental education levels have a greater impact on teen internet access than ethnicity. Mobile phones have become the primary access device for teens, and the new trend is "always online". Online video, games and social media are the main online applications for teens. Social media applications are diversifying, and teens are aware of the need to protect their privacy. Cyberbullying is increasing year by year, and the types of bullying vary by gender. Parents are using non-technical methods of control more frequently. Based on this analysis, the authors propose several policy recommendations for the Chinese context.

Keywords: Minors; Internet Use; Pew Research Center Poll; American

Ⅵ Appendices

皮 书

智库报告的主要形式
同一主题智库报告的聚合

✤ 皮书定义 ✤

皮书是对中国与世界发展状况和热点问题进行年度监测，以专业的角度、专家的视野和实证研究方法，针对某一领域或区域现状与发展态势展开分析和预测，具备前沿性、原创性、实证性、连续性、时效性等特点的公开出版物，由一系列权威研究报告组成。

✤ 皮书作者 ✤

皮书系列报告作者以国内外一流研究机构、知名高校等重点智库的研究人员为主，多为相关领域一流专家学者，他们的观点代表了当下学界对中国与世界的现实和未来最高水平的解读与分析。截至 2020 年，皮书研创机构有近千家，报告作者累计超过 7 万人。

✤ 皮书荣誉 ✤

皮书系列已成为社会科学文献出版社的著名图书品牌和中国社会科学院的知名学术品牌。2016 年皮书系列正式列入“十三五”国家重点出版规划项目；2013~2020 年，重点皮书列入中国社会科学院承担的国家哲学社会科学创新工程项目。

中国皮书网

（网址：www.pishu.cn）

发布皮书研创资讯，传播皮书精彩内容
引领皮书出版潮流，打造皮书服务平台

栏目设置

◆ **关于皮书**

何谓皮书、皮书分类、皮书大事记、
皮书荣誉、皮书出版第一人、皮书编辑部

◆ **最新资讯**

通知公告、新闻动态、媒体聚焦、
网站专题、视频直播、下载专区

◆ **皮书研创**

皮书规范、皮书选题、皮书出版、
皮书研究、研创团队

◆ **皮书评奖评价**

指标体系、皮书评价、皮书评奖

◆ **互动专区**

皮书说、社科数托邦、皮书微博、留言板

所获荣誉

◆ 2008 年、2011 年、2014 年，中国皮书网均在全国新闻出版业网站荣誉评选中获得“最具商业价值网站”称号；

◆ 2012 年，获得“出版业网站百强”称号。

网库合一

2014年，中国皮书网与皮书数据库端口合一，实现资源共享。

S 基本子库
UB DATABASE

中国社会发展数据库（下设 12 个子库）

整合国内外中国社会发展研究成果，汇聚独家统计数据、深度分析报告，涉及社会、人口、政治、教育、法律等 12 个领域，为了解中国社会发展动态、跟踪社会核心热点、分析社会发展趋势提供一站式资源搜索和数据服务。

中国经济发展数据库（下设 12 个子库）

围绕国内外中国经济发展主题研究报告、学术资讯、基础数据等资料构建，内容涵盖宏观经济、农业经济、工业经济、产业经济等 12 个重点经济领域，为实时掌控经济运行态势、把握经济发展规律、洞察经济形势、进行经济决策提供参考和依据。

中国行业发展数据库（下设 17 个子库）

以中国国民经济行业分类为依据，覆盖金融业、旅游、医疗卫生、交通运输、能源矿产等 100 多个行业，跟踪分析国民经济相关行业市场运行状况和政策导向，汇集行业发展前沿资讯，为投资、从业及各种经济决策提供理论基础和实践指导。

中国区域发展数据库（下设 6 个子库）

对中国特定区域内的经济、社会、文化等领域现状与发展情况进行深度分析和预测，研究层级至县及县以下行政区，涉及地区、区域经济体、城市、农村等不同维度，为地方经济社会宏观态势研究、发展经验研究、案例分析提供数据服务。

中国文化传媒数据库（下设 18 个子库）

汇聚文化传媒领域专家观点、热点资讯，梳理国内外中国文化发展相关学术研究成果、一手统计数据，涵盖文化产业、新闻传播、电影娱乐、文学艺术、群众文化等 18 个重点研究领域。为文化传媒研究提供相关数据、研究报告和综合分析服务。

世界经济与国际关系数据库（下设 6 个子库）

立足“皮书系列”世界经济、国际关系相关学术资源，整合世界经济、国际政治、世界文化与科技、全球性问题、国际组织与国际法、区域研究 6 大领域研究成果，为世界经济与国际关系研究提供全方位数据分析，为决策和形势研判提供参考。

法律声明